Ben Bachmair · Peter Diepold · Claudia de Witt (Hrsg.)

Jahrbuch Medienpädagogik 4

Ben Bachmair · Peter Diepold
Claudia de Witt (Hrsg.)

Jahrbuch
Medien-
Pädagogik 4

VS VERLAG FÜR SOZIALWISSENSCHAFTEN

VS VERLAG FÜR SOZIALWISSENSCHAFTEN

VS Verlag für Sozialwissenschaften
Entstanden mit Beginn des Jahres 2004 aus den beiden Häusern
Leske+Budrich und Westdeutscher Verlag.
Die breite Basis für sozialwissenschaftliches Publizieren

Bibliografische Information Der Deutschen Bibliothek
Die Deutsche Bibliothek verzeichnet diese Publikation in der Deutschen Nationalbibliografie;
detaillierte bibliografische Daten sind im Internet über <http://dnb.ddb.de> abrufbar.

1. Auflage März 2005

Umschlaggestaltung: KünkelLopka Medienentwicklung, Heidelberg

Gedruckt auf säurefreiem und chlorfrei gebleichtem Papier

ISBN 978-3-531-14319-4   ISBN 978-3-322-90687-8 (eBook)
DOI 10.1007/978-3-322-90687-8

Inhalt

**Teil III Neue Medien als Herausforderung neuer Handlungsmuster
und Organisationsformen**

Teil IV Nutzung von Bildungsplattformen

Einleitung

Ein Jahrbuch, herausgegeben von einer wissenschaftlichen Vereinigung, ist nicht primär auf ein Thema zugeschnitten. Es will vor allem den Stand der erziehungswissenschaftlichen Disziplin der Medienpädagogik erkenn- und diskutierbar machen. Die zentralen Eckpfeiler in diesem Jahrbuch Medienpädagogik 4 sind Mediendidaktik, Mediennutzung und Medienhandeln. Ein Teil der Texte speist sich aus der Herbsttagung der Kommission Medienpädagogik der Deutschen Gesellschaft für Erziehungswissenschaft von 2002 an der Humboldt Universität Berlin und der Frühjahrstagung 2003 an der Universität Erlangen-Nürnberg. Deren Themenschwerpunkte waren in Berlin „Empirische Ansätze und Theoriefragen zu neuen Medien" und in Nürnberg die Auseinandersetzung mit „medialen Räumen für Bildung". Der andere Teil der Beiträge kommt ohne vorausgehende Diskussion in der Kommission Medienpädagogik aus den Arbeitsfeldern der Kolleginnen und Kollegen. Diese Beiträge beschäftigen sich mit Zukunftsfeldern der Medienpädagogik, diskutieren den Umgang mit digitalen Medien aus sozialwissenschaftlicher Perspektive oder stellen neue empirische Ansätze vor.

Blickt man ins politische Feld der Medienpädagogik, dann taucht ein völlig anderes Thema auf, das des Jugendmedienschutzes und seiner organisatorischen Neufassung durch den „Staatsvertrag über den Schutz der Menschenwürde und den Jugendschutz in Rundfunk und Telemedien", der am 1. April 2003 in Kraft trat. Die Schubkraft für diese Veränderung lieferte die Amok-Tat eines Schülers in Erfurt, dessen Gewalttat Parallelen zur Spiele-Software vom Typ „Ego Shooter" aufwies. Auch Jahrbuch 4 geht nicht auf diese Thematik ein, die jedoch für die öffentliche Diskussion der Presse, ebenso für die Aktivitäten der Exekutive, wie für die Landesmedienanstalten im Vordergrund steht. Die institutionalisierte akademische Disziplin gewinnt ihre Themen offensichtlich in anderen Interessenzusammenhängen, Zwängen und Diskursen, als diejenigen, die für Ministerien oder die Landesmedienanstalten leitend sind. Für sie gibt es eher die journalistisch vermittelten Medien-Themen mit Nähe zur Skandalisierung, bei denen Medien als Auslöser oder Vorlagen für unerwünschtes Handeln der Kinder und Jugendlichen erscheinen. Zugleich wechseln die Themen, und zwar in der Logik der öffentlichen Berichterstattung, was nicht wenig dazu beiträgt, medienpädagogischen und mediendidaktischen Zielen und Innovationen den Charakter von Kampagnen aufzudrücken.

Wie wird die Medienpädagogik als akademische Disziplin damit umgehen? Holt sie sich Finanzierung und institutionelle Legitimation aus den Budgets und Zielen der Kampagnen wie *Schule ans Netz*[1] oder „*Schau hin*"[2]? Was „macht" die Anbindung an oder die Distanz von Kampagnen mit den traditionellen Formen und Diskursen akademischer Forschung?

Zumindest liefern Innovationen wie der Jugendmedienschutz-Staatsvertrag Anlässe für die argumentative und systematisch theoretische Auseinandersetzung. So stellt der Jugendmedienschutz-Staatsvertrag den Gedanken der „Entwicklung von Kindern und Jugendlichen oder ihre Erziehung zu einer eigenverantwortlichen und gemeinschaftsfähigen Persönlichkeit" in den Mittelpunkt des juristischen Bemühens. Medienpädagogik könnte dies als Herausforderung betrachten, einen Bildungsbegriff oder vergleichbare Ideen in die akademische Diskussion einzubringen, denn diese Ausrichtung des Jugendmedienschutzes fußt auf einer langen Tradition pädagogischen Denkens mit deutlicher Nähe zum Konzept der Bildung. Gibt es in der Medienpädagogik nicht ein Argumentationsdefizit, wenn es um die Anbindung oder die explizierte Distanz zur erziehungswissenschaftlichen Theorie und ihrer Tradition geht? Zwar hat sich die Medienpädagogik von der Medienwissenschaft einen textbezogenen Medienbegriff entliehen, der sich sehr wohl dazu eignet, argumentative und auch didaktische Verbindungen zwischen der Welt der Unterhaltungsmedien und der schulischen Buch-Welt zu schaffen. Ein aktualisiertes Bildungskonzept wäre jedoch eine lohnende Aufgabe, will sich die Disziplin nicht mit „Medienkompetenz" zufrieden geben. Eine, zwar auf den ersten und theoretischen Blick formelhaft leer erscheinende Ausrichtung auf die „Entwicklung von Kindern und Jugendlichen oder ihre Erziehung zu einer eigenverantwortlichen und gemeinschaftsfähigen Persönlichkeit" beinhaltet die Chance, über die pädagogische Tradition eines Jean-Jacques Rousseau, der von der Natur des Menschen und deren Entfaltung durch Erziehung ausging, das Konzept der „Medienkompetenz" zu entfalten. (Siehe dazu u.a. die Beiträge von Meister/Hagedorn/Sander oder Treumann/Burkatzki/Strotmann/-Wegener.) Dieter Baacke hat den Medienkompetenz-Begriff zwar für den Disput außerhalb der akademischen Disziplin der Medienpädagogik konkretisiert. Auch sind die Dimensionen von Medienkompetenz zur Verständigung mit der Politik usw. sicher hilfreich: Medienkritik (analytisch, reflexiv, ethisch); Medienkunde (informativ, instrumentell-qualifikatorisch); Mediennutzung (rezeptiv-anwendend, interaktiv-handelnd); Mediengestaltung (in-

---

1   www.schulen-ans-netz.de
2   Zitat der Website http://www.schau-hin.info vom 15.10.03: „SCHAU HIN! Die Aktion für mehr Erziehungsverantwortung im Umgang mit den elektronischen Medien. SCHAU HIN! gibt praxisnahe Hilfestellungen für den kindgerechten Umgang mit Medien, konkreten Rat und fundiertes Wissen von Experten an Eltern, Familien, Pädagogen weiter." Als „Partner" werden genannt: HÖRZU, Bundesministerium für Familie, Senioren, Frauen und Jugend, ACOR, ARD, ZDF, intel.

novativ, kreativ). Ohne erziehungswissenschaftlichen Bezugsrahmen lässt sich „Medienkompetenz" leicht didaktisch operationalisieren und in lehrbare Curricula gießen, wozu sich Beispiele anführen ließen. Besteht nicht doch die Gefahr, mit dem Instrument „Medienkompetenz" ein überprüfbares Lehrplangebilde zu schaffen, dem die Erziehungsidee abhanden gekommen ist; eine Erziehungsidee, die jedoch Noam Chomski mit seinen Überlegungen von Kompetenz und Performanz bei Sprache eröffnete und auf die sich Dieter Baacke[3] selbstverständlich bezog? Um den Gedanken von Erziehung als Kompetenzentwicklung historisch zu verorten, eignet sich das folgende und im Rahmen der Medienpädagogik eher spröd antiquiert erscheinende Zitat von Jean-Jacques Rousseau[4]:

> „Erziehung kommt uns von der Natur oder den Menschen oder den Dingen. Die innere Entwicklung unserer Fähigkeiten und unserer Organe ist die Erziehung durch die Natur. Den Gebrauch, den man uns von dieser Entwicklung zu machen lehrt, ist die Erziehung durch die Menschen, und der Gewinn unserer eigenen Erfahrungen mit den Gegenständen, die uns affizieren, ist die Erziehung durch die Dinge" (S. 109).

Im Kern geht es um Entwicklung des Kindes als Entfaltung und Entäußerung seiner in ihm angelegten Möglichkeiten, wozu sehr wohl die soziale, dingliche und kulturelle Umwelt von zentraler Bedeutung ist. Die didaktische Idee, etwas in die Menschen hineinzuverlagern, als Aneignung im Sinne von Belehrt werden, von Pauken, einen Lehrplan zu übernehmen, dies ist jedoch Rousseaus Erziehungsidee fremd. Dagegen passt hierzu der Gedanke der Kompetenz, deren Förderung durch die kulturelle und soziale Umwelt geschieht. Also, auch der Gedanke der Medienkompetenz, dieser jedoch nicht in der Variante der Vermittlung von Medienkritik, Medienkunde, Mediennutzung und Mediengestaltung, enthält das erziehungswissenschaftliche Potential, das eben auch dem kodifizierten Jugendmedienschutz inhärent ist, die Beziehung sich entfaltender Subjekte in einer von Medien geprägten Kultur zu thematisieren. Das zentrale pädagogische Motiv des Jugendmedienschutzes mit der Ausrichtung auf die „Entwicklung von Kindern und Jugendlichen oder ihre Erziehung zu einer eigenverantwortlichen und gemeinschaftsfähigen Persönlichkeit" ist jedoch in Rousseaus Denkansatz verortet, auch wenn dieser konzeptionelle Rahmen von Medienkompetenzförderung als Förderung der Entäußerung in sozialen und kulturellen Kontexten vermutlich verloren gegangen ist. Die Diskutanten zum Jugendmedienschutz sind an diese Tradition zu erinnern.

Beiträge in diesem Band greifen Aspekte dieser Diskussion um Erziehung als Entwicklung im Prozess der subjektiven Aneignung und Entäußerung in dem spezifischen kulturellen Kontext didaktisch organisierter Situa-

---

3 Baacke, Dieter: Kommunikation und Kompetenz. Grundlegung einer Didaktik der Kommunikation und ihrer Medien. München 1980. 3. Auflage, 1. Auflage 1973
4 Rousseau, Jean-Jacques: Emile oder über die Erziehung. Stuttgart 1963, Nachdruck 2001 (Original 1760)

tionen auf, beispielsweise der Beitrag von Willet, der von Meister/Hagedorn/Sander, der von Grabowski/Krauß, auch der von Preußler/Schulz-Zander.

Damit scheint eine Bildungsdiskussion auf, die sicher weitere Facetten braucht, z.b. die, die Dietrich Benner[5] mit Hilfe von Wilhelm von Humboldts Bildungstheorie festmacht, indem er auf die „Weltinhalte" (S. 20) eingeht und nach deren Funktion für Bildung fragt. Dazu gehören heute Medien, gerade auch diejenigen, deren Erscheinungsform und Funktion mutieren, indem sie zu *Repräsentationsmodi von Texten in aktuellen Arrangements mit Events* werden. (Konkret geht es um Formate wie „Deutschland sucht den Superstar".) Zu fragen bleibt, wie hier die Beziehung von Subjekten und Erziehung sowie die von „Menschheit" und Kultur medienpädagogisch, bildungstheoretisch zu bedenken ist. Reicht Erziehung als Entfaltung? Reicht es, in diesem Sinne über die Entfaltung von Medienkompetenz praktisch nachzudenken? Welche Rolle spielen „Medien" in diesem Entfaltungsprozess als Kultur? Welche reflexiven Prozesse der Selbstvergewisserung der Menschen in dieser medial geprägten Kultur korrelieren mit welchen Formen von Reflexivität, die in den aktuellen Medien- und Ereignisarrangements angelegt sind?

In einem *ersten Teil* des Jahrbuchs werden (medien-)didaktische Überlegungen für die Gestaltung medialer Räume für Bildungs- und Lernziele angestellt. So untersucht B*ardo Herzig* anhand des Fernstudiengangs Medien (FESTUM) die Frage, welchen Stellenwert der Allgemeinen Didaktik im Kontext von Lehren und Lernen in virtuellen Räumen zukommt. Ausgehend von einer Präsenzveranstaltung skizziert er entsprechende Lehr- und Lernprozesse. In der anschließenden Diskussion werden Veränderungen und didaktische Konsequenzen genannt, die sich beim Wechsel von realen in virtuelle Räume ergeben. Manche Lernmethoden eignen sich besser als andere für den Einsatz in virtuellen Räumen, so z.B. die offene Lernumgebung. *Rolf Schulmeister* beschreibt in zwei anschaulichen Beispielen zum Erlernen der Gebärdensprache die Vorteile solcher Lernumgebungen, nämlich die Möglichkeiten zu hohen Graden der Aktivität und zur intensiven Kommunikation. *H.-Hugo Kremer und Franz Gramlinger* befassen sich in ihrem Beitrag mit der Konzeption, Vorbereitung und Durchführung von virtuellen Konferenzen. Es werden die Potentiale dieses „Instruments der Hochschuldidaktik" diskutiert, aber auch die Grenzen der Realisierung in der universitären Lehre aufgezeigt. *Marco Kalz, Jörg Stratmann und Michael Kerres* gehen den Fragen nach, wie eine didaktische Innovation in einer Notebook-Universität aussehen kann und in welchen Szenarien eine sinnvolle Verwendung der Endgeräte stattfindet. Sie stellen dafür ein Rahmenmodell einer Notebook-Universität über die Ebenen Individuum, Gruppe und Organisation vor. Der eCampus Duisburg ist dabei Hauptgegenstand ihrer Überlegungen. Einen Einblick in

---

5   Benner, Dietrich: Wilhelm von Humboldts Bildungstheorie. Eine problemgeschichtliche Studie zum Begründungszusammenhang neuzeitlicher Bildungsreform. Weinheim, München 2. Auflage 1995

die Konzeption einer Computer-Studienwerkstatt an der TU Darmstadt gibt *Michael Diéz Aguilar.* Diese reicht von der Raumgestaltung bis zu einem permanenten, selbstreflexiven Projekt von Studierenden und Lehrenden. Aguilar beschreibt die Leitideen, informationspädagogischen Rahmenbedingungen und Gestaltung dieses „Bildungsraums".

Im *zweiten Teil* geht es um zeitgemäße Sichtweisen auf Medienwissen und Medienhandeln. *Hans-Dieter Kübler* stellt die gegenwärtige Normen- und Kanondiskussion in Frage und kritisiert, dass einer Medienwirklichkeit immer noch eine wirkliche empirische Realität gegenübergestellt wird. Er plädiert dafür, dass eine pädagogisch orientierte Wissensforschung stärker in der Medienpädagogik Eingang finden muss und diese damit ihr Profil erweitere. Auf diesem Wege können Weltwissen und Medienwissen in ein Wechselverhältnis gebracht werden. *Rebekah Willet* geht davon aus, dass durch den alltäglichen Umgang mit den informellen Settings digitaler Kulturen lernende Erfahrungen bei Heranwachsenden im Alter von 9 bis 13 Jahren entstehen. In spielerischen Interaktionen eignen sich Jugendliche Inhalte und Lernstile an. Sie präsentiert dazu Daten eines Projektes, das dieses Lernen von Jugendlichen in digitalen Kulturen untersucht und geht der Frage nach, welche Software für Jugendliche geeignet ist. Um ein möglichst umfassendes Bild über das Medienhandeln Jugendlicher im Alter von 12 bis 20 Jahren zu gewinnen, setzen *Klaus Peter Treumann, Eckhard Burkatzki, Mareike Strotmann und Claudia Wegener* das Bielefelder Medienkompetenz-Modell und das multivariate Verfahren der Hauptkomponentenanalyse ein. Mit dessen Hilfe ist es möglich, die Hauptquellen der Variationen bzw. der Unterschiede zu rekonstruieren, welche die Jugendlichen in ihren Medienaktivitäten zeigen. Das Phänomen Medienkompetenz bei Jugendlichen untersuchen auch *Dorothee M. Meister, Jörg Hagedorn und Uwe Sander.* Dazu operationalisieren sie zunächst mit Hilfe von quantitativen Befragungen die Dimensionen der Medienkompetenz und konkretisieren diese in qualitativen Befragungen. Die Entwicklung von Medienkritik wird anhand einer exemplarischen Fallrekonstruktion dargestellt. Aus einer sozialwissenschaftlichen Perspektive betrachten *Jana Dittmann und Winfried Marotzki* das Vertrauensphänomen in digitalen Räumen. Am Beispiel von Online-Auktionen geben sie Einblicke in die Diskussion über Vertrauenskulturen und entwickeln Perspektiven für die Vertrauenskultur virtueller Communities.

Welche Veränderungen bewirken die Informations- und Kommunikationstechnologien in Schulen tatsächlich? Inwieweit verändern sich Lehr- und Lernprozesse? Diesen und vielen anderen Fragen gehen in einem *dritten Teil Annabell Preussler und Renate Schulz-Zander* nach, indem sie die Ergebnisse der SITE- und SelMa Studien unter dem Aspekt selbstregulierten und kooperativen Lernens vorstellen und diskutieren. *Sigrid Blömeke, Christiane Müller und Dana Eichler* stellen hier ein Projekt zur empirischen Unterrichtsforschung vor. Mit Hilfe von Videoaufnahmen sollen Handlungsmuster von Lehrpersonen beim Einsatz neuer Medien identifiziert und anschließend in einen Bezug zu Fach und Expertisegrad gebracht werden. Ziel ist u.a. die

Weiterentwicklung von Lehrerhandeln beim Einsatz neuer Medien im Unterricht. E-Learning ist auf eine hohe Handlungskompetenz der Lernenden angewiesen. Besonders die Fähigkeit, Informationen zu recherchieren, zu evaluieren und zu reduzieren stellt eine wichtige Anforderung dar. In der von *Udo Hinze und Gerold Blakowski* vorgestellten Fallstudie wird aufgezeigt, wie sich unterschiedliche Informationskompetenzen auf Lernerfolg, Lernzufriedenheit und Nutzungsmodi der Medien auswirkten. *Susanne Grabowski und Matthias Krauß* befassen sich hier mit der Frage, was Computerkunst überhaupt ist und welche Prinzipien sie hat. Der Streifzug durch die Computerkunst beginnt bei Vilém Flusser, der uns technische Bilder näher bringt, und führt über Vorschläge zur Gestaltung von digitalen Medien für Lernumgebungen bis hin zu einem praktischen Beispiel aus dem Forschungsprojekt COMPART. Digitale Medien sind nach *Richard Stang* ein wichtiger Motor dafür, dass sich unsere Gesellschaft stetig zur „Wissensgesellschaft" weiterentwickelt. Ihn interessiert deshalb, welche Auswirkungen die neuen Medien insbesondere auf die organisationale Struktur von traditionellen Bildungsinstituten haben. Er liefert mit seiner vorgestellten Untersuchung einen Beitrag zur Organisationsforschung in der Weiterbildung.

In dem *vierten Teil* des Jahrbuchs werden explizit die Mediennutzung an Bildungsportalen als Medien der Wissensaneignung analysiert und die Erfolgsfaktoren herausgestellt. Denn mittlerweile hat sich der Deutsche Bildungsserver zu einem stark benutzten und inhaltlich hochwertigen Internetportal entwickelt. Um eine angemessene Weiterentwicklung zu gewährleisten, ist es wichtig zu wissen, wer die Nutzer sind und wie die Informationen angenommen und bewertet werden. *Elke Brenstein und Olaf Kos* stellen hier die Ergebnisse von Online-Befragungen und Fokusgruppenuntersuchungen zu inhaltlichen, strukturellen und grafischen Aspekten der Gebrauchstauglichkeit vor und geben Empfehlungen zur Optimierung der Angebote. Ziel der Studie von *Michael Kluck und Susanne Politt* ist die qualitative Untersuchung des Suchverhaltens und typischer Suchanfragen von Normalnutzern von Bildungsportalen. Grundlage dafür waren Logfiles des Deutschen Bildungsservers von Oktober 2001 bis April 2002. Abschließend machen sie Vorschläge für die Weiterentwicklung von Bildungsportalen. *Christian Swertz* ist an der pädagogischen Konzeption der Online-Bildungsplattform für die Bundesinitiative „Jugend ans Netz" (BIJaN) beteiligt und entwickelt dazu einen Ansatz der Mediengestaltung. Vor dem Hintergrund medienpädagogischer, didaktischer und bildungstheoretischer Ansätze skizziert er die didaktische Konzeption und stellt das entwickelte Metadatensystem sowie Ansätze der technischen Umsetzung vor.

Teil I
Virtuelle Räume als Gegenstand der Mediendidaktik

Bardo Herzig

Die Bedeutung der (Allgemeinen) Didaktik für das Lehren und Lernen in virtuellen Räumen

Im vorliegenden Beitrag[1] nehme ich die Frage auf, welcher Stellenwert der Allgemeinen Didaktik im Kontext von Lehren und Lernen in virtuellen Räumen zukommt. Dazu gehe ich zunächst von Präsenzsituationen aus und skizziere eine Vorstellung von entsprechenden Lehr- und Lernprozessen. Ein besonderes Augenmerk wird dabei auf die handlungs- und entwicklungsorientierte Gestaltung dieser Prozesse gerichtet. Ausgehend von der skizzierten Modellvorstellung, wird im nächsten Schritt diskutiert, welche Veränderungen und didaktischen Konsequenzen sich ergeben, wenn Lernprozesse nicht mehr in realen Räumen mit sozialer Präsenz stattfinden, sondern in der Auseinandersetzung mit virtuellen oder teilvirtuellen Angeboten. Abschließend werden die Überlegungen auf das Beispiel des Fernstudiengangs Medien (FESTUM) bezogen und Problemlagen und Perspektiven aus didaktischer Sicht diskutiert.

1. Lehr- und Lernprozesse als soziale Interaktion

Allgemeine Strukturmomente

Lehr- und Lernprozesse fasse ich – im Sinne einer Modellvorstellung für Unterricht – zunächst als Interaktion von Lernenden und Lehrperson auf (vgl. Tulodziecki 1996, S. 132ff.): Die Lernenden kommen mit bestimmten Lernvoraussetzungen in den Lehr-Lernprozess – d.h. den Unterricht – und führen bestimmte Lernaktivitäten aus, die gewisse Lerneffekte haben. Die Lehrperson hat bestimmte Zielvorstellungen, realisiert entsprechende Lehrhandlungen und bildet auf Grund der Lernaktivitäten der Lernenden gewisse Annahmen zum Lernerfolg, die zu einer Modifizierung der Lehrhandlungen führen können. Lernaktivitäten sind dabei stets an bestimmte Inhalte, Erfahrungsformen bzw. Medien und Sozialformen gebunden. Als weitere Rahmenbedingungen von Lehr- und Lernprozessen sind – soweit es sich nicht

---

1 Für kritische Anmerkungen und konstruktive Anregungen zum Beitrag danke ich Prof. Werner Sesink.

um Einzellernen handelt – die Lerngruppe, der institutionelle Kontext – z.B. Schule, Weiterbildungseinrichtung, Universität o.ä. – und die gesellschaftlichen Rahmenbedingungen – z.b. verfassungsbezogene Grundlagen oder bildungspolitische Beschlüsse – zu sehen (vgl. Abb. 1).

Medien als Strukturmoment

Der Ausweis von Medien als ein Strukturmoment von Unterricht in dieser Modellvorstellung ist in der Allgemeinen Didaktik nicht seit jeher selbstverständlich. Lange Zeit wurden sie in der Didaktik nur als (bloße) Hilfsmittel im Kontext methodischen Vorgehens gesehen. Spätestens aber mit der Entwicklung des Fernsehens und seit den didaktischen Überlegungen von Heimann (1962) werden sie als eigenständiges Strukturelement von Lehren und Lernen betrachtet. Dies bedeutet insbesondere, dass Medien in ihrer Wechselwirkung zu anderen Strukturelementen von Lehren und Lernen gesehen werden müssen. Die Stellung der Medien zwischen Lehrhandlungen und Lernaktivitäten macht deutlich, dass es sich bei den Medien um eine besondere Form der Erfahrung in der Auseinandersetzung mit einem Lerngegenstand handelt. Solche Erfahrungsformen – als Art und Weise, wie ein Lernender mit einem Lerngegenstand in Beziehung tritt – können real, modellhaft, abbildhaft oder symbolisch sein (vgl. Tulodziecki 1997, S. 34). Die unterrichtliche Auseinandersetzung mit z.B. dem Wattenmeer könnte demnach in unmittelbarer Begegnung, über ein Modell, mit Hilfe von Fotos, Diagrammen oder Schaubildern, Filmen und Animationen oder über Texte und Vorträge erfolgen.

Im Kontext der nachfolgenden Überlegungen ist es zweckmäßig, den Medienbegriff auf abbildhafte und symbolische Erfahrungsformen einzugrenzen und nur solche Artefakte als Medien zu bezeichnen, bei denen die Präsentation, Speicherung, Übermittlung, Verarbeitung oder Verknüpfung von Zeichenaspekten mit technischer Unterstützung geschieht (vgl. Herzig 2002, S. 287ff.).

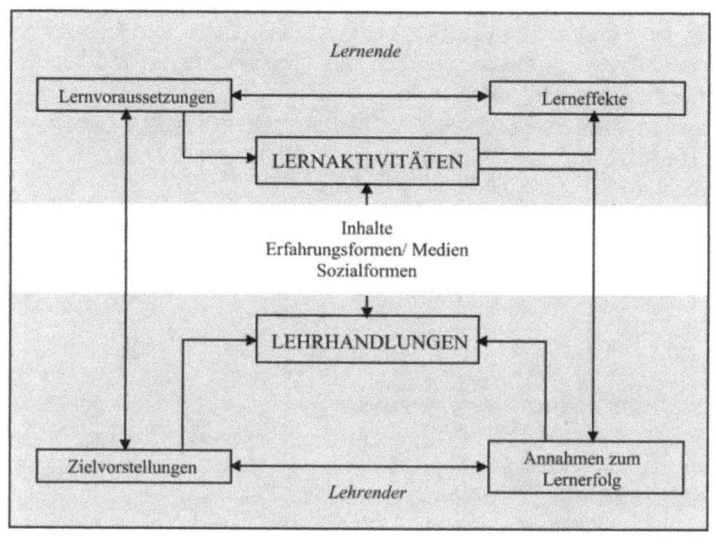

Abb. 1: Modellvorstellung für Lehren und Lernen
(vgl. Tulodziecki 1996, S. 135)

Allgemeine Zielvorstellungen

Die allgemein didaktische Diskussion hat auch auf die Bestimmung von Zielvorstellungen von Unterricht Einfluss genommen. So finden sich z.b. bei Klafki Forderungen nach Selbstbestimmungs-, Mitbestimmungs- und Solidaritätsfähigkeit (vgl. 1985), bei Schulz (1981) Forderungen nach Kompetenz, Autonomie und Solidarität oder bei Winkel (1983) nach Demokratisierung und Humanisierung. Darüber hinaus wird in aktuellen didaktischen Konzepten Handlungsorientierung als Prinzip hervorgehoben (vgl. z.B. Jank/Meyer 1991; Gudjons 1992; Tulodziecki 1996). Mit solchen Überlegungen ist u.a. auch die Tendenz verbunden, allgemeine Ziele nicht so sehr inhaltlich festzulegen, sondern eher als Schlüsselqualifikationen oder als allgemeine Kompetenzen zu formulieren (vgl. Bunk/Kaiser/Zedler 1991). Ein solches Verständnis von allgemeinen Zielen im Kontext von Lehren und Lernen liegt auch diesem Beitrag zugrunde. Zusammenfassend kann von der allgemeinen Zielvorstellung eines sachgerechten, selbstbestimmten, kreativen Handelns in sozialer Verantwortung gesprochen werden (vgl. auch Tulodziecki 1993,

BLK 1995)[2]. Damit sind zum einen fachspezifische Zielvorstellungen einge-
schlossen, zum anderen ist deutlich gemacht, dass Lehr- und Lernprozesse in
institutionalisierten Zusammenhängen für gegenwärtiges und zukünftiges
Handeln bedeutsam sein sollen.

Ausgehend von einer solchen Auffassung von Lehr- und Lernprozessen,
sind im Hinblick auf den Stellenwert einer Allgemeinen Didaktik in virtuellen Räumen zunächst folgende weitere Fragen zu klären:

– Wie können Lernprozesse angemessen angeregt und unterstützt werden?
– Welche Besonderheiten ergeben sich, wenn Lehr- und Lernprozesse
  nicht in Präsenzszenarien stattfinden?

2. Lernen als Handlungsprozess

Lern- und Handlungsmodell

Im Anschluss an die Beschreibung von Lehr- und Lernprozessen auf der
Ebene sozialer Interaktionen kann Lernen – aus der Sicht des Individuums –
auch als ein Handlungsprozess verstanden werden, der auf die Erweiterung des
(themenspezifischen) Wissens, des Erfahrungsstandes sowie die (Weiter-)Ent-
wicklung der intellektuellen Fähigkeiten und der Werthaltungen ausgerichtet
ist (vgl. Abb. 2). Eine solche Vorstellung steht im Einklang mit der o.g. Zielvorstellung eines sachgerechten, selbstbestimmten, kreativen und sozial verantwortlichen Handelns.

Zur Erläuterung des Modells sei angenommen, dass eine Studentin ein
Seminar zu Lese-Rechtschreib-Schwierigkeiten besucht, dessen Zielsetzung
darin besteht, Diagnosefähigkeiten zu entwickeln und konkrete Fördermög-
lichkeiten für betroffene Kinder in der Grundschule zu erarbeiten. Diese Anforderung aktiviert bei der Studentin das Bedürfnis, ihre bestehende Unsicherheit in diesem Bereich abzubauen sowie sich selbst als kompetent zu erleben und entsprechende Anforderungen in der Zukunft bewältigen zu können.
Mit anderen Worten: Die Problemstellung des Seminars wird als bedeutsam im
Hinblick auf die zukünftige Lebenssituation empfunden. Diese Wechselbe-

---

2   Eine solche Formulierung bedarf im Grunde einer ausgiebigen Reflexion, z.B. im
    Hinblick auf das zugrunde liegende Bildungsverständnis. Die hier vorgestellte –
    normative – Bestimmung einer allgemeinen Zielvorstellung von Lehr- und Lernpro-
    zessen soll nicht darüber hinwegtäuschen, dass Allgemeine Didaktik – wenngleich
    sie heute vielfach im Mainstream auf eher lerntheoretische Fragen zugespitzt wird –
    nicht auf methodische Fragen verkürzt werden darf, sondern auch weiterhin – aller-
    dings unter veränderten Rahmenbedingungen – nach dem Allgemeinen in Bezug auf
    das Kulturelle, das Soziale, das Anthropologische usw. fragen muss. In bezug auf die
    Medien bedeutet dies nicht zuletzt auch die Reflexion ihres allgemeinbildenden
    Wertes neben ihren vermittlungsrelevanten didaktischen Eigenschaften (vgl. Herzig
    2002, S. 296ff.).

ziehung zwischen situativer Anforderung und aktivierten Bedürfnissen lässt sich psychologisch als Motivation deuten, die dazu führt, dass die Studentin im Laufe des Seminars in der Auseinandersetzung mit einzelnen Fragestellungen entsprechende Lernaktivitäten ausführt. Auf die Lernaktivitäten selbst nehmen zum einen das bisherige Wissen und die vorhandenen Erfahrungen Einfluss, zum anderen die intellektuellen Fähigkeiten und die Werthaltungen. Das Wissen lässt sich dabei noch einmal in verschiedene Kategorien unterscheiden, z.b. Alltagswissen oder Expertisewissen, bereichsspezifisches oder allgemeines Wissen, Strategiewissen oder Kontrollwissen usw. Die intellektuellen Fähigkeiten können als Ausdruck der individuellen kognitiven Komplexität verstanden werden, d.h. als Grad der Fähigkeit, unterschiedliche Perspektiven in den Blick zu nehmen, kriterienbezogen auf unterschiedlichen Abstraktionsniveaus zu denken und zu argumentieren sowie verschiedene Aspekte in komplexen Gefügen zu verknüpfen (vgl. Schroder/Driver/Streufert 1975; Streufert/Streufert 1978, S. 17ff.). Diese intellektuellen Fähigkeiten sind bereichsunspezifisch. Die Wertvorstellungen lassen sich vor dem Hintergrund des Ansatzes von Kohlberg (vgl. 1974; 1977) als Stufen von Gerechtigkeits- und Fairnessvorstellungen oder – mit Bezug auf den Ansatz von Gilligan (1991) als verantwortungs- und empathiebezogene Vorstellungen interpretieren. Die Durchführung der Lernaktivitäten wird sich in einem Lernergebnis niederschlagen, das seinerseits bestimmte Rückwirkungen auf die Bedürfnislage, den Wissensstand sowie die intellektuellen Fähigkeiten und die Werthaltungen hat. Stellt die Studentin beispielsweise fest, dass sie im Verlauf des Seminars Wissen erworben hat und Erfahrungen sammeln konnte, die ihr im Umgang mit lese-rechtschreibschwachen Kindern helfen, kann dies zur Befriedigung der ursprünglich angeregten Bedürfnisse führen. Darüber hinaus können die Lernaktivitäten zu einer Veränderung z.B. der Werthaltungen führen, indem die Studentin sich mit einem defizitorientierten Ansatz zu Legasthenie beschäftigt hat und diesen als eine nicht akzeptable und nicht der Person des Kindes gerecht werdende Beschreibung von Lese-Rechtschreib-Schwierigkeiten kennen gelernt hat.

An dieser Stelle wird deutlich, dass die Auseinandersetzung mit bedeutsamen Aufgabenstellungen in einem bestimmten Kontext nicht dazu führen darf, den Kontext selbst einer kritischen Reflexion zu entziehen. Mit anderen Worten, die Lösung von Problemen, das Treffen von Entscheidungen oder die Beurteilung von Fällen im Rahmen von handlungsorientierten Lehr- und Lernprozessen muss selbst immer wieder der Frage unterworfen werden, ob dieser Kontext didaktisch angemessen und legitimiert ist. Eine fraglose Anerkennung eines bestimmten Kontextes – etwa in Aufgaben als bedeutsam herausgestellter schulischer Situationen – oder eines didaktischen Modells widerspräche letztlich auch dem dem Modell zugrunde liegenden Prozess des Erwägens und dem Ziel eines selbstbestimmt Lernenden (vgl. auch Abschn. 5).

Abb. 2: Lern- und Handlungsmodell

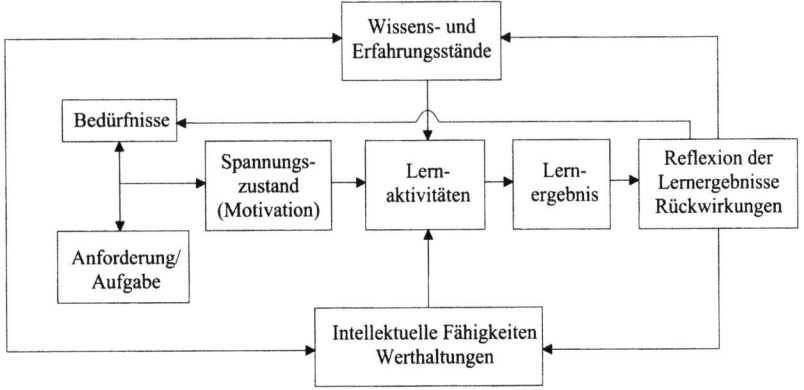

Die hier skizzierte Modellvorstellung vom Lernen stellt gleichzeitig eine Beschreibung allgemeiner (menschlicher) Handlungsprozesse dar. In der allgemeineren Form würde es im Kern nicht um Lernaktivitäten, sondern um die Auswahl und Bewertung von Handlungsmöglichkeiten[3] gehen, die Lernergebnisse wären entsprechend Handlungsfolgen, die reflektiert werden und zu entsprechenden Rückwirkungen auf die Bedingungsfaktoren (Bedürfnisse Wissen, Erfahrung, intellektuelles Niveau, Wertvorstellungen) führen.

Lerntheoretische Aspekte

Die zuvor entwickelte Vorstellung vom Lernen enthält implizite Annahmen über Lernprozesse, wie sie auch in verschiedenen lerntheoretischen Ansätzen zu finden sind. Die Grundannahme besteht in diesem Fall darin, dass Lernen ein aktiver Prozess des Individuums in der Auseinandersetzung mit der Umwelt ist, der dem Ziel einer Ausdifferenzierung, Erweiterung oder Veränderung von Entwicklungsständen und kognitiven Strukturen dient (s.o.). Dieser Prozess findet auf der Basis des Vorwissens – oder allgemeiner: des jeweiligen Erfahrungs- und Kenntnisstandes sowie des Standes der sozial-kognitiven Entwicklung – statt. Damit sind sowohl kognitionstheoretische als auch konstruktivistische Aspekte angesprochen. Die konstruktivistischen Ansätze stellen heute den theoretisch bedeutsamsten Rahmen zur Beschreibung von Lernprozessen dar. Allerdings sind die Spielarten und Varianten so zahlreich, dass von einer einheitlichen Theorie nicht gesprochen werden kann. Wertet man die verschiedenen Lesarten aus, so lassen sich erkenntnistheoretische, kognitive und soziale Akzentuierungen unterscheiden (vgl. z.B. Schnotz 2003). Auf die didaktische Diskussion haben insbesondere Ansätze des situ-

---

3   Vom Handlungsbegriff ausgeschlossen sind hier Routinen, die in einer spezifischen Situation keiner Auswahl von Alternativen mehr gegenübergestellt werden, und angemessener durch den Verhaltensbegriff charakterisiert sind.

ierten Lernens Einfluss gewonnen, die zu den kognitivistisch und sozial ausgerichteten Varianten des Konstruktivismus zählen. Sie gehen von folgenden Annahmen aus (vgl. Mandl/Gruber/Renkl 2002, S. 142):

– Wissen wird durch das wahrnehmende Subjekt konstruiert und ist situiert, d.h. es ist gebunden an die Situation, in der es erworben wurde,
– Lernen ist ein sozialer Prozess, in dem insbesondere gesellschaftlich geteiltes Wissen erworben wird,
– Wissen wird unter dem Aspekt seiner Anwendungsfähigkeit, d.h. seiner Authentizität analysiert: Lernprozesse sollen dem Erwerb flexiblen Wissens dienen und kein träges Wissen hervorbringen.

Didaktisch sind diese Annahmen insofern mit weitreichenden Konsequenzen verbunden, als die Annahme einer „Übertragung" von Wissen – im Sinne objektiv vorhandener Wissensbestände – damit nicht mehr haltbar ist. Darüber hinaus gilt es, Wissen in solche Kontexte einzubetten, in denen es zur Anwendung kommen kann. Da der Erwerb des Wissens zunächst an die jeweilige Erwerbssituation gebunden ist, müssen Möglichkeiten des Transfers didaktisch gefördert und gefordert werden.

Konsequenzen

Auf der Basis der bisherigen Überlegungen lässt sich aus didaktischer Sicht zunächst Folgendes festhalten:

– Leitideen für Lehren und Lernen sollten ein sachgerechtes, selbstbestimmtes, kreatives und sozialverantwortliches Handeln sein.
– Ein solches Handeln setzt bei Lehr- und Lernprozessen die Beachtung von Lebenssituation und Bedürfnislage der Lernenden voraus und macht es erforderlich, beim Erwerb neuen Wissens und neuer Erfahrungen zugleich die intellektuelle und wertbezogene Entwicklung zu fördern.

Darüber hinaus sollte für den Lernprozess selbst Folgendes gelten:

– Lehren und Lernen sollen jeweils von einer – für die Lernenden bedeutsamen – Aufgabe ausgehen. Solche Aufgaben können z.B. Problemstellungen, Entscheidungsfälle, Gestaltungs- und Beurteilungsaufgaben sein.
– Lehren und Lernen sollen darauf gerichtet sein, vorhandenes Wissen oder bestehende Fertigkeiten zu einem Themengebiet zu aktivieren und – von dort ausgehend – eine Korrektur, Erweiterung, Ausdifferenzierung oder Integration von Wissen und Vorstellungen zu erreichen.
– Lehren soll eine aktive und kooperative Auseinandersetzung der Lernenden mit einer Aufgabe ermöglichen, indem – auf der Basis geeigneter Informationen – selbstständig Lösungswege entwickelt und erprobt werden.
– Lehren soll den Vergleich unterschiedlicher Lösungen ermöglichen sowie eine Systematisierung und Anwendung angemessener Kenntnisse und Vorgehensweisen sowie deren Weiterführung und Reflexion.

3. Zur Anregung und Unterstützung von Lernprozessen

Initiierung von Lernprozessen

Aus der Modellvorstellung zum Handeln bzw. zum Lernen ergibt sich die Forderung, Lernprozesse durch geeignete Aufgabenstellungen anzuregen. Solche Aufgaben sind für Lernende insbesondere dann lern- und entwicklungsfördernd, wenn sie erstens auf ein Bedürfnis und Interesse bezogen werden können und damit Bedeutsamkeit für die Lernenden erlangen und zweitens einen Neuigkeitswert für die Lernenden besitzen – also nicht mit vorhandenen Kenntnissen gelöst werden können –, zugleich aber die Chance auf ihre Bewältigung bieten, d.h. einen angemessenen Schwierigkeitsgrad aufweisen. Aus didaktischer Sicht ist es darüber hinaus wünschenswert, dass die Aufgaben es ermöglichen, einen Lerninhalt exemplarisch zu erschließen und in orientierendes Lernen einzumünden, sodass einerseits – angesichts der Vielfältigkeit von Informationen – eine angemessene Tiefe der Auseinandersetzung erreicht wird und andererseits eine ordnende Übersicht entstehen kann.

Die lerntheoretischen Überlegungen lassen es zudem geboten erscheinen, komplexe Ausgangsprobleme zu wählen, einen Rahmen und Anwendungskontext für Wissen bereitzustellen, multiple Perspektiven auf Problemstellungen oder Aufgaben anzubieten, Lernprozesse zu artikulieren und zu reflektieren sowie kooperatives Arbeiten in Gruppen oder mit Experten zu ermöglichen (vgl. Mandl/Gruber/Renkl 2002, S. 143f.). Das komplexe Ausgangsproblem soll ein „interessantes und intrinsisch motivierendes Problem" darstellen, das möglichst realistisch ist, d.h. möglichst all die strukturellen und inhaltlichen Merkmale aufweist, wie sie typisch für die reale Situation sind, in der das Problem (oder die Gestaltungs- und Beurteilungsaufgabe bzw. der Entscheidungsfall) angesiedelt ist. Mit Bezug auf die einführenden Überlegungen bedeutet dies, dass durch die Aufgabenstellung relevante Bedürfnisse angesprochen werden und die Aufgabe für die gegenwärtige oder zukünftige Lebenssituation des Lernenden Bedeutsamkeit aufweist. Die Einnahme multipler Perspektiven soll die Verankerung des Wissens in einem isolierten Kontext lösen und flexible Anwendung fördern. Diesem Ziel dienen auch die Artikulation und Reflexion von Lernwegen und Lösungsprozessen.

Weiterführender Ablauf von Lernprozessen

Auf der Basis der obigen generellen Forderungen an Lehr-Lernprozesse lassen sich für ein handlungs- und entwicklungsorientiertes Vorgehen – unter Berücksichtigung kognitionsorientierter und konstruktivistischer Annahmen – insgesamt folgende Phasen als idealtypische Strukturierung von Lehr-Lernprozessen vorschlagen (vgl. Tulodziecki 1996, S. 128ff.):

- Aufgabenstellung, Sammeln und Problematisieren spontaner Lösungsvermutungen,
- Zielfestlegung und Besprechen der Bedeutsamkeit,
- Verständigung über das Vorgehen,
- Erarbeitung von Grundlagen für die Aufgabenlösung,
- Durchführung der Aufgabenlösung,
- Vergleich von Lösungen und Zusammenfassung des Gelernten,
- Einführen von Anwendungsaufgaben und deren Bearbeitung,
- Weiterführung und Reflexion des Gelernten und der Lernwege.

Solche Phasen lassen sich zugleich als Weiterführung der didaktischen Diskussion um eine angemessene Strukturierung von Unterricht oder Projektarbeit – von Herbart über Kerschensteiner und Roth bis Gudjons – deuten. Die Phasen sind dabei nicht als starre Formalstufen, sondern als flexibles Grundmuster für Lehr- und Lernprozesse zu verstehen.

Mit der Forderung nach einem problem-, entscheidungs-, gestaltungs- und beurteilungsorientierten Vorgehen ist zugleich die Annahme verbunden, dass so – unter Beachtung von Bedürfnissen und Lebenssituationen – ein angemessener Wissens- und Erfahrungsstand bei gleichzeitiger Förderung des intellektuellen und sozial-moralischen Entwicklungsniveaus erreicht werden kann. Dabei sind auch Fähigkeitsbereiche angesprochen, die für die Bildung in einer durch Medien und Informationsfülle gekennzeichneten Zeit besonders bedeutsam sind, und zwar Problemlösefähigkeit, Entscheidungsfähigkeit, Gestaltungsfähigkeit und Urteilsfähigkeit.

Nach dieser Auseinandersetzung mit Lehr- und Lernprozessen und den daraus formulierten allgemein didaktischen Anforderungen soll im Folgenden diskutiert werden, welche Veränderungen sich ergeben, wenn das traditionelle Setting eines Lehr-Lernprozesses verlassen wird und zunehmend Medien Funktionen im Lehr- und Lernprozess übernehmen.

4. Zur Rolle der Medien in Lehr- und Lernprozessen

4.1 Von realen zu virtuellen Räumen

Ich habe in der allgemeinen Modellvorstellung von Lehr- und Lernprozessen (vgl. Abschn. 1) Medien als einen konstitutiven Bestandteil von Lehr- und Lernprozessen ausgewiesen und betont, dass Medien in Wechselbeziehung zu anderen Strukturmomenten zu sehen sind. Diese Vorstellung geht zunächst einmal davon aus, dass Lehrende und Lernende in interfazialen Settings miteinander lernen, d.h. sich in realen Räumen befinden.

Prinzipiell kann an die Stelle einer Lehrperson aber auch ein Lehrsystem treten, z.B. ein Online-Angebot, das die Funktion der Lernanregung und Lernunterstützung im Sinne von Lehrhandlungen übernimmt. Dabei variiert der Grad der Übernahme von Lehraktivitäten. Die Pole bilden „didaktisch geschlossene" Angebote – z.B. im Sinne von CBTs zu einem bestimmten Themenbereich – bzw. „didaktisch offene" Angebote – z.B. Arbeits- und Kooperationsplattformen mit bestimmten Groupware-Funktionalitäten oder Softwarewerkzeugen, wie z.B. ein Grafik- oder Textverarbeitungsprogramm. Das Extrem der geschlossenen Angebote ist inhaltsgebunden und enthält eine „implementierte Didaktik", d.h. möglichst viele Lehrfunktionen sind in das Angebot selbst verlagert, eine Betreuung oder eine Einbettung in soziale Kontexte ist nicht vorgesehen. Das andere Extrem stellen inhaltsneutrale Angebote dar, die über medienspezifische Funktionalitäten – z.B. Kommunikationstools, Visualisierungswerkzeuge, Dokumentenverwaltungen usw. – verfügen, d.h. die didaktische Gestaltung des Lernprozesses ist nicht im Vorhinein festgelegt, sondern wird durch die Art der Nutzung des Mediums bestimmt.[4]

Nicht jedes computerbasierte Medienangebot, in dem bestimmte Lehrfunktionen realisiert sind, wird – insbesondere wenn es sich um Offline-Angebote handelt – im allgemeinen Sprachgebrauch als virtuelles Angebot bzw. die Auseinandersetzung damit als Lernen in virtuellen Räumen bezeichnet. Insofern scheint es geboten, zunächst eine begriffliche Klärung zu versuchen.

Orientiert man sich an der traditionellen Raumauffassung im Kontext von Lehren und Lernen, so ist zunächst ein Klassenraum, ein Vorlesungssaal oder ein Seminarraum angesprochen, der einen Ort der Versammlung darstellt, an dem dann unter Anwesenheit der Versammelten Lehr- und Lernaktivitäten durchgeführt werden können. Solche Räume sind in der Regel durch bestimmte Ausstattungsmerkmale als Lernorte erkennbar, z.B. durch die Ausstattung mit Schreibtischen und Stühlen, ggf. einzelnen Medien, wie z.B. Tafel, Overheadprojektor oder Flipchart. Mitunter lässt auch die architektonische Gestaltung schon Rückschlüsse auf bestimmte Lernaktivitäten oder Sozialformen zu, z.B. die Anordnung der Stühle und Tische, etwa in U-Form, uniform ausgerichteten Reihen oder in Form von kleinen „Inseln".

Überträgt man dieses Begriffsverständnis auf virtuelle Räume, so ist es nahe liegend, darunter solche Räume zu verstehen, die in abbildhafter und/ oder symbolischer Form medial gestaltet sind und ähnliche Funktionalitäten aufweisen. Dies bedeutet im Einzelnen:

–   Die Lernenden können „den Raum betreten" und ihre (virtuelle) Präsenz anzeigen. Dies kann z.B. durch eine Liste zurzeit angemeldeter Benutzer oder ein Präsenz-Icon geschehen.
–   Die Lernenden haben ihren individuellen virtuellen Arbeitsplatz, z.B. in Form eines mit einem Namen versehenen Ordners, in dem sie persönliche Objekte ablegen (speichern) können.

---

4   Eine ähnliche Charakterisierung findet sich beispielsweise bei Baumgartner et al. (2002), die zwischen einem lehrerzentrierten Ansatz mit Bereitstellung eines Lehrangebots und der Abarbeitung durch Studierende und einem lernerzentrierten Ansatz mit der Bereitstellung einer lernförderlichen Umgebung mit Explorationsmöglichkeiten nach den Zielen und Wünschen der Studierenden unterscheiden (vgl. S. 22ff.).

- Die Lernenden können im virtuellen Raum bestimmte Aktivitäten ausführen, z.b. auf Objekte (Texte, Bilder, Grafiken, Tondokumente) einwirken, indem sie diese neu anordnen, bearbeiten, deponieren (speichern), entfernen (löschen) oder mit anderen Objekten verknüpfen. Durch diese Aktivitäten werden Spuren erzeugt, die auf die virtuelle Präsenz verweisen. Darüber hinaus können neue Objekte erzeugt und präsentiert werden.
- Die Lernenden können mit anderen Lernenden kommunizieren und sie einzeln oder als Gruppe „ansprechen". Dies geschieht in unterschiedlichen Codierungs- und Modalitätsformen sowie in synchroner oder asynchroner Weise, z.b. durch E-Mail, Newsgroups, Chats oder Videokonferenzen.
- Die Lernenden können an Objekten gemeinsam arbeiten und genießen dabei gleiche Rechte, z.b. bei der gemeinsamen Visualisierung eines Sachverhaltes, während andere Objekte nicht für alle zugänglich sind. Dies kann z.b. durch die Vergabe besonderer Zugriffs-, Lese- und Schreibrechte realisiert werden.

Legt man virtuellen Räumen ein solches Begriffsverständnis zugrunde, werden zunächst nur solche Angebote erfasst, die mit Raummetaphern arbeiten und entsprechende Funktionalitäten (s.o.) zu simulieren versuchen. Ich werde daher in die folgenden Überlegungen all diejenigen computerbasierten Angebote einbeziehen, die – unabhängig von einer konkreten Raummetapher – „Raum bieten" zur Exploration, zur Information, zur Dokumentation, zur Interaktion, zur Kommunikation oder zur Kollaboration. Dies bedeutet auch, dass es sich nicht in jedem Fall um ein Online-Angebot handeln muss.

4.2 Medienfunktionen im Lernprozess

Mit computerbasierten Medien sind bestimmte Funktionen verbunden, die Keil-Slawik (1998) als primäre Medienfunktionen bezeichnet. Im Einzelnen nennt er:

- Kreieren (Visualisieren, Symbolisieren, Modellieren, Simulieren),
- Transportieren (Senden, Verteilen, Laden, Navigieren),
- Arrangieren (gleichzeitiges Präsentieren, räumliche Abbildung logischer Zusammenhänge) und
- Verknüpfen (physisches Verbinden, Schaffen gemeinsamer Behälter, Verweisen).

Diese Medienfunktionen sind zunächst einmal Funktionen technischer Artefakte, die im Kontext von Lehren und Lernen genutzt werden können. Sie beziehen sich auf abbildhaft und/oder symbolisch codierte Darstellungsformen, also z.B. Bilder, Filme, Texte, Grafiken, Tondokumente usw.[5] Verbin-

---

5 Strenggenommen müsste hier noch weiter differenziert werden, da – vom technischen Artefakt aus gesehen – die Objekte keine Darstellungsformen im genannten Sinne sind, sondern zunächst nur potentielle Zeichenaspekte, die – binär codiert – maschinell verarbeitbar sind (vgl. Herzig 2002).

det man die (primären) Medienfunktionen mit grundsätzlichen Anforderungen an Unterricht bzw. an Lehr- und Lernprozesse (vgl. Abschnitte 1, 2), so gewinnen die technischen Funktionalitäten eine didaktische Qualität – oder genauer gesagt: den Medienfunktionen wird durch die Gestalter des Lernprozesses eine didaktische Qualität zugeschrieben. So können bspw. im Zusammenhang von Kooperationen die Funktionen des Kreierens, des Arrangierens und des Verknüpfens von Objekten besonders wichtig sein, während in kommunikativen Situationen die Funktion des Transportierens und des Visualisierens im Vordergrund stehen. Insgesamt können computerbasierte Medien in Lehr- und Lernprozessen in folgenden didaktischen Funktionen genutzt werden:

–   als Mittel der Präsentation von Aufgaben,
–   als Informationsquelle und Lernhilfe,
–   als Werkzeug oder Instrument bei Aufgabenlösungen,
–   als Gegenstand von Analysen und Material für weitere eigene Verwendungen und Bearbeitungen,
–   als Instrument der Planung, des Austausches und der Kooperation oder
–   als Werkzeug der Speicherung und der Präsentation von Ergebnissen.

Gleichzeitig erlauben bzw. unterstützen die technischen Funktionalitäten verschiedene Lernaktivitäten, die in Lehr- und Lernprozessen ermöglicht werden sollten. Dazu zählen z.B. Aktivitäten der Recherche, des Informierens, der Gestaltung, der Problemlösung, der Beurteilung, der Kommunikation oder Kooperation. Und nicht zuletzt ist mit der Kombination von Lernaktivitäten und didaktischen Medienfunktionen immer eine bestimmte Form der Sozialität verbunden, die von der selbstständigen Einzelarbeit bis hin zu betreutem Lernen in Gruppen reicht, wobei sich noch einmal reale und virtuelle (telemediale) Formen der Betreuung unterscheiden lassen.

Fasst man diese Dimensionen zusammen, so erhält man einen „Raum", innerhalb dessen computerbasierte bzw. computerunterstützte Lehr- und Lernarrangements analytisch verortet werden können (vgl. Abb. 3). Die Skalierung dieses Raums ist dabei so offen gehalten, dass die zuvor genannten Angebotsvarianten – online oder offline, mit personaler oder telemedialer Begleitung – mit erfasst werden.

Abb. 3: „Didaktischer Raum" zur analytischen Verortung computerbasierter Lehr- und Lernarrangements

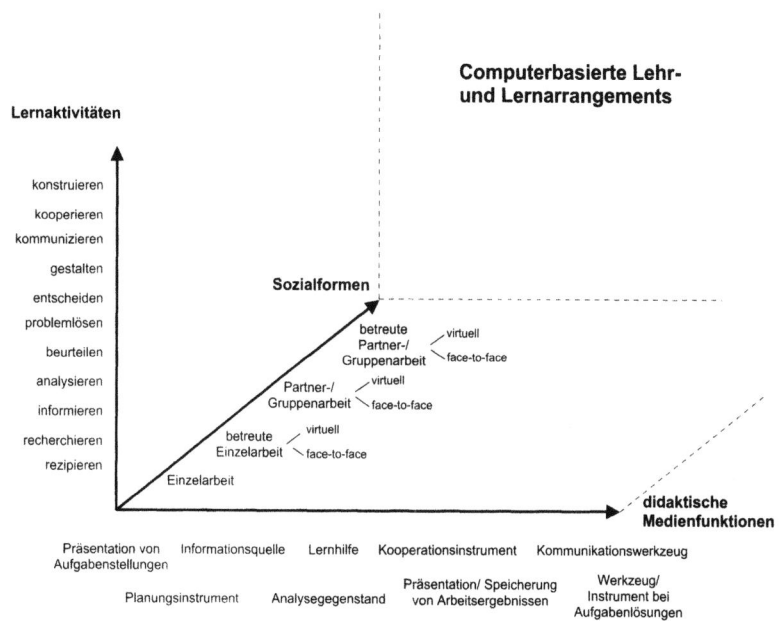

4.3 „Didaktik inside"

Ich bin in meinen Überlegungen zu didaktischen Anforderungen an Lehr- und Lernprozesse davon ausgegangen, dass Lehrhandlungen auch von Lehrsystemen bzw. Medien übernommen werden können. Zu solchen Lehrhandlungen zählen u.a. instruktionale Maßnahmen, die Anpassung von Lehrhandlungen an die Lernvoraussetzungen sowie die Variation und Gestaltung von Sozial- und Arbeitsformen. Im Folgenden diskutiere ich, inwieweit diese didaktischen Funktionen in computerbasierten Angeboten realisiert werden (können).

Implementation instruktionaler Komponenten in das Medienangebot

Im Zusammenhang von Forschungen zum Instruktionsdesign sind eine Reihe von Ansätzen entwickelt worden, die Aussagen darüber treffen, in welcher Folge Lehrinhalte in einzelnen Kursen oder Curricula angeordnet werden sollten und welche Schritte sinnvoll sind, damit Lernende mit bestimmten Voraussetzungen Lehrziele einer bestimmten Art erreichen (vgl. z.B. Merrill 1983, 1987; Reigeluth/Steins 1983). Die Entwicklung medialer Produkte nach diesen Ansätzen umfasst entsprechend die Bestimmung von Lernzielen, die Identifizierung von Eigenschaften der Lernenden (im Sinne von Lernvoraussetzun-

gen), die Auswahl und Aufbereitung der Inhalte sowie die Gestaltung von
Kontroll- und Feed-back-Elementen. Welche Lehrfunktion dabei konkret im
jeweiligen Angebot realisiert wird, hängt vom Instruktionsmodell und der
damit verbundenen lerntheoretischen Auffassung sowie den jeweils angestrebten Zielen ab. Die Umsetzungen reichen von der Darbietung kleiner In-
formationseinheiten mit anschließenden Kontrollfragen über strukturierte
Wissenseinheiten mit Anwendungsaufgaben bis hin zu offenen Lernumgebungen mit der Präsentation von fallbasierten Aufgaben, zu denen Informationen eigenständig erarbeitet und ausgewertet werden müssen, ohne dass eine detaillierte Anweisung für einzelne Arbeitsschritte vorliegt (vgl. Mer-
rill/Li/Jones 1990). Dies bedeutet auch, dass die einzelnen Instruktionsmo-
delle von unterschiedlich ausgeprägten Fähigkeiten zur Selbststeuerung des
Lernprozesses ausgehen. Während einzelne Lehrfunktionen in lernförderlicher Weise in das Lernangebot integriert werden können – z.B. die Präsentation von Aufgabenstellungen, der Aufweis von bedeutsamen Anwendungs-
kontexten, die Formulierung wichtiger Fragestellungen im Hinblick auf die
Aufgabenlösung, die Angabe von Zielvorstellungen oder die Bereitstellung
grundlegender Informationen – sind andere nur eingeschränkt zu realisieren,
insbesondere wenn sie sich auf die Heterogenität von Lernenden beziehen. Dies
betrifft z.B. Formen der Lernerfolgskontrolle oder der Qualitätssicherung, individuelle Rückmeldungen zum Lernprozess sowie kommunikations- und ver-
ständigungsorientierte Elemente – solange auf unidirektionale Kommunikationsformen zurückgegriffen wird (z.B. Aufforderungen, Anweisungen, Hilfe-
texte usw.).

Adaption an Lernvoraussetzungen unter Nutzung (informations-)technischer
Funktionalitäten

Geht man davon aus, dass Lernen zwar ein sozial eingebetteter, aber in hohem Maße von individuellen Eigenschaften und Voraussetzungen abhängiger
Prozess ist, dann wird deutlich, dass Lehrmedien ohne personale Komponente schnell Gefahr laufen, den unterschiedlichen Voraussetzungen nicht
hinreichend gerecht zu werden. Aus diesem Grunde werden computerbasierte
Angebote z.T. mit technischer/software-technischer Hilfe an die Lernvoraussetzungen adaptiert. Einfachere Formen solcher Maßnahmen beziehen sich
z.B. auf die Anpassung der Lernzeit (d.h. die Frage, ob bei einem diagnosti-
zierten Wissensstand noch weitergearbeitet oder schon ein neues Ziel angestrebt werden soll), auf die Auswahl der zu bearbeitenden Aufgaben, die
Dauer ihrer Präsentation, auf die Dauer von Reaktionszeiten (die das System
abwartet), auf die Anpassung von Schwierigkeitsgraden und von kontextbe-
zogenen Hinweisen sowie von Informationen an die Interessen des Lernenden (vgl. Leutner 2002, S. 120ff.). Darüber hinaus sind intelligente tutorielle
Systeme (ITS) in der Lage, sich situativ an Lernereigenschaften anzupassen.
Solche Systeme enthalten eine Wissensbasis für die Inhalte sowie ein Modul,
das den jeweils aktuellen Wissensstand des Lernenden repräsentiert und In-

formationen über Lernwege und deren Angemessenheit unter bestimmten Bedingungen enthält. Im idealen Falle sind wissensbasierte Systeme selbst lernfähig, d.h. sie verändern in der Folge ihrer „Erfahrungen" die Lehrstrategie (vgl. Strittmatter/Niegemann 2000, S. 135f.).

Aus didaktischer Sicht werden mit der Adaption bzw. mit ‚intelligenten' Systemen wichtige Funktionen im Lernprozess erfasst, die sich auf die Berücksichtigung von Lernvoraussetzungen sowie auf Rückmeldungen, z.b. zum aktuellen Wissensstand, beziehen. Allerdings ist in Anbetracht der denkbaren unterschiedlichen Lernvoraussetzungen die erforderliche Komplexität bzw. Anzahl von Lernermodellen so groß, dass der mit der Entwicklung verbundene Aufwand unverhältnismäßig im Hinblick auf den zu erwartenden Erfolg erscheint. Bisher sind auch nur einzelne Funktionen von „intelligenten" tutoriellen Systemen in Beispielen implementiert. Adaptive („unintelligente") Maßnahmen hingegen sind leichter zu realisieren und z.b. bei Lernerfolgskontrollen oder Leistungstests in der Fehleranalyse und -diagnose bei solchen Aufgaben sinnvoll, in denen es um die Anwendung von Schemata und Regeln geht, zu denen typische Fehler bekannt sind.

Kombination von Lernangeboten

Die Implementation von instruktionalen Maßnahmen und die Anpassung von Lehrstrategien an die Lernvoraussetzungen sind stärker auf das Einzellernen ausgerichtet. Da bestimmte Phasen des Lernprozesses, insbesondere solche, die mit sozialem Austausch, Emotionalität und sozialer Nähe verbunden sind, nicht oder nicht angemessen medial simuliert werden können, ergibt sich die Notwendigkeit, verschiedene Medienangebote miteinander zu kombinieren und/oder in Formen personaler Begleitung oder unmittelbarer sozialer Präsenz einzubetten („hybride Angebote").

Dazu werden telemediale Angebote z.B. mit Software-Tools kombiniert, so dass ein Austausch zwischen Lernenden (E-Mail, Chat, Newsgroups), eine Beratung durch Mentoren (Tele-Tutoren, Tele-Coaches) oder Gruppenarbeiten (workspaces mit Groupware-Funktionalitäten) möglich werden. Auch die Durchführung von Präsenzveranstaltung kann in den Phasen von Lernprozessen, in denen personale Anwesenheit eine hohe Bedeutung hat, eine angemessene Ergänzung darstellen. Formen der Lernerfolgskontrolle beispielsweise lassen sich durch Einsendeaufgaben mit individueller Rückmeldung oder in Form von Videokonferenzen durchführen.

Bei diesen Formen von Lernarrangements besteht aus didaktischer Sicht die Aufgabe, die Lernarrangements so zu gestalten, dass eine sinnvolle und lernförderliche Auseinandersetzung mit bestimmten Aufgabenstellungen möglich wird. So kann beispielsweise im Kontext eines Teleseminars eine Präsenzphase zur Präsentation der – ggf. medienunterstützten – Aufgabenstellung, zur Verständigung über Zielvorstellungen, zur Besprechung von Arbeitsschritten und -formen sowie zur Bildung von Lern- und Arbeitsgruppen genutzt werden, bevor in einer virtuellen Umgebung relevante Informationen zusammengetragen, bearbeitet und präsentiert sowie in vergleichender Weise diskutiert werden. In der Phase der Erarbeitung können zusätzlich Offline-Medien, z.B. geeignete CD-ROMs, genutzt werden. Die individuelle Rückmeldung zu Schwierigkeiten in den individualisierten Phasen kann über Telekommunikationsdienste sichergestellt werden. Die Verbindung traditioneller Medien und präsenzgebundener Lernformen mit den besonderen Vorzügen computerbasierter Angebote wird auch unter dem Stichwort des „blended learning" diskutiert – allerdings nicht immer auf der Basis didaktischer Überlegungen.

Konsequenzen

Die bisherigen Überlegungen machen deutlich, dass bei allen computerbasierten Angeboten die didaktische Aufgabe bestehen bleibt, diese – mit ihrer jeweiligen medieninternen didaktischen Struktur – so zu gestalten und zu verwenden, dass eine lernwirksame Wechselwirkung zwischen medieninternen Momenten (instruktionales Design, didaktische Struktur der Inhalte, Darstellungs- und Interaktionsformen usw.) und medienexternen Momenten (personale, reale Begleitung, sozialer Kontext usw.) entsteht. Je nach Angebot ist es also erforderlich, einzelne Lehrfunktionen, Kommunikations- oder Kooperationsfunktionen im Kontext des Medieneinsatzes zu planen und zu realisieren. Dies gilt in besonderem Maße für eine weitere Form computerbasierter Angebote, die in der Regel inhaltsneutral sind und Plattformen bzw. Werkzeuge zur Kooperation und Konstruktion darstellen. Sie sind Ausdruck einer zunehmenden Abkehr von produzenten- und produktzentrierten Sichtweisen und einer Hinwendung zu Formen verteilten Wissensmanagements und damit verbundener kooperativer Medien (vgl. z.B. Keil-Slawik 2001). Solche kooperativen Medien stellen technische Infrastrukturen dar, in denen virtuelle Lerngemeinschaften mit unterschiedlichen Zielsetzungen und Anforderungen realisiert werden. Entsprechende Plattformen oder virtuelle Räume stellen Kommunikations-, Dokumentenmanagements- und Koordinationsfunktionen bereit und werden von den Lernenden selbst administriert. Didaktisch gesehen, sind mit Hilfe solcher Infrastrukturen vor allem neue Formen der Erfahrung und Erkenntnisgewinnung möglich, die auf der Nutzung besonderer Medienfunktionen in Gruppen beruhen, z.B. die gemeinsame Visualisierung von Überlegungen, das Arrangieren und Verknüpfen von Objekten oder das Erzeugen neuer bzw. Verändern bestehender Objekte, verbunden mit dem ständigen Wechsel vom Autor zum Rezipienten und umgekehrt. Die didaktische „Neutralität" solcher Angebote ist allerdings keinesfalls didaktisch folgenlos. Um erfolgreiches Lernen mit einem inhaltsneutralen Werkzeug zu ermöglichen, muss zunächst ein Lernprozess angeregt, initiiert und dann – personal oder medial – unterstützt und begleitet werden. Mit anderen Worten: Auch Lernprozesse auf sogenannten Lernplattformen sind an bedeutsame Aufgabenstellungen, an aufgabenrelevante Materialien oder an gemeinsame Zielvereinbarungen gebunden. Einen solchen didaktischen Kontext herzustellen, ist im Falle dieser Systeme in zweifacher Hinsicht wichtig: Zum einen geht es um die Integration eines Mediums in einen Lehr-Lernprozess, zum anderen um die didaktische Gestaltung des Mediums im Rahmen dieses Lehr-Lernprozesses selber, z.b. die Gestaltung virtueller Räume mit Dokumenten, Gruppen, Rechten usw.

Damit ist auch noch einmal betont, dass Medien als technische Artefakte einzelne Lernphasen bzw. die damit zusammenhängenden Denkprozesse in lernförderlicher Weise unterstützen können, aber weder Organisatoren von Lernprozessen sind noch automatisch eine besondere Qualität von Lernprozessen sicherstellen. Eine solche Qualität – sowohl im Bezug auf den Prozess als auch auf die erreichten Lernziele – wird im Wesentlichen davon abhängen, inwieweit es gelingt, eine handlungs- und entwicklungsfördernde Auseinandersetzung des Einzelnen bzw. von Gruppen mit bedeutsamen Aufgabenstellungen anzuregen und zu unterstützen.

4.4 Empirische Aspekte

Medienbezogene Lehr-Lernforschung

Die Annahme, die Qualität eines Lernprozesses werde nicht durch die Art des Mediums, sondern stärker durch die didaktische Gestaltung des gesamten Lehr- und Lernarrangements beeinflusst, kann auch durch empirische Überlegungen untermauert werden. Die Lehr-Lernforschung im Kontext von Medien lässt sich grob in vier Richtungen unterscheiden:

– Untersuchungen zu allgemeinen Medieneffekten,
– Untersuchungen zu speziellen Medienmerkmalen,
– interaktionsorientierte Studien und
– Evaluationen.

Die Untersuchungen zu generellen Medieneffekten (z.B. computerbasiertes Lernen vs. Lernen in herkömmlicher Weise) zeigen insgesamt keine einheitlichen Effekte; sie bewegen sich zum großen Teil im „Land der Nullhypothesen" (Schulmeister 2002, S. 387) und werden heute nicht mehr als sinnvolles Forschungsdesign betrachtet. Entsprechende Metastudien haben nur in einzelnen Aspekten relevante Ergebnisse (z.B. zur Verkürzung der Lernzeit) gezeigt, Clark (1994) formulierte angesichts der Forschungslage sogar: „media will never influence learning". Nicht zuletzt ist die Konfudierung von didaktischer Gestaltung und technischem Medium als ein wesentlicher Kritikpunkt an Studien zu generellen Medienvergleichen angeführt worden.

Untersuchungen zu speziellen Medienmerkmalen fragen danach, wie bestimmte Medieneigenschaften sich auf den Lernerfolg – i.d.R. den Wissenserwerb – auswirken. Auch hierzu gibt es inzwischen eine Vielzahl von experimentellen Studien, die zum großen Teil theoriegeleitet sind. Im Hinblick auf das Lernen mit multimedialen Materialien ist die generative Theorie multimedialen Lernens von Mayer (1997) bzw. Mayer/Moreno (1998) die heute aussagkräftigste und empirisch gut bestätigte Theorie. Sie erlaubt Aussagen darüber, in welcher Weise textliche, bildliche und auditive Informationen präsentiert werden sollten, um den Wissenserwerb zu optimieren. Die aus diesem Ansatz abgeleiteten Gestaltungsprinzipien finden inzwischen breite Verwendung.

Interaktionsstudien gehen davon aus, dass Medieneffekte eine Wechselwirkung zwischen den individuellen Lernvoraussetzungen und Medienmerkmalen darstellen. Die Voraussetzungen beziehen sich z.b. auf bereichsspezifisches Vorwissen, auf besondere Einstellungen (z.b. gegenüber neuen Technologien) oder auf übergreifende Persönlichkeitsmerkmale, z.b. das räumliche Vorstellungsvermögen. Darüber hinaus haben sich medienspezifisches Wissen, Motivation und Lernstrategien als relevante Einflussfaktoren erwiesen.

All die genannten Forschungen sind letztlich notwendige, aber nicht hinreichende Voraussetzungen für eine umfassendere Lehr-Lernforschung, die Auskunft über die Lernwirksamkeit von Medien in Lehr-Lernprozessen geben kann. Die Vielfalt der Einflussfaktoren und die Komplexität von Lehr-Lernprozessen ist über experimentelle Studien in der Regel nicht zu erfassen. Dennoch liefern sie wichtige Erkenntnisse zu einzelnen Aspekten, wie z.b. die generative Theorie multimedialen Lernens zeigt. Ein weiterführendes Forschungsdesign könnten hier Evaluationsstudien bieten, die – im Vergleich zur experimentellen Hypothesenprüfung (erkenntnisorientiert) – eher als entscheidungsorientiertes Verfahren zur Verbesserung und Überprüfung der Wirksamkeit von Maßnahmen charakterisiert werden können (vgl. z.B. Tulodziecki 1982; Herzig 1998). Ein solches Forschungsdesign geht von vornherein von einem größeren Kontext aus und prüft auf der Basis von Ziel-Mittel-Aussagen, ob sich ein bestimmtes Mittel im Hinblick auf eine gegebene Zielvorstellung als bewährt erwiesen hat und welche Nebenwirkungen ggf. festzustellen sind. Dies bedeutet, dass theoretische Annahmen nicht auf ihre „Richtigkeit" hin, sondern auf ihre Anwendbarkeit hin geprüft werden.

Besondere Problemlagen in virtuellen Räumen

Ich habe bei der Charakterisierung von Medienangeboten darauf hingewiesen, dass beim Übergang von realen zu virtuellen Räumen verschiedene Aspekte der sozialen Präsenz nicht vollständig kompensiert werden können. Gerade bei (kooperativen) Lernangeboten in virtuellen Umgebungen (i.d.F. vollvirtuelle Online-Plattformen), die nicht in soziale Präsenzphasen eingebettet sind, können vergleichsweise hohe Ausstiegsraten beobachtet werden (dropout) (vgl. Moore/Thompson 1997). Hinzu kommen Problemlagen, wie z.B. übermäßiges Beitragsverhalten (bis hin zum spamming), unzureichendes Beitragsverhalten auf Kosten der Kooperationspartner (social loafing) oder Schwierigkeiten, innerhalb eines geteilten Bezugsrahmens (common ground) eine Verständigung zu erreichen (social grounding). In diesem Zusammenhang weisen Zumbach/Reinmann (2003) darauf hin, dass die Mitglieder einer

Gruppe davon überzeugt sein müssen, „dass sie ein Ziel erreichen können und dies vor allen Dingen davon abhängt, dass *alle* in der Gruppe dieses Ziel erreichen müssen. Dadurch werden positive Abhängigkeiten geschaffen, die das Teilen von Wissen und Ressourcen, echte Kollaboration und die Bildung einer Gruppenidentität notwendig machen" (S. 10). Mit Bezug auf die allgemein didaktischen Anforderungen an Lernprozesse wird hier noch einmal der Stellenwert einer geeigneten Aufgabenstellung deutlich, die bei den Lernenden (gemeinsame oder auch unterschiedliche) Bedürfnisse ansprechen sollte, die für gegenwärtiges oder zukünftiges Handeln der Kooperierenden bedeutsam sein sollte und die einen angemessen Schwierigkeitsgrad aufweisen sollte. In kooperativen Lernprozessen wird darüber hinaus die Anforderung an die Aufgabe gestellt, dass sie die gemeinsame Erarbeitung einer Aufgabenlösung erfordern muss. Ist die Aufgabenstellung so gehalten, dass sie eine individuelle Bewältigung zulässt, ist die Kollaboration – so sie dann überhaupt stattfindet – eher eine künstliche. Insofern zeigt sich hier noch einmal, wie wichtig auf der einen Seite eine besondere Aufgabenkultur ist, und wie wichtig es auf der anderen Seite ist, die Auswahl des Mediums von der Zielstellung her zu begründen, nicht das Medium selbst zum Ausgangspunkt der Überlegungen zu machen. Den erfolgreichen Aufbau funktionierender Gruppen sehen Zumbach/Reimann an die geregelte Kommunikation zwischen allen Lernenden (Beachtung grundlegender Kommunikationsregeln) und die erfolgreiche Unterstützung kollaborativer Prozesse durch einen Tutor (vgl. S. 19) gebunden. Die effektive Nutzung von Medienkanälen hängt wiederum davon ab, „wie ihre Merkmale mit aufgabenrelevanten Kommunikationsprozessen interagieren" (S. 20). Weitere Maßnahmen zur Unterstützung von Kollaborationsprozessen – auf die hier nicht näher eingegangen werden kann – sind beispielsweise Werkzeuge zur gemeinsamen Visualisierung oder Kooperationsskripts (vgl. z.B. Weinberger/Fischer/Mandl 2002).

Im Hinblick auf die Forschung zu kollaborativen Lernumgebungen kommen Zumbach/Reimann zu dem folgenden Ergebnis: „Bestrebungen, Aussagen der Form „Technologie X führt zu Problemen Y, die durch Maßnahme Z behoben/kompensiert werden können" treffen zu können, sind auf Dauer nicht unbedingt fruchtbar. Vielmehr ist immer mit Interaktionen von Technologien, Personen- und Inhaltsmerkmalen, Aufgabenstellungen und Lernzielen zu rechnen" (2003, S. 19). Forschungsmethodisch betont dies noch einmal den Stellenwert von evaluativen Studien (s.o.) unter stärker allgemein didaktischen Fragestellungen – allerdings nicht in Konkurrenz zu mediendidaktischen oder medienpsychologischen Ansätzen, sondern als Integration und Ergänzung. Abschließend beziehe ich die bisherigen Überlegungen in einzelnen Punkten auf den Fernstudiengang Medien (FESTUM).

5. Fernstudium Medien (FESTUM) – Didaktische Anmerkungen

Ausgangslage und curriculare Konzeption

Auf der Basis verschiedener Projekte zur Lehrerausbildung im Medienbereich an den Universitäten Paderborn (BIG – Bildungswege in der Informationsgesellschaft), Dortmund (IKARUS – Informations- und Kommunikationstechnologische Ausbildung im Rahmen des Lehramts-Studiums") und Bielefeld (MeKoLa – Medienkompetenz in der Lehrerausbildung) wurde 1999 an der Universität Paderborn ein Zusatzstudiengang „Medien und Informationstechnologien in Erziehung, Unterricht und Bildung" genehmigt und bietet seither den Lehramtsstudierenden die Möglichkeit, medienpädagogische Kompetenz in einem Zusatzangebot zu erweitern und mit einer Staatsprüfung abzuschließen[6].

Um das Angebot nicht lokal zu beschränken und auch Lehrerinnen und Lehrern im Vorbereitungs- und im Schuldienst sowie Absolventinnen und Absolventen eines Hochschulstudiums, die in affinen Berufsfeldern tätig sind, den Zugang zu ermöglichen, wurde im Juli 2000 das Projekt FESTUM zur Entwicklung eines Fernstudiengangs für den Erwerb der Zusatzqualifikation an der FernUniversität Hagen bewilligt und im Sommersemester 2001 mit einer zweijährigen Pilotphase gestartet, die im März 2003 ausläuft.[7]

Die inhaltliche Ausgestaltung des Angebots orientiert sich zum einen an den schulischen Aufgaben im Medienbereich, zum anderen an den erforderlichen medienpädagogischen Kompetenzen der Lehrpersonen. Die curriculare Ausrichtung des Studiengangs berücksichtigt sämtliche Aspekte von Mediennutzung, Mediengestaltung und unterrichtlichem Medieneinsatz bis hin zu Fragen der Schul- und Curriculumentwicklung (vgl. Abb. 4).

Didaktische Strukturierung des Angebots

Der weiterbildende Studiengang Medien (FESTUM) ist als Fernstudiengang dergestalt konzipiert, dass Studierende im Wesentlichen in Einzelarbeit und ohne räumliche oder zeitliche Bindung mit dem Studienmaterial arbeiten können. Möglichkeiten zum bedarfsorientierten, individuellen und flexiblen Arbeiten lassen auf der einen Seite Anpassungen an die individuellen Lebensumstände zu, erfordern aber auf der anderen Seite eine besondere didaktische Strukturierung und Konzeption des Studienangebots.

---

6   Eine entsprechende Zusatzqualifikation wird inzwischen auch von den Universitäten Münster und Bielefeld angeboten.

7   Zurzeit befindet sich der Studiengang im Akkreditierungsverfahren zum weiterbildenden Studiengang der FernUniversität mit einem Masterabschluss und dem damit verbundenen Titel „Master of Arts in Media Education".

Die Materialien zum Fernstudium Medien bestehen aus einzelnen Kurseinheiten zu den in Abbildung 4 genannten Themenbereichen, die in netzbasierter Form, auf CD-ROMs oder auch als Studienbriefe verfügbar sind. Die online verfügbaren Angebote sind über den Lernraum Virtuelle Universität zugänglich. Die Betreuung der Studierenden erfolgt bislang telefonisch, über Mailing-Listen, Newsgroups, und in Foren. Die technische Plattform ermöglicht darüber hinaus den Austausch der Studierenden untereinander zu inhaltlichen Fragen im Zusammenhang mit den Kurseinheiten, zu Fragen der Studienorganisation, zu Klausuren und Seminararbeiten, zum Praktikum oder zu Prüfungen.

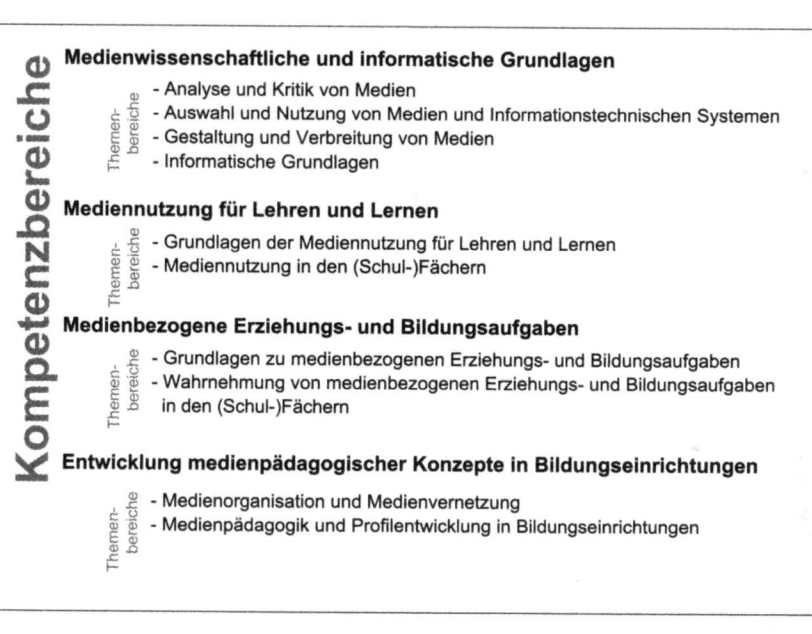

Abb. 4: Kompetenz- und Themenbereiche des FESTUM-Curriculum

Der Aufbau der einzelnen Kurseinheiten folgt dem – im vorliegenden Beitrag skizzierten – handlungsorientierten didaktischen Ansatz, der davon ausgeht, dass Lernprozesse durch bedeutsame Aufgabenstellungen angeregt werden können. Solche Aufgaben bilden den Ausgangspunkt der einzelnen Kurseinheiten und sind als Problemstellungen, Entscheidungsfälle, Beurteilungsfälle oder Gestaltungsaufgaben formuliert. Inhaltlich erfassen die Aufgaben solche Handlungssituationen, wie sie für Lehrpersonen im Medienbereich relevant sind. Die Auseinandersetzung mit dem Studienmaterial erfolgt damit nicht losgelöst von möglichen späteren Handlungsfeldern, sondern setzt eben hier an und ermöglicht damit den Studierenden, sich zunächst einmal über die noch notwendigen Kenntnisse und Fertigkeiten bewusst zu werden, die erforderlich sind, um die entsprechende Aufgabe zu lösen. In den so genannten grundlegenden Informationen können diese fehlenden Fähigkeiten und Wissensbestände dann erarbeitet und anschließend auf die Aufgabenstellung angewendet werden. Der Vergleich der eigenen Lösung mit einem Lösungskommentar bietet eine Form der Erfolgskontrolle. Einzelne Aufgaben sind darüber hinaus als Einsendeaufgaben formuliert und werden mit einem individuellen Kommentar bzw. einer Beurteilung an die Studierenden zurückgesendet. Erfolgskontrollen sind ferner durch studienbegleitende Klausuren und Hausarbeiten gegeben. Zur Vertiefung und/oder Ergänzung der Inhalte finden sich am Ende einer Kurseinheit jeweils kommentierte Literaturempfehlungen und Hinweise auf relevante Internetadressen. Die Vernetzung der einzelnen Kurseinheiten bzw. ihrer Inhalte wird durch ein Online-Glossar unterstützt.

Vor dem Hintergrund der Überlegungen im vierten Abschnitt ist das Angebot als ein Lehr-Lernarrangement einzuordnen, in dem in Einzelarbeit und (virtuell) betreuter Einzelarbeit verschiedene Lernaktivitäten (insbesondere rezipieren, recherchieren, informieren, analysieren, beurteilen, problemlösen, entscheiden, gestalten) auf der Basis verschiedener Medienangebote (Studienbrief, CD, Online-Kurs) durchgeführt werden. Von den Medienangeboten werden dabei vor allem folgende Funktionen wahrgenommen:

- Präsentation von Aufgabenstellungen, Informationsquelle, Lernhilfe, Analysegegenstand (Studienbrief, CD, Online-Kurs)
- Kommunikationswerkzeug (Online-Plattform).

Erste Erfahrungen und Problemlagen

Umfassende Ergebnisse zur Pilotphase des Projekts liegen im Moment noch nicht vor, die abschließende Befragung wird im Moment durchgeführt. Erste Hinweise auf Problemlagen und mögliche Perspektiven lassen sich aber aus einer Befragung von Studienabbrechern und Studierenden der Pilotphase entnehmen (vgl. Weritz 2003) sowie aus den Logfiles von Chat-Sitzungen und aus den Newsgroups.

Versucht man zunächst die Gründe für den Studienabbruch[8] zu klassifizieren, so stechen zwei Kategorien hervor (hier sind nur die Studierenden berücksichtigt, die angeben, dass der Studienabbruch maßgeblich mit dem Studium zu tun hat):

---

8   Die Abbrecherquote betrug im ersten Semester ca. 23%, im zweiten Semester ca. 18%. Darunter sind – insbesondere im ersten Semester – allerdings eine Vielzahl von Studierenden, die sich zunächst fristwahrend eingeschrieben haben und dann – nach Einsicht in die Studienunterlagen sowie genauerer Kenntnis der Zielsetzungen und Inhalte – wieder ausgestiegen sind. Zudem ist zu berücksichtigen, dass Studienabbruch nicht immer in unmittelbarem Zusammenhang mit dem Studium selbst steht. Von den befragten Studienabbrechern gaben 56% an, dass die Aufgabe des Studiums nichts oder nur wenig mit dem Studium selbst zu tun haben.

– nicht unmittelbar in die schulische Praxis umsetzbare Studieninhalte (zu geringe Praxisrelevanz),
– zu hoher zeitlicher Aufwand.

Der hohe Zeitaufwand ist in der Regel eine Frage der persönlichen Lebensumstände (Beruf und Studium parallel) und didaktisch weniger bedeutsam, wenn man unterstellt, dass der Aufwand nicht durch unverständliche oder übermäßig schwierig zu erschließende Inhalte verursacht wird (s.u.). Die geringe Praxisrelevanz hingegen ist didaktisch bedeutsam, weil von der Einschätzung der Praxisrelevanz der zu erarbeitenden Inhalte auch die subjektiv empfundene Bedeutsamkeit und damit die Motivation abhängen (vgl. Abschn.e 1 und 2). Sie lässt sich in zweierlei Hinsicht deuten: zum einen kann es um die Frage der Umsetzung von der Theorie in die schulische Alltagspraxis gehen, zum anderen um die grundsätzliche Bedeutsamkeit der behandelten Fragestellungen für die Medienpädagogik in der Schule. Beide Varianten spielen für die Studienabbrecher eine Rolle.

Zum einen scheint sich ein Theorie-Praxis-Verständnis abzuzeichnen, das stärker einer technologischen Transfermetapher verhaftet ist und dementsprechend den Stellenwert theoretischer Überlegungen – die Bestandteil aller Studieninhalte sind – eher geringer erscheinen lassen. Zum anderen kann vermutet werden, dass das individuelle Erleben schulischen Alltags und schulischer Aufgaben im Medienbereich als Messlatte für die Realitätsnähe von Aufgabenstellungen oder Fallbeispielen herangezogen wird – und damit u.U. auch die Bereitschaft verringert, sich auf solche Situationen als grundsätzlich wichtige und bedeutsame Situationen einzulassen, die im schulischen Alltag bisher nicht erlebt wurden.

Diese Vermutungen müssen in der weiteren Evaluation geprüft werden, im Moment stellen sie Hypothesen auf der Basis der Befragung einzelner Studienabbrecher dar. Insbesondere sind sie mit den Erfahrungen und Einschätzungen der aktiven Studierenden zu vergleichen. Deutlich ist aber in jedem Fall, dass dieses Problem kein medienbezogenes, sondern ein didaktisches ist. Ein gewisses „Dilemma" könnte sich hier abzeichnen zwischen den Bedürfnissen der Klientel nach möglichst alltagspraktischen Anregungen für die Unterrichtspraxis und den Ansprüchen, die an ein wissenschaftliches Studium gestellt werden. Aber auch dies ist keineswegs neu, sondern eine in der Professionalisierungsdebatte in der Lehrerausbildung seit langem diskutierte Problemlage, die bei Lehrpersonen mit langer Berufspraxis u.U. noch einmal eine besondere Akzentuierung erhält. Mit Bezug auf das in Abschnitt 2 dargestellte Lern- und Handlungsmodell lassen sich diese Ergebnisse aber auch so deuten, dass das Lernen in handlungsorientierten Kontexten von einigen grundsätzlich in Frage gestellt wird (was nicht gleich bedeutend mit ablehnen ist), weil die Kontexte selbst aus verschiedenen – noch zu ermittelnden – Gründen als nicht angemessen oder sinnvoll angesehen werden. Ein solcher Lernprozess ist in jeder Hinsicht wünschenswert, wirft allerdings die nicht triviale Frage auf, wie er im Rahmen eines Fernstudiums moderiert werden kann.

Ein weiterer – didaktisch bedeutsamer Effekt – zeigt sich in den Anmerkungen zum Aufbau der Studienmaterialien: Die Qualität der Studienmaterialien wurde von den befragten Studienabbrechern in Bezug auf die Inhalte im Spektrum von 2,0 bis 3,0 und in Bezug auf die Verständlichkeit im Spektrum von 1,8 bis 3,0 je nach zugrunde liegender Kurseinheit beurteilt (zugrundeliegende Notenskala von 1 bis 6). Der didaktische Aufbau der Materialien (einleitende Hinweise, Lernziele, Aufgabenstellung/Fall, grundlegende Informationen, ggf. weiterführende Informationen, Lösungskommentar, kommentierte Literaturhinweise, Internetverweise) wurde von 53% der Befragten als erleichternd für das Studium eingeschätzt, 7% empfanden ihn als erschwerend, 40% als weder erleichternd, noch erschwerend. Dieses Ergebnis trifft auch für die Studierenden des Pilotstudiengangs zu. Trotz dieser insgesamt eher positiven Einschätzung der allgemein didaktischen Struktur, zeigte sich in einzelnen freien Antworten, dass offenbar das Vorverständnis von Didaktik (im Sinne subjektiver Theorien über die Gestaltung von Unterricht) bzw. die eigene didaktische Vorgehensweise im Unterricht nicht unerheblichen Einfluss auf die Auseinandersetzung mit den – der eigenen Auffassung entsprechenden oder auch widersprechenden – didaktisch gestalteten Materialien hat. Auch dieser Einfluss ist in der weiteren Evaluation zu prüfen – an dieser Stelle ist zunächst festzuhalten, dass es ebenfalls kein medienbezogenes, sondern ein originär didaktisches Problem ist.

Ergänzend sei darauf hingewiesen, dass die mediendidaktische Gestaltung der Online-Kurse, insbesondere die interaktiven Elemente, nach den ersten Rückmeldungen aus den Newsgroups und Chat-Sitzungen positiv aufgenommen werden. Dies gilt insbesondere für animierte Darstellungen, in denen dynamische Prozesse simuliert werden. Ich werde darauf an dieser Stelle nicht näher eingehen, weil dies sich auf im engeren Sinne mediendidaktische Aspekte bezieht.

Die Online-Plattform, auf der ein Teil der FESTUM-Kurse bereitgestellt ist, bietet außerdem die Möglichkeit zur Kommunikation und Kooperation. Diese Möglichkeiten werden allerdings nur äußerst selten genutzt. Die Inhalte der Chats (u.a. als Online-Sprechstunde) und der Newsgroups beziehen sich häufig auf organisatorische Fragen (z.B. Prüfungsregelungen, Termine, Klausurthemen, Studienmaterialien usw.), nur in vereinzelten Fällen auf inhaltliche Aspekte der Studienmaterialien, für die gesonderte kursbezogene Foren eingerichtet sind. Allerdings hat die geringe Nutzung der Foren dazu geführt, dass die – wenigen – Teilnehmerinnen und Teilnehmer genau dies zum Thema in Chats gemacht haben.

Didaktisch interessant ist hierbei vor allem der Hinweis, dass die Teamarbeit durch eine entsprechende Aufgabenstellung motiviert sein muss. Kooperation um der Kooperation willen birgt die Gefahr der oberflächlichen, unkonstanten oder auch frustrierenden „Team"arbeit. Für den Fernstudiengang FESTUM sind die Materialien so angelegt, dass eine eigenständige Bearbeitung mit einem Austausch über Inhalte sinnvoll und angemessen ist, „echte" kooperative Aufgaben, die nur in Kooperation mit anderen zu lösen sind, sind nicht vorhanden. Nichtsdestotrotz bleibt zu überlegen, ob nicht gerade durch kooperative Aufgaben in den Studienmaterialien eine inhaltliche Notwendigkeit für Kooperation erzeugt werden kann/sollte, um darüber ggf. auch den stärkeren – nicht aufgabenbezogenen – Austausch anzuregen, wenn sich kleine Arbeitsgruppen gebildet haben.

Literatur

Baumgartner, P./Häfele, H./Maier-Häfele, K.: E-Learning Praxishandbuch. Auswahl von Lernplattformen. Innsbruck: Studienverlag 2002.

BLK – Bund-Länder-Kommission für Bildungsplanung und Forschungsförderung: Medienerziehung in der Schule. Orientierungsrahmen. Bonn: BLK 1995.

Bunk, G. P./Kaiser, M./Zedler, R.: Schlüsselqualifikationen – Intention, Modifikation und Realisation in der beruflichen Aus- und Weiterbildung. Mitteilungen aus der Arbeitsmarkt- und Berufsforschung. 24 (1991) 2, S. 365 – 374.

Gilligan, C.: Die andere Stimme. Lebenskonflikte und Moral der Frau. 5. Aufl., München: Piper 1991.

Gudjons, H.: Handlungsorientiert lehren und lernen. Dritte Aufl., Bad Heilbrunn 1992.

Heimann, P.: Didaktik als Theorie und Lehre. Die Deutsche Schule 54(1962)9, S. 409-427.

Herzig, B.: Förderung ethischer Urteils- und Orientierungsfähigkeit. Grundlagen und schulische Anwendungen. Münster u.a. 1998.

Herzig, B.: Analoge und digitale Medien im Bildungsprozess. Theoriebasierte Entwicklung einer integrativen Sichtweise für die Medienbildung. Habilitationsschrift, Paderborn: Universität, Fakultät für Kulturwissenschaften.

Jank, W./Meyer, H.: Didaktische Modelle. Frankfurt a.M. 1991.

Keil-Slawik, R.: Anmerkungen zu einem kulturell unbewältigten Verhältnis. In: Arbeitsgemeinschaft betriebliche Weiterbildungsforschung (Hrsg.): Arbeiten und Lernen. Lernen, Kompetenzentwicklung und innovative Arbeitsgestaltung. Berlin: QUEM-report, Heft 67, S. 109-118.

Keil-Slawik, R./Selke, H.: Forschungsstand und Entwicklungsperspektiven zum virtuellen Lernen von Erwachsenen. [http://iug.uni-paderborn.de/iug/veroeffentlichungen/1998/rks_hase_kompetenz] (02/2003).

Kohlberg, L.: Zur kognitiven Entwicklung des Kindes. Frankfurt a.M. 1974.

Kohlberg, L.: Kognitive Entwicklung und moralische Erziehung. Politische Didaktik 3 (1977) 1, S. 5 – 21.

Leutner, D.: Adaptivität und Adaptierbarkeit multimedialer Lehr- und Informationssysteme. In: Issing, L. J./Klimsa, P. (Hrsg.): Information und Lernen mit Multimedia und Internet. Weinheim 2002, S. 115-125.

Mandl, H./Gruber, H./Renkl, A.: Situiertes Lernen in multimedialen Lernumgebungen. In: Issing, L./Klimsa, P. (Hrsg.): Information und Lernen mit Multimedia und Internet. Weinheim 2002, S. 139-148.

Mayer, R. E.: Multimedia learning: Are we asking the right questions? Educational Psychologist 32(1997), S. 1-19.

Mayer, R. E./Moreno, R.: A split-attention effect in multimedia learning: evidence for dual processing systems in working memory. Journal of Educational Psychology 90(1998), S. 312-320.

Merril, M. D.: Component Display Theory. In: Reigeluth, C. M. (Hrsg.): a.a.O., S. 335-382.

Merrill, M. D.: The New Component Display Theory: instructional Design for Courseware Authoring. Instructional Science 16(1987)1, S. 19-34.

Merrill, M. D./Li, Z./Jones, M. K.: Second generation instructional design (ID2). Educational Technology 31(1990)6, S. 7-12.

Möller, C.: Technik der Lernplanung. Methoden und Probleme der Lernzielerstellung. Weinheim, Basel 1973.

Moore, M. G./Thompson, M. M.: The effects of distance learning. University Park, PA: American Center for the Study of Distance Education 1997.

Reigeluth, C. M./Steins, F. S.: The elaboration theory of instruction. In: Reigeluth, C.M. (Hrsg.): a.a.O., S. 279-333.

Schnotz, D.: Zum Thema Instruktionsdesign: Typen versus Dimensionen. [http://www.iwm-kmrc.de/kevih/workshops/didaktikmat/SchnotzkevihWS.pdf] (02/2003).

Schroder, H. M./Driver, M. J./Streufert, S.: Menschliche Informationsverarbeitung. Die Strukturen der Informationsverarbeitung bei Einzelpersonen und Gruppen in komplexen sozialen Situationen. Weinheim 1975.

Schulmeister, R.: Grundlagen hypermedialer Lernsysteme. München u.a. 2002.

Schulz, W.: Unterrichtsplanung. Dritte Aufl., München 1981.

Streufert, S./Streufert, S.: Behavior in the Complex Environment. New York 1978.

Strittmatter, P./Niegemann, H.: Lehren und Lernen mit Medien. Darmstadt 2000.

Tulodziecki, G.: Zur Bedeutung von Erhebung, Experiment und Evaluation für die Unterrichtswissenschaft. Unterrichtswissenschaft (1982) 10, S. 364-377.

Tulodziecki, G.: Medienerziehung in der Schule – Zielsetzungen, Strategien, Methoden. In: Hamm, I. (Hrsg.): Medien als Bildungsaufgabe in Ost und West. Gütersloh 1993, S. 59-66.

Tulodziecki, G.: Unterricht mit Jugendlichen. Eine handlungsorientierte Didaktik mit Unterrichtsbeispielen. Bad Heilbrunn 1996.

Tulodziecki, G.: Medien in Erziehung und Bildung. Grundlagen und Beispiele einer handlungs- und entwicklungsorientierten Medienpädagogik. 3. Aufl., Bad Heilbrunn 1997.

Weinberger, A./Fischer, F./Mandl, H.: Gemeinsame Wissenskonstruktion in computervermittelter Kommunikation: Welche Kooperationsskripts fördern Partizipation und anwendungsorientiertes Wissen? (Forschungsbericht Nr. 153) München: Ludwig-Maximilians-Universität, Lehrstuhl für Empirische Pädagogik und Pädagogische Psychologie 2002.

Weritz, W.: Auswertung der Befragung von Studienabbrechern des Fernstudiengangs Medien (FESTUM). Arbeitspapier, Fakultät für Kulturwissenschaften: Universität Paderborn 2003.

Zumbach, J./Reimann, P.: Analyse und Förderung komplexer Kooperation und Kollaboration in synchronen Lernumgebungen. [http://paeps.psi.uni-heidelberg.de/wissensbildung/downloads/analyse01.pdf] (02/2003).

Rolf Schulmeister

Plädoyer für Offene Lernumgebungen

Ich möchte eingangs drei Behauptungen oder Thesen aufstellen, und vielleicht gelingt es mir, sie im nachfolgenden Aufsatz durch einige Argumente plausibel zu machen:

- Lehren und Lernen unterscheiden sich nicht danach, ob sie in Präsenzlernphasen oder in virtuellen Lernumgebungen stattfinden. Diese Aussage gilt auch für Lehrmethoden und Lernmethoden.
- Einige Lehr-Lernmethoden scheinen allerdings für virtuelle Lernumgebungen geeigneter zu sein als andere Methoden. Zu den für virtuelles Lernen eher geeigneten Lehr-Lernmethoden zähle ich die sog. „offenen Lernumgebungen".
- Virtuelles Lernen erreicht erst dann eine dem Präsenzlernen adäquate Qualität, wenn es einen hohen Grad an Aktivität erlaubt und/oder eine intensive Kommunikation ermöglicht.

Eine Unterscheidung muss ich allerdings vorab einführen, die den Geltungsbereich dieser Thesen etwas eingrenzt: Ich unterscheide eLearning-Umgebungen danach, ob sie einen relativ standardisierten Wissenskanon anbieten und damit ein individuelles Lernen ermöglichen oder ob sie anfänglich keinen Wissensbestand vorgeben, sondern einen projektorientierten Ansatz verfolgen und auf die Bildung sog. Wissensgemeinschaften zielen. Mit anderen Worten: eLearning-Umgebungen variieren vom individuellen Selbststudium bis hin zu kooperativen Lern- und Wissensgemeinschaften (Schulmeister 2003, S. 163-187), von einem asynchronen Lernen mit digitalen Lernobjekten bis hin zu synchronen Diskussionen mit anderen Studierenden.

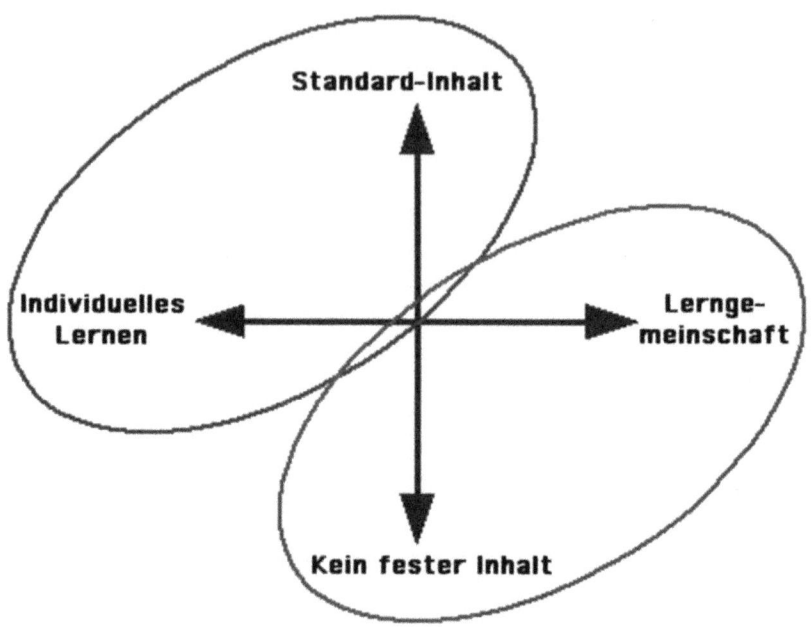

Abb. 1: Zwei Typen virtueller Lehre

Zwischen den Extremen dieser Skalen befinden sich alle möglichen denkbaren Mischformen virtueller Lehre, virtuelle Vorlesungen, virtuelle Arbeitsgruppen mit klaren Aufgaben, virtuelle Seminare mit geringen synchronen Kommunikationsanteilen, selbständige Projektgruppen mit hohen kommunikativen Anteilen. Warum treffe ich diese Unterscheidung?

Nicht alle Aussagen, die zum eLearning gemacht werden, gelten für die beiden Typen von eLearning gleichermassen. Für die Wissens- oder Lerngemeinschaften sind Fragen der Kommunikation, der Kooperation und der Moderation vorrangig, während für Selbstlernumgebungen Lernziele, Lerninhalte, Methoden und Mediengestaltung wichtiger sind. Ich werde mich im Folgenden mit meinen Aussagen auf Lernumgebungen beziehen, die mit vorgegebenen Lernobjekten arbeiten und diese den Studierenden zum Selbststudium anbieten oder in mehr oder minder kommunikativen Unterrichtsarrangements verarbeiten.

Zwei Beispiele

Welche Qualitäten das Lernobjekt in virtuellen Lernumgebungen haben sollte, möchte ich an zwei Lernprogrammen demonstrieren, die zum Erlernen der Gebärdensprache für unsere hörenden Studierenden entwickelt wurden.

Das erste Beispiel ist ein multimediales Programm zum Erlernen der Gebärdensprache mittels natürlicher Dialoge und das zweite Beispiel ist ein Programm für die Konstruktion gebärdensprachlicher Äußerungen, das einen Avatar als Tutor einsetzt.

Wir hatten vor drei Jahren ein multimediales Programm zum Erlernen der Deutschen Gebärdensprache entwickelt (Metzger, Schulmeister und Zienert 2000). Wir haben das Lernprogramm „Die Firma" genannt, weil die elf Lektionen in einer Firma spielen, in der Gehörlose zusammen mit Hörenden an Bauprojekten arbeiten. Alle elf bestehen aus authentischen Szenarien mit natürlichen Dialogen. Die Aufgabe der Studierenden ist es, durch Analyse der Dialoge und durch den Vergleich des situativen Gebrauchs von Gebärden im Kontext mit ihrer Zitationsform im Lexikon die Grammatik der Gebärdensprache selbständig zu erschließen.

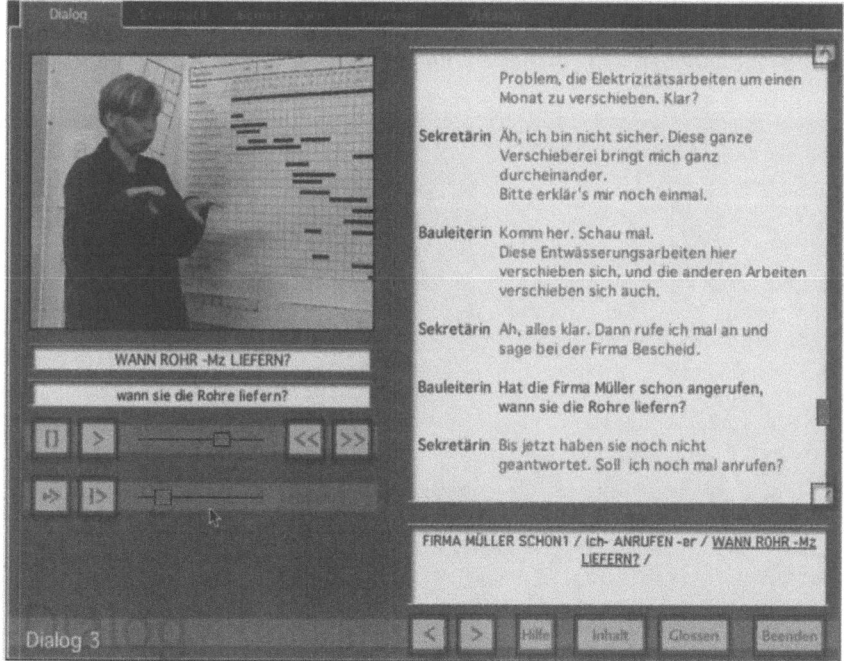

Abb. 2: Die Firma II: Dialog im Lernprogramm zur Gebärdensprache

Die erste Version des Programms „Die Firma" enthielt pro Lektion auch Übungen, mit denen die Studierenden ihre rezeptive und produktive Sprachkompetenz testen konnten. Wir hatten damals jedoch keine Methode gefunden, das Programm die Sprachkompetenz der Benutzer überprüfen zu lassen und dazu Rückmeldung geben zu können. In einer neuen Version „Die Firma II" (Metzger, Schulmeister und Zienert 2003) haben wir jetzt Spiele als interaktive Lern-

objekte eingebaut, in denen die Studierenden ihr Verstehen der Gebärdensprache in Handlungen umsetzen müssen und vom Programm Rückmeldung dazu
erhalten können. In den Dialogen der einzelnen Lektionen geht es um folgende
grammatische Prinzipien der Gebärdensprache:

- Einsatz von Klassifikatoren und INDEX-Gebärde
- Die Gestaltung von Zeitlinien und Zeitpunkte-Markern
- Ausdruck der Perspektive und der Wechsel der Perspektive
- Die Benutzung von Formdeskriptoren

Die Übungen bestehen aus interaktiven zwei- oder dreidimensionalen Lernobjekten. Im linken Fenster erläutert der Lektor die Aufgabe in Gebärdensprache. Auf der rechten Seite kann der Studierende in Konstruktionshand-
lungen umsetzen, was er aus der Anweisung verstanden hat. Sofern er die
Aufgabe erfolgreich umsetzt, erhält er eine positive Rückmeldung vom Lektor. Hat er die Anweisung nicht korrekt verstanden, wird er auch die Aufgabe
nicht lösen können. In dem Fall erhält er entsprechende Rückmeldungen
durch Animationen und Hinweise vom Lektor.

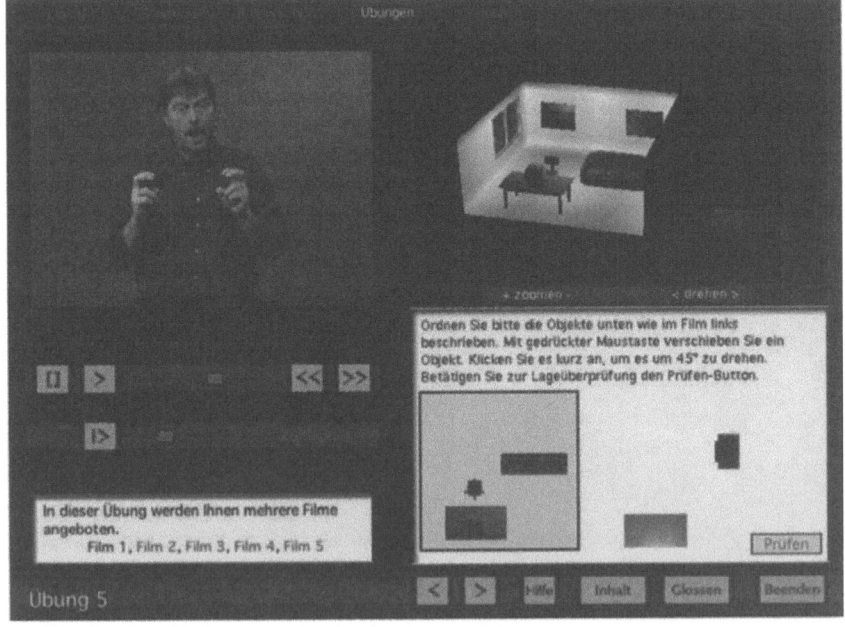

Abb. 3: Die Firma II: Interaktive Übung: Arrangement von Möbeln

Die interaktiven Übungen beinhalten folgende konstruktive Aufgaben:

- In Lektion 2 müssen verschieden geformte Räume in unterschiedlich ge-
  formten Stockwerken eines Gebäudes richtig arrangiert werden

- In Lektion 4 müssen unterschiedlich geformte Räume mit Möbeln und Elektroanschlüssen etc. ausgestattet werden
- In Lektion 5 sollen Aufgaben in einer Stadt erledigt werden. Der Studierende lenkt ein Auto durch die Straßen einer Stadt (2D-Aufsicht von oben) und muss dabei bestimmte Info-Punkte anlaufen (Post, Universität, Bank etc.)
- Fahren in einem 3D-Labyrinth.

Das Programm kann die korrekte Erledigung der Aufgaben durch Verfolgung der grafischen Interaktion abprüfen und Feedback dazu geben. Da es sich bei der Gebärdensprache um eine Bewegung im Raum handelt, boten sich grafische Manipulationen in 2D und 3D als geeignetes Konzept für die Konstruktion der interaktiven Übungen an.

Weitaus komplizierter war es jedoch, eine geeignete Methode für ein Feedback zur produktiven Sprachkompetenz zu finden. Die Entwicklung einer Methode zum Überprüfen der produktiven Sprachkompetenz hat uns einige Kopfschmerzen bereitet. Im Projekt ViSiCAST wurde ein „Signing Tutor" entwickelt (Popescu, Hong, Schmaling, Hanke, Schulmeister et al 2002). Dieser Tutor ist ein Avatar namens Visia, der Gebärdensprache auf dem Bildschirm synthetisch generiert, wobei Visia durch eine linguistische Maschine gesteuert wird.

Die Tutorin Visia ist ein Demonstrator der Übersetzungstechnologie von ViSiCAST. Ihre Bewegungen werden nicht durch motion capturing generiert, sondern die Gebärden von Visia werden synthetisch generiert. Die Gebärden von Visia wurden mit HamNoSys 4 notiert und werden vom Programm in SiGML umgewandelt, einer XML-Variante, die die Animation steuert.

Der Signing Tutor ist zum Lernen der Gebärdensprache entwickelt worden. Der Tutor ist eine hochinteraktive Umgebung, in der die Studierenden probieren können, eigene Aussagen oder Sätze in Gebärdensprache zu konstruieren. Der Tutor kann auch selbständig richtige und falsche Sätze bilden, mit deren Hilfe die Studierenden ihre produktive Sprachkompetenz testen können. Der Einsatz des Avatars hat mehrere Vorteile:

- Die Studierenden können den Avatar rotieren und zoomen und so die dreidimensionalen Bewegungen der Gebärdensprache besser verfolgen.
- Die Studierenden können selbst gebärdensprachliche Äußerungen konstruieren.
- Der Avatar kann vom Studierenden angezielte Äußerungen geringfügig variieren, um die Sprachkompetenz der Studierenden zu testen.
- Die Studierenden können gemäß eigener Lerngeschwindigkeit studieren.
- Die Studierenden können das Programm unabhängig vom Ort nutzen.
- Die Studierenden können die Lernprozesse beliebig oft wiederholen.
- Das System unterstützt das Gedächtnis, während die im Präsenzunterricht gemachten neuen Erfahrungen kaum vernünftig memoriert werden können.

Im Vergleich zu einem multimedialen Lernprogramm mit fest gespeicherten
Videosequenzen, wie es in dem Beispiel „Die Firma" vorliegt, hat der Einsatz eines Avatars weitere Vorteile:

- Der Avatar kann eine unbegrenzte Menge an Gebärden und Sätzen bilden.
- Der Studierende kann Beispiele konstruieren, die nicht vorhergesehen
  wurden und deshalb nicht gespeichert werden konnten.
- Man kann den Avatar veranlassen, Fehler zu machen und mit den Feh-
  lern den Studierenden zu testen.

In der Lektion I können die Studierenden das grammatische Prinzip der
Zahleninkorporation in der Gebärdensprache explorieren. Die Gebärden für
Stunden, Tage, Wochen, Monate und Jahre sowie Geldmengen werden mit
den Gebärden für niedrige Zahlen zu neuen Gebärden verschmolzen, mit höheren nicht. Es gibt auch Gebärden für Zeitangaben, die nicht mit den Zah-
lengebärden verschmolzen werden. Das Prinzip der Verschmelzung wird in
der Gebärdensprach-Linguistik als Inkorporation bezeichnet.

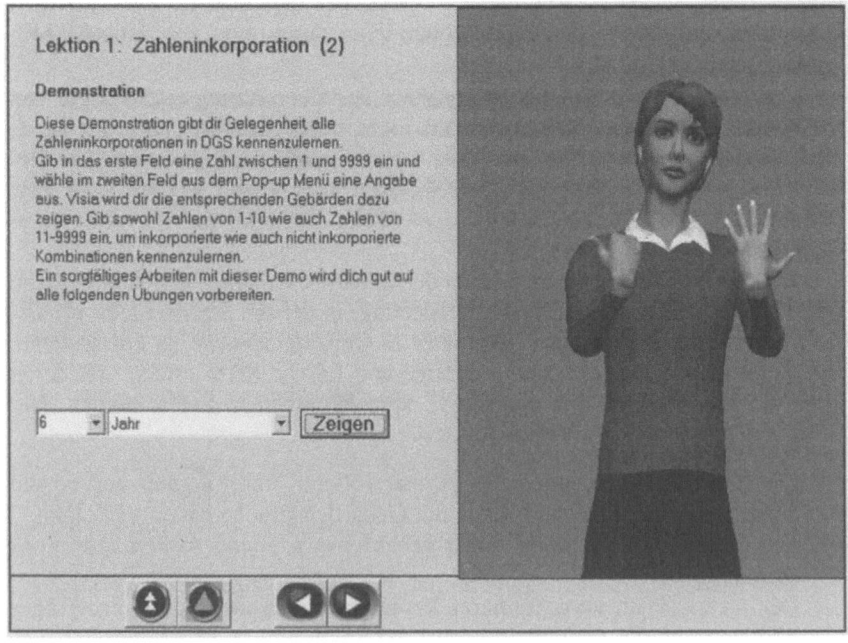

Abb. 4: Signing Tutor „Visia" generiert Gebärdensatz

In der Lektion 2 können die Studierenden „Richtungsverben" mit Gegenständen verbinden (z.B. ich gebe ihm ein Buch), wobei die Gegenstände als Klassifikatoren die Handform des Verbs modifizieren. Dieses Prinzip gilt allerdings nicht für alle Objekte. Der Studierende kann ein Verb und ein Objekt wählen und die Richtung (Adressat, indirektes Objekt) bestimmen.

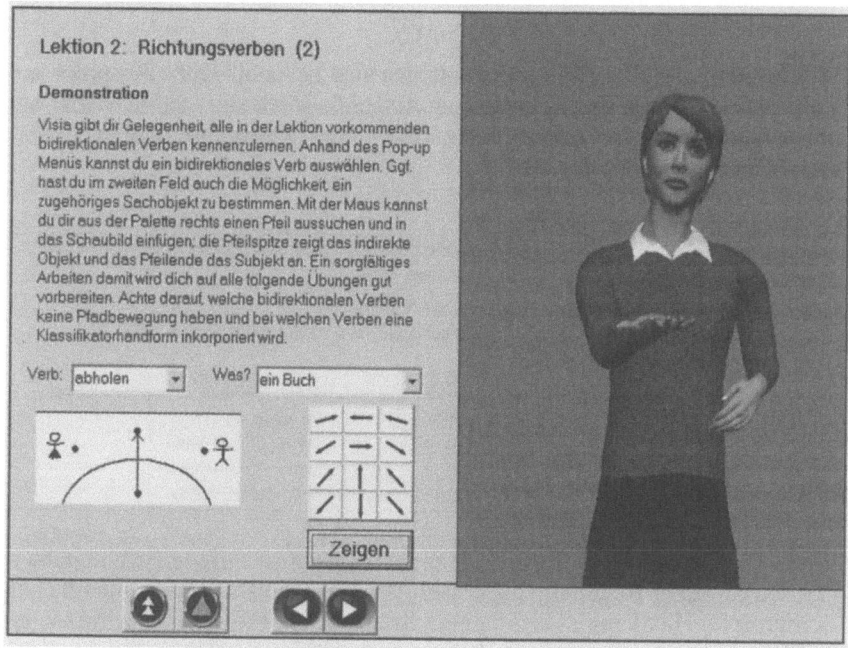

Abb. 4: Signing Tutor „Visia" generiert Gebärdensatz

Der Signing Tutor erlaubt konstruktive Sprachhandlungen und kann auch als Testwerkzeug genutzt werden, indem man ihn veranlasst, falsche und halbfalsche Lösungen zu präsentieren. Die Beispiele aus der Gebärdensprache machen deutlich, wie hochinteraktive Übungen und Feedback zu anspruchsvollen Lernobjekten verbunden werden können. Zugleich dürften sie deutlich gemacht haben, dass es keine leichte Aufgabe ist, hoch-interaktive Lernobjekte für virtuelle Lernumgebungen zu entwickeln, die Rückmeldung zu Lernprozessen geben können.

Gemeinsame Charakteristika der beiden Lernumgebungen

Was unterscheidet die geschilderten Beispiele von klassischen instruktionalistischen Umgebungen? Warum rechtfertigen sie die These, dass sich für E-Learning-Umgebungen, die mit Wissens- und Lernobjekten arbeiten, offene Lernumgebungen als didaktisches Gestaltungsprinzip an bieten. Was sind offene Lernumgebungen? Offene Lernumgebungen kann man mit Elen und Lowyck beschreiben als

> „powerful learning environments focus on providing a supportive ecological system that is less structured and less directive, that encompasses learner-controlled tools for the acquisition of knowledge and skills, and that attempts to integrate both tools and coaching strategies in collaborative learning environments" (Elen/Lowyck et al. 1999, S. 192).

Welche Modelle offener Lernumgebungen sind bekannt? Ohne Anspruch auf Vollständigkeit sind dies zum Beispiel folgende Methoden, die entweder auf der Grundlage kognitionspsychologischer oder konstruktivistischer Lehr-Lern-Konzepte entstanden sind:

Anchored Instruction	Cognition and Technology Group at Vanderbilt 1993
Apprenticeship Learning	Collins 1998
Legitimite peripheral participation	Lave/Wenger 1991
Reciprocal Teaching	Palincsar/Brown 1984; Millis/Cottell 1998
Fallbasiertes Lernen (case-based study)	
Problemorientiertes Lernen	Schmidt 1989; Gräsel, Mandl et al 1992; Jonassen
(problem-based learning)	2000, Schulmeister 2002
Lernen mit Simulationen	Goodyear 1991; de Jong/Njoo 1992
Entdeckendes Lernen	Bruner, 1961; Shulman/Keislar 1966
Forschendes Lernen	Bundesassistentenkonferenz 1970

Wodurch zeichnen sich offene Lernumgebungen aus? Offene Lernumgebungen setzen in der Regel einen Lernanlass oder Rahmen für den eigentlichen Lernprozess. Hier kann es sich um ein Szenario, ein Problem, eine Praxis, eine Umgebung zum Explorieren oder ein kognitives Werkzeug für die Konstruktion von Simulationen oder anderen Objekten handeln, wobei manche problemorientierten Ansätze z.B. in der Medizin eine prozedurale Struktur anbieten, die sich an der Heuristik des Problemlöseprozesses in der Praxis orientiert (s. Schulmeister 2002).

Der Rahmen oder Lernanlass für die Lernumgebung beruht möglichst auf authentischen Situationen oder Szenarien, die geeignet sind, die Motivation der Lernenden anzusprechen und den sozialen oder natürlichen Kontext für die Lerngegenstände zu repräsentieren. Innerhalb des vorgegebenen Rahmens öffnet sich für die Lernenden ein Suchraum für explorative Lernprozesse, in dem sie Handlungen probieren können, die anfangs vielleicht dem Muster von Versuch & Irrtum folgen, dann aber mit zunehmender Erfahrung einem gezielten Testen von Hypothesen weichen. Es ist wichtig anzumerken, dass die Lernenden anfangs zumeist mit naiven kognitiven Konzepten an die Lernobjekte herantreten und diese naiven Konzepte erst im Prozess des Problemlösens in formale wissenschaftliche Konzepte transformieren.

MOTIVATION
—
Authentizität
Wissen im Kontext
Situatives Wissen

KOGNITION
Naive Konzepte
—
formale Konzepte

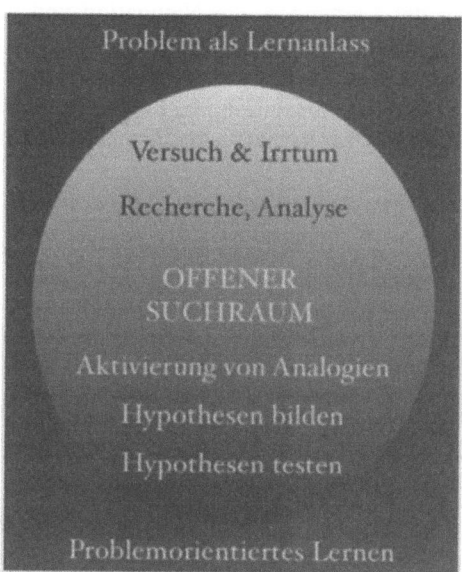

Abb. 6: Szenario und Suchraum

Diese Art von Lernsituationen geben keine bestimmten Inhalte oder Aufgaben vor, sondern überlassen es den Lernenden, selbst die Ziele und Gegenstände des Lernens zu entdecken und sich das benötigte Wissen im Verlauf des Problemlöseprozesses selbständig anzueignen. Sie folgen dem Konzept des studentenzentrierten Lernens (Jonassen 2000).

Offenes Lernen in authentischen Umgebungen scheint mir die adäquate Methode für Prozesse der Wissenskonstruktion und Konstituierung von Bedeutungen zu sein. Dies gilt allerdings nur unter einer wichtigen Voraussetzung: In offenen Lernumgebungen spielt die Qualität der Lernobjekte eine besondere Rolle, eine Qualität, die durch den Grad an Interaktivität des Lernobjekts konstituiert wird und die durch die Rückmeldung unterstützt wird, die der Lernende durch die Manipulation des Lernobjekts erhält.

Die Interaktivität der Lernobjekte (Schulmeister 2003), die weder mit der Interaktion mit der Schnittstelle noch mit der Navigation verwechselt werden sollte, bezieht sich auf die

- die Manipulation der Repräsentationsform
- die Manipulation des Inhalts
- die eigene Konstruktion von Wissen
- und die Rückmeldung vom Lernobjekt selbst.

Zusätzlich zur Rückmeldung vom Lernobjekt sollte es Rückmeldungen an den Lernenden in offenen Lernumgebungen geben, die von Tutoren und Lehrenden auf kommunikativem Wege erteilt werden, in Chats oder in Foren, und diese Form der Rückmeldung kann sich auf folgende Sachverhalte beziehen:

- die Orientierung des Lernenden, die Navigation und den Umgang mit den Lernobjekten
- Propädeutik, Heuristik und Lernorganisation
- die wissenschaftliche Argumentation und Fragen der Methodologie
- den kognitiven Gehalt wissenschaftlicher Themen & Theorien
- Fragen der Motivation
- psychosoziale Faktoren des Individuums, der Lernumwelt und der Lerngemeinschaft.

Literatur

Barrows, H. S./Pickell, G. C.: Developing clinical problem-solving skills. A guide to more effective diagnosis and treatment. London et al. 1991.

Bruner, J.: The Act of Discovery. In: Harvard Educational Review 31 (1961), S. 21-32.

Bundesassistentenkonferenz (Hrsg.): Forschendes Lernen – wissenschaftliches Prüfen (Schriften der BAK 5). Bonn 1970.

Cognition and Technology Group at Vanderbilt: Designing Learning Environments That Support Thinking: The Jasper Series as a Case Study. In: Duffy, T.M./Lowyck, J./Jonassen, D.H. (eds): Designing Environments for Constructive Learning. (NATO ASI Series. Series F: Computer and Systems Sciences; 105) Berlin/Heidelberg 1993, S. 9-36.

Collins, A.: Cognitive Apprenticeship and Instructional Technology. In: Idol, L./Jones, B.F. (eds): Educational Values and Cognitive Instruction: Implications for Reform. Hillsdale, NJ u.a.1991, S. 121-138.

de Jong, T./Njoo, M.: Learning and Instruction with Computer Simulations: Learning Processes Involved. In: De Corte, E. et al (eds): Computer-Based Learning Environments and Problem Solving. (NATO ASI Series. Series F: Computer and Systems Sciences; 84) Berlin/Heidelberg 1992, S. 411-427.

Elen, J./Lowyck, J./van den Berg, B.: Virtual University? Will Learning Benefit? – In: Ortner, G.E./Nickolmann, F. (Hrsg.): Socio-Economics of Virtual Universities. Weinheim 1999.

Goodyear, P./Tait, K.: Learning with Computer-Based Simulations: Tutoring and Student Modelling Requirements for an Intelligent Learning Advisor. In: Carretero, M. et al (eds): Learning and Instruction: European Research in an International Context. Vol. 3. Oxford 1991, S. 463-481.

Gräsel, C./Mandl, H./Prenzel, M.: Die Förderung diagnostischen Denkens durch fallbasierte Computerlernprogramme in der Medizin. In: Glowalla, U./Schoop, E. (Hrsg.): Hypertext und Multimedia. Neue Wege in der computerunterstützten Aus- und Wieterbildung. Berlin/Heidelberg 1992, S. 323-331.

Jonassen, D. H.: Toward a design theory of problem solving. *Educational Technology: Research & Development, 48* (2000/4), S. 63-85.

Lave, J. Wenger, E.: Situated Learning: Legitimate Peripheral Participation. Cambridge 1991.

Lowyck, J./Elen, J.: Transitions in the Theoretical Foundation of Instructional Design. In: *Duffy, T.M./Lowyck, J./Jonassen, D. H. (eds):* Designing Environments for Constructive Learning. (NATO ASI Series. Series F: Computer and Systems Sciences; 105) Berlin/Heidelberg 1993, S. 213-229.

Metzger, Ch./Schulmeister, R,/Zienert, H.: Die Firma. Gebärdensprache Do It Yourself. Seedorf 2000.

Metzger, Ch./Schulmeister, R./Zienert, H.: Die Firma. Gebärdensprache Interaktiv. Seedorf 2003.

Millis, B.J./Cottel Jr., Ph. G. (eds): Cooperative Learning for Higher Education Faculty. o.O. 1998.

Neber, H. (Hrsg.): Entdeckendes Lernen. Weinheim/Basel 1975.

Palincsar, A. S./Brown, A. L.: Reciprocal Teaching of Comprehension-Fostering and Comprehension-Monitoring Activities. In: Cognition & Instruction 1 (1984), S. 117-175.

Popescu, H./Hong, S,-E./Schmaling, C./Hanke, Th./Schulmeister, R.: Signing Tutor. Hamburg 2002, ViSiCAST deliverable 2-3.

Schmidt, H. G. et al. (eds): New Directions for Medical Education. Problem-based Learning and Community-oriented Medical Education. Berlin, Heidelberg, New York, London, Paris, Tokyo 1989.

Schulmeister, R.: Zur Komplexität Problemorientierten Lernens. In: Asdonk, J u.a. (Hrsg.): Bildung im Medium der Wissenschaft. Zugänge aus Wissenschaftspropädeutik, Schulreform und Hochschuldidaktik. Weinheim 2002, S. 185-201.

Shulman, L. S./Keislar, E. R. (eds): Learning by Discovery: A Critical Appraisal. Chicago 1966.

Winn, W.: A Constructivist Critique of the Assumptions of Instructional Design. In: Duffy, T.M./Lowyck, J./Jonassen, D.H. (eds): Designing Environments for Constructive Learning. (NATO ASI Series. Series F: Computer and Systems Sciences; 105) Berlin/Heidelberg 1993, S. 189-212.

H.-Hugo Kremer und Franz Gramlinger

Virtuelle Konferenz als hochschuldidaktische Innovation? Konzeption und Diskussion anhand eines Fallbeispiels

Der vorliegende Beitrag diskutiert Möglichkeiten und Grenzen der Realisierung virtueller Konferenzen im Rahmen der Hochschuldidaktik. Hierzu wird in diesem Kapitel zunächst das Konstrukt „virtuelle Konferenz" vorgestellt und versucht, es im Bereich virtueller Lehr-Lernformen (vgl. z.b. Euler 2001 a/b; Euler/Wilbers 2002, Rosenberg 2001) einzuordnen. Im Rahmen dieser Einführung werden Vor- und Nachteile virtueller Konferenzen aufgezeigt. Im zweiten Abschnitt wird die Konzeption, Vorbereitung und gemeinsame Durchführung einer konkreten virtuellen Konferenz zur Thematik „E-Learning in der beruflichen Bildung" an drei Universitätsstandorten beschrieben. Schließlich wird das Potenzial eines solchen Instruments für die universitäre Lehre diskutiert und mit einem ersten Fazit abgerundet.

1. Einführung: Virtuelle Konferenz als Instrument der Hochschuldidaktik

1.1 Virtuelle Konferenz – eine erste Annäherung

„Virtuelle Konferenzen – auch Online-Konferenzen genannt – sind durchaus reale Veranstaltungsformen, die, basierend auf Informations- und Kommunikationstechnologien, inzwischen meist auf Basis des Internets realisiert sind und in verschiedenen Formen und Zusammenhängen stattfinden. Ihre Anwendungsfelder erstrecken sich von firmeninternen Meetings über universitäre und kommerzielle, netzbasierte Weiterbildungsveranstaltungen bis hin zu Veranstaltungen wie z.B. eine ‚Virtuelle Konferenz zur Bildungspolitik'" (Bremer 1999, S. 19). Insbesondere der zweite Teil der begrifflichen Annäherung von Bremer deutet darauf hin, dass vielfältige Veranstaltungsformen als virtuelle Konferenzen gekennzeichnet werden können. Abgrenzungen zu Begriffen wie z.B. Online-Tagung, virtueller Kongress oder virtuelles Seminar können nur schwer hergestellt werden. Ebenso kann formuliert werden, dass virtuelle Konferenzen kaum durch bestimmte Veranstaltungsformen gekennzeichnet werden können. Beispielsweise kombinieren virtuelle Konferenzen oftmals Online-Phasen mit Präsenzveranstaltungen, oder traditionelle

Konferenzen werden durch einen virtuellen Konferenzbereich ergänzt. Insgesamt kann so konstatiert werden, dass durch Begrifflichkeiten wie virtuelle Konferenz der Raum möglicher Veranstaltungstypen eine Erweiterung erfährt. Dieser erweiterte Möglichkeitsraum soll hier betrachtet werden. Sicherlich kann behauptet werden, dass viele Formen virtuellen Lernens und Arbeitens aus der Übertragung traditioneller Formen auf medial gestützte Formen entstehen und nicht grundlegend als neue Formen etabliert werden. Im Zuge der Nutzung derartiger Formen entwickeln sie sich dann oftmals zu eigenständigen Varianten. Der Möglichkeitsraum wird dann einerseits durch den Erfahrungshorizont der Akteure und andererseits durch die Gestaltungsmöglichkeiten in virtuellen Räumen begrenzt.

Die Erweiterung des Möglichkeitsraums lässt sich in einer 2x2-Matrix darstellen (vgl. Gramlinger 2003). Feld 1 verweist auf traditionelle Formen des Lernens und Lehrens, welche räumlich und zeitlich eine Synchronisation erfahren. Feld 2 steht für den Fall, dass zwar am gleichen Ort, aber zu unterschiedlichen Zeiten – also asynchron – gelernt wird. Gängiges Beispiel ist ein PC-Raum, in dem z.B. eine Gruppe an einem Projekt arbeitet und die Daten auf einem einzigen Computer abspeichert. Interessant wird dieser Quadrant dann, wenn man sich den Ort nicht mehr als physischen Raum vorstellt, sondern als virtuellen – diese Überlegungen würden aber den Rahmen an dieser Stelle sprengen und sollen deswegen hinten angestellt werden. Der dritte Quadrant ist der des „klassischen" Tele-Lernens: zur gleichen Zeit (synchron) wird an unterschiedlichen Orten gelernt. Kommuniziert wird dabei über die unterschiedlichsten Kanäle des Internets: Chat, Instant-Messenging-Software, IP-Telefonie, Video-Konferenzen etc. – die technologischen Möglichkeiten nehmen laufend zu und verändern sich permanent, die Qualität dieser Kommunikationsmöglichkeiten verbessert sich derzeit durch zunehmende Bandbreiten und gute Anschlüsse der Internet-User. Der vierte Quadrant verweist schließlich auf die asynchrone Arbeit an verschiedenen Orten. In dieses Feld wären beispielsweise spezifische Formen des Distance-Learning einzuordnen. Es geht nun nicht darum, die Formen in Konkurrenz zueinander zu betrachten, vielmehr ist es von Interesse, eine Kombination verschiedener Lehr-Lernformen zu erreichen. Ebenso können diese Formen in unterschiedlichen didaktischen Designs zur Anwendung gelangen, alle Formen ermöglichen sowohl dozenten- bzw. lehrerzentrierte Designs als auch die Realisierung lerneraktivierender Lehr-Lernarrangements.

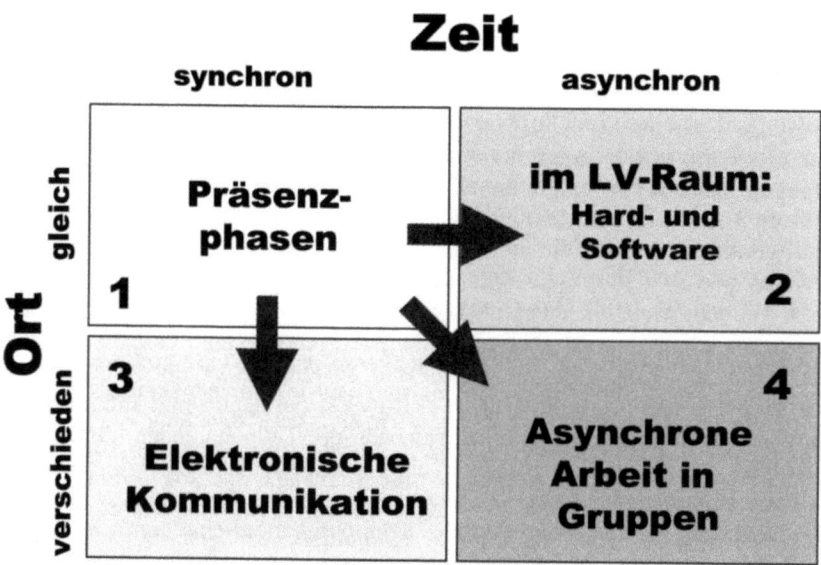

Abb. 1: Zeit-Ort-Matrix für internetbasiertes Lernen
(entnommen aus Gramlinger/Kremer 2002a, S. 15)

In der virtuellen Konferenz, die Gegenstand dieses Beitrags ist, wurden verschiedene Lehr-Lernformen systematisch zusammengeführt, und alle vier Quadranten aus Abbildung 1 finden sich in der konkreten Durchführung wieder. Im Mittelpunkt sollte die standortübergreifende Erarbeitung von Wissen stehen. Die Vorbereitung und Durchführung der Konferenz war ein Bestandteil des Wissenserwerbs. Bevor das Konzept der virtuellen Konferenz vorgestellt wird, werden zunächst Vor- und Nachteile virtueller Konferenzen diskutiert.

1.2 Vor- und Nachteile virtueller Konferenzen

Als ein bedeutender Vorteil virtueller Konferenzen wird die räumliche und zeitliche Flexibilität genannt. Konferenzteilnehmer müssen sich nicht wie in traditionellen Konferenzen an einem Ort versammeln, sondern können an der Konferenz von zu Hause oder vom Arbeitsplatz aus teilnehmen. Auch kann aufgrund asynchroner Konferenzphasen eine höhere zeitliche Flexibilität angeboten werden. Der Teilnehmer kann den Zeitpunkt der aktiven Konferenzteilnahme selbst bestimmen, und mit der Konferenz ist nicht eine vollständige Lösung aus der beruflichen und privaten Lebenswelt verbunden. Gerade mit dieser Flexibilität, die zweifellos mit erheblichen Vorteilen einhergeht, da z.B. die Teilnehmer keine Reisekosten und die Veranstalter keine Raumkosten haben oder die Konferenz in den Alltag eingebunden ist, sind jedoch auch Probleme verbunden. Die virtuelle Konferenz steht in Konkurrenz zu anderen alltäglichen Pflichten. Sie kann möglicherweise nur „halbherzig" verfolgt werden, eben genau dann, wenn andere Verpflichtungen eine aktive Teilnahme an der virtuellen Konferenz erschweren. Bremer ist der Auffassung, dass eine virtuelle Konferenz nur dann „eine stetige Teilnahme erzeugen kann, wenn sie für die einzelnen Teilnehmer einen Nutzen erzeugt. Insofern muss die Virtuelle Konferenz eine Leistung erbringen, welche von Präsenzkonferenzen nicht in derselben Form erwartet wird: Sie muss die Aufmerksamkeit der Teilnehmenden über einen längeren Zeitraum halten können und ist damit andauernd deren Beurteilung ausgesetzt. Auch wenn sich Teilnehmende einer Präsenzkonferenz zurückziehen und die Konferenz verlassen können, so ist nach einer längeren Anreise eine größere Toleranz bezüglich des Konferenzgeschehens und der Inhalte gegeben als dies bei virtuellen Konferenzen der Fall ist. Virtualität der Teilnahme kann eine geringere Verbindlichkeit hervorbringen, d.h. die Teilnehmenden können sich fast lautlos zurückziehen, können in einer Beobachterhaltung verbleiben oder auf die Dokumentation der Konferenz warten. Eine Besonderheit virtueller Konferenzen ist, dass die digitale Kommunikation eine einfache Protokollierung und Speicherung der Diskussion erlaubt." (Bremer 1999, S. 20) Sie weist zudem darauf hin, dass dieser Vorteil der immanenten Aufzeichnung zugleich nachteilig sein kann, wenn deswegen die Aufmerksamkeit geringer ist.

Virtuelle Konferenzen bieten die Möglichkeit, eine Auseinandersetzung mit Personen aus einem anderen Lebensraum zu suchen und so eine veränderte Perspektive auf Problem- bzw. Themenstellungen zu erhalten. In virtuellen Veranstaltungen stellen Teilnehmer vereinzelt auch fest, dass sie erst aufgrund der Anonymität den ‚Mut' gefunden haben, an einer derartigen Auseinandersetzung teilzunehmen. Gerade dieser Sachverhalt ist bei der Gestaltung zu berücksichtigen. Als Vorteil kann festgehalten werden, dass Konferenzteilnehmer die Gelegenheit erhalten, über den eigenen Tellerrand zu schauen und eine andere Perspektive geboten zu bekommen. In der konkreten Konferenzdurchführung verlangt dies jedoch, dass nicht nur die Aussagen der einzelnen Teilnehmer betrachtet werden, sondern auch immer wieder der Entstehungskontext der Aussagen bestimmt wird. Denn es ist durchaus problematisch, wenn einzelne Aussagen ungeprüft in die eigene Lebenswelt übertragen werden. Gerade dies verlangt, dass versucht wird, die Anonymität im Konferenzverlauf abzubauen, um so Äußerungen verschiedener Personen einordnen zu können. Die Anonymität kann so zum Problem des kommunikativen Anschlusses führen: „Wenn man nicht weiß, von wem ein Beitrag kommt, ist man weniger bereit, darauf zu reagieren. Zudem ist auch die Entstehung von Gruppenstrukturen in anonymen Zusammenhängen schwieriger." (Bremer 1999, S. 27) Dieses Anonymitätsproblem zeigt sich auch auf realen Tagungen, da sich dort viele Teilnehmer nicht kennen. Hier besteht jedoch die Möglichkeit, sich in Pausen oder anderen Zeitfenstern bekannt zu machen. Gerade diese eher informellen Instrumente auf klassischen Konferenzen sind nur schwer auf virtuelle Konferenzen zu übertragen, aber gerade sie sind es oftmals, die den subjektiv eingeschätzten Erfolg einer Konferenz entscheidend beeinflussen. In virtuellen Konferenzen ist von hoher Bedeutung, die Kommunikation zwischen den Personen zu unterstützen bzw. über geeignete Arbeitsformen zu verbessern. Es kann bereits hilfreich sein, wenn die Teilnehmer an einem gemeinsamen Papier arbeiten, welches dann präsentiert werden soll.

Der Konferenzerfolg ist darüber hinaus entscheidend von der Wahl der Medien abhängig. Ein Problem ist darin zu sehen, dass für viele potenzielle Teilnehmer der Umgang mit neuen Informations- und Kommunikationstechnologien als eine Hürde angesehen wird, die sicherlich eine aktive Teilnahme erheblich beeinflussen kann. Bei offen angebotenen Konferenzen kann die Medienkompetenz und -ausstattung der Teilnehmer nur vermutet bzw. vorausgesetzt werden. Die unterschiedlichen Übertragungswege, wie z.B. Videokonferenz, Chat oder Diskussionsforen sind jeweils in ein Gesamtdesign zu integrieren. Gerade das Agieren mit neuen Medien bedarf einer gewissen Übung, da virtuelle Konferenzen einerseits ein neuartiges Instrument des Wissensaustauschs darstellen und gleichermaßen auch ein Feld zur Aneignung von Kompetenzen im Umgang mit neuen Informations- und Kommunikationstechnologien sind. Es ist hier eine wichtige Aufgabe der Moderatoren, eine geeignete Konferenzarchitektur zur Verfügung zu stellen, aber auch in der Konferenz eine ausreichende Sensibilität zur Unterstützung der Teilnehmer zu besitzen.

Diese Ausführungen lassen interessante Potenziale virtueller Konferenzen für die Hochschuldidaktik vermuten. Vor diesem Hintergrund soll die Veranstaltung „E-Learning in der beruflichen Bildung" einer Analyse unterzogen werden.

2. Die Veranstaltung „E-Learning in der beruflichen Bildung"

2.1 Vorbemerkungen

Die Veranstaltung „Virtuelle Konferenz ,E-Learning in der beruflichen Bildung'" wurde im Sommersemester 2002 an drei Universitätsstandorten mit einer jeweils spezifischen Ausrichtung durchgeführt. Die drei Lehrveranstaltungen waren aufeinander abgestimmt. Im Einzelnen waren Studierende der Universitäten Hamburg, Linz und Paderborn in die Veranstaltung eingebunden; darüber hinaus war die Konferenz auch für weitere interessierte Teilnehmer offen, es wurde darauf auch gezielt im Internet aufmerksam gemacht und geworben. Bestandteil der Veranstaltung war sowohl die Vorbereitung als auch die Durchführung der Konferenz. Die Konferenz wurde thematisch in den Kontext des Workshops ,Forschung in-mit-durch webbasierte Lernumgebungen' auf dem DGfE-Kongress 2002 gesetzt (vgl. Gramlinger/Kremer 2002b). Kongressbeiträge konnten so als Ausgangspunkte für eine vertiefende Diskussion genutzt werden, und es bestand die Möglichkeit, ein interessiertes Konferenzpublikum anzusprechen. Unter dem Themenschwerpunkt „E-Learning in der beruflichen Bildung" wurde eine Verbindung zwischen methodischer und thematischer Ausrichtung der Veranstaltung hergestellt.

Die Konferenzvorbereitung sollte im Rahmen der universitären Veranstaltungen erfolgen. Hierzu wurde den Studierenden ein zeitlicher und thematischer Rahmen vorgegeben, der dann weiter abzustimmen war. Eine Besonderheit der Konferenzvorbereitung war darin zu sehen, dass diese bereits in telekooperativer Form zwischen zwei Universitätsstandorten (Hamburg und Paderborn) durchgeführt wurde. Die Studiengruppe aus Linz hatte die Aufgabe, jeweils ein Eingangsstatement für die verschiedenen Workshops vorzubereiten. Für die weiteren Ausführungen sind zwei Phasen zu differenzieren: einerseits die Vorbereitung und andererseits die Umsetzung bzw. Durchführung der Konferenz.

Ohne an dieser Stelle vertiefend auf die Grundausrichtung der Veranstaltung einzugehen, sei nochmals darauf hingewiesen, dass die Veranstaltung die Vorbereitung und Durchführung der virtuellen Konferenz beinhaltet und als offene webbasierte Lernumgebung eingestuft werden kann und damit Situierung, Problemorientierung und Kooperation besondere Bedeutung gewinnen (vgl. hierzu vertiefend Kremer 2002, S. 34).

2.2 Die Ausgangssituation

Die Ausgangssituation an den drei Universitätsstandorten erwies sich durch unterschiedliche Teilnehmerzahlen, verschiedene Semesterbeginn- und -endzeiten sowie differierende Erwartungshaltungen als nicht gerade einfach. Deswegen war – im nachhinein betrachtet – die konsequente und straffe Leitungsfunktion der Paderborner Gruppe wichtige Gelingensbedingung, ohne dass das zu Beginn explizit vereinbart worden war. Paderborn und Hamburg zeichneten für die Vorbereitung, Organisation und Kommunikation sowie die Durchführung der virtuellen Konferenz (VK) verantwortlich. Linz (eine reine Distance-Veranstaltung) bekam die Aufgabe, von Beginn der VK selbst an aktiv teilzunehmen und sich darauf im Vorfeld inhaltlich vorzubereiten.

Die Paderborner und Hamburger Studierenden bekamen zu Beginn ihrer Lehrveranstaltungen einen detaillierten Arbeitsauftrag mit der Aufgabenstellung (Mitwirkung am Konferenzkonzept, inhaltliche Vorbereitung und Betreuung eines inhaltlichen Themenbereichs, Zusammenarbeit und Koordination mit der je anderen Studiengruppe, Durchführung der VK vom 17. – 24.6. 2002 sowie Reflexion und Nachbereitung) und den folgenden Inhalts- und Aufgabenschwerpunkten:

- *Konferenzorganisation* und Rahmenprogramm: Information, Gestaltung des Portals, Technologie, Teilnehmerliste, Einführung, Gesamtablauf;

- Workshop 1 = *Virtuelle Foren als Wissensnetzwerke*: Zielbestimmung durch die Arbeitsgruppe, Bereitstellung von Informationen, Einbindung, Gestaltung der Diskussion und Zusammenführung, Nachbereitung des Workshops;
- Workshop 2 = *Virtuelle Lerngruppen begleiten*, Aufgaben wie in WS 1;
- Workshop 3 = *Teambildung in webbasierten Lernumgebungen*, Aufgaben wie in WS1.

Die inhaltliche Ausgangssituation sowie die thematischen Bänder wurden mit kurzen Einführungstexten und Links zu vergangenen Konferenzen spezifiziert, ein erster Phasen- und Zeitplan vorgeschlagen sowie die technische Infrastruktur mit einem eigenen virtuellen Raum in Quickplace (eine Software für webbasierte Teamarbeit von IBM Lotus) für die Vorbereitung und die Durchführung der VK bereitgestellt: [http://s1.teamlearn.de/e-lc]. Der geplante Phasenablauf der Konferenz selbst ist nochmals in Abbildung 2 dargestellt:

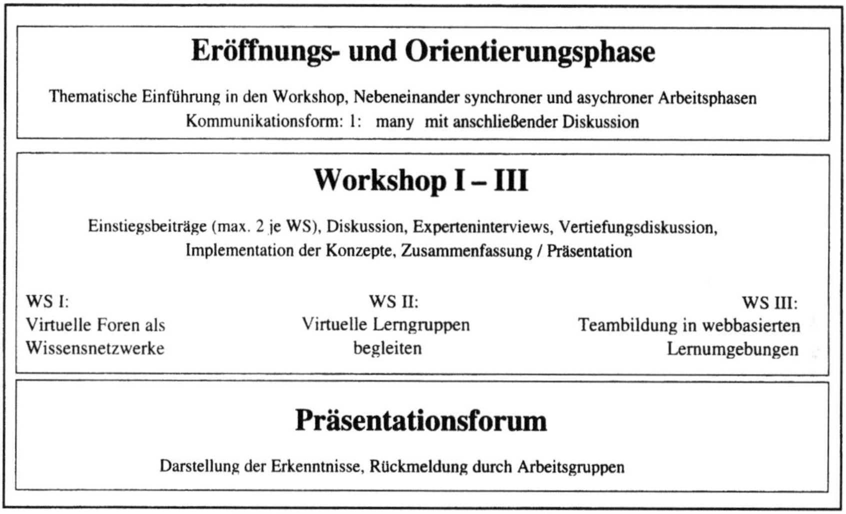

Eröffnungs- und Orientierungsphase

Thematische Einführung in den Workshop, Nebeneinander synchroner und asychroner Arbeitsphasen
Kommunikationsform: 1: many mit anschließender Diskussion

Workshop I – III

Einstiegsbeiträge (max. 2 je WS), Diskussion, Experteninterviews, Vertiefungsdiskussion,
Implementation der Konzepte, Zusammenfassung / Präsentation

WS I:	WS II:	WS III:
Virtuelle Foren als	Virtuelle Lerngruppen	Teambildung in webbasierten
Wissensnetzwerke	begleiten	Lernumgebungen

Präsentationsforum

Darstellung der Erkenntnisse, Rückmeldung durch Arbeitsgruppen

---

Abb. 2   Geplanter Ablauf der virtuellen Konferenz
„E-Learning in der beruflichen Bildung"

2.3 Phase I: Vorbereitung der Konferenz

Die Konferenzvorbereitung sollte als ein Bestandteil der Lehrveranstaltung vorgenommen werden. Damit war es notwendig, aus den Vorgaben ein didaktisches Konzept für die virtuelle Konferenz zu entwickeln. Zudem war es in der Vorbereitung notwendig, dass sich die Studierenden den Umgang mit den notwendigen Werkzeugen aneigneten. D.h. im Prozess der Konferenzvorbereitung sollte didaktische Theorie auf die vorgegebene Problemstellung angewendet und neue Werkzeuge zur Gestaltung virtueller Kommunikations- und Kooperationsprozesse erarbeitet werden. Das Produkt dieser Auseinandersetzung sollte ein didaktisches Konzept für eine virtuelle Konferenz sein, welches dann in der nächsten wiederum umgesetzt werden soll. Damit war die Lehrveranstaltung mit einem hohen Anspruch verbunden, dies wurde auch von den Studierenden geäußert. Hinsichtlich der Vorgabe von Themen wurden unterschiedliche Positionen eingenommen. Einerseits wurde eine klare thematische Vorgabe eingefordert und andererseits eine vollständige Themenwahl von den Studierenden gewünscht. Es kann an dieser Stelle nicht danach gesucht werden, welche Position als richtig einzustufen ist, dies kann nur im Gesamtzusammenhang mit einem Veranstaltungsdesign erreicht werden.

Dieser Prozess erfolgte nicht in einer bekannten Gruppenarbeit, sondern in Form einer telekooperativen Zusammenarbeit mit einer anderen Studiengruppe. Die zu erwerbende Theorie stand gewissermaßen direkt in einem Handlungszusammenhang. Von den Studierenden wurde dieser Zusammenhang sehr unterschiedlich eingeschätzt. In dieser Komplexität mag ein Grund liegen, dass die Zusammenarbeit mit der je anderen Gruppe bereits frühzeitig als problematisch eingestuft wurde. Sicherlich vereinfachend kann vermutet werden, dass die Aussagen der anderen Gruppe jeweils vor den eigenen Erfahrungen interpretiert wurden. Damit waren Fehlinterpretationen kaum vermeidbar. Eine frühzeitige Erkenntnis aller Beteiligten war, dass eine telekooperative Zusammenarbeit in der Konferenzvorbereitung einer intensiven Abstimmung und Vorbereitung bedarf. Ein Beispiel für die doch zum Teil erheblichen Abstimmungsprobleme: in den beiden Lehrveranstaltungen war es kaum möglich, synchrone Arbeitstreffen zu organisieren.[1]

Rückblickend sind hier nochmals die Phasen der Konferenzvorbereitung zusammengefasst:

- Konfrontation an den jeweiligen Standorten
- Standortspezifische Gruppenbildung
- Kontaktaufnahme mit der anderen Studiengruppe
- Erprobung und Orientierung
- Entwicklung von Grobkonzepten
- Austausch zu den Konzepten
- Prozessanalyse
- Fertigstellung der Konzeption
- Eröffnung der Konzeption

---

1   Vgl. hierzu auch ähnliche Erfahrungen von Kremer/Wilbers (2000) im Rahmen telekooperativer Seminare. Darüber hinaus wäre es auch interessant zu untersuchen, inwiefern sich bekannte Probleme der Teambildung in der Arbeit virtueller Teams zeigen.

2.4 Phase II: Konferenzdurchführung

Die Konferenzdurchführung orientierte sich an dem bereits dargestellten Ge-samtablauf. Mit zwei Grußworten wurde der besondere Charakter der Veran-staltung nochmals hervorgehoben.[2] Die Eröffnung des Workshops erfolgte durch ein kurzes Video, welches bereits im Vorfeld bereitgestellt wurde und eine kurze Einführung per Chat und Folien. Allerdings musste in dieser Pha-se festgestellt werden, dass die Leistungsfähigkeit der genutzten Software Sametime (ein integrierter Bestandteil in Quickplace) kaum ausreichend für die Anforderungen einer Konferenz war.

An den Beginn der virtuellen Konferenz wurden die folgenden Thesen gestellt:

1. Vernetzte Lernwelten benötigen E-Learning!
2. E-Learning führt zur Vernetzung von Lernwelten!
3. E-Learning und Netzwerke sind neue aussagelose Modebegriffe!
4. E-Learning trägt zur Flexibilisierung der Lernangebote und -gelegenhei-ten bei!
5. Wissensnetzwerke können nicht in der Virtualität entstehen!
6. Verbesserung der Teambildung in Bildungsorganisationen ist Vorausset-zung für eine virtuelle Vernetzung!
7. Trotz E-Learning und Netzwerkbildung: Lehren und Lernen bleibt eine Aufgabe der Akteure!
8. Integrative Lösungsansätze: E-Learning ist kein Ersatz, sondern eine Er-gänzung bestehender Angebote.

Der weitere Konferenzverlauf fand in den drei Workshops statt. Deren Mo-deratoren legten die folgenden Zielsetzungen und Ablaufstrukturen fest:

---

2   Die Grußworte wurden von Prof. Dr. Peterf. E. Sloane, Universität Paderborn und Prof. Dr. Tade Tramm, Universität Hamburg verfasst und sind auf der Homepage der VK nachzulesen.

Abb. 3: Ziele und Ablaufstruktur der drei Workshops der VK

	Workshop 1 Virtuelle Foren als Wissensnetzwerke	Workshop 2 Virtuelle Lerngruppen begleiten	Workshop 3 Teambildung in webbasierten Lernumgebungen
Name			
Ziele	Kriterien, die ein virtuelles Forum erfüllen muss, um als Wissensnetzwerk zu dienen.	Erarbeitung eines Wissensbestandes zum Themengebiet!	Welche Formen kooperativen Lernens sind zu unterscheiden? Möglichkeiten und Grenzen der Teambildung? Wie können Lernumgebungen/Plattformen gestaltet werden, die kooperatives Lernen ermöglichen? Welche Einstellungen und Bereitschaften sollten Lernende mitbringen?
Ablauf	*Phase I:* Vorstellung der Teilnehmer Begriffsklärungen ‚virtuelles Forum' und ‚Wissensnetzwerk' *Phase II:* Ansprüche an ein virtuelles Forum Erstellen eines Kriterienkatalogs *Phase III:* Zusammenfassung Abschlussdiskussion	Begrüßungs- und Vorstellungsphase Sammel- und Orientierungsphase (Darstellung des eigenen Kenntnisstandes, Erfahrungen etc.) Diskussionsphase (Diskussion der Standpunkte) Reflexionsphase (Positionsbestimmung) Abschlussphase	Eröffnung via Videovortrag Chatdiskussion Diskussion im Forum (intensive Moderation) Abschluss per Chat

Im Verlauf der Workshops wurde erkennbar, dass die Workshopteilnehmer unterschiedliche Erwartungen an die Konferenz stellten. Dies zeigte sich darin, dass einerseits Teilnehmer eine Einführung in das Themengebiet forderten und eine andere Teilnehmergruppe die Erarbeitung konkreter Handlungshilfen erwartete.

Interessant war auch das Zusammenspiel unterschiedlicher Kommunikationsformen. Die ersten begrifflichen Annäherungen sollten bspw. in Workshop 1 in einem asynchronen Forum erfolgen, daran anschließend war eine Absprache in einem synchronen Kommunikationskanal geplant. An der synchronen Kommunikationsform haben sich jedoch nicht alle Workshopteilnehmer beteiligt, weswegen verschiedene Personen über unterschiedliche Informationen verfügten. Eine Aufgabe wäre hier, die Übergänge zwischen verschiedenen Kommunikationskanälen sehr genau zu kennzeichnen und zentrale Aussagen allen Konferenzteilnehmern zugänglich zu machen.

Der *Abschluss* der Konferenz erfolgte in einem gemeinsamen Plenum: Externe Konferenzteilnehmer wurden gebeten, eine Stellungnahme zum Workshop zu verfassen und hierbei die Ausgangsthesen nochmals aufzunehmen und eine Position zur Frage „E-Learning und Zukunft beruflicher Bildung" zu formulieren. Zum Ende dieses Plenums erhielten die Teilnehmer nochmals das Wort, um eine Stellungnahme zur Arbeit in den Workshops abzugeben.

Aus Sicht des *Workshops 1* wurde festgestellt, dass es erhebliche Probleme bereitet, virtuelle Foren als Wissensnetzwerke einzurichten. Aus den eigenen Erfahrungen wurde festgestellt, dass die Moderation nicht parallel zum normalen Studienprogramm absolviert werden kann, sondern eine Vollzeitaufgabe darstellt. Trotz dieser kritischen Betrachtung wurde die Arbeit als fruchtbar betrachtet.

Die folgenden Fragestellungen und Anmerkungen zum Workshopergebnis zeigen rückblickend das Spektrum der diskutierten Problemstellungen in *Workshop 2* auf: 1) Virtuelle Lerngruppen-Ergänzung oder Ersatz zu herkömmlichen Seminaren? Der Workshop kam hier zu dem Ergebnis, dass virtuelle Lerngruppen eher als eine Ergänzung zu traditionellen Veranstaltungen dienen sollten. 2) Wie können Einzelgespräche im Chat sensibel behandelt und doch für die gesamte Gruppe genutzt werden? Die Gruppe kam zu dem Ergebnis, dass eine anonyme Veröffentlichung durch die Moderatoren eine Diskussion der zentralen Aussagen ermöglichen könnte. 3) Wie sind Lernbeteiligung und Lernerfolg in virtuellen Konferenzen messbar? Diese Fragestellung konnte lediglich weiter problematisiert werden, z.B. hinsichtlich der Form der Datenerhebung oder Auswertung schriftlicher Dokumente. 4) Wie viel Verlässlichkeit und Selbständigkeit muss von Teilnehmern virtueller Seminare erwartet werden? 5) In welchem Verhältnis stehen Ergebnis und Zeitaufwand? Interessant war zu diesen Fragestellungen, dass sie aus Sicht der Teilnehmer der Konferenz und der Moderatoren unterschiedlich diskutiert wurden. 6) Wie viel Teilnehmer hält ein Chat aus? Die Teilnehmerzahl wurde auf acht Personen fixiert, im Workshop selbst konnten unterschiedliche Erfahrungen mit diesem Kommunikationskanal gewonnen werden. Gerade für diese Fragestellungen war das Veranstaltungsdesign von besonderer Bedeutung, da so Befunde aus der Literatur eingearbeitet und diskutiert und zudem die Befunde mit den eigenen Erfahrungen gespiegelt werden konnten.

Ergänzend hierzu kann aus der Arbeit von *Workshop 3* festgestellt werden, dass eine Teambildung in virtuellen Lerngruppen nur zu funktionieren scheint, wenn alle mit einer hohen Disziplin sich beteiligen und eine hohe Motivation an dem Thema besteht. In diesem Workshop wurden die Ausgangsthesen an verschiedenen Stellen aufgenommen, aber auch bewusst eine freie Diskussion zugelassen. Es entwickelte sich u.a. ein interessanter Diskussionsstrang zur Entwicklung von Sozialkompetenzen in virtuellen Räumen.

Insgesamt zeigen diese Zusammenführungen, dass in der virtuellen Konferenz ein weites Problemspektrum aufgenommen und nach Lösungsansätzen gesucht wurde. Allerdings konnten Lösungsansätze nur an einzelnen Stellen entwickelt werden.[3]

---

3 An dieser Stelle soll darauf verzichtet werden, einen Vergleich zur Leistungsfähigkeit traditioneller Workshops in Konferenzen vorzunehmen. Ein derartiger systematischer Vergleich wäre unserer Auffassung nach durchaus interessant. Beispielsweise

2.5 Moderation als zentraler Aspekt

Als Erkenntnis aus allen drei Workshops kann festgehalten werden, dass der Moderation in virtuellen Konferenzen eine besondere Beachtung zu schenken ist. Sie stellte zwei zentrale Anforderungen an die Studierenden: Einerseits war es notwendig, im Verlauf des Workshops den Ablauf und die Instrumente neu zu bestimmen[4] und andererseits verlangte die Moderation eine thematische Aufbereitung der Konferenzinhalte, was eine intensive Auseinandersetzung mit dem Thema der Workshops erforderte.

Zusammenfassend wurden die folgenden Problemfelder hinsichtlich der Moderation virtueller Konferenzen deutlich (vgl. dazu auch Kremer/Sloane 2001, Wilbers 2001):

–   Bestimmung des Vorwissens der Konferenzteilnehmer
    Von Beginn an sind die Teilnehmer nicht bekannt, aber auch im Konferenzverlauf werden nur einzelne Facetten erkennbar. Möglich wäre die Festlegung von Teilnahmevoraussetzungen oder auch die Anmeldung mit näheren Angaben zur Person und den eigenen Interessen und Erwartungen. Besondere Beachtung erfordern auch die Lerngewohnheiten der Workshopteilnehmer: eine Bestimmung eigener Ziele für den Workshop war im beschriebenen Fall unbedingt notwendig.
–   Fixierung von Rahmenbedingungen
    Ebenfalls im Vorfeld der VK sind Rahmenbedingungen wie Zeitpunkte für synchrone Veranstaltungen oder Dauer der Konferenz zu bestimmen. Entscheidungsprämissen der einzelnen Teilnehmer können dabei kaum berücksichtigt werden.
–   Bindung der Teilnehmer an die VK
    In den Workshops war ein unterschiedlich aktiver Beteiligungsgrad der Teilnehmer festzustellen. Wie kann eine Bindung der Teilnehmer an die Konferenz bei nur begrenzt raum-zeitlicher Bindung erfolgen?
–   Wahl der Kommunikationsformen
    Die Wahl der Kommunikationsformen wird einerseits durch die technologischen Rahmenbedingungen eingegrenzt und andererseits durch das Kommunikationsverhalten der potenziellen Teilnehmer. Eine Möglichkeit ist das Anbieten verschiedener Kommunikationskanäle und die Mit-Einbeziehung der Teilnehmer in die Gestaltung.
–   Konfrontation mit der Aufgabenstellung
    Die Aufgabenstellung hat für virtuelle Konferenzen besondere Bedeutung. Es sollte hier darauf geachtet werden, dass die Aufgabenstellung

---

wäre es interessant, die individuelle Beteiligungszeit am jeweiligen Workshop zu bestimmen.

4   Beispielsweise war es den Studierenden erst im Ablauf des Workshops möglich, die Leistungsfähigkeit synchroner und asynchroner Instrumente einzuschätzen oder mit bestimmten Werkzeugen auch bei nicht ganz optimalen Bedingungen umzugehen.

durch die Teilnehmer genau erfasst werden kann. Eine Konsequenz kann die synchrone Abstimmung und Vereinbarung der Aufgabenstellung sein.

– Bestimmung von Konsequenzen
Hilfreich ist es, wenn aus dem Workshop Konsequenzen für den individuellen Lebensbereich abgeleitet werden können. Dies ist jedoch insofern problematisch, als dass die Teilnehmer nur begrenzt eine raumzeitliche Bindung an die Konferenz haben.

Diese Aspekte deuten darauf hin, dass Moderatoren in VK mit vielschichtigen Gesichtspunkten konfrontiert werden. Einerseits zeigt sich, dass vielfältige neue Antworten zu finden sind, die jedoch durchaus Parallelen zu bisherigen Gestaltungsfeldern erkennen lassen. Letztlich ist damit für Moderatoren eine Anreicherung des Handlungsfeldes (E-Moderation) verbunden, aber keine vollständige Neuausrichtung des Tätigkeitsfeldes. Offen bleibt zur Zeit, ob eine Einrichtung von Tele-Coach, E-Moderation oder ähnlichen Bildungsgängen geeignet ist, oder ob diese Qualifikation in traditionelle Qualifizierungswege zu integrieren ist. Vor dem Hintergrund, dass neue Medien verstärkt in den Alltag eingebunden werden, erscheint es nach unserer Auffassung sinnvoll, nach Lösungswegen für integrative Qualifizierungswege zu suchen.

2.6 Stimmungen und Aussagen zur Veranstaltung „E-Learning in der beruflichen Bildung"

Es ist nun nicht möglich, den gesamten Konferenzablauf nachzuzeichnen. Ziel ist es aber im Folgenden, ein Stimmungsbild zur Konferenz bezüglich einiger zentraler Aspekte zu geben:[5]

Konferenzvorbereitung

Die Konferenzvorbereitung wurde von beiden Studiengruppen als sehr arbeitsintensiv bezeichnet. Besondere Probleme bereitete in dieser Phase die Abstimmung zwischen den zwei Studiengruppen in Paderborn und Hamburg. Auch wenn eine virtuelle Teamarbeit eingefordert und unterstützt wurde, wird für diese Phase von Teilnehmern beider Gruppen darauf verwiesen, dass die Zusammenarbeit mit der anderen Gruppe mit erheblichen „atmosphärischen Störungen" verbunden war. In dieser Phase erscheint es notwendig, systematisch die studienortübergreifende Zusammenarbeit anzuleiten und nicht den Studierenden die Organisation der Zusammenarbeit zu überlassen bzw. diese immer wieder einzufordern.

---

5 Die Aussagen wurden einerseits aus den Positionen und dem Verlauf der Konferenz bestimmt (vgl. hierzu [http://s1.teamlearn.de/e-lc]) und einer schriftlichen Abschlussbefragung der Studierenden. Die externen Teilnehmer wurden nicht in diese Befragung einbezogen, da sich diese auch auf die Konferenzvorbereitung bezog.

Konferenzteilnehmer

Die Gruppenbildung Linz, Paderborn und Hamburg wurde im gesamten Konferenzverlauf nicht aufgegeben. Positionen und Meinungen wurden schnell auch einem bestimmten Standort und nicht nur einer Person zugeordnet. Die Teilnehmerzahl der Konferenz kann trotz der Aufzeichnung der Äußerungen nicht genau bestimmt werden, da „stille Leser" nicht erkannt werden konnten. Diese Vermutung erhärtet sich dadurch, dass immer wieder externe Teilnehmer im Konferenzverlauf einen Input gaben, ohne sich zur Konferenz angemeldet zu haben.

Dauer der virtuellen Konferenz

Die Konferenz wurde von allen Teilnehmern als zu kurz eingeschätzt. Es wurde hier eine Mindestdauer von 14 Tagen eingefordert. Diese Aussage kann jedoch nur im Zusammenhang mit den Zielsetzungen der einzelnen Workshops beurteilt werden. Ein längerer Konferenzverlauf hätte eine Entzerrung der Diskussionsstrukturen ermöglicht und ein besseres Erreichen der zum Teil hoch gesteckten Ziele. Allerdings kann eine längere Konferenzdauer auch die Tendenz verstärken, die Konferenz in „nebenher laufen zu lassen" und ihr eine nachrangige Präferenz zuzuordnen.

Wechsel der Sozialform

Es kann als eine Binsenweisheit angesehen werden, dass auch in virtuellen Konferenzen der Wechsel der Sozialform eine besondere Bedeutung für den Erfolg haben wird. Allerdings erscheint eine besondere Schwierigkeit darin zu liegen, alle Teilnehmer „mitzunehmen" bzw. die jeweiligen Arbeitsziele von den Teilnehmern erfassen zu lassen. Ebenso ist eine Gefahr darin zu sehen, dass einzelne Teilnehmer nur an bestimmten Arbeitsformen teilnehmen. Das Arbeiten in Kleingruppen in einzelnen Arbeitsphasen kann sinnvoll sein, allerdings ist dann der Zusammenführung eine besondere Beachtung zu schenken.

Selbststeuerung und Fremdsteuerung

In der vorliegenden Konferenz wurde der Grad der selbstständigen Erarbeitung der Aufgabenstellung als hoch eingeschätzt.[6] In allen drei Workshops hatten die Teilnehmer die Gelegenheit, an den zu lösenden Problemen selbstständig zu arbeiten. Ebenso wird von den Teilnehmern geäußert, dass die Erarbeitung der Arbeitsumgebung selbsttätig zu lösen war, allenfalls struktu-

---

6   In der Abschlussbefragung konnten die Teilnehmer/innen den Grad der selbständigen Bearbeitung der Aufgabenstellung auf einer Skala von 1 = volle Zustimmung und 5 = volle Ablehnung einschätzen. Als Mittelwert ergab sich ein Wert von 1,52.

relle Hinweise unterstützten die eigene Arbeitsphase. Kritisch wurde angemerkt, dass in der Konferenz vermehrt Phasen zur Reflexion aufgenommen werden sollten, um den eigenen Lern- und Arbeitsstand bewusst zu bestimmen. Dies scheint jedoch eher mit der methodischen Ausrichtung der VK zusammen zu hängen und nicht mit der Virtualisierung.

Fluktuation der Teilnehmer

Ein besonderes Problem kann darin bestehen, die Teilnehmer an die virtuelle Konferenz zu binden. Es kann Bremer zugestimmt werden, dass die Bereitschaft zur Lösung in einzelnen Phasen in virtuellen im Vergleich zu traditionellen Konferenzen größer ist. Dies bedeutet, dass die Konferenzteilnehmer in jeder Konferenzphase einen Nutzen erkennen müssen. Einzelne Studierende führten demgemäß auch kritisch an, dass nur wenige Externe an der Konferenz teilgenommen haben und die Konferenz so für die Studiengruppen selbst gestaltet wurde und nur begrenzt für ein Publikum.

Aktivierung der Teilnehmer

Die folgende Aussage eines Teilnehmers verdeutlicht die Problematik: „Es sollte eine Verpflichtung zur ständigen Kommunikation für alle Gruppenmitglieder Bedingung zur Kursteilnahme sein. Um besser mit der ‚anderen Seite' zusammen zu arbeiten, sollte zu Beginn des Kurses ein lustiges Video von den verschiedenen Kursen gedreht und dann zur Ansicht für den anderen Kurs ins Netz gestellt werden. So hätte man eine viel bessere Vorstellung von den Teilnehmern der VK und somit auch eine Garantie zur Zusammenarbeit. Vorstellungsmails sind für solch ein Projekt zu unpersönlich und das Lesen macht nach einigen gelesenen emails auch keinen Spaß mehr, weil alle dasselbe schreiben und niemand etwas von sich preisgeben möchte." Es zeigt sich, dass nicht davon ausgegangen werden kann, dass sich alle Teilnehmer an der Konferenz aktiv beteiligen. Fraglich ist jedoch, inwiefern eine Verpflichtung zur Stellungnahme eingefordert werden kann. Diese Problematik verschärft sich noch, wenn die Aussagen in einem öffentlichen Raum vorgenommen werden. Ebenso ist es kaum möglich, Außenstehende zur Teilnahme zu verpflichten. Festzuhalten bleibt, dass eine Aktivierung der Workshopteilnehmer notwendig ist und der Abbau von Anonymität als ein möglicher Weg angesehen werden kann (passend dazu Wilbers 2001, S. 13).

Thematik der Konferenz

Die Thematik der Konferenz wurde von den Teilnehmenden als sehr aktuell eingeschätzt, allerdings wurde eine intensivere Einbindung im Rahmen der thematischen Präzisierung eingefordert. Dementsprechend sollten die Workshopthemen in Abstimmung mit den Konferenzgestaltern weiterentwickelt und nicht in einer offenen Form vorgegeben werden. Darüber hinaus wird es

als problematisch angesehen, dass Workshopbeiträge im Vorfeld bereits vorbereitet und nicht im Rahmen der Konferenz gestaltet wurden. Diese Vorgehensweise würde zu langen und ausschweifenden Beiträgen führen, die in der
Veranstaltung selbst kaum aufgearbeitet werden können.

Stabilität der Technik

Virtuelle Konferenzen benötigen eine professionelle technologische Plattform. Ein wichtiges Merkmal ist die Schnelligkeit der angebotenen Dienste,
lange Ladezeiten einzelner Seiten werden von den Teilnehmern kaum in
Kauf genommen. Daneben wird auch gefordert, dass die angebotenen Ressourcen mit einfachen technologischen Standards (z.b. Modem) zugänglich
sein sollten. Vor diesem Hintergrund wird der Möglichkeitsraum für Akti-
ons- und Sozialformen in virtuellen Konferenzen erheblich eingegrenzt.

Insgesamt kann festgestellt werden, dass die konkrete Umsetzung der
Konferenz mit vielen Problemen behaftet war, dass aber dennoch die Mehr-
zahl der Teilnehmer die VK als interessant bezeichnet hat.

3. Ausblick: Virtuelle Konferenz als Potenzial für die Hochschuldidaktik

Aus Sicht der Studierenden werden virtuelle Konferenzen als Anreicherung
des Veranstaltungsspektrums in Hochschulen angesehen. Dies wird durch
Aussagen wie die folgende nochmals bestätigt: „Ich bin für neue Formen der
universitären Veranstaltungen. Gerade deshalb hat mir die Veranstaltung gut
gefallen. Ich bin schon einige Zeit an der Uni und diese Form war mir gänzlich neu. Die Möglichkeit, gerade mit etwas zu arbeiten, als nur über etwas
zu arbeiten war sehr spannend und hat in meinen Augen mehr gebracht als eine Analyse der Möglichkeiten" (Trampe-Kieslich 2002). Trotz dieser grundsätzlichen positiven Einschätzung wird die Veranstaltung auch durch kritische
Stimmen und Erfahrungen begleitet. Auf curricularer Ebene wird von den Studierenden an allen Standorten angemerkt, dass die virtuelle Konferenz, die als
Sonderform erlebt wurde, kaum in das Gesamtstudienprogramm integriert
werden könnte. Gerade wenn derartige Veranstaltungen in der Hochschule an
Bedeutung gewinnen sollen, ist es notwendig, dass virtuelle Konferenzen eine curriculare Verankerung erfahren. Die VK bietet dann die Möglichkeit,
Positionen und Erfahrungen aus unterschiedlichen Standorten zusammen zu
führen. In der Veranstaltung wurde die Verschränkung von Thema und Methode als sehr hilfreich angesehen. Bei der Wahl anderer Themen erscheint es
von hoher Bedeutung, die Aufgaben der verschiedenen Studienorte im Setting der Veranstaltung zu bestimmen. Die Zusammenführung studienüber-
greifender Lerngruppen ist in virtuellen Lerngruppen möglich. Eine nicht zu
unterschätzende Schwierigkeit kann darin bestehen, aus dem Nebeneinander

von Lerngruppen ein Miteinander zu machen. Bereits im Rahmen der Einrichtung der Lerngruppen sind Verbindungen zwischen den Studienorten herzustellen, um so eine frühzeitige Abstimmung zu erreichen. Ebenso kann festgestellt werden, dass sich die Einbindung externer Personen kaum von selbst einstellt. Fraglich ist, ob diese Einbindung aus Einzelveranstaltungen herausgelöst werden sollte oder ob eine grundlegende Stabilisierung der Wissenschaft-Praxis-Kommunikation notwendig ist. In diesem Kontext könnten u.a. Formen universitärer Weiterbildung einer genaueren Untersuchung unterzogen werden. Für eine VK können externe Personen sowohl als Experten oder auch als Teilnehmer mit einem anderen Erfahrungshintergrund fungieren. Auch wenn diese beiden Funktionen durchaus in einem Zusammenhang stehen, ergeben sich doch unterschiedliche Anforderungen an die Teilnehmerakquise.

Daneben erscheint es notwendig, organisatorische Bedingungen zu schaffen, wie z.B. die Bereitstellung von Computerarbeitsplätzen[7] oder eine Flexibilisierung der Betreuung in virtuellen Veranstaltungen. Neben der Schaffung einer Infrastruktur an den Standorten ist darüber hinaus eine virtuelle Infrastruktur in der Form bereitzustellen, dass Dozenten über ein Gerüst zur Erstellung virtueller Konferenzen verfügen und entsprechend der jeweiligen Anforderungen eine Weiterentwicklung vornehmen können. Aus Sicht der Erfahrungen sind Bedienerfreundlichkeit, Schnelligkeit und Übersichtlichkeit, aber auch Einrichtung abgeschlossener Arbeitsräume wichtige Gestaltungskriterien.[8]

Auf didaktischer Ebene ist zunächst hervorzuheben, dass das Zusammenspiel von Präsenzgruppe und virtueller Gruppe einer besonderen Beachtung bedarf. Hierauf wurde weiter oben bereits hingewiesen. Dies deutet auch auf eine Veränderung des Tätigkeitsfeldes von Dozenten hin. Sicherlich ist die Bildung und Zusammenführung von Lerngruppen keine neue Aufgabe für Lehrkräfte, allerdings stellen sich in zeitlich und räumlich asynchron arbeitenden Gruppen andere Aufgaben. Ebenso erscheint es von hoher Bedeutung, eine thematische Führung in virtuellen Seminaren sicherzustellen. Daraus ergeben sich einerseits Aufgaben an Dozenten, die in der didaktischen Konzeption einer lerneraktivierenden Veranstaltung begründet sind und andererseits veränderte Aufgaben, die in der Nutzung neuer Technologien ihren Ursprung haben. Diese Trennung kann bedeutsam sein, unabhängig davon, ob sich Anforderungen aus einem informationstechnologischen oder einem didaktischen Zugang stellen, eine Problemlösung wird jedoch nur im Zusammenspiel zu finden sein. Dies zeigt sich u.a. auch in der Notwendigkeit, der Reflexion von Lern- und Arbeitsprozessen eine höhere Bedeutung beizumessen. Eine derartige Forderung findet sich im Rahmen der Gestaltung

---

7   Damit soll nicht vereinfachend die Einrichtung von Computerlabors gefordert werden, da auch hier eine Flexibilisierung zu erkennen ist.
8   An dieser Stelle könnte vertiefend auf Befunde zur Implementationsforschung zurückgegriffen werden, vgl. Kremer 2003.

neuer Lehr-Lernformen wieder und kann als bekannt bezeichnet werden. Dennoch stellt die Umsetzung dieser Forderung Lehrkräfte in virtuellen Lehr-Lernräumen vor erhebliche Probleme.

Die in der Konferenz gewonnenen Erfahrungen bestätigen die folgende Aussage von Kerres/de Witt/Stratmann: „Der Nutzen neuer Technologien für Bildung hängt nicht alleine von der Verfügbarkeit von Geräten und Technik in der Bildung, sondern von der gesamten Qualität der Prozesskette ihrer Nutzbarmachung ab, d.h. von der Güte der Planung, Konzeption, Entwicklung, Einführung, Nutzung, Wartung, des Qualitätsmanagements etc. Ein Mehrwert für Bildung entsteht erst, wenn die Technologie zu einer Problemlösung für Bildungsanliegen transformiert wird.

Mit dieser Aufgabe beschäftigt sich die mediendidaktische Konzeption technologiebasierter Lernszenarien, sie wird in der Praxis vielfach unterschätzt, teilweise sogar ignoriert. Eine Reihe von Projekten haben genau aus diesem Grund in der Vergangenheit (zu) wenig Wirkungsgrad für Bildungsanliegen entfaltet, d.h. sie blieben hinter den Erwartungen zurück und ließen (berechtigte) Fragen nach der Nachhaltigkeit entsprechender Vorhaben aufkommen. In den letzten Jahren ist deutlich geworden, dass neben der mediendidaktischen Professionalität und Qualität der Medienentwicklung auch das Change Management stärker beachtet werden muss" (Kerres/de Witt/-Stratmann 2002, S. 139). Trotz dieser Schwierigkeiten sollte es gerade im Hochschulbereich möglich sein, Neuerungen zu entwickeln und für eine zukünftige Anwendung in anderen Praxisfeldern vorzubereiten.

Literatur

Bremer, C.: Virtuelle Konferenzen. In: Bremer, C./Fechter, M. (Hrsg.): Die virtuelle Konferenz – neue Möglichkeiten für die politische Kommunikation: Grundlagen, Techniken und Praxisbeispiele. Essen 1999, S. 19-65.

Euler, D.: E-Learning – eine neue Modewelle oder eine neue Chance für das Bildungsmanagement. In: Schweizerische Zeitschrift für kaufmännisches Bildungswesen, Heft 3, 2001a, S. 130-142.

Euler, D.: High Teach durch High Tech? In: Zeitschrift für Berufs- und Wirtschaftspädagogik Heft 1, 2001b, S. 25-43.

Euler, D./Wilbers, K.: Selbstlernen mit neuen Medien didaktisch gestalten, St. Gallen, 2002.

Gramlinger, F.: Nutzung des Internets in der Lehre: Konzeptionelle Vorarbeiten und erste Erprobungen, um neben der Informationskomponente verstärkt Kommunikation und Kooperation im Sinne des „collaborative learning" einzusetzen. In: Reinisch, H./Beck, K./Eckert, M./Tramm, T. (Hrsg.): Didaktik beruflichen Lehrens und Lernens – Reflexionen, Diskurse und Entwicklungen. Opladen 2003, S. 95-108.

Gramlinger, F./Kremer, H.-H.: Neue Lernkonzepte in/mit dem Internet. In: Kremer, H.-H. (Hrsg.): Offene webbasierte Lernumgebung – E-Learning in der beruflichen Rehabilitation. Paderborn 2002a, S. 7-20.

Gramlinger, F./Kremer, H.-H.: Forschung und Entwicklung didaktischer Innovationen in-mit-durch webbasierte Lernumgebungen. Editorial zur Sonderausgabe 2a von bwpat.de. Online: [http://www.ibw.uni-hamburg.de/bwpat/ausgabe2a/editorial_bwp at2a.html] 2002b (24-03-03).

Kerres, M./de Witt, C./Stratmann, J.: E-Learning. Didaktische Konzepte für erfolgreiches Lernen. In: Schwuchow, K./Guttmann, J. (Hrsg.): Jahrbuch Personalentwicklung & Weiterbildung, Neuwied 2003., S. 131-139

Kremer, H.-H.: Offene webbasierte Lernumgebung – Annäherung und Differenzierung. In: Kremer, H.-H. (Hrsg.): Offene webbasierte Lernumgebung – E-Learning in der beruflichen Rehabilitation, Paderborn 2002.

Kremer, H.-H.: Implementation didaktischer Theorie – Innovationen gestalten. Annäherungen an eine theoretische Grundlegung im Kontext der Einführung lernfeldstrukturierter Curricula, Paderborn 2003.

Kremer, H.-H./Sloane, P.f. E.: Virtuelle Seminare gestalten. In: Hohenstein, A./Wilbers, K. (Hrsg.): Handbuch E-Learning (Loseblattwerk). Köln 2001, Kapitel 4.3, S. 1-17.

Kremer, H.-H./Wilbers, K.: Telekooperatives Lehren und Lernen – Erfahrungen aus dem virtuellen Seminar „WiPäd München – Köln". In: Straka, G. A./Bader, R./Sloane, P.f. E. (Hrsg.): Perspektiven der Berufs- und Wirtschaftspädagogik. Forschungsberichte der Sektion Berufs- und Wirtschaftspädagogik der Deutschen Gesellschaft für Erziehungswissenschaft – Frühjahrstagung 2000. Opladen 2000, S. 159-170.

Rosenberg, M. J.: E-learning. Strategies for delivering knowledge in the digital age. McGraw-Hill, 2001.

Seufert, S./Back, A./Häusler, M.: E-Learning – Weiterbildung im Internet. Das „Plato-Cookbook" für internetbasiertes Lernen, Kilchberg 2001.

Trampe-Kieslich, G.: Virtuelle Konferenz als Lehr/Lernarrangement – Möglichkeiten und Grenzen selbstgesteuerten Lernens. (Hausarbeit im Rahmen der Veranstaltung ‚E-Learning in der beruflichen Bildung'), Paderborn 2002.

Wilbers, K.: E-Learning didaktisch gestalten. In: Hohenstein, A./Wilbers, K. (Hrsg.): Handbuch E-Learning (Loseblattwerk). Köln 2001, Kapitel 4.0, S. 1-42.

Virtuelle Konferenzen online:
E-Learning in der beruflichen Bildung (2002): http://s1.teamlearn.de/e-lc
Bildung für freie Menschen (2001): http://www.bildung2010.de/eManifest
Strategien für die Netzwerk Gesellschaft (2001): http://www.edupolis.de/konferenz2001
Internet und politische Bildung (2000): http://www.edupolis.de/konferenz2000
Lernen und Bildung in der Wissensgesellschaft (1998): http://www.bildung2001.de

Marco Kalz, Jörg Stratmann und Michael Kerres

Notebooks in der Hochschullehre. Didaktische und strukturelle Implikationen

„Über den Nutzen des Computers in der Pädagogik nachzudenken, heißt nicht, über den Computer nachzudenken, sondern über dessen pädagogischen Einsatz" (Ellis 1974)

Im Rahmen des vom bmb+f geförderten Projektes „Notebook-Universitäten" sind seit Juli 2002 an 25 Universitäten in Deutschland unterschiedliche Aktivitäten zur Nutzung von Notebooks in der Hochschule gestartet worden. Am Anfang dieser Aktivitäten standen der Aufbau eines Funknetzes (WLAN: Wireless-Local-Area-Access-Network) und die Versorgung der Studierenden mit Notebooks. Der inhaltliche Fokus unterscheidet sich dabei an den einzelnen Hochschulen. An einem Teil der Hochschulen widmet man sich der Produktion von Content; neue Lernprogramme bzw. Lernarrangements werden entwickelt, um die Präsenzlehre zu ergänzen oder teilweise zu ersetzen. An anderen Hochschulen steht die Entwicklung einer Lernplattform oder eines Portals im Vordergrund. Der eCampus Duisburg ist eine strategische Initiative der Universität Duisburg-Essen, um digital abbildbare Dienstleistungen in der Lehre und der Verwaltung konsequent über das Inter-/Intranet zu organisieren und den Einsatz von Notebooks in Lehrveranstaltungen zu ermöglichen. Die Initiative wird gemeinsam von Wissenschaftler/innen, zentralen Einrichtungen und der Hochschulverwaltung getragen. Es wird ein intelligenter Übergang zwischen drahtgebundenen und -ungebundenen Services einerseits und die Verknüpfung von bislang getrennten Services andererseits angestrebt. Das Projekt eCampus beinhaltet eine Reihe von Komponenten, die nicht isoliert voneinander gesehen werden dürfen. Die zentralen Aspekte sind:

- Versorgung von Studierenden mit (subventionierten) Endgeräten,
- Ausbau der WLAN-Infrastruktur (Access-Points, VPN-Router etc.),
- Ausbau von Support-Dienstleistungen für mobile Lerner einschl. der Reorganisation bisheriger Dienstleistungen und Zusammenführung in einem Kompetenzzentrum Digitale Medien (KDM),
- Aufbau eines Portals für mobile Lerner an der Uni Duisburg mit Informationen rund um das mobile Lernen (Stufe 1: allgemeine Informationen, Stufe 2: personalisiertes Nachrichtenportal),
- Konzeption und ansatzweise Implementation eines integrierten Informationsmanagements zur hochschulweiten Zusammenführung bislang isolierter Dienste (z.B. Anwendungen der Hochschulverwaltung, des Rechenzentrums und der Universitätsbibliothek),

– Konzeption und Erprobung eines zentralen Verzeichnisdienstes (single sign on),
– Aufbau und Erprobung didaktischer Szenarien der Notebook-Nutzung in verschiedenen Fachgebieten und
– Intensivierung des interdisziplinären Austausches unter Einbeziehung von Wissenschaft, zentralen Einrichtungen und Hochschulverwaltung.

Hinzu kommen weitere Aktionslinien, die in „Nachbar"-Projekten angesiedelt sind, z.b. die Qualifizierung von Lehrenden in dem Projekt eCompetence (mit Unterstützung des Landes NRW), das Projekt eTeaching-Portal (mit der Bertelsmann-Stiftung), diverse Entwicklungsvorhaben in den Bereichen Content (Aufbereitung von Lehrinhalten), Tools (Werkzeuge für die mediengestützte Lehre) sowie begleitende Forschungsprojekte (u.a. bmb+f und DFG). Diese vielfältigen Aktivitäten auf den unterschiedlichen Ebenen sind erforderlich, um das Thema Medien in der Hochschule voran zu bringen. Dadurch wird deutlich, dass das Notebook-Universität-Projekt eCampus Duisburg keinesfalls ein Hardware-Ausstattungsprojekt, sondern ein Vorhaben ist, bei dem Maßnahmen auf unterschiedlichen Ebenen initiiert werden, die in einander greifen müssen und nur als Ganzes zu dem erhofften Mehrwert, v.a. in der Lehre führen.

Hintergrund dieser breit gefächerten Aktivitäten ist die Überlegung, dass entsprechende Innovationen sich nicht auf ein Aktionsfeld beschränken dürfen, sondern ein ausgewogenes Konzept differenzierter Aktionslinien benötigen. Theoretisch ist dies im Modell „magisches Viereck mediendidaktischer Innovation" (vgl. Kerres 2001) formuliert worden. Danach wären Innovationen in vier Bereichen erforderlich, die wiederum aufeinander zu beziehen sind:

– Reform der Lehre: Welche (neuen) Lehrinhalte wollen wir vermitteln? Welche (neuen) Methoden des Lehrens und Lernens streben wir an?
– Produktion mediengestützter Lernangebote (einschl. Erstellung einer mediendidaktischen Konzeption, Entwicklung von Medien) und Distribution der Medien (einschl. Sicherung deren Nutzung)
– Entwicklung der personellen und strukturellen Voraussetzungen für die erfolgreiche Mediennutzung (Personal- und Organisationsentwicklung, u.a. durch Qualifizierungs-maßnahmen und Anpassung der organisationalen Rahmenbedingungen)
– Ausbau und Sicherung von Infrastruktur (Ausstattung in Hard- und Software ebenso wie die Verfügbarkeit von Dienstleistungen für deren Einrichtung, Wartung, Pflege)

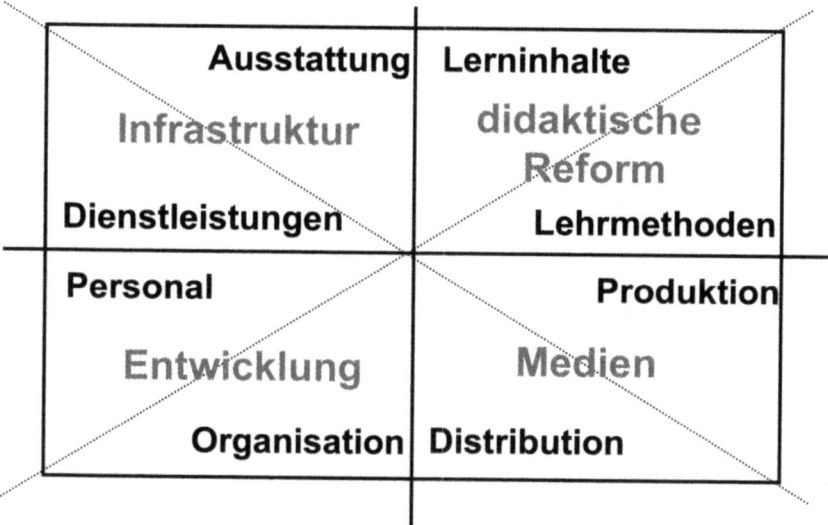

Abb. 1: Das Magische Viereck mediendidaktischer Innovation
(nach Kerres 2001)

Im vorliegenden Text liegt der Schwerpunkt auf didaktischen Implikationen des eCampus-Vorhabens in Duisburg, wobei die oben dargestellten Beziehungen nicht außer Acht gelassen werden sollen.

1. Notebooks in der Hochschullehre

Das Projekt eCampus hat sich im Bereich der Lehre zunächst auf den interdisziplinären Studiengang „Angewandte Kommunikations- und Medienwissenschaft" (KOMMEDIA) konzentriert, in der aktuellen Ausbaustufe wird der Studiengang „Kulturwirt" mit Notebooks versorgt. In diesen Studiengängen haben alle Studierenden die Möglichkeit, ein vergünstigtes Notebook zu erhalten. Mit dieser Grundversorgung soll sichergestellt werden, dass bestimmte Lehr-Lernszenarien überhaupt realisierbar bzw. erprobt werden können. Alle Aktivitäten im Bereich der Lehre sind letztlich darauf ausgerichtet, eine didaktische Vielfalt in der Hochschullehre zu erreichen (vgl. Asselmeyer/Wolff 2001). Die didaktische Fragestellung des Projektes stellt sich wie folgt: Wie sieht die didaktische Innovation in einer Notebook-Universität aus und in welchen Szenarien findet eine sinnvolle Verwendung der Endgeräte statt? Dabei unterscheidet sich eine Notebook-Universität grundlegend von einer virtuellen Universität, wie die nachfolgende Tabelle zeigt (vgl. auch Weiser 1996):

Abb. 2: Vergleich Virtuelle Universität/Notebook-Universität

	Virtuelle Universität	Notebook-Universität
Lehr-Lern-Angebot	virtuell	hybrid
Organisations-Prozesse	virtuell	virtuell
Medien	Didaktisch aufbereitet	zum größten Teil nicht didaktisch aufbereitet
Kommunikation	in der Regel virtuell durch mail/chat	sowohl face-2-face als auch virtuell
Kooperation	über eine Plattform	sowohl real als auch über eine Plattform/Tools
Fokus	24/7, ortsunabhängig	Ubiquitäre Verfügbarkeit von Diensten und Informationen

Die Notebook-Universität konzentriert sich auf die ubiquitäre Verfügbarkeit von Diensten und Informationen, während eine Virtuelle Universität versucht, auch den Lehrbetrieb virtuell abzubilden. In einer Notebook-Universität konzentriert sich die Lehre auf hybride Lehr-Lern-Szenarien, in denen unterschiedliche Möglichkeiten des mediengestützten Lernens kombiniert werden (vgl. Kerres 2002, Schulmeister 2001). Darüber hinaus wird in Duisburg angestrebt, wichtige Organisationsprozesse für die verschiedenen Gruppen an der Hochschule auch digital zu ermöglichen und somit die Infrastruktur zu verbessern. Zu diesem Zweck ist ein Portal für mobile Lerner entwickelt worden.

Zwei Studien aus 2002 untersuchten die Nutzung von Notebooks im Schulunterricht. Die mit der Bertelsmann-Stiftung und einer Schule in Gütersloh durchgeführte Studie von Schaumburg und Issing kommt zu dem Fazit, dass „die Einführung von Laptops den Lehrern geholfen hat, ihren Unterricht im Sinne der im Rahmenkonzept formulierten reformpädagogischen Zielsetzung zu verändern (vgl. Schaumburg/Issing 2002). Auch eine Untersuchung aus Österreich kommt zu dem Ergebnis, dass die Stärken des Einsatzes der Notebooks im didaktischen Bereich liegen, da neue Unterrichtsmöglichkeiten eröffnet werden (Kysela-Schiemer 2002). Die Einrichtung von Notebook-Universitäten in Deutschland bietet zum ersten Mal die Möglichkeit, den Notebook-Einsatz im Hochschulkontext zu untersuchen. Für eine systematische Betrachtungsweise einer Notebook-Universität soll das nachfolgend beschriebene Rahmenmodell dienen.

2. Rahmenmodell einer Notebook-Universität

Der Einsatz von Notebooks in der Hochschullehre bietet neue Potenziale auf unterschiedlichen Ebenen. Diese Potenziale bleiben so lange nur Potenziale, so lange man nicht bewusst die Organisation auf den Ebenen so verändert, dass diese Potenziale auch genutzt werden, bzw. Situationen schafft, in denen sich diese Potenziale entfalten können. Im Folgenden werden die Potenziale, die sich aus dem Notebook-Einsatz ergeben, auf den einzelnen Ebenen Individuum, Gruppe und Institution beschrieben und erläutert.

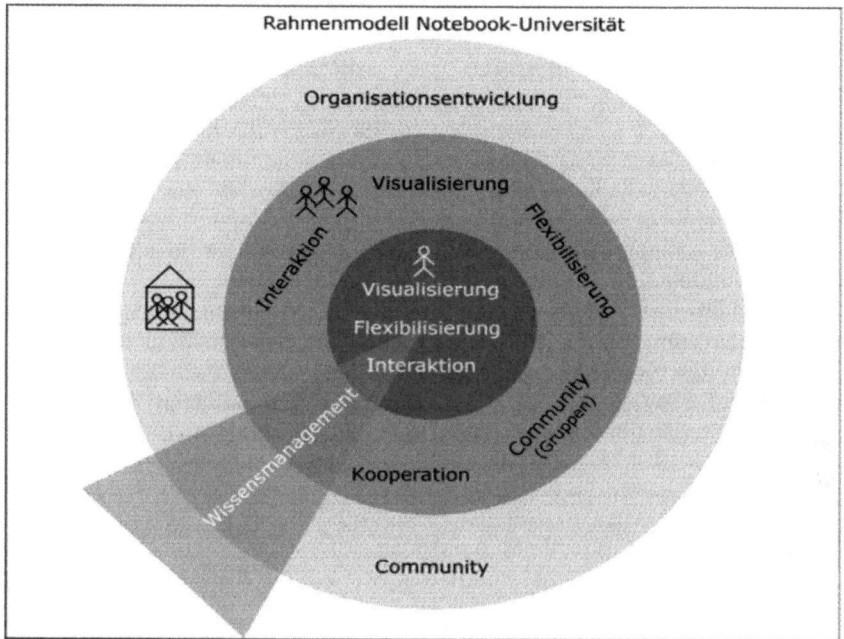

Abb. 3: Rahmenmodell einer Notebook-Universität

Auf der individuellen Ebene führt der Einsatz der Notebooks vor allem zu einer Flexibilisierung. Für die Studierenden bedeutet dies, dass sie z.b. Leerlaufzeiten besser für sich nutzen können, indem sie sich auf Veranstaltungen vorbereiten, sich Ressourcen aus dem Internet und digitalen Bibliotheken beschaffen oder mit Lernprogrammen arbeiten. *Töpel* verweist auf drei mögliche Felder, in denen ein persönlicher Kompetenzzuwachs durch den Einsatz von Notebooks erfolgen kann: Medienkompetenz, allgemeine Lernkompetenz und systematische Informationsverarbeitung (vgl. Töpel 2002). Zusätzlich ergibt sich die Möglichkeit der Flexibilisierung vieler organisatorischer Prozesse für die Studierenden. Sie können sich aus einem Online-Vorlesungsverzeichnis ihren individuellen Stundenplan zusammenstellen, sich direkt zu teilnehmerbegrenzten Veranstaltungen anmelden und sich lange Wartezeiten ersparen, indem sie Fragen an Dozenten per E-Mail schicken oder an Online-Sprechstunden teilnehmen. Visualisierungen und Interaktion sind zwar auch für individuelle Lernprozesse wichtig, jedoch zeigt sich das größere Potenzial hier in Lerngruppen.

Auf dieser Gruppenebene geht es um die Potenziale von Notebooks in *learning communities*, die sowohl innerhalb einer Lehrveranstaltung als auch außerhalb gebildet werden können. In Veranstaltungen mit Notebook-Einsatz kommt es vor allem zu einer verbesserten Visualisierung sowie einer einfacheren Interaktion zwischen den Beteiligten. Visualisierungen unterstützen das Lehr- Lerngeschehen, indem sie schwierige Zusammenhänge oder abstrakte Sachverhalte auf eine einfache bzw. logische Weise abbilden (vgl. Ballstaedt 1997). Somit erleichtern sie den Einstieg in eine Diskussion, aber auch die Visualisierung der Diskussion selbst oder eines Brainstormings bieten Vorteile (vgl. Klebert et al. 1987). In Bezug auf die Interaktion sind vor allem die rechnergestützten und netzbasierten Kommunikations- und Kooperationsmöglichkeiten in Veranstaltungen zu nennen. Als Zusatz zu Veranstaltungen können z.b. Newsgroups, Mailinglisten oder Foren eingesetzt werden und zu einer Community-Bildung beitragen, die im Idealfall die Diskussion weit über die Veranstaltung hinaus aufrecht erhält.

Innerhalb einer Veranstaltung gilt es für die Lehrperson, didaktische Entscheidungen zum Einsatz der Notebooks zu treffen. Nicht jede Verwendungsform der Notebooks erscheint im universitären Lehr-Lern-Kontext sinnvoll (vgl. Gay/Hembrooke 2002; Sharples 2002). Es bedarf didaktischer und methodischer Innovationen, die Notebooks als Werkzeuge für individuelle Lernprozesse in Lehrveranstaltungen zu integrieren. Besonders Phasen des selbst gesteuerten Lernens und Arbeitens sowie Phasen der kooperativen Zusammenarbeit scheinen geeignet zu sein für den Einsatz von Notebooks in der Hochschullehre. Wie die Studie der Sozialforschungsstelle Dortmund gezeigt hat, ist die Nutzung wissenschaftlicher Fachinformationen in der Hochschule sowohl unter den Studierenden als auch Lehrenden noch nicht flächendeckend verankert (vgl. Klatt et al. 2002). Auch hier bieten sich in Notebook-Universitäten neue Potenziale und didaktische Gestaltungsmöglichkeiten, elektronische Fachinformationen in die Lehre einzubinden. Auf der organisationalen Ebene stellt sich schließlich die Frage, welche neuen Potenziale aber auch Anforderungen an die Hochschule beim Einsatz von Notebooks gestellt werden.

Die Integration von Notebooks in den universitären Alltag einer Hochschule ist kein Prozess, der in Form eines Projektes von einem Lehrstuhl erreicht werden kann. Damit ein Change-Management-Prozess in Gang gesetzt wird, ist es wichtig, dass Vertreter der unterschiedlichen Bereiche an einer Universität diesen Prozess aktiv mitgestalten (vgl. Kerres 2002). Der eCampus Duisburg ist eine strategische Initiative, die gemeinsam von Wissenschaftlern, den zentralen Einrichtungen (AVMZ, HRZ, UB) und der Hochschulverwaltung getragen wird.

Es werden zur gleichen Zeit unterschiedliche Anstrengungen unternommen, die sich in den vier Bereichen des magischen Vierecks mediendidaktischer Innovation ansiedeln lassen. Zum einen wird die nötige Infrastruktur geschaffen. Dies betrifft den Ausbau des Wireless-LAN auf dem Campus der Universität, genauso wie die Schaffung von Plätzen, an denen die Studierenden ihre Notebooks außerhalb von Veranstaltungen nutzen und die Akkus laden können. Aber auch die Versorgung von Studierenden und Mitarbeitern der Universität mit zum Teil subventionierten Notebooks gehört in diesen Bereich. Um den Angehörigen der Universität eine bestmögliche Leistung zu bieten, ist die Universität Duisburg-Essen eine strategische Partnerschaft mit einem namhaften Notebookhersteller eingegangen, was sich neben besonders günstigen Konditionen für Notebooks vor allem durch einen effizienteren Support bemerkbar macht, da die meisten Reparaturen direkt vor Ort durchgeführt werden können und der Notebook-Nutzer so nur wenige Stunden auf sein Gerät verzichten muss.

Auf der anderen Seiten werden eine Reihe von Maßnahmen unternommen, um die Bereitschaft der Lehrenden zu erhöhen, Notebooks in ihre Veranstaltungen zu integrieren. Dazu wurde zum einen das Kompetenzzentrum Digitale Medien (KDM) gegründet, welches aus einen Re-Engineering der drei zentralen Einrichtungen Hochschulrechenzentrum, Audivisuelles Medienzentrum und Universitätsbibliothek hervorgegangen ist. Hier wurden Kompetenzen aus unterschiedlichen universitären Einrichtungen zu einem zielgruppenspezifischen Angebot gebündelt. Das eCompetence-Portal, welches zusammen mit dem Land NRW und der Bertelsmann-Stiftung aufgebaut wird, verfolgt die Umsetzung eines Qualifizierungskonzeptes, welches die Medienkompetenz und –anwendung in der Hochschullehre verstärkt. Auf dem Portal für mobile Lerner können sich Lehrende, die sich für den Notebookeinsatz in der Lehre interessieren, aber noch keine konkreten Vorstellungen haben, wie er aussehen könnte, über die bisher umgesetzten didaktischen Szenarien informieren, die dort als Bestpractice-Beispiel bereitgestellt werden. Zudem bietet das Portal die Möglichkeit, die vorgestellten Szenarien in Hinblick auf einen möglichen Mehrwert in der Lehre zu diskutieren und so den schon am Projekt Beteiligten konstruktives Feedback zu geben. Um die Nutzung der Notebooks zu einem natürlichen Prozess für alle Universitätsangehörigen werden zu lassen, ist es essentiell, möglichst alle Prozesse und Dienste zu erfassen und über intelligent eingebundene Schnittstellen zur Verfügung zu stellen.

Auf allen drei Ebenen unterstützen Notebooks Prozesse zum Dokumenten-, Informations- und Wissensmanagement. Bei der Kommunikation und Interaktion in Gruppen spielt das Teilen von Informationen und Dokumenten eine wichtige Rolle, was durch den Einsatz von Notebooks unterstützt wird. Auf der individuellen Ebene bieten sich durch die Notebooks und ubiquitären Internetzugang Möglichkeiten für selbstgesteuerte Lernprozesse und individuelles Wissensmanagement.

3. Funktionen von Notebooks in der Hochschullehre

Das Rahmenmodell einer Notebook-Universität verdeutlicht, auf welchen Ebenen sich neue Potenziale und Anforderungen in den verschiedenen Teilbereichen einer Universität bieten. Prinzipiell ergeben sich 3 unterschiedliche didaktische Szenarien, in denen das Notebook in der Hochschullehre zum Einsatz kommt:

1. Vorlesungsszenario
2. Seminarszenario
3. Projektszenario

In diesen Szenarien können Notebooks unterschiedliche Funktionen in Lehr-Lern-Prozessen einnehmen. Anhand einiger Beispiele aus dem eCampus Duisburg wollen wir diese Funktionen verdeutlichen. In der folgenden Grafik sind die einzelnen inhaltlich agierenden Teilprojekte den Veranstaltungsformen zugeordnet:

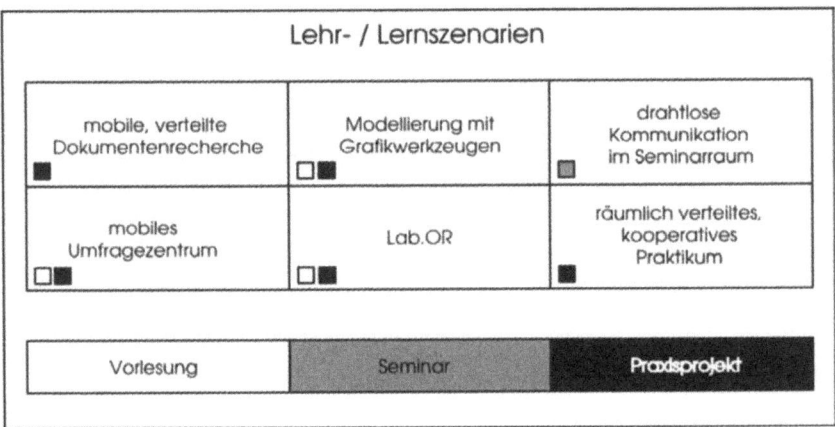

Abb. 4: Lehr-Lern-Szenarien im eCampus Duisburg

4. Vorlesungsszenario: Lab.OR

In der Psychologie werden die Notebooks unter anderem in der Methodenausbildung eingesetzt. In einem digitalen Versuchsbaukasten erhalten die Studierenden die Möglichkeit, einen eigenen Versuch zu planen, durchzuführen und auszuwerten. Während der Vorlesungen werden die Studierenden in Online-Versuchen als Teilnehmer einbezogen, so dass der Versuchsaufbau und die Auswertung einem großen Personenkreis anschaulich in kurzer Zeit verdeutlicht werden kann. Da für die Online-Experimente teilweise klassische Experimente Pate standen, können die Studierenden z.B. Erkenntnisse der Wahrnehmungspsychologie hautnah erleben. Somit kommen die Notebooks in diesem Szenario hauptsächlich als Interaktions- und Visualisierungswerkzeuge zum Einsatz. Aber auch Phasen des selbst gesteuerten Lernens waren gegeben, da die Studierenden sich über Versuchshintergründe selbstständig informieren sollten. Insgesamt wird in diesem Szenario wissenschaftliches Arbeiten durch den Einsatz der Notebooks dahingehend ermöglicht, dass in einer Vorlesung der methodische Drei-Schritt Planung, Durchführung und Auswertung aktiv von den Studierenden behandelt werden kann.

5. Seminarszenario: drahtlose Kommunikation im Seminarraum

Im erziehungswissenschaftlichen Kontext wird versucht, diskursive Settings durch kooperative Prozesse und Aktivitäten zu unterstützen. Im Duisburg Learning Lab werden diskussionsbegleitend kooperative Mind-Maps über Techniken des „Joint Editing" erstellt. Die Software „CoolModes", die auch in Duisburg entwickelt wurde, kommt bei Gruppendiskussionen zum Einsatz. Auch hier liegt der Schwerpunkt des Einsatzes auf der Interaktion während der Lehrveranstaltung. Im Seminarszenario bieten sich außerdem zahlreiche Möglichkeiten, selbstgesteuerte Lernprozesse zu ermöglichen bzw. anzuregen. Wie Konrad und Traub gezeigt haben, bedarf die Einführung selbstgesteuerter Lernprozesse sowohl auf Seite der Lernenden als auch auf Seite der Lehrenden verschiedene Voraussetzungen und ist nicht durch bloße Verminderung der Fremdsteuerung zu erreichen (vgl. Konrad/Traub 1999). In diesem Sinne können die Notebooks als Anlass genommen werden, sich mit dem Thema des selbstgesteuerten Lernens in der Hochschullehre zu beschäftigen. Zudem haben die Studierenden in diesem Szenario die Möglichkeit, ad-hoc Präsentationen durchzuführen, die sie im Vorfeld der Veranstaltungen oder während einer Kleingruppenarbeit im Seminar erstellt haben. Diese Präsentationen können dann als Anlass bzw. Ausgangspunkt für weitere Diskussionen dienen.

6. Projektszenario: Mobile, verteilte Dokumentenrecherche

Am Lehrstuhl für Computergraphik und Bildverarbeitung werden alte Texte zur Nietzsche-Rezeption digitalisiert, die nicht mehr zur Ausleihe zur Verfügung stehen. Über die Nutzung von Notebooks und speziellen Scannern können Bilddaten erfasst, digitalisiert und direkt in eine Datenbank eingetragen werden. Diese Veranstaltung hat projektartigen Charakter und hat sich einen konkreten Arbeitsauftrag zum Inhalt gemacht. Dazu gehen die Studierenden mit ihren Notebooks in Bibliotheken und Archive, um dort direkt vor Ort die Materialien zu digitalisieren und an die Datenbank weiterzugeben. Bei der Auswahl der Texte werden sie von einem Expertenteam unterstützt, das sich an einem zentralen Ort aufhält und so viele Studierende an unterschiedlichen Orten beraten kann. In diesem Fall ermöglicht der Einsatz der Notebooks eine neue Organisationsform innerhalb der Hochschullehre.

Die beschriebenen Veranstaltungen haben natürlich nur exemplarischen Charakter – hybride Lehr-Lern-Szenarien in der Hochschullehre bieten zahlreiche Gestaltungs- und Kombinationsmöglichkeiten von Medien und Werkzeugen. Zudem müssen bei der didaktischen Planung einer Veranstaltung mit Notebookeinsatz die fachspezifischen Besonderheiten berücksichtigt werden. Es ist nicht möglich, das didaktische Konzept einer Veranstaltung aus dem

Fachgebiet Informatik 1:1 auf eine pädagogische Veranstaltung zu übertragen, sondern es ist zu überlegen, wie die Notebooks sinnvoll in die eigene Veranstaltung integriert werden können. Die Bestpractise-Beispiele auf dem Portal für mobile Lerner (aus den Fakultäten Gesellschaftswissenschaften und Ingenieurswissenschaften) können dabei allerdings wichtige Impulse liefern. Dabei ist zu begründen, zu welchem Zweck die Notebooks ins Lehr- Lerngeschen integriert werden und welcher der damit verbundene Mehrwert ist. Dass Notizen anstatt mit Stift und Papier nun mit dem Notebook oder Skripte nicht mehr in Papierform, sondern als pdf ausgetauscht werden, erscheint uns nicht hinreichend, um von einem Mehrwert (hier in Form einer Effizienzsteigerung) zu sprechen und als Legitimierung des Notebookeinsatzes zu dienen.

7. Der eCampus aus der Sicht der Studierenden

Das Projekt eCampus wird seit Beginn von einer formativen Evaluation begleitet. Vorgesehen sind drei Erhebungsphasen, in denen die Studierenden des Studiengangs Kommedia zu ihren Eindrücken und Erfahrungen mit der Notebook-Universität befragt werden. Die Befragung findet vor allem mit Hilfe von Online-Fragebögen statt. In der ersten Phase wurde eine Vollerhebung durchgeführt mit einer Rücklaufquote von 86% (n = 134). Die Studierenden werden zu den Bereichen Notebook, WLAN-Infrastruktur und Einsatzszenarien befragt.

Das vom Hochschulrechenzentrum vergünstigt angebotene Notebook wurde von fast 80% der Studierenden gekauft. 10% der Studierenden besaßen bereits ein Notebook. Fast alle haben ihr Notebook schon einmal im Funknetz der Universität Duisburg-Essen eingesetzt oder haben es vor (97%). Insgesamt sehen die Befragten, die ihr Notebook schon einmal in einer Lehrveranstaltung eingesetzt haben (n=76), durch den Einsatz von Notebooks in Lehrveranstaltungen eine Steigerung der Qualität und Effizienz. Als Begründung für eine Qualitätssteigerung werden von 77% die Unterstützung des Lernprozesses durch Visualisierungen (Diagramme, Animationen, usw.) genannt. Des Weiteren wird von vielen der Vorteil der Anwendung von neuen Lernmethoden (fallbasiertes Lernen, problemorientiertes Lernen, usw.) und der höhere Interaktionsgrad zwischen den Dozenten und den Studierenden und den Studierenden untereinander während der Veranstaltung als Begründung angegeben.

Eine Effizienzsteigerung manifestiert sich für 80% in einer schnelleren Verteilung des Skripts und der Folien des Dozenten (kein zeitintensives Ausleihen). Drei Viertel der Befragten geben zusätzlich die bessere Verfügbarkeit von Lernressourcen (digitale Bücher, Bücher reservieren, etc.) und eine nicht ortsgebundene Zusammenarbeit als Gründe für die Effizienzsteigerung an. Dazu befragt, zu welchen Zwecken sie die Notebooks in den eCampus Lehrveranstaltungen einsetzen, nannten gut 70% die allgemeine Internetrecherche und Präsentationen. Die Hälfte nutzt das Notebook für Notizen und 40% nennen sowohl die netzgestützte Zusammenarbeit als auch die fachliche Kommunikation mit Hilfe des Notebooks als Einsatzformen. Auch außerhalb von Lehrveranstaltungen nutzen 65% ihr Notebook zur Vorbereitung von Präsentationen und zur Internetrecherche. Fast alle Studierenden sind nach ihren bisherigen Erfahrungen mit dem eCampus Projekt zufrieden und würden aufgrund des Zusatznutzens und des Preises das Notebook erneut erwerben. Auch wenn diese positiven Daten zunächst einen Neuigkeitseffekt reflektieren, der in weiteren Folgeerhebungen zu prüfen sein wird, zeigen sie doch, dass die besondere Fokussierung von Support-Dienstleistungen und didaktischen Szenarien in dem Projekt bei den Studierenden zumindest wahrgenommen worden ist.

8. Zusammenfassung und Ausblick

Der Einsatz von Notebooks in der Hochschullehre beinhaltet Potenziale auf unterschiedlichen Ebenen. Realisierbar werden diese jedoch nur, wenn verschiedene Aktionslinien zusammenkommen und die erforderlichen Innovationen auf unterschiedlichen Ebenen stattfinden. Für die Lehrenden und Lernenden bieten sich mit den Neuen Medien u.E. vor allem bessere Möglichkeiten der Visualisierung, neue Formen der Kommunikation und Interaktion sowie eine erhöhte Flexibilität. Das Lernen und Arbeiten in der Hochschule weist so weniger Medienbrüche auf. Der eCampus Duisburg wendet sich bewusst gegen den Begriff und den Ansatz des „virtuellen Lernens", da dieser losgelöst ist von den „realen Orten" des Lehr-Lerngeschehens an einer Präsenzeinrichtung. Er verfolgt vielmehr die Idee der „Verlängerung" der konventionellen Lehr-Lernumgebungen durch digitale Werkzeuge und Anwendungen. Die digitalen Medien schaffen keine „neuen" Parallelwelten zum physikalischen Campus, sondern der digitale Campus erweitert und verlängert das Lernen auf dem realen Campus, z.B. durch Informationsportale, durch digitale Kommunikationstools im Seminarraum und Hörsaal, mit durchgängigen Supportlösungen (hochschulweites sign on für Dienste). Die Artefakte der Lehr-Lernumgebung liegen dabei in digitaler Form vor, sie sind erweiterbar, ergänzbar und annotierbar und sind damit insgesamt anschlussfähiger.

Die damit verbundene Hypothese geht davon aus, dass sich digitale Medien nur dann in einer Organisation dauerhaft und nachhaltig verankern lassen, wenn sie an den bestehenden Prozessen und Strukturen „andocken" und diese gleichzeitig bewusst weiter entwickeln. „Abgestoßen" werden technische Artefakte durch die Organisation dagegen, wenn diese als reines „add on" hinzugefügt werden, bei denen die Personen keinen direkten Mehrwert wahrnehmen können. Der Einsatz von Notebooks bietet damit Anlass, über didaktische Innovationen in der Hochschullehre nachzudenken. Es wird jedoch auch deutlich, dass diese Innovationen nur dann tragfähig werden, wenn die komplexen Abhängigkeiten mediendidaktischer Innovation in der Hochschullehre berücksichtigt werden.

Literatur

Asselmeyer, H./Wolff, S.: Didaktik des „Dazwischen": Perspektiven der Integration klassischer und internet-gestützter Lehrformen in der universitären Weiterbildung. In: Wagner, Erwin; Kindt, Michael: Virtueller Campus. Szenarien – Strategien – Studium. Münster 2001. S. 48 – 55.

Ballstaedt, S.-P.: Wissensvermittlung. Die Gestaltung von Lernmaterial. Weinheim 1997.

Ellis, A. B.: The Use and Misuse of Computers in Education. New York 1974.

Gay, G./Hembrooke, H.: Collaboration in Wireless Learning Networks: [http://dlib2.computer.org/conferen/hicss/1435/pdf/14350033b.pdf] (Stand: 2. Februar 2003).

Kerres, M./Jechle, T.: Hybride Lernarrangements: Personale Dienstleistungen in multi- und telemedialen Lernumgebungen: [http://www.edumedia.uni-duisburg.de/articles/hybridla. pdf] (Stand: 10. Februar 2003).

Kerres, M.: Medien und Hochschule. Strategien zur Erneuerung der Hochschullehre. In: Issing, L./Stärk, G. (Hrsg.). Studieren mit Multimedia und Internet, Münster 2002, S. 57 -70.

Kerres, M.: Multimediale und telemediale Lernumgebungen. Konzeption und Entwicklung. München 2001.

Klatt, R./Gavriilidis, K./Kleinsimlinghaus, K./Feldmann, M. (Hrsg.): Studieren mit elektronischen Fachinformationen: [http://www.stefi.de/download/bericht2.pdf] (Stand: 23. Januar 2003).

Klebert, K./Schrader, E./Straub, W. G.: KurzModeration. Hamburg 1987.

Konrad, K./Traub, S.: Selbstgesteuertes Lernen in Theorie und Praxis. München 1999.

Kysela-Schiemer, G. (Hrsg.): Notebooks im Unterricht: e-Learning und e-Teaching an Österreichs Schulen. Wien 2002.

Schaumburg, H./Issing, L. J.: Lernen mit Laptops. Ergebnisse einer Evaluationsstudie. Gütersloh 2002.

Schulmeister, R.: Szenarien netzbasierten Lernens. In: Wagner, E./Kindt, M. (Hrsg.): Virtueller Campus. Szenarien – Strategien – Studium. (Reihe Medien in der Wissenschaft Bd. 14). Münster 2001, S. 16-38.

Sharples, M.: Disruptive Devices: Mobile Technology for Conversational Learning: [http://www.eee.bham.ac.uk/sharplem/Papers/ijceell.pdf] (Stand: 15. Januar 2003).

Töpel, M.: Lernen mit Notebooks. In: Kysela-Schiemer, G. (Hrsg.): Notebooks im Unterricht: e-Learning und e-Teaching an Österreichs Schulen. Wien 2002, S. 27–47.

Weiser, M.: Ubiquitous Computing: [http://www.ubiq.com/hypertext/weiser/UbiHome.html] (Stand: 8. Februar 2003).

Michael Diéz Aguilar

Idee, Konzept und Realisierung der Computer-Studienwerkstatt.
Ein Beitrag zur Gestaltung multimedialer Studienumgebungen

Ausgehend von einigen pädagogischen Überlegungen zur Gestaltung von Bildungsräumen konzentriert sich der Beitrag auf die Darstellung der Konzeption der Computer-Studienwerkstatt. Die Computer-Studienwerkstatt ist ein Modellprojekt des Arbeitsbereichs für Allgemeine Pädagogik mit dem Schwerpunkt Bildung und Technik im Fachbereich Humanwissenschaften der TU Darmstadt. Hervorzuheben sind folgende Aspekte des Konzepts:

- Integration von pädagogischen, informatischen und architektonischen Prinzipien der Raum-Gestaltung bei der Schaffung einer Studienumgebung;
- Erschließung realer und virtueller Räume als „Potenzielle Räume für Bildung";
- Einsatz aktivierender Lehr- und Arbeitsformen (Werkstatt-Atmosphäre, Projektorientierung, Öffentliche Ausstellungen von Arbeitsergebnissen u.a.)
- permanentes, selbstreflexives Projekt von Studierenden und Lehrenden.

Intendiert wird die Eröffnung einer hinsichtlich ihrer Funktionalität als auch ihrer Ästhetik „idealen" Studienumgebung, und zwar durch die Erschließung von Rahmenbedingungen für eine theoretische wie praktische Auseinandersetzung mit Multimediatechnologien und deren Einsatz in pädagogisch relevanten Praxisfeldern. Verbunden damit ist das Motiv kritisch-selbstreflexiv auch die eigene Gestaltung immer wieder in Frage zu stellen und zur Revision bzw. Weiterentwicklung frei- und aufzugeben.

1. Multimediale Lernumgebungen als Räume für Bildung

Für Pädagogiken sind Lernende nicht nur Objekte ihrer Theoriebildung, sondern sie beanspruchen ebenso, für diese Individuen praktisch zuständig und verantwortlich zu sein. Pädagogische Konzepte stehen immer in einem Bezug zur Praxis. Zu den gesellschaftlichen Funktionen, die der Pädagogik zugewiesen werden, gehört die Strukturierung und Organisation institutionalisierter Bildungsräume. Pädagogische Theorien und Praxen auf der einen, wie auch die der Pädagogik zugewiesenen Funktionen auf der anderen Seite sind einem historischen Wandel unterworfen. Insofern ist die Um- bzw. Neugestaltung von Lernumgebungen ein vertrautes Thema. Als Aufgabe aber stellt die Gestaltung von Lernumgebungen gegenwärtig eine Herausforderung dar. Aufgrund des Einsatzes von Computertechnologie und digitalen Medien wird der Raum als Problem für pädagogisches Denken und Handeln relevant.

Die Integration der Informations- und Kommunikationstechnologien in Lernumgebungen eröffnet neue Räume für das Lernen und Lehren, stellt damit aber auch neue Anforderungen an die Gestaltung von Räumen für Bildung.

Gestaltungskonzepte von Lernumgebungen, in deren Fokus vorrangig die Entwicklung des datentechnischen Raums und seiner Benutzerschnittstellen steht, integrieren in der Regel Design, Technik, Wissensmanagement und Lernmodelle zu einer webbasierten Lernumgebung. Die physikalischen Bedingungen von Lernen und Lehren und die konkreten Bedürfnisse bzw. Anforderungen, die eine Zielgruppe an eine Lernumgebung stellt, werden dagegen oft außer Acht gelassen. Die Folge solcher außerhalb der Perspektive realen Lernens stehenden Produktentwicklungen ist oftmals die mangelnde Akzeptanz seitens der Nutzerinnen und Nutzer, die mit diesen Plattformen arbeiten sollen (vgl. Unger 2003).

Die Gestaltung multimedialer Lernumgebungen geht über die Gestaltung datentechnisch animierter Lernräume hinaus und bezieht, wie „Blended-Learning-Konzepte" bereits andeuten, die reale Umgebung und Anforderungen mit ein. Hier ist Pädagogik gefordert, ihren Reichtum an Wissen, Erfahrungen und Kompetenzen einzubringen. Aus pädagogischer Perspektive ist die Lernumgebung eine „vorbereitete Umgebung", innerhalb derer Lernende ihre Lernprozesse selbst gestalten und verantworten. Die pädagogische Aufgabe besteht in der Herstellung der Rahmenbedingungen. Rahmenbedingungen betreffen zum Beispiel räumlich-zeitliche, technisch-methodische, pädagogisch-didaktische Aspekte. Zur Aufgabe gehört aber auch die Begleitung und Unterstützung des Lernenden in seinen Bildungsbemühungen, die immer situativ und in einen sozialen Kontext eingebunden sind. Beispielsweise ist die Notwendigkeit von Face-to-Face-Kommunikation an physikalische Bedingungen von Raum und Zeit gebunden und kann daher nicht so ohne weiteres in die Virtualität transformiert werden. In diesem Kontext ist ebenso über die Impulse zu reflektieren, die aus einem sich wandelnden Verhältnis zwischen Bildung und Technik angestoßen werden.

Die Virtualisierung von Bildungsräumen im Cyberspace beeinflusst unsere Raumwahrnehmung und trägt zu einem veränderten Raumverständnis, auch zum Infragestellen der klassischen Räume für Bildung, bei. Der Wunsch, Bildungsräume von den übernommenen Strukturen freizusetzen, sie in neue vielfältige Formen zu digitalisieren und sie modularisiert in einem Netzwerk darzustellen, wird letztlich zu einem Neben- und Miteinander von realen und virtuellen Räumen führen. Dies ist denkbar bis hin zu einer Gestaltung der Studienumgebung im Sinne eines „Bildungsnetzwerkes", dessen Struktur aus miteinander verbundenen aber doch voneinander unabhängigen Bildungsangeboten besteht. Diese können von den Studierenden individuell in den eigenen Bildungsprozess eingebunden werden. Letztlich entscheiden sie selbst über die modulare Anordnung ihrer Studienumgebung. Module können sowohl Präsenzanteile als auch Online-Anteile haben, die Studierende an einer Universität vor Ort besuchen oder in die sie sich von zuhause einloggen.

Zu den Herausforderungen der Pädagoginnen und Pädagogen gehört es, diese in einem zunehmenden Maße von den Lernenden selbst zu verantworteten Gestaltungsprozesse zu unterstützen und zu begleiten. In diesem Kontext stellt die Computer-Studienwerkstatt eine mögliche Konsequenz dar, um auf verändernde Anforderungen zu reagieren, d.h. künftigen Pädagoginnen und Pädagogen eine Studienumgebung zu eröffnen, innerhalb derer sie sich umfassend für ihre zukünftigen Aufgaben in der „Informationsgesellschaft" qualifizieren können.

2. Computer-Studienwerkstatt. Ein Modell in Studium und Forschung

Die Initiative für die Computer-Studienwerkstatt ergab sich aus der Intention, den pädagogischen Studiengängen und den Forschungsaktivitäten am Institut ein Erfahrungsfeld zur Verfügung zu stellen, in dem technische Innovationen immer im Zusammenhang mit der Gestaltung menschengerechter Lebens- und Praxisumgebungen gesehen werden. Die Initiative ergab sich zudem aus dem Anspruch, nicht nur technische Prinzipien bei der Einrichtung eines Computerraums wirksam werden zu lassen. Des Weiteren erschien es wichtig, ein Konzept zu entwickeln, in dem die pädagogisch-didaktischen Prinzipien, die in der Lehre vermittelt werden, für die Studierenden schon in der ihrem Studium zugehörigen Lernumgebung erfahrbar werden.

Bei der Gestaltung der Computer-Studienwerkstatt wurden daher zwei grundlegende Gesichtspunkte berücksichtigt: Zum einen die Anknüpfung an die bildungstheoretische Tradition des Instituts und zum anderen die Einbindung des technologischen Innovationspotenzials in den pädagogischen Diskurs. Daraus resultierte die Anforderung einen Erfahrungsraum zu schaffen, in dem die Thematisierung der Informations- und Kommunikationstechnologien und das Experimentieren sowie das Arbeiten mit ihnen in Relation gesetzt und zur Möglichkeit der Kritik werden. D.h. zur Möglichkeit „in Distanz zu treten und aus der Distanz zu betrachten, was dort – auch mit einem selbst geschah, das Erfahrene mit anderen zu diskutieren und so zu Möglichkeiten zu finden, aus der gewonnenen Einsicht heraus in Kooperation mit anderen gestaltend Einfluss zu nehmen auf den in Frage stehenden Entwicklungsprozess. So gesehen ist die Computer-Studienwerkstatt auch als ein Forum der Reflexion und Diskussion konzipiert und als eine Werkstatt, in der die Gestaltungsmöglichkeiten im Umgang mit dem Computer entdeckt, erfunden, erprobt und verworfen werden können" (Diéz Aguilar/Sesink 2000, S.60).

Es kristallisierte sich ein Konzept heraus, das seinen Schwerpunkt auf eine pädagogisch motivierte innenarchitektonische Gestaltung des Computerraums legte. In Kooperation mit dem Fachbereich Architektur, Fachgebiet Entwurf und Raumgestaltung wurde unter dem Titel „Kein Jungen-Spielzimmer" für Architekturstudentinnen und -studenten ein Wettbewerb in Form einer Stegreifaufgabe ausgeschrieben: Die Anforderung bestand darin, im Rahmen des gegebenen Settings einen Entwurf für einen Computerraum zu liefern, der den Studierenden eine human gestaltete Umgebung eröffnet, in der sie angeregt werden, sich mit den technischen Geräten nach ihren eigenen Bedürfnissen auseinanderzusetzen. Es ging also nicht darum, einem PC-Raum zu entwerfen, in dem die Technik den Menschen dominiert.

Viele Computerräume hinterlassen ja den Eindruck eines Maschinenraums. Deshalb sieht das pädagogische Konzept vor, dass der Raum nicht von den „Maschinen beherrscht" wird. Der Raum soll sich beim Betreten nicht gleich als Computerraum aufdrängen. Im Mittelpunkt stehen die Menschen, die dort arbeiten, ihre Kommunikation untereinander, ihre Zusammenarbeit und ihre Kreativität. Der Raum soll ihnen zum Beispiel den Rahmen bieten, um an Projekten zu arbeiten oder um sich mit anderen Studierende zu treffen. Die Nutzung und der Einsatz von Computertechnologien und digitalen Medien geschieht bei Bedarf. Eine Gleichzeitig unterschiedliche Nutzung der Räume sollte möglich sein.

Konzeptprägend ist hierbei die Metapher des Raums.

–   Die Computer-Studienwerkstatt ist ein *architektonischer Raum* (ein physikalischer Ort, eine reale Anlaufstelle),
–   sie erweitert sich mittels ihrer technologischen Ausstattung und ihrer medialen Anbindung in den *virtuellen Raum*,
–   sie ist ein *Raum der Begegnung und Kommunikation* mit anderen Menschen und deren Erfahrungen, Ideen, Fähigkeiten und Einsichten (Kooperation, Diskussion, Interdisziplinarität),
–   sie bietet einen *Möglichkeitsraum* zur Erkundung und Wahrnehmung von Gestaltungspotenzialen des realen und des virtuellen Raums in ihrer wechselseitigen Bezugnahme,
–   sie eröffnet damit Raum für selbstbestimmte Entwicklung der eigenen Einsichten und Fähigkeiten (*Raum für Bildung*).

Integration von pädagogischen, informatischen und architektonischen Prinzipien der Raum-Gestaltung

Die Schaffung einer Studienumgebung nach pädagogisch-didaktischen, informatischen und architektonischen Prinzipien zielt auf die Gestaltung humaner Lern- und Lebensräume. Dieser Gestaltungsprozess verlangt disziplinenübergreifende Kompetenzen und interdisziplinäre Arbeitsformen. Repräsentativ setzt hierbei eine Architektur Akzente, die Zwecke und Mittel so in Relation zueinander bringt, dass sich dem Menschen Möglichkeitsräume eröffnen. Die architektonische Raumgestaltung ist Medium für eine Vermittlung zwischen Funktionalität und Ästhetik. Architekten bedienen sich vorhandener technischer Möglichkeiten und arrangieren in der Vereinnahmung des physikalischen Raums diesen als Freiraum.

Bei der Raumgestaltung geht es nach Auffassung des beteiligten Architektur-Professors Dr. Eberle im eigentlichen Sinne nicht um das Ausfüllen des Raumes mit architektonischen Elementen, sondern um die Schaffung und Gliederung des freizugebenden Raumes zwischen den architektonischen Elementen. „Computerräume sind", so der Architekt der Computer-Studienwerkstatt, „im Allgemeinen neutrale Räume ohne eigenen Charakter, in welchen flächenoptimiert möglichst viele Geräte aufgestellt sind. Ungestört von äußeren Einflüssen sollen weitgehend konstante Bedingungen ein ungestörtes Eintauchen in digitale bzw. virtuelle Welten ermöglichen. Realität und direkte Zwischenmenschlichkeit werden weitgehend ausgeblendet. Oft entsteht ein befremdendes Gefühl von Unwirklichkeit.

Um einer Abstraktion der direkten Umgebung entgegenzuwirken und diese wieder mehr in das Bewusstsein zu rufen, wurde beim Entwurf der Computer-Studienwerkstatt des Instituts für Pädagogik, neben der reinen Bearbeitung funktionaler Anforderungen, besonderer Wert auf die materielle Ausgestaltung des Raumes gelegt. Kontrastierend stehen sich reale und digitale Welt, Mensch und Maschine, Natur und Technik gegenüber, um in anregende Wechselbeziehungen zu treten und zur Reflexion auf ihr Verhältnis zu provozieren.

Die Computer-Studienwerkstatt gibt das Prinzip des reinen Funktionsraums auf, indem sie die reale Umgebung nicht mehr neutral im Hintergrund verharren, sondern in ihrer Vielschichtigkeit selbst zum Thema werden lässt. Die reale Umgebung kontrastiert der digitalen Funktionalität und nötigt, Eindrücke ins Verhältnis zu setzen und interessante Wechselbeziehungen aufzubauen, die in den kreativen Arbeits- und Lernprozess einfließen können. Reale und Digitale Welt sollen einander annähern und überschneiden, nicht nebeneinander, sondern miteinander existieren" (Alexander Bernjus, zit. in: Diéz Aguilar/Sesink 2000, S.59). Der dargestellte Ansatz architektonischer Gestaltung von Räumen verweist auf eine Qualität von Technik, die als eine zurückhaltende und poietische gedacht werden kann.

3. Leitidee zurückhaltender und poietischer Technik

Werner Sesink greift diesen Ansatz auf und vermittelt ihn mit seinem Verständnis von Technik. In seinem Konzept der „Zurückhaltenden und poietischen Technik" beschreibt er die Metaphorik des Raumgebens durch Technik als eine neue Perspektive auf das Verhältnis von Bildung und Technik. Die Erschließung und Freisetzung von Raum mittels Technik eröffnet dem Menschen Bildungsräume.

Die Vorstellung, Technik als Raum schaffende und Freiraum gebende Technologie einzusetzen, versteht die Zurückhaltung der Technik in zweierlei

Hinsicht. Zum einen geht es um die Zurückhaltung des Unbeherrschten mittels Technik und zum anderen um die Zurückhaltung der Technik selbst. Es entsteht ein „Schutz- und Möglichkeitsraum für ...", den der Mensch auszufüllen hat. Die Entfaltung der menschlichen Kräfte in einem solchen „potenziellen Raum" wird letztlich durch eine poietische, d.h. an die Lebensbedingungen des Menschen und an seine Bedürfnisse anschließende Technik ermöglicht (vgl. Sesink 2001).

Diese Überlegungen einer zurückhaltenden und poietischen Technik sind grundlegend für Konzept und Realisierung der Computer-Studienwerkstatt.

Erschließung und Öffnung realer sowie virtueller Räume als „Potenzielle Räume für Bildung "

Das zurückhaltende Moment bezeichnet die Schaffung und Freigabe des Raums für Bildung. Durch die Erschließung des Raums werden die Rahmenbedingungen geschaffen, d.h. es wird eine Umgebung für Lern- und Bildungsprozesse freigehalten. Konkret also die Bereitstellung und das Arrangement der Mittel, angefangen beim Raum, der Technik und den Materialien. Aber hierzu gehören auch die Menschen, die die Lern- und Bildungsprozesse begleiten und unterstützen, d.h. pädagogische und organisatorische Infrastruktur schaffen u.a.

Das poietische Moment bezeichnet insbesondere die Notwendigkeit der Öffnung des pädagogischen Raums. Es geht letztlich darum, einen pädagogischen Raum zu erschließen, ihn aber nicht von der Außenwelt abzuschließen, sondern zu öffnen. Die ästhetische Gestaltung soll in ihrer Vielfalt und Durchlässigkeit zur Kreativität und Kommunikation anregen. Die Hülle des Raums ist vielfach gebrochen. Türen, Fenster und auch Netzwerkleitungen öffnen den Raum für einen lebendigen Austausch zwischen den Menschen. In diesen realen und virtuellen Räumen stellen die Menschen selbst die wichtigste Verbindung dar. „Als physisch-leibliche Wesen können sie nie bloß Funktionselemente in einem geschlossenen Raum sein. So muss der Raum nicht nur nach außen hin durchlässig sein, er muss auch nach innen hin auf die Natur des Menschen eingehen. Natur ist im Raum selbst präsent, ein Gesichtspunkt, der u.a. bei der Auswahl der Materialien für Boden, Wände, Möbel, bei der Farbgebung und bei der Lichtgestaltung eine besondere Rolle spielt, die eben nicht nur unter funktionalen und nicht unter ergonomischen Gesichtspunkten erfolgt. So ist die Computer-Studienwerkstatt eine für Bildung vorbereitete Umgebung, in der Offenheit und Erschlossenheit in Relation treten. Ihre Einfassung, ihre Vorstrukturierung begrenzen den Bewegungsraum; geben aber auch Halt und Orientierung. Was in ihrem Rahmen geschieht, wird durch sie zwar angeregt, aber nicht diktiert: Freiraum für eigene Initiativen, für schöpferisches Gestaltungspotenzial ist gegeben, wenn und so weit er wahrgenommen wird" (Diéz Aguilar/Sesink 2000, S. 57).

Die Computer-Studienwerkstatt ist ähnlich integrierend wie ihr vorrangiges Medium, das ihr Medium und Gegenstand zugleich ist. Die Medialität dieser Studienumgebung lebt von den Spannungsmomenten zwischen sachlicher Funktionalität und architektonischer Ästhetik, zwischen diszipliniertem Arbeiten und kreativer Gestaltung, zwischen technischer Konstruktion und zwischenmenschlicher Begegnung als Aufforderung. Diese Spannungsverhältnisse enthalten eine erfahrbare Aufforderung, die Potenziale der Informations- und Kommunikationstechnologien im Sinne humaner Weltgestaltung wahrzunehmen.

4. Gestaltung einer multimedialen Studienumgebung

Bildungsprozesse anzuregen wird verstanden als die Ermöglichung eines Erfahrungsraumes für eine vielseitige, vielfältige, kreative und spontane Auseinandersetzung mit den Sachen. In der Computer-Studienwerkstatt sind die Informations- und Kommunikationstechnologien sowohl Gegenstand und Thema als auch Medium des Bildungsprozesses. Der erste Aspekt verweist auf die Ebene der medien- und informationspädagogischen Inhalte und Arbeitsformen. Der zweite Aspekt verweist auf die Ebene der medien- und informationspädagogischen Rahmenbedingungen. Zusammen ergeben sie den Ansatz für eine pädagogisch-didaktische Konzeption mit dem Ziel, einen Möglichkeitsraum zur Aneignung und Vermittlung von Medienkompetenz und informationspädagogischer Kompetenz zu eröffnen. Die Lernumgebung ist in ihrer Doppelfunktion sowohl als Lernort als auch Forschungswerkstatt wahrzunehmen: Pädagoginnen und Pädagogen müssen selbst Kompetenzen erwerben, diese aber auch vermitteln können, d.h. im Studium sind sie auf eine Studienumgebung angewiesen, die ihnen eine Bildung mit und an den neuen Technologien ermöglicht.

Informationspädagogische Rahmenbedingungen. Zugang zu Raum, Technik und Medien

Das Herstellen von medien- und informationspädagogischen Rahmenbedingungen beginnt mit der Bereitstellung von räumlichen, technischen und pädagogisch-didaktischen Ressourcen zur Anwendung von Medien und ihren Produkten. Die Computer-Studienwerkstatt wird von den Studierenden und auch Mitarbeiterinnen und Mitarbeitern beansprucht:

- als Raum für freies und eigenverantwortliches Arbeiten;
- als Ort für individuelle Beratung und Information über Computer, Multimedia und ihren Einsatz im Studium und in pädagogischen Praxisfeldern;
- als Arbeitsgruppenraum für Studien- und Forschungsprojekte;

- als Lern- und Lehrraum (Seminarraum);
- als Besprechungsraum;
- als Medienzentrum (Medienausleihe u. v. a. m.).

Es zeigt sich, dass diese Vielseitigkeit in der räumlichen Nutzung dazu beiträgt, dass das Arbeiten durch neue Technologien in einem hohen Maße unterstützt werden kann. Und dennoch besteht immer auch die Möglichkeit, die Computer-Studienwerkstatt ohne Einsatz von Technik zu nutzen.

In der Computer-Studienwerkstatt soll sich der Mensch in seiner Menschlichkeit wohl fühlen und von seiner Perspektive aus sich den Sachen zuwenden können. Architektonische und technische Ausstattung erschließen den Rahmen für ein pädagogisch-didaktisches Arrangement.

- Im Vordergrund stehen die pädagogischen Aufgabenstellungen; die Materialien, Geräte und Programme sind im Hintergrund verfügbar, um bei Bedarf genutzt zu werden. (Diese „Zurückhaltung" der Technik kommt schon in der innenarchitektonischen Raumgestaltung zum Ausdruck.)
- Multi-Media ist zu verstehen als „viele Medien", die in Konkurrenz zueinander treten, erprobt und entdeckt werden können sowie vor allem zu verstehen als multimediales Potenzial der Computertechnologie und digitalen Medien.
- Die technische Ausstattung ist aktuell, aber nicht auf „High End" getrimmt. (Sie ist sozusagen „realistisch" im Hinblick auf Verfügbarkeit in pädagogischen Einsatzfeldern.) Denn die pädagogische Arbeit soll nicht darauf gerichtet sein, die Potenziale der Technik „auszureizen", sondern darauf, menschliche Potenziale zu erschließen und in ihrer Entfaltung zu unterstützen.
- Die Technik wird den Studierenden im Rahmen ihrer Projektarbeit zur freien Verfügung gestellt. Sie wird nicht vor den Studierenden „geschützt" oder „versteckt".
- Die Ergänzung der technischen Ausstattung geschieht sowohl angebots- als auch nachfrageorientiert: Technik wird angeboten, um neue Projektideen anzuregen; oder angemeldeten Bedarf konkreter Projekte zu decken.

Informationspädagogik. Inhalte, Arbeitsformen und Veranstaltungsangebote

Das Veranstaltungsangebot besteht sowohl aus Lehrveranstaltungen (Seminar und Projektarbeit) als auch aus einem „offenen" Angebot, in dem mit aktivierenden Arbeitsformen experimentiert wird. Dieses Veranstaltungsangebot firmiert unter der Bezeichnung Forum und bietet neben regelmäßigen Öffnungszeiten insbesondere Beratung, tutorielle Betreuung, Workshops, Medienausleihe sowie Ausstellungs- und Präsentationsmöglichkeiten. Die Studierenden haben so Gelegenheit die Computer-Studienwerkstatt auch als einen Treffpunkt zu erfahren, in dem zum Beispiel gegenseitige Hilfe und Unterstützung gegeben, der Einsatz von Medien unter verschieden Gesichtspunkten erprobt oder ein Projekt auf eigene Initiative hin gestartet werden kann. Die anstehenden Reformen der pädagogischen Studiengänge an der TU Darmstadt und die konzeptionelle Weiterentwicklung der Computer-Studienwerkstatt sind, was die Bereiche informationspädagogische Inhalte und Anwendungskompetenzen angeht, direkt gekoppelt. Das Veranstaltungsangebot und die Entwicklung aktivierender Arbeitsformen orientiert sich an dem für den Magister-Studienschwerpunkt Informationspädagogik entwickelten Curriculum:

- *Grundlagen der Informationspädagogik* (Begriffliche Grundlegung);
- *Informationstechnische Bildung* (Didaktik der informationstechnischen Bildung, Lehr- und Unterrichtsmethodik, u.a.);
- *Pädagogik der neuen Medien* (als instrumentelles Medium, Speichermedium. Medium der Kommunikation, Reflexionsmedium, Arbeits- und Lernumgebung);
- *Technische Netzwerke und virtuelle Räume der Bildung* (Bildung ans Netz, im Netz und aus dem Netz, Fernlehre, netzwerkgestütztes kooperatives Lernen);
- *Gestaltung multimedialer Lernumgebungen* (Schaffung und Freigabe von technisch angereicherten Räumen für Bildung);
- *Kultur- und Gesellschaftstheorie der neuen Medien* (Interdisziplinäre Bezüge, Kritische Distanz, u.a.).

Die Inhalte aus den Lehrveranstaltungen sollen in der Computer-Studienwerkstatt präsent sein, deshalb wird eine „Studienmaterialsammlung Informationspädagogik" eingerichtet. Hierbei handelt es sich um einen Handapparat zum Studienschwerpunkt Informationspädagogik, der angefangen von den Vorlesungsskripten und Seminarreadern sowohl begleitende und weiterführende Literatur als auch andere Arbeitsmaterialien umfasst. Diese und zum Beispiel auch Lernsoftware wird den Studierenden in dieser Studienumgebung zur Verfügung gestellt.

In einem Modell lässt sich die didaktische Konzeption folgendermaßen skizzieren:

Computer	Studien	Werkstatt
bezeichnet Themen- und Gegenstandsfelder:	bezeichnet informationspädagogischen Inhalte sowie Arbeitsformen:	
Multimediatechnik	**Schwerpunkt Informationspädagogik:**	**Gestaltung von Multimedia für die pädagogische Praxis:**
• Computertechnologie und digitale Medien; • Cyberspace; • ...	• Grundlagen der Informationspädagogik; • Informationstechnische Bildung; • Pädagogik der neuen Medien; • Technische Netzwerke und virtuelle Räume der Bildung; • Gestaltung multimedialer Lernumgebungen; • Kultur- und Gesellschaftstheorie der neuen Medien.	• Projektarbeit (Konzept- und Modellentwicklung) • ...
KENNEN und Nutzen	VERSTEHEN und Begreifen	GESTALTEN und verantworten
Instrumentell-pragmatische Ebene	Theoretische Ebene	Praktische Ebene
Die technische Befassung mit dem Gegenstand fördern und fordern.	Die theoretische Befassung mit den Themen und Sachverhalten ermöglichen und gewährleisten.	Die experimentelle und explorative Befassung mit dem Gegenstand ermöglichen und begleiten.
Erwerb von Know How im Umgang mit den Technologien,	**Erwerb technischen Sachverstandes,**	**Erwerb von Gestaltungskompetenz**
teils „on the fly" im Rahmen von Projekten, teils systematisch und konzentriert in Kursen und Übungen;	Entwicklung eines Verständnisses für die Logik und Problemhaftigkeit der Gegenstandsfelder und Herstellen interdisziplinärer Bezüge, teils durch projektbegleitende Reflexion und Theorieaneignung, teils systematisch und konzentriert in Vorlesungen und Seminaren;	Dazu gehört die Fähigkeit und Bereitschaft, für die pädagogischen und gesellschaftlichen Konsequenzen des eigenen Handelns einzutreten, vorzugsweise in – auch von den Studierenden selbst initiierten – Projekten;
pädagogisch-didaktische Kompetenzen: Vormachen, Zeigen, Demonstrieren und Helfen;	pädagogisch-didaktische Kompetenzen: Erläutern, Erklären, Verständlichmachen und Systematisieren;	pädagogisch-didaktische Kompetenzen: Anregung zur Sinnreflexion, Einbindung in die Praxis und Übertragung von Verantwortung

5. Permanentes, selbstreflexives Projekt

Welche Erfahrungen machen Studierende in und mit der Computer-Studienwerkstatt? Welche Akzeptanz findet bei ihnen diese Studienumgebung und ihre Angebote? Wie wird dieser Raum konkret genutzt? Welche Wirkung geht von der Raumgestaltung aus? In welchem Verhältnis stehen Raumwirkung und Raumaneignung? Eine Evaluierung dieser multimedialen Studienumgebung, die zur Klärung dieser und weiterer Fragen beitragen könnte, ist zwar angedacht, konnte bisher aber noch nicht umgesetzt werden.

Dennoch zeigt sich, dass die Angebote der Computer-Studienwerkstatt bereits ein wichtiger Faktor im laufenden Lehrangebot des Instituts für Allgemeine Pädagogik und Berufspädagogik sind. Dies gilt für die Magister- (Grund- und Hauptstudium) als auch für die Lehramtsstudiengänge sowie im Rahmen interdisziplinärer Veranstaltungen.

Das Angebot wird stärker in Richtung projektorientierter und selbstverantwortlicher Lehr- und Lernformen profiliert. Auswirkungen auf die Lehre, die wir bereits beobachten können, bestehen vor allem in der deutlichen Aktivierung der beteiligten Studierenden (höhere Motivation, größerer Einsatz, mehr Selbstverantwortung), verbunden mit einem veränderten Rollenverhalten der Lehrenden, die sich weniger als „Besserwisser" und mehr als Partner und Unterstützer verstehen. Das bringt allerdings keine Entlastung in Bezug auf fachliche Vorbereitung mit sich, sondern impliziert eher höhere Anforderungen, da mehr Flexibilität im Eingehen auf unvorhersehbare fachliche Anfragen gefordert ist.

Die didaktische Konzeption der Computer-Studienwerkstatt verträgt sich allerdings nicht umstandlos mit den bestehenden Strukturen der Hochschule. Denn sie verlangt nach

– stärkerem Gewicht selbstorganisierter und projektorientierter Lernformen (dass muss sich längerfristig in den Studienordnungen niederschlagen);
– höhere Wertschätzung kooperativer Arbeitsformen (Teamleistung);
– Ergänzung des Spektrums der anzuerkennenden Studienleistungen durch technisch vermittelte Ausdrucks- und Reflexionsformen (insbesondere in den geistes- und sozialwissenschaftlichen Disziplinen, wo noch eine sehr starke Fixierung auf die Textform als allein angemessen vorherrscht; aber auch Multimedia birgt eine „Sprache");
– geringere Orientierung der Studieninhalte an aktuellen Wissensbeständen; stärkerer Betonung von „haltbarem" Grundlagenwissen und von Kompetenzen auf Seiten der Studierenden in der Gestaltung des eigenen Bildungsprozesses.

Aber durch die Integration der Computer-Studienwerkstatt in die Strukturen und Arbeitsprozesse des Instituts ergibt sich eine herausragende Möglichkeit für die Weiterentwicklung dieser Studienumgebung und letztlich auch ein Beitrag zur Hochschulentwicklung. Daraus ziehen wir die Konsequenz, das Projekt als ein permanent sich weiterentwickelndes zu begreifen.

Das Projekt wirbt nicht mit High-End-Technik, die bald ohnehin schon wieder „Schnee von gestern" ist. Es erfordert vom Lehrenden auch nicht, zum Multimedia-Zauberer und -Animateur zu werden, der seine Studierenden durch Technikeinsatz zum Staunen bringt. Es setzt vielmehr darauf, dass Technikeinsatz subjektive Potenziale der Studierenden erschließt. Es ist daher geeignet, auch denjenigen unter den Lehrenden, die traditionell eher Vorbehalte gegen eine „Technisierung" der Lehre haben, einen anderen Blick auf den Multimediaeinsatz in der Lehre zu vermitteln: dass es dabei nicht immer nur um Personaleinsparung, Anonymisierung, Reduzierung der Lehrinhalte auf Paukstoff usw. gehen muss, sondern Anregungen und Potenziale enthalten sein können zu einem hochgradig reflexiven und kreativen Prozess forschenden Lernens.

Literatur

Diéz Aguilar, M./Sesink, W.: Multimediale Lernumgebungen als Räume für Bildung: Das Konzept der Computer-Studienwerkstatt. In: TU-Darmstadt (Hrsg.): Thema Forschung. Information, Wissen, Kompetenz. Darmstadt 2/2000, S. 54 – 60.

Rüsse, W./Sesink, W.: ICuM. IT-Curriculum zur Förderung der Medienkompetenz in Lehramtsstudiengängen. Theoretisch-konzeptionelle Grundlegung zu einem Pilotprojekt. Darmstadt 06/2002. Download unter www.icum-tud.de.

Sesink, W.: Über architektonisches und pädagogisches Raumgeben. Ansprache anlässlich der Preisverleihung zur Stegreifaufgabe „Kein Jungen-Spielzimmer" Innenarchitektonische Gestaltung der CSW. 1998, unveröffentl. Manuskript, Download unter www.sesink.de.

Sesink, W.: Poietische und zurückhaltende Technik oder Vom Bildungsgehalt des Computers. Umrisse eines informationspädagogischen Konzepts. In: Tagungsband der infos 2001 17.-20.9.2001 in Paderborn 2001

Sesink, W.: In-formatio. Über die Ein-bildung des Menschen. Zum Verhältnis von Informationstechnik und Bildung. Vortrag Universität Bremen (14.6.2001), unveröffentl. Manuskript. Download unter www.sesink.de.

Unger, A.: Raum – Existenz – Gestaltung. Analyse und Gestaltung hybrider Lernumgebungen. Magisterarbeit, Institut für Allgemeine Pädagogik und Berufspädagogik (TU Darmstadt) 2003.

Teil II
Medienwissen und Medienhandeln –
„Desiderate" und Methoden der
Medienforschung

Hans-Dieter Kübler

„Weltwissen" und/oder „Medienwissen" von Kindern. „Wissensforschung" – ein Desiderat pädagogisch orientierter Medienforschung?

1. Wissensnormen oder Wissenskonfusion? – Streiflichter pädagogischer Diskussion

„Was sollte heute ein Kind in den ersten sieben Lebensjahren wissen, können, erfahren haben? Womit sollte es zumindest in Berührung gekommen sein?" (Elschenbroich 2002, S. 20). Mit ihrem Katalog eines so genannten „Weltwissens" für Siebenjährige und seiner aus vielerlei Erfahrungen geschöpften Begründung hat Donata Elschenbroich, Pädagogin am Deutschen Jugendinstitut, einen Bestseller gelandet, der wie kaum ein anderes pädagogisches Buch schon fast zwei Jahre auf den Charts steht und eine ungeahnte Auflage erreicht hat. Zwar bleibt der zentrale Begriff „Weltwissen" in dem Buch vage – wie bei den meisten Verwendungen, sofern man sich nicht an Karl Poppers Drei-Welten-Theorie hält, wonach das „Weltwissen" die Welt 3 umfasst, also die „objektiven Produkte oder Ideen des menschlichen Geistes (einschließlich aller Theorien über die Welt und über uns)" (Popper 1993, S. 75), die externalisiert und dokumentiert sind; früher hatte man noch den Begriff des Alltagswissens im Gegensatz zum Schulwissen zur Verfügung; immerhin sind Elschenbroichs Konzept und ihre Argumentation weitaus vielfältiger und offener angelegt, als es der Titel mit seinem Kanonversprechen für Siebenjährige vermuten lässt, denn es wird ‚nur' ein „offener Bildungskanon" angeboten, der recht vielseitig und nicht nur durch Instruktion zu erreichen ist. Doch die öffentliche Rezeption des Buches hat sich schon – soweit erkennbar – darauf kapriziert, dass nun eine schlüssige Orientierung, ein vorbildlicher „Wissens- und Erfahrungskatalog" für Eltern und Erzieher vorliegt, an den sie sich in ihrem Erziehungsverhalten halten können – wie normativ oder rigide er auch immer ausfällt.

Lässt sich annehmen, dass solche Normen bzw. das Verlangen danach Indizien für die gegenwärtige pädagogische Mentalität, für all die erzieherischen Kümmernisse heute sind? Jedenfalls scheint immer weniger danach gefragt zu werden,

– *was* Kinder heutzutage überhaupt wissen, erfahren, lernen *können,* statt was sie sollen – allein schon die Vermittlungsbegriffe bzw. -dimensionen sind bekanntlich unscharf und werden untereinander – auch von Elschenbroich – recht willkürlich, wenn nicht sogar synonym gebraucht; auch fragt man offenbar immer weniger,

- *wie* Kinder heute – in einer doch unentwegt als verändert beschriebenen Welt – etwas erfahren, wissen, lernen (können) und *wie unterschiedlich* sie es gemäß den vorhandenen soziodemografischen und dazu hin noch kulturell-ethnischen Schichtungen tun, und schließlich fragt man
- erst recht nicht hinreichend danach, *welche Faktoren* an den Wissenserwerbs-, Erfahrungs- und Lernprozessen von Kindern beteiligt sind, also wie vielseitig, auch heterogen und zufällig Lernen und Wissenserwerb stattfinden können.

Normen- und Kanondiskussionen haben hingegen offenbar derzeit Konjunktur, zumal wenn sie im Kontext von internatonalen Vergleichsstudien wie PISA und IGLU vorgebracht werden. Wenn überhaupt von Faktoren, meist von Barrieren oder Irritationen des Lernens die Rede ist, dann führen andere Pädagogen alsbald die Medien ins Feld: Vor ihrer wachsenden Präsenz und Nutzung, vor der medialen Durchdringung aller Lebensbereiche wird vehement gewarnt, Befürchtungen oder vermeintlich sichere Diagnosen überbieten sich, wonach die ‚Medienwirklichkeit‘ so über Hand nehme, dass die wirkliche, empirische Realität verschwinde, damit auch die angestammten Bildungswerte, Inhalte und Fähigkeiten zunehmend ins Hintertreffen geraten und sie von den abseitigen oder minderwertigen Medienidolen, -formationen und -sensationen förmlich übertönt, überwölbt und überspielt werden. von Hentig (1984) hat mit seinem ersten Bändchen – im denkwürdigen Orwell-Jahr – schon den Topos des „allmählichen Verschwindens der Wirklichkeit" geprägt und ihn in seiner kürzlich erschienenen Positionsbestimmung mit dem Titel „Der technischen Zivilisation gewachsen bleiben. Nachdenken über die neuen Medien und das gar nicht mehr allmähliche Verschwinden der Wirklichkeit" (2002) nicht nur bekräftigt, sondern mit der Beschleunigungsmetapher im Titel sogar noch verschärft. Als Begründung führt er etwa an: „In einer Welt, in der ursprüngliche Erfahrung immer knapper wird, in einer Welt, in der es gilt, den Menschen gegen das überwältigende Aggregat der Sachen zu ermutigen, in einer Gehäusewelt, die sich nicht mehr selbst erklärt, hole ich [den Computer] nicht ohne Not ins Klassenzimmer" (von Hentig 2002, S. 149).
   Vermutlich wird im Titel nur eine eingängige Metapher bemüht, aber ihre ausgedrückte Dynamik soll offenbar davor warnen, dass die beobachteten Veränderungen vehementer vorangehen, noch gravierender ausfallen und wohl auch irreversibel sind. Die Welt – so die Metapher – wird aufgeteilt in eine unmittelbar erfahrbare, sinnliche und eine mittelbare, medial vermittelte – eine Vorstellung, die selbst als metaphorische oder eindrücklich zugespitzte recht simpel anmutet und wohl auch irreführt, zumal die mediale Wirklichkeit unter den gesetzten Prämissen wohl nur unter Vorbehalt zur Wirklichkeit zählen darf, eigentlich Fremdkörper und unnatürlich ist. Aber gegenüber ihrer Macht verschwindet die eigentliche ‚Wirklichkeit‘ offenbar zusehends und immer schneller aus dem Erfahrungshorizont und der Sinnlichkeit von Kindern. Denn als künstliche und mächtig attraktive expandiert die mediale ‚Wirklichkeit‘, die wohl von Grund auf unkindlich ist. Daher gefährdet oder beschä-

digt sie die angestrebte Identitätsfindung und das erwünschte Lernen der Kinder. Letztlich müssen die Kinder vor ihr bewahrt und geschützt werden, wie es schon immer solcherart Pädagogik vorhatte. Man fragt sich, wo Kinder heute leben oder ob sie schon weitgehend virtuell vegetieren.

Diesen eher apokalyptischen Beschwörungen stehen indes unerschrocken euphemistische Einschätzungen diametral entgegen, wie man sie täglich den Medien entnehmen und von euphorisierten Pädagogen hören kann: Sie geraten geradezu ins Schwärmen darüber, was Kinder und Jugendliche heute alles mit Computer und Handy, mit Suchmaschinen und Internet bereits anfangen können, wie versiert, locker und selbstverständlich sie mit den so genannten neuen Medien umgehen, welche nicht nur beruflichen, sondern auch Lebenschancen sie aus ihrem Können gewinnen können, wie letztlich wunderbar und optionsreich diese neue Medienwelt doch sei. Schon 1994 prognostizierte etwa Norbert Bolz, einer jener Medienvisionäre: „Die Bildungsstrategien des Humanismus greifen nicht mehr. Die Kids des Computerzeitalters beugen sich nicht mehr über Bücher, sondern sitzen vor den Bildschirmen. Auch diese Kinder sind neugierig und forschen. Aber sie tasten nicht mehr Zeile für Zeile nach der Weisheit überlieferter Schriften. Stattdessen trainieren sie ihr Vermögen der Gestalterkennung. Dieser Abkehr von der humanistischen Bildung entspricht ein völlig verändertes Bild von der Welt. Man glaubt nicht mehr an Substanzen, sondern denkt in Funktionen. An die Stelle von Ursache-Wirkungs-Zusammenhängen treten Schleifenprogramme und Rekursionen. Effekte werden wichtiger als Bedeutungen. Und man beschränkt sich auf ein Finetuning, weil man an Einheit und Synthese längst nicht mehr glaubt" (Bolz 1994, S. 189).

Gleich, was sich hinter den schicken Etiketten wie „Rekursionen" und „Finetuning" wohl verbergen mag, zumal sie nirgendwo erläutert werden, für N. Bolz ist es evident und nicht mehr reversibel, dass sowohl die überkommenen Lernformen als auch die traditionellen Bildungskonzepte passé und bereits von zeitgemäßeren, auch effizienteren Lernmodi abgelöst sind – ganz im Gegensatz zu Elschenbroich, die jene irgendwie, wenn auch offen publikumswirksam wieder einführt, und auch ganz entgegen von Hentig, der sie beharrlich verteidigt und beschwört.

Was stimmt nun? Oder weniger kategorial: welche Position ist eher angemessen und lässt sich wissenschaftlich vertreten oder gar empirisch abstützen? Selbstverständlich, auf solche Lücken und Widersprüchlichkeiten trifft man allenthalben, zumal in den Geistes- und Kulturwissenschaften; denn nicht zuletzt aus ihnen erwachsen – nach T. Kuhns Modell des Paradigmenwechsels (1978) – neue Fragestellungen und Forschungsbemühungen. Daher sei ein weithin unbearbeitetes Terrain für die Medienpädagogik exploriert und sondiert. Denn mit der Konzipierung einer pädagogisch orientierten Wissensforschung – auch wenn dies hier nur heuristisch geschehen – sei exemplarisch aufgezeigt,

– einmal dass die Frage, wie Kinder heute Wirklichkeit erfahren, Wissen erwerben oder allgemein lernen und welchen Anteil daran die Medien haben, eines der zentralen erziehungswissenschaftliche, aber auch bildungspoli-

tisch brisanten Themen ist, das dringend der empirischen Substantiierung
bedarf,
-   zweitens soll unterstrichen werden, dass solcherart medienpädagogische
    Forschung nur interdisziplinär, an den Schnittstellen verschiedener Dis-
    ziplinen betrieben werden kann, die einer allein – das sei sogleich einge-
    räumt – nicht mehr schaffen kann, weshalb es entsprechender Kooperati-
    onsformen bedarf;
-   drittens soll damit für ein verändertes Selbstverständnis, mindestens für
    ein erweitertes Profil der Medienpädagogik plädiert werden: Im akade-
    mischen Kontext kann sie sich nicht nur als erzieherische Praxis und als
    Diskurs über Ziele und Normen verstehen; sondern muss sich als Wis-
    senschaft in ganzer Reichweite behaupten und bewähren (wie schon im
    Nachruf auf die Zeitschrift „medien praktisch" umrissen [Kübler 2003]).

Letztlich – und dies kommt komplexitätssteigernd hinzu – lassen sich allerdings solche Fragestellungen nicht auf den kognitiven Bereich beschränken,
er ist hier nur exemplarisch herausgegriffen; vielmehr müssten die Dimensionen des emotionalen und sozialen Lernens, von Wahrnehmung, Ästhetik
und Handeln ebenso einbezogen werden. Denn Wirklichkeitsverlust und Me-
dienübermacht werden allenthalben konstatiert. Beispielsweise hat der Hanno-
veraner Kriminologe Christian Pfeiffer nach dem Mordanschlag des Realschü-
lers in Coburg prompt eine „Medienverwahrlosung" („Tagesthemen" vom 2.
Juli 2003) angemahnt und wieder einmal mediale Gewaltdarstellungen für
solch verheerende Taten Jugendlicher mitverantwortlich gemacht. Auch dieses
Problem oder Dilemma lastet nach wie vor also auf der Medienpädagogik.
    Und wie grundsätzlich oder systemtheoretisch die genannte Frage von
Wirklichkeit und Medienwirklichkeit, von direktem und medialem Wissen
ist, sei abschließend noch durch ein Zitat Niklas Luhmanns illustriert, das
ganz am Anfang seines berühmten Medienessay über die „Realität der Massenmedien" (1996[2]) steht: „Was wir über unsere Gesellschaft, ja über die
Welt, in der wir leben wissen, wissen wird durch die Massenmedien. Das gilt
nicht nur für unsere Kenntnis der Gesellschaft und der Geschichte, sondern
auch für unsere Kenntnis der Natur" (Luhmann 1996[2], S. 9), heißt es dort ka-
tegorisch. Was von Hentig befürchtet und beklagt, für Elschenbroich nur am
Rande ein Thema ist, ist auch für Luhmann wie für Bolz längst faktische, mindestens diagnostizierte und wohl auch gebilligte Realität – freilich bei Luhmann
auf anderem theoretischem Fundament gründend als bei Bolz, versteht sich.

2. Annäherungen an den Wissensbegriff: Lernen überdacht

Will man herausfinden – oder gar normativ festlegen –, was Kinder wissen
oder wissen sollen, muss man sich zunächst darüber verständigen, was unter
Wissen bzw. Wissenserwerb – was wohl auch mit Lernen identifiziert werden kann – verstanden werden soll, und dies ist beileibe nicht so einfach, wie

es auf den ersten Blick aussehen mag und wie es besagte Autoren nahe legen. Der schon erwähnte Begriff „Weltwissen" hat sich ja schon als recht vage herausgestellt – kein Wunder, wenn es beim Wissen nicht weniger diskrepant und beliebig aussieht.

Dabei lässt sich auch konzedieren, dass es für all solche Termini, zumal wenn sie im Alltag wie in den Wissenschaften gleichermaßen stark strapaziert sind, immer wieder signifikante, auch seltsame Konjunkturen gibt, und es könnte Aufgabe der Wissenshistoriographie sein, diese zu rekonstruieren und nachzuzeichnen: Der Wissensbegriff war lange Zeit – auch in der Pädagogik – nachrangig, wenn nicht ignoriert, etliche werden sagen: aus gutem Grund. Dafür traten Lernen, Qualifikation und zuletzt Kompetenz in den Vordergrund, aber auch sie bedürften der Abgrenzung, Definition und Spezifizierung, was bis heute nicht hinreichend gelungen ist. Und nun also wieder – oder daneben –: Wissen. Denn wir leben – so diagnostizieren viele – nach der doch recht kurzen Episode der „Informationsgesellschaft" bereits in einer „Wissensgesellschaft" oder streben zumindest darauf hin (Kübler 1995; Kleinsteuber 1997; Bertelsmann Stiftung 2002): Wissen gilt als wichtigste Produktivkraft heute oder als elementarer Produktionsfaktor. In Betrieben, Organisationen und Administrationen soll Wissensmanagement betrieben werden als erforderliche Unterstützung und Optimierung flexibler, differenzierter Produktion und Dienstleistung; wissensbasierte Strategien ermöglichen das lernende Unternehmen und die atmende Fabrik. Selbst ein „individuelles Wissensmanagement" wird propagiert, das der Münchener Kommunikationswissenschaftler W. Wirth (2001) für jeden für erforderlich hält, um die privaten „Risiken und Entscheidungskompetenzen" des Lebens ähnlich zu managen wie die betriebswirtschaftlichen, und da dabei die Online-Medien wie das Internet und deren Nutzung eine große Rolle spielen, erachtet Wirth das individuelle Wissensmanagement für ein wichtiges Forschungsgebiet der Kommunikationswissenschaft.

Doch was ist nun Wissen? Die Terminologie spannt sich weit, von zweckrationalen Instrumentierungen bis hin zu reichlich Beliebigen, Assoziativen:

Schon diese knappe, gewiss nicht vollständige Aufzählung illustriert besagte Spannweite und wohl auch Heterogenität des gleichwohl vielberufenen „Wissensbegriffs": Sie reicht von einem sehr konkreten, weil für zielgerichtete, instrumentelle und rationale Verwendungszusammenhänge applizierten Know-how bis hin zu einer reichlich beliebigen Aufsummierung sämtlicher kognitiver Komponenten, die Individuen haben können. Bis in die 30er Jahren hinein hat sich hierzulande eine Wissenssoziologie (etwa Max Scheler, Karl Mannheim, Alfred Schütz u.a.) – freilich recht unterschiedlich – mit der sozialen Genese und Nuancierung von Wissen beschäftigt, ihre Arbeiten sind meist vergessen. Ihre Fragen sind von konstruktivistischen Alltagssoziologen wie Peter Berger und Thomas Luckmann (1980) zugespitzt und – etwa durch Aufarbeitungen wie durch die der Bielefelder Soziologin Sabine Maasen (1999) – erneut thematisiert worden, und sie bedürften nun – angesichts besagter Verwendungen – dringend der weiteren Explikation und empirischen

Forschung. Allein sich mit diesen Spielarten auseinander zu setzen und sie systematisch zu verorten, ist ein akutes Desiderat, das noch um einige Nuancen erweitert werden soll:

Wissensbegriffe aus unterschiedlichen Disziplinen und Bereiche

Bereiche	Terminologische Umschreibungen
Betriebswirtschaft	Knowhow für Problemlösungen Erfahrungen über Innovationen, Organisationsstrukturen, Strategien für Produktionsabläufe, Marktgegebenheiten Objektivierte, dokumentierte Erkenntnisse: z.B. Patente
„Wissenstheorie" (Spinner 1994, S. 26f.)	„Wissen ist Information, weder Wahrheit noch Wirklichkeitserkenntnis oder Wissenschaft, aus dem sich im Rahmen wissenskultivierender Wissensordnungen mehr machen lässt." „Information ist Selektion aus der Alternativmenge eines Möglichkeitsraumes".
Kommunikationswissenschaft (Wirth 2001, S. 397)	Wissen = „wahrgenommene, verarbeitete und mit Bedeutung versehene und individuell angeeignete Informationen"
„Pädagogik" (Elschenbroich 2001, S. 52)	„Wissen ist mehr als Speicherung von Information, ist nicht der Kurzschluss zwischen Internet und Gehirn. Information ist nicht etwas anderes als Wissen, es ist in gewisser Weise das Gegenteil. Information ist alles, was die Welt unserer Wahrnehmung aufzwingt."
Konstruktivistische Wissenssoziologie (Berger/Luckmann 1980, S. 16, S. 73)	Was als Wissen gilt, definiert die Gesellschaft. „Wissenssoziologie muss sich mit allem beschäftigen, was in der Gesellschaft als ‚Wissen' gilt."[ ]„Die Epitheta ‚wissend' und ‚nichtwissend' beziehen sich auf das, was die Gesellschaft als Wirklichkeit ansieht, nicht auf irgendwelche außergesellschaftliche Kriterien kognitiver Art."
Informationswissenschaft (Kuhlen 1995, S. 138)	„Summe der bisher begründbaren, individuellen oder kollektiven Erfahrungen, Erkenntnisse und Einsichten"

Denn seinem verbalem Gebrauch entsprechend umfasst Wissen *vieles*: spezielle, instrumentelle Fertigkeiten, die auch als objektivierbar angesehen werden, strukturierte, kontextbezogene Informationen, subjektabhängige, erfahrungsbasierte Erkenntnisse bis hin zu gesellschaftlichen Konstrukten, die sich auch als individuelle Identität und/oder Bildung niederschlagen sollen. Wissen ist mithin ebenso informell bzw. nur über die Kommunikation und das Handeln eines Individuums vorstellbar, wie auch formell, in Curricula und Zielen normiert; als Wissen werden zunehmend auch objektivierte und gespeicherte Daten bezeichnet, je intensiver sie zu ökonomischen Faktoren avancieren. Eigentlich an Subjekte und deren Kognitionen gebunden, wird es zumindest auch metaphorisch kollektiviert, wenn vom Wissen einer Gesellschaft die Rede ist; es wird statisch gesehen, wenn von einem gewissen Zustand ausgegangen wird, aber auch dynamisch, wenn es erworben oder verteilt wird.

Es gibt *Typologien* des Wissens, nicht nur die Unterscheidung zwischen Sach- und Methodenwissen, das ‚Wissen was?' und das ‚Wissen wie?', sondern auch bezogen auf die Objekte wie Fakten-, Struktur-, Handlungswissen oder bezogen auf die Erwerbungsweisen wie Erfahrungs- versus Buch- bzw. Medienwissen, und es werden Wertigkeiten wie das Alltags-, gegenüber dem Fach-, Experten oder gar dem wissenschaftlichen Wissen unterschieden.

In den Konzepten der so genannten Digitalen Spaltung (digital divide) und der wachsenden Wissensklüfte (increasing knowledge gaps) wird Wissen als objektivierbare Attribute für bestimmte gesellschaftliche Gruppen oder ganze Gesellschaften angenommen und angeblich seine unterschiedliche Verteilung gemessen – selbst wenn, wie Wirth (1997, S. 94ff.) und Bonfadelli (2002) wiederholt in ihren Forschungsüberblicken registrierten, nur unzureichende oder gar keine explizierten Konzepte für Wissen vorhanden sind; vielmehr werde die Diffusion singulärer Informationen und der Erfolg von Kampagnen dafür angeführt und daraus Wissensverteilungen konstatiert oder gesellschaftliche Segmente von unterschiedlich Wissensdisponierten angenommen, auch als „information rich" und „information poor" apostrophiert. Nicht zuletzt infolge solcher Kritik nehme sich die einschlägige empirische Forschung inzwischen aber wieder kleinere, konzisere Issues wie etwa die Zusammenhänge von Informationsaufnahme und Aufmerksamkeit oder die von kognitiven Voraussetzungen und Motivation als empirische Untersuchungsfelder vor (Bonfadelli 2002, S. 598ff.).

Für die Frage nach dem Wissenserwerb von Kindern, zumal hinsichtlich seiner ‚Aufteilung' zwischen unmittelbarer Erfahrung und medialer Symbolisierung, eröffnen sich ebenfalls nur zwei Wege: Entweder man konzentriert sich ebenfalls auf recht enge Konstellationen, die sich – wenn womöglich auch unzureichend – empirisch untersuchen lassen, oder aber man konzipiert zunächst – mindestens heuristisch – das gesamte, recht komplexe Gegenstandsfeld, wie komplexitätsreduzierend im Modell auch immer, um seine Reichweite und seine Vielfalt wenigsten zu erkennen und hernach für empirische Studien gezielt und kontextbewusst die eine oder andere Korrelation auszuwählen.

Demnach lässt sich das „Weltwissen" von Kindern so darstellen:

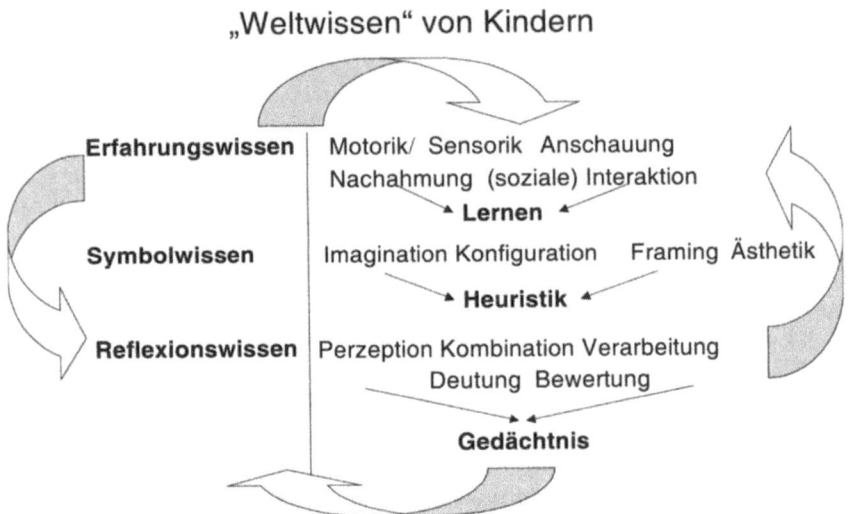

„Weltwissen" von Kindern

Erfahrungswissen | Motorik/ Sensorik Anschauung
Nachahmung (soziale) Interaktion
▶ **Lernen** ◀

Symbolwissen | Imagination Konfiguration   Framing Ästhetik
▶ **Heuristik** ◀

Reflexionswissen | Perzeption Kombination Verarbeitung
Deutung Bewertung

Gedächtnis

So könnte ein vorläufiges Tableau von Wissensdimensionen aussehen: Die lin-
ke Seite zeigt die ansteigende Mittelbarkeit und Kodifikation von Wissen, damit auch seine Strukturiertheit und Abstrahierung zunächst schematisch auf; die
rechte Seite führt mögliche, gewiss nicht ausschließliche und vollständige Formen des Wissenserwerbs auf. Sie haben jeweils ihre Eigenarten und besondere
Leistungen, können und müssten ebenfalls im Detail erörtert und evaluiert werden. Das Ganze ist gedacht als rekursives Modell, das sich ständig aufeinander
bezieht, wiederholt und auf einer höheren Stufe neu konstituiert; es kann also
nicht isoliert, sequenziell oder hierarchisch gedacht werden – und schon gar
nicht in Konkurrenz oder Usurpation des einen Bereichs gegen oder über den
anderen, wie es in besagter pädagogischer Diskussion nahegelegt wird.

In dem Kontext hier sei der Sektor des *Symbolwissens* noch gesondert
betrachtet: Mit ihm sind alle Wissenserwerbe gemeint, die nicht unmittelbar,
durch sinnliche Erfahrung, Nachahmung oder soziale Interaktion gelernt
werden, wobei diese Unterscheidung, bezogen auf die Wirklichkeit, ja schon
ein wenig artifiziell ist und nur heuristisch gelingt; aber sie ist auch erforderlich, um mit den eingangs zitierten Befürchtungen angemessen umgehen zu
können. Hinter dem Begriff des Symbolwissens steckt natürlich der Zeichen-
begriff. Es ist also ein Wissen, das mittels semiotischer Kodifikation vermittelt und erworben wird, sei es visuell/grafisch, textlich, tonal oder insgesamt
medial, wobei sich ebenfalls wieder erhebliche Differenzierungen auftun. Jedenfalls ist es strukturierter, abstrakter als die sinnlichen Erfahrungen. Es
muss decodiert werden, ist gemeinhin intentional, zielgerichtet, nicht vornehmlich zufällig und diffus, weshalb es eher geeignet erscheint, kognitive
Strukturen, Schemata, Scripts oder Heuristiken – so einschlägige Begriffe –
anzulegen und entwickeln zu lassen.

Die Begrifflichkeiten der Psychologen variieren da ebenfalls, selbst wenn sie auf den ersten Blick ähnliche oder vergleichbare Phänomene meinen: nämlich die allmähliche Herausbildung, aber auch die ständigen Modifikationen von gewissen Fähigkeiten, Muster zu erkennen und selbst welche zu bilden, mit denen Menschen Wirklichkeit komplexitätsreduzierend aufnehmen, auf ihre Bedeutung, Plausibilität und Stimmigkeit hin überprüfen und endlich in Erkenntnisparadigmen speichern. Damit sind die Aufgaben von Wahrnehmungs- und Kognitionspsychologie angesprochen, doch deren Ansätze sind entsprechend den theoretischen Prämissen ebenfalls weit gefächert, vom früheren simplen Behaviorismus bis hin zum radikalen Konstruktivismus.

Immerhin scheint ein gemäßigter Konstruktivismus derzeit auf weitgehenden Konsens zu stoßen, der auch in der Medienwirkungsforschung Anklang findet: nämlich die Akzeptanz von Schema-Konzepten oder von Heuristiken (also von jenen kognitiven Strukturen, die die Aufmerksamkeit lenken, die Wahrnehmung strukturieren und Relevanzen durch strukturelle Analogen und Muster identifizieren). In der Kommunikationswissenschaft hat diese Erkenntnis schon in den 20er Jahren der deutsch-amerikanische Journalist und Medienwissenschaftler Walter Lippmann in seinem bekannten Buch „The public opinion" in dem markanten Satz akzentuiert: „Meistens sehen wir nicht zuerst und definieren dann, vielmehr definieren wir zuerst und sehen dann" (Lippmann 1922, S. 81); er wird deshalb heute gern zitiert.

Was Pädagogen mindestens seit Johann Amos Comenius wiederholt postuliert und eingesehen haben, nämlich dass Lernen nicht ohne strukturierende Anschaulichkeit gelingen kann, das darf erst recht nicht im so genannten Zeitalter der Medien und der „Informationsgesellschaft" ignoriert werden oder bei allen berechtigten Sorgen über die Medien gegeneinander ausgespielt werden: Zur Wirklichkeit heute und zum wirklichkeitsangemessenen Lernen gehören die symbolisch vermittelten Welten ebenso wie die unmittelbar erfahrbare Wirklichkeit, ja die einem ermöglichen, die andere angemessen zu erkennen und zu erfahren, indem sie Strukturierungshilfen, Modellmuster und Relevanzkriterien zu entwickeln helfen.

Natürlich drängt sich als nächster Schritt sofort die Frage nach den Medien auf, und zwar sowohl nach ihren Inhalten wie nach ihrer semiotischen Beschaffenheit, um daraus Anhaltspunkte für die Optionen der kognitiven Strukturen und der Wissensdimensionen zu bekommen, nicht im Sinne einer naiven, kausalistischen Wirkungstheorie, sondern zunächst wieder nur als heuristische Dimensionierung. Mit diesen Fragen hat sich in den 70er Jahren schon die so genannte Medientaxonomie beschäftigt, freilich eher mit funktionalistischer Intention und unter der Prämisse möglichst stringenter Determinierung von Wahrnehmung und Lernen, was so natürlich nicht gelingen konnte (Dichanz u.a. 1974; Issing/Knigge-Illner 1976). Gleichwohl lässt sich ihr Anliegen unter der Maßgabe besagter Heuristik wieder aufnehmen, zumal ja im alltäglichen Umgang solche medialen Zuschreibungen ständig kursieren, erst recht in pädagogischen Diskussionen, seien sie expliziert oder nicht. Jedenfalls rühren aus ihnen nicht zuletzt die Images der einzelnen Medien und Anstöße für ihre Bewertung:

Symbolwissen, Lernmodi und mediale Strukturierungen

Symbolisierung	Lernmodi und Strukturierungsoptionen	Medien
Visuell	Perzeption von Bildern: Linearität, Kompositorik, Figuration; Räumlichkeit; Plastizität, Perspektivik, Abbildlichkeit versus Abstraktheit, Phantasie und Imagination	Bild, Foto, Film,
Graphisch	Muster/Modell, Visualisierung von Relationen und Proportionen, nicht-visuellen Quantitäten	Tabelle, Karte, Diagramm in Säulen und Torten, Organogramm
	Visualisierung von Strukturen, Haltungen, Vorstellungen, Intentionen, Phantasien	Karikatur, Grafitti, Layout (Websites)
Textlich- schriftlich	Decodierung, Abstraktion, Literalität (Transformation von Schriftzeichen in Inhalte und Vorstellungen), Sequenzialität, Dramaturgie, Komposition und Dekomposition, Fiktionalität, sprachliche Differenzierung nach Intentionen, Logik	Texte: Sach-, Gebrauchs- wie fiktionale Texte in Buch, Zeitung, Zeitschrift, auf PC-Bildschirm, Websites
Textlich-oral/auditiv	Decodierung, Abstraktion etc.; prosodische Mittel, Imagination, Audio-Literalität (Transformation von Lautzeichen in Inhalte und Vorstellungen)	Telefon, Hörspiel Hörmedien (z.B. Hörbuch)
Tonal	Hörsensibilität, Decodierung tonaler Kompositorik in Intentionen, Stimmungen, Botschaften („Sprache der Musik"; „Klanggemälde"), Rhythmik, Stil, Verhältnis von grafischer Notation (Noten, Partitur) in Aufführungen, Interpretationen, Inszenierungen	Musik: live und aufgezeichnet, Tanz, Konzert, Show, DJ, Oper, Musical
Audiovisuell	Synergien oder Disharmonie: Bewegtbilder, Texte und Töne/Geräusche (s.o.); sinnliche Potenzierungen oder Inkonsistenzen; assoziative Beziehungsmuster; Zwang zur Dekonstruktion?	(Kino) Film, Fernsehen; Video- und Computerspiele
Integrativ-hypermedial	Ferner: Steigerung medialer Komplexität, Erhöhung der Optionalität für kognitive Strukturierungen (Scripts): Dialogstruktur, Interaktivität, vernetztes Wissen, aber auch wachsende Inkonsistenzen; infolge von Hypertext- (Windows- und Link-) Strukturen: Multiple, multimediale Texte, Delinearisierung und Aufhebung von Sequenzialität; dadurch: neue referentielle Logik, Browsing, Häppchenwissen, Oberflächenkohärenz?	Internet: Websites

Auch diese Begriffe und Sachverhalte müssten im einzelnen befragt und wissenschaftlich evaluiert werden; bislang sind sie es großenteils nicht, so dass es sich zunächst um eine Auflistung von Merkposten und Fragen handelt. Sie signalisiert zugleich, wie vielfältig sich Lernprozesse mittels Symbolen und Medien darstellen können, welche Implikationen welche Vermittlungsstrategien beinhalten bzw. welche Dispositionen sie aktivieren; letztlich: wie weit oder unabgrenzbar medienpädagogische Fragestellungen und damit mögliche Forschungen ausgreifen müssten. Deshalb ist zunächst auch auf eine graphische Hervorhebung verzichtet worden, weil damit Hierarchien und Wertigkeiten angedeutet werden könnten, die noch nicht klar und belegt sind.

Sicherlich nimmt die sinnliche Beanspruchung mit der wachsenden Komplexität und Optionalität der Symbolisierung bzw. der Medialisierung deutlich zu, was vielen Angst macht und sie vor Überforderung, Überreizung, sensorischem Overkill und Fastfood-Mentalität warnen lässt. Diese Medialisierung – zumal unter kommerziellen Voraussetzungen – verdränge aus Sicht der Kritiker Anstrengung, Ausdauer, das Bemühen um Gründlichkeit, Konsistenz, Systematik und Logik. Vieles ist dazu bereits vorgebracht worden, die Warnungen, aber auch die euphorischen Prognosen nehmen kein Ende, und etliche sind aus der Geschichte der Medien und Medienpädagogik hinlänglich bekannt. Sie wurden und werden beim Aufkommen jedes neuen Mediums – mindestens seit Sokrates Warnungen vor der Schrift – variantenreich rekapituliert. Wenige sind bislang hinreichend, geschweige denn empirisch überprüft worden, so dass Spekulationen überwiegen.

Und natürlich müssten die medialen Vermittlungen bei anstehenden analytischen Evaluationen mit einschlägigen Inhalten verknüpft werden, sonst gerät man leicht in die Sackgasse der früheren funktionalistischen, nur instrumentell vorgehenden Mediendidaktik. Beziehungs- oder – in diesem Fall eher – Vermittlungs- und inhaltliche Aspekte gehören bei menschlicher Kommunikation nun einmal untrennbar zusammen. Aber mit diesem Postulat zeichnen sich weitere ebenso systematische wie methodische Schwierigkeiten ab: Denn die Fülle der Medieninhalte lässt sich kaum mehr objektiv, systematisch und einigermaßen vollständig erfassen, zumal ständig neue hinzukommen; jede Erhebung lässt sich umstandslos mit einer anderen widerlegen. In den pädagogischen Diskussionen, besonders in den öffentlich aufgeregten, werden meist nur die inhaltlichen Extreme ventiliert, die gerade Steine des Anstoße oder en vogue sind. So greifen sie ein Zerrbild, eine Sensation, einen Gewaltexzess oder einen Hype nach dem anderen auf – überspitzt formuliert, kaum anders als in den Medien selbst, zumal die Medien an solchen pädagogischen Angstkampagnen mächtig beteiligt sind und sie oft genug anheizen. In den Köpfen der Kinder müssten sich danach nur noch Monster, übermenschliche Idole, abartige Faszinationen, Allmachtsphantasien und grandiose Szenarien wiederfinden, wenn sich die Medieninhalte eins zu eins, nach simpler, kausaler Wirkungslogik, niederschlagen würden. Sie tun es aber nicht, wie sich jeder überzeugen kann und wovon auch jeder pädagogisch engagierte Mensch überzeugt sein möchte.

Deshalb wäre es dringend geboten, sich um diese Diskrepanzen wissenschaftlich zu kümmern, mithin vielerlei, methodisch unterschiedliche Bemühungen anzustellen, um diese Lücken und Widersprüche aufzugreifen, analytisch einzudämmen und sukzessive herauszufinden, welches Wissen Kinder durch Medien erwerben, wie sie es mit anderen Erfahrungs- und Erwerbsbereichen mischen oder eben auch nicht übereinkommen – und wie dies bei Kindern verschiedenen Alters, verschiedener sozialer Schichten, ethnisch-kultureller Kontexte und verschiedener Fähigkeiten unterschiedlich geschieht.

Abermals seien diese Fragen in einer Grafik veranschaulicht. Dabei sei noch hinzugefügt werden, dass Medienwissen nicht nur das *Wissen durch Medien*, als besagte Vermittlungsoptionen und Inhalte umfasst, sondern auch ein *Wissen über Medien*, also ein Wissen,

– wie man mit den Medien, zunächst mit den Apparaten und ihren kommunikativen Funktionen, also gemeinhin mit der Hardware umgeht. Dazu bedarf es bestimmter Fertigkeiten und Fähigkeiten.
– welche formalen Optionen, also Formate, Programme und Gratifikationen die Medien entsprechend den jeweiligen Bedürfnissen und Interessen bereitstellen. Dazu bedarf es außerdem bestimmter Objektkenntnisse, Dispositionen, Fähigkeiten zur Eigenbeobachtung und -reflexion, aber auch spezieller Kompetenzen, um die individuellen Medienerfahrungen zu strukturieren, zu bewerten und entsprechend auszurichten, und endlich eines Wissens darüber
– was hinter den Medien steckt, also welche Technologien, Organisationen, Marktentwicklungen, Konzepte und Perspektiven sie konstituieren, was früher als Medienkunde bezeichnet worden ist und was wohl – neben inzidentiellem Erwerb – gewisser intentionaler Unterrichtung in vielerlei Kontexten bedarf.

Medienwissen und seine Dimensionen

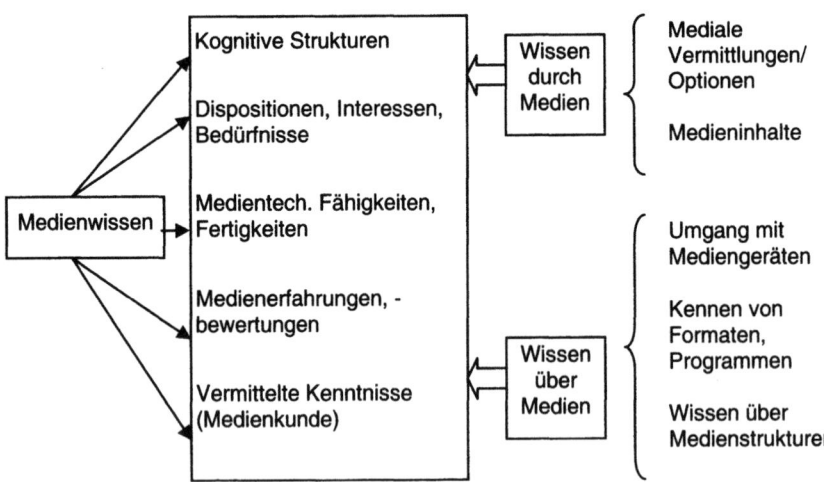

Künftig entscheidend wird sein, die Wissensdimensionen in dem großen Kasten – gewissermaßen weitgehend noch eine black box – mit Methoden der empirischen, pädagogisch orientierten Medienforschung aufzudröseln, und zwar in ihren diversen Bezügen zu den anderen Dimensionen und weitgehend aus der subjektiven, nur schrittweise objektivierbaren Sicht von Kindern. Für die Seite der Produkte und Inhalte bieten sich subjektive Inhaltsanalysen an, also Untersuchungen darüber, was Kinder wie aufnehmen, verarbeiten und für sich relevant erachten. Mit Blick auf die Rezipienten sind zunächst unter theoretischen Vorzeichen einerseits entwicklungspsychologische Ansätze, andererseits sozialisationstheoretische Explikationen zu integrieren, ferner die einschlägige Vorgehen und Erkenntnisse der empirischen Medienwirkungsforschung. Ihnen allen gemein ist leider das Defizit, dass sie sich bislang kaum aufeinander beziehen, weder in die eine noch in die andere Richtung, womit erneut das Desiderat der Interdisziplinarität markiert ist, womit aber auch begründet ist, dass sich diese Aufgabe nicht gewissermaßen im Handstreich bewältigten kann. Daher seien einige Aspekte der Entwicklungspsychologie herausgegriffen, weil sie sich am intensivsten mit kognitiven Entwicklungen beschäftigt. Dass das soziale Wissen für Kinder sicherlich ebenso wichtig ist, verweist nochmals darauf, dass sozialisationsspezifische Fragestellungen involviert sind und nicht außer Acht gelassen werden dürfen.

3. Kognitive Entwicklung überprüft und differenziert

Will man Wissen dynamisch betrachten, also den Wissenserwerb, bedarf es genetischer Ansätze und Längsschnittstudien, wie sie die Entwicklungspsychologie und die Sozialisationsforschung, allerdings noch weitgehend getrennt voneinander, vorsehen. In der Medienpädagogik haben – wie schon früher im Literaturmarkt und in der Leseforschung – altersspezifische Zuschreibungen von Medien Beachtung gefunden, die aus so genannten Stufenmodellen der kognitiven Entwicklung gefiltert werden; Charlotte Bühlers Kennzeichnungen des Lesealters und die Entwürfe ihrer vielen Nachfolger sind bis heute virulent, mindestens in populärer Hinsicht, da sie für die Bewertung und den Kauf eine scheinbar objektive Orientierung liefern (Beinlich 1973). Erst die jüngste Kinderliteratur, allen voran der Mega-Seller „Harry Potter", scheint sich darum nicht mehr zu kümmern müssen, sondern firmiert als Jugend- und Familienliteratur, gewissermaßen für alle (Kübler 2002a; Ewers 2002).

Speziell für das Fernsehen hat die Nestorin der Medienpsychologie, Hertha Sturm (1974), ein so genanntes Abschätzmodell der Medienwirkungen entworfen, indem sie Jeans Piagets Theorie der Stadien geistiger Entwicklung stark vereinfacht und gewissermaßen als Normen für die Fernsehproduktion postuliert hat:

Piagets Stadien der kognitiven Entwicklung und mediale Optionen (nach Sturm 1974)

Alter	Stadien kognitiver Entwicklung	Kognitionsmöglichkeiten
2 bis 4 Jahre	symbolisch-vorbe-griffliches Denken	– Probleme der Übereinstimmung zwischen zwei subjektiven Symbolismen: denen der Kamera und des eigenen – Kinder sehen ihre (egozentrischen) Bilder und brauchen Halte- und Auffangpunkte durch begleitende Erwachsene
4 bis 7 Jahre	anschauliches Denken	Wichtigster Alterabschnitt im kognitiven Lernbereich: – allmähliche Koordination der zunächst vorstellungsmäßigen Beziehungen – wachsende Verbegrifflichung – Aufbau von Realbezügen – allerdings noch unidirektionales Denken (keine Mehrfachbezüge und Rekursivität)
7 bis 11 Jahre	Phase der konkreten Operationen	– Erfassung der Gesamtheit eines konkreten Systems (mit mehreren Merkmalen und Bezügen), auch schon Erfassung konkret-logischer Operationen, etwa in Sprache – anschauliche Darstellung von Mehrfach-Bezügen und ihre Reversibilität
ab 11 Jahren	Phase der formalen Operationen	– Bezüge und Operationen gewinnen Unabhängigkeit von Gegenständen, werden abstrahiert – Möglichkeit von hypothetisch-deduktiven Operationen – Zeichen lassen sich von der Wirklichkeit lösen – Bild und Ton können gleichzeitig wahrgenommen und aufeinander bezogen werden

Dieser Versuch liegt lange zurück, nämlich fast dreißig Jahre. Bis heute ist er weder weiter entwickelt noch differenziert worden; vielmehr wirkt er unterschwellig weiter, wenn bis heute etwa Kinderprogramme auf ihre Altersgemäßheit eingeschätzt werden, wie es immer wieder geschieht (Basic u.a. 1997): Bezogen auf die Lerneffekte, sind bis heute zwei wesentliche Fragen ungeklärt, die sich aus Piagets grundsätzlichem Ansatz ergeben:

1. Piagets Stadientheorie impliziert wechselseitige Prozesse der Strukturierung, von so genannter Assimilation (Angleichung der Umweltanreize an das Individuum) und Akkomodation (Angleichung des Individuums an die Umwelt); diese können eigentlich nicht überzeitlich und statisch sein, sondern müssten mit den Veränderungen der Umwelt jeweils modifiziert und neu eruiert werden. Mithin sind Ausgleiche und Beeinflussungen zwischen anthropologischen Konstanten und gesellschaftlichen Variablen anzunehmen. Die Wirklichkeit – auch die der Kinder – hat sich, seit Piaget seine Beobachtungen gemacht und theoretisch formuliert hat, gravierend verändert. Demnach ist zumindest zu fragen und zu überprüfen, was sich möglicherweise an den kognitiven Entwicklungen verschoben hat. Erwähnt sei die vielfach apostrophierte Akzeleration der Entwicklung überhaupt, die

wohl kaum ohne Auswirkungen auf die kognitiven Strukturen geblieben ist. Piagets theoretischen Grundannahmen nun auch bei veränderten Realitäten und sicherlich verbesserten Forschungsmethoden angemessen zu überprüfen, scheint mithin ein analytisches Gebot der Stunde, wozu es mittlerweile auch Bemühungen und Einsichten gibt, wie gleich darzustellen ist.

2. Zu den auffälligsten, womöglich auch folgenreichsten Veränderungen der Wirklichkeiten gehören bekanntlich die Medien, ihre Nutzung und ihre potenziellen Wirkungen, so zumindest nach den Einschätzungen all jener pädagogischer Warnungen. Nachhaltig müssten die Medien, ihre symbolischen Strukturoptionen und Verdrängungen von Wirklichkeit die kognitiven Entwicklungen und Strukturierungen beeinflussen. Piagets ‚Kinder' wuchsen noch weitgehend ohne Medien auf, bzw. Piaget hat bei seinen Beobachtungen symbolisch-mediale Einflüsse entgegen seiner grundsätzlichen theoretischen Prämisse kaum berücksichtigt. Demnach müssten die Stadien kognitiver Entwicklung erst recht unter dem Fokus medialer Einwirkungen – als Beschleunigung wie als Retardierung – neu untersucht werden.

Dazu regen neuerdings auch Ansätze in der Kognitionspsychologie an, bzw. sie geben bereits empirisch gesicherte Hinweise, dass die Denkentwicklung kaum mehr umfassend („global") postuliert, erst recht nicht verifiziert werden kann, sondern es vielmehr um vielerlei bereichsspezifische Segmente und Veränderungen gehen kann und muss (Sodian 1995, S. 623). Eine Vielzahl von empirischen Studien – so die Münchener Psychologin Beate Sodian in dem renommierten Lehrbuch „Entwicklungspsychologie" von Rolf Oerter und Leo Montada (1995) – habe ergeben, dass

1. „viele der [von Piaget] behaupteten stadientypischen Defizite im Denken des Kindes [...] so nicht zu bestehen scheinen" und dass
2. „es wenig Evidenz [gibt] für die Annahmen über die Synchronie der Veränderungen über alle Bereiche hinweg" (Sodian 1995, S. 626).

Will heißen: Die kognitive Entwicklung verläuft nicht unbedingt linear, im Sinne einer kontinuierlichen Beseitigung von Defiziten und Vervollkommnung, und sie verläuft keineswegs über alle bislang identifizierten Segmente der Kognition identisch. Damit dürfte auch die Erwerbung von Wissen erneut auf den analytischen Prüfstand kommen. An zwei Paradigmen, die für Piagets Theorie zentral waren und sind und auch von H. Sturm prominent berücksichtigt werden, illustriert B. Sodian diese Revisionen: nämlich an der Diagnose des egozentrischen Weltbildes des Vorschulkindes, also im präoperatorischen Stadium, sowie an der Unfähigkeit des Vorschulkindes, kausal zu denken, was Piaget als „präkausales Denken" bezeichnet hat.

Zum einen haben seit den 70er Jahren die Studien von John Flavell u.a. (1981) gezeigt, dass „Kinder früher zu nicht-egozentrischen Antworten fähig sind, als Piaget angenommen hat". Ebenso werden sie „in höchst unterschiedlichen Altersbereichen zu unterschiedlichen Perspektivenübernahmeleistungen fähig", d.h. die kognitiven Fähigkeiten entwickeln sich nicht bei allen Kindern konform und damit überindividuell, sondern in Abhängigkeiten von der jeweiligen Konstellation, Thematik und sind dem Individuum unterschiedlich verfügbar bzw. werden von ihm individuell erbracht (ebd., S. 626ff.). Zum anderen konnte belegt werden, dass die Prinzipien, kausale Schlussfolgerungen zu ziehen, zwischen Erwachsenen und Kindern nicht wesentlich unterschiedlich sind: Die „Veränderungen im Verständnis von Kausalität zwischen Kindheit und Erwachsenenalter [fallen] weit weniger dramatisch" aus, als Piaget annahm (ebd., S. 630).

In diesem Kontext sind auch andere empirische Befunde anzuführen, die schon bei Kindern mit ca. vier Jahren die Fähigkeit entdecken, zwischen dem „‚real life', dem wirklichen Leben und der medialen Vermittlungen differenzieren zu können", wie der Kölner Psychologe N. Groeben und seine Mitarbeiterin Margrit Schreier (2002) in einer kleinen Fallstudie herausfanden. Sie identifizierten zugleich Erwachsene, die Mühe mit einer solchen Unterscheidung haben – abhängig vom Bildungsgrad und der Medienkompetenz. Und auch andere Erhebungen haben schon bei 3jährigen Kindern ein Unterscheidungsvermögen zwischen „mentaler und physikalischer Wirklichkeit, zwischen realer und fiktionaler Welt" entdeckt (Sodian 1995, S. 644). Lassen sich solche Fähigkeiten als Indizien für eine wachsende Medienkompetenz werten, haben Kinder heute andere, qualifiziertere Fähigkeiten, die symbolisch-medialen Welten einzuschätzen, haben sie mithin Medienwissen erworben und damit zugleich ihren Realitätssinn geschärft?

Beate Sodian, die nicht explizit auf mögliche Beeinflussungen durch Medien eingeht, wie insgesamt das gesamte Lehrbuch die Medien ignoriert, plädiert für eine differenzierte Sichtweise, gewissermaßen für einen doppelten Ansatz:

–   Zum einen müssten Besonderheiten und Veränderungen in spezifischen Inhaltsbereichen betrachtet und die Wechselprozessen für den Erwerb des Wissens speziell untersucht werden, um herauszufinden, wie der Wissenserwerb jeweils vor sich geht. Dieser Ansatz – so lässt sich hinzufügen – ließe sich so auch auf den Wissenserwerb mittels Medien übertragen, selbst wenn die Entwicklungspsychologe darauf noch wenig Aufmerksamkeit verwendet.

–   Zum anderen dürften die „Einheitlichkeit und Eleganz bereichsübergreifender Entwicklungstheorien" (Sodian 1995, S. 631) nicht gänzlich verloren gehen, da sie „Ordnung in die Vielfalt der Entwicklungsphänomene bringen". Deshalb sei zwischen einem intuitiven und einem metakonzeptionellen oder auch formalen Wissen zu unterscheiden. Das intuitive Wissen oder die mentalistische Alltagspsychologie entwickeln Kinder schon sehr viel früher als das formale, kodifizierte Wissen; mit ihm erkennen und beurteilen sie Verhalten, schätzen Personen ein, bilden Emotionen und alltagspraktische Strategien. Aus der mentalistischen Alltagspsychologie gewinnen Kinder allerdings nur einzelne Hypothesen und Erklärungen für Personen, Intentionen, Handlungsweisen und ihre Wirkungen, doch erst die allmähliche Herausbildung jener meta-konzeptionellen Strukturen lässt sie sie allmählich zu systematischen Konzepten zusammenführen.

Aber welche Rolle spielen bei deren Aufbau und Ausdifferenzierung das symbolische Wissen und die Medien? Sind diese Meta-Konzeptionen mit den Scripts und Heuristiken vergleichbar, die von der Medienwirkungsforschung angenommen werden? Über „Zusammenhänge zwischen Veränderungen auf der meta-konzeptionellen Ebene und dem Erwerb bereichspezifischen Wissens" ist bislang kaum etwas bekannt, schließt Beate Sodian (1995, S. 633) ihren Forschungsbericht, und wir müssen hinzufügen, dass diese Defizite erst recht für die Rollen der Medien darin gilt.

4. *Kognitive Medienwirkungen als vorrangige, neu beachtete Forschungsfrage*

Als wichtigste und vielversprechendste Forschungsrichtung hinsichtlich Medienwirkungen apostrophiert der Hohenheimer Kommunikationswissenschaftler Michael Schenk am Ende, gewissermaßen als Bilanz seiner jüngsten umfangreichen Aufarbeitung der Medienwirkungsforschung kognitionsspezifische Fragestellungen und nicht mehr wie früher Fragen nach Einstellungs- und Verhaltensänderungen durch Medien, die bisher in der Wirkungsforschung vorrangig waren. „Wir kommen zum Ergebnis", so Schenk (2002, S. 710), „[..], dass [d]ie eigentliche Wirkung der Massenmedien-Inhalte [...] im Setzen von Bezugsrahmen (,Frames') und der Fokussierung von Realitätsausschnitten, Themen und Attributen liegen [dürfte]."

Solche kognitionsbezogene Fragen ergeben nach Schenk (2002, 707ff.) für folgende Dimensionen und Untersuchungsbereiche:

- Entstehung und Verfügbarkeit von Realitätsbildern und kognitiven Konstrukten, weil von ihnen die Aufnahme und Akzeptanz neuer Informationen bedingt werden
- Genese und Beschaffenheit von Heuristiken, weil durch sie Aspekte und Relevanzen von Informationen beeinflusst und damit die gedankliche Kapazität der Rezipienten gesteuert werden
- Entstehung und Funktionen von ,frames', weil sie ebenfalls die Rahmung und damit Gewichtung und Bedeutung von Informationen beeinflussen
- schließlich Funktionen und Qualitäten von Motivation, Aufmerksamkeit und Involvement ebenfalls für die Informationsaufnahme und -verarbeitung.

Zurückgestellt oder aufgegeben sind damit die großen, globalen Fragen der Medienwirkungsforschung (wie wirken Medien?) zu Gunsten ebenfalls eher segmentärer, überschaubarer Korrelationen zumal auf kognitivem Niveau, die in der Psyche nicht so tief ansetzen müssen – ob auf Dauer in der Wirkungsforschung oder zunächst auf Zeit und aus welchen Motiven auch immer, sei dahingestellt.

Offensichtlich stammen all diese Begriffe aus unterschiedlichen theoretischen Konzepten, sie müssten daher aufeinander abgestimmt und auf ihren Bedeutungsgehalt hin überprüft werden: Ob kognitive Struktur, Schema, Script, Heuristik oder Involvement – sie sind in der Medienwirkungsforschung entsprechend deren Prämissen wesentlich auf Kurzfriststudien und punktuelle Erhebungen ausgerichtet. Sie gelten als vorfindliche Dispositionen, die Medienwirkungen behindern oder befördern. Schemata werden beispielsweise beim Rezeptionsprozess und der Informationsverarbeitung aktiviert, „indem neuer Input in schon verfügbare Schemata integriert wird oder vorhandene Schemata aktualisiert bzw. auch revidiert werden. Ein Einfluss von Schemata kann auch auf allen Stufen des Informationsverarbeitungsprozesse [– also bei der Encodierung, Speicherung sowie der Bewertung bzw. Beurteilung –] gegeben sein" (Schenk 2002, S. 282). Und ihre Einflüsse und Folgen im Medienrezeptionsprozess werden gemeinhin auch nur kurzfristig, also als Markierungen im Kurzzeitgedächtnis, überprüft. Wie solche Schemata entstehen, wodurch und wie sie sich gegebenenfalls verändern und rekonstituieren und welchen Anteil daran die Medien im Laufe von Entwicklung, Biografie und Sozialisation haben, auch wie sie sich insgesamt auf Medienwahrnehmungen und -wissen auswirken, darüber finden sich in der gegenwärtigen Medienwirkungsforschung nur wenig Anhaltspunkte, nicht einmal hinreichende theoretische Konzepte. Sie müsste die Medienwirkungsforschung von besagten anderen Disziplinen borgen und bei sich integrieren.

Theoretischer Rahmen dafür könnte der von Klaus Schönbach und Werner Früh konzipierte dynamisch-transaktionale Ansatz (Früh 1991) sein, sofern er um die genetische Perspektive erweitert, also zum *genetisch-dynamisch-transaktionalen* Ansatz wird. Denn in der ersten Dimension betrachtet der dynamisch-transaktionale Ansatz die Dispositionen des Rezipienten aus dessen Sicht und mit konstruktivistischen Prämissen, nämlich daraufhin, ob und wie der Rezipient sich eine Realität oder ein Schema konstruiert, mit der er Informationen aufnimmt und bewertet. In sie müssten allerdings mehr als bisher genetische und sozialisationsbezogene Erkenntnisse integriert werden. Erst die zweite Dimension bezieht sich auf die Transaktion, nämlich auf die Informationsverarbeitung, die in die Segmente Perzeption, Selektion (Reduktion), Integration (Vernetzung) und Konstruktion/Elaboration untergliedert werden kann (Schenk 2002, S. 293). Und in jedem dieser Schritte wären erneut vorgängige Schematisierungen bzw. Strukturierungen zu überprüfen sowie zu erkunden, ob sich neuerliche bilden. So kompliziert muss man sich Informationsverarbeitung und Wissenserwerb analytisch schon vorstellen!

Mit solch differenzierten Ansätzen wären auch die wenigen empirischen Untersuchungen neuerlich zu überprüfen, die hierzulande zum Wissenserwerb von Kindern durch Medien durchgeführt wurden. Erinnert sei etwa an die „wissenschaftliche Begleituntersuchung zur Vorschulserie ‚Sesamstraße'" (Berghaus u.a. 1978), die sich allerdings nur auf wenig Items beschränkte. Dabei handelte es sich ja um intentionale, gezielte Lernprogramme. Allerdings erzielte sie vornehmlich Lernfortschritte bei den Kindern, die nicht primär avisiert waren: nämlich bei den Mittelschichtkindern, die damals schon – der Begriff „digital divide" existierte noch nicht – größeren Nutzen aus der Fernsehvorschule zogen als die Unterschichtkinder: Außer dem Kennen von Buchstaben und Zahlen waren es einige wenige Zuordnungen (Rollen von Mitgliedern der Gemeinde, z.B. Polizist, Arzt und von Gegenständen zur Formgruppen) sowie die Benennung geometrischer Formen, die Kinder mit der „Sesamstraße" besser lernten, so die amerikanische Studie. In Israel lernten die Kinder vor allem fernsehspezifische Einsichten, also Medienkompetenz im engeren Sinne wie den Wechsel von Perspektiven, Kameraführung und Bildschnitten. Die Tests bei den deutschen Kindern, durchgeführt vom Hans-Bredow-Institut (Vowinckel 1978), beschränkten sich auf wenige Aufgaben und waren nicht sehr differenziert: Sie ergaben bei den 5jährigen Kindern gewisse Lerneffekte beim Durchschauen ihrer Umwelt (Legespiel, Kombimeister, Reihe beenden), nicht aber bei den Sechsjährigen – weshalb „eine generelle Anhebung des intellektuellen Entwicklungsniveaus" nicht unterstellt werden konnte, so das resignative Fazit (ebd., S. 144). Bei allen Untersuchungen handelt es sich außerdem nur um die kurzfristige Erfassung von Lerneffekten, längerfristige Lernprozesse wurden nicht untersucht, so dass mithin kein Wissen im eigentlichen Sinne erhoben wurde. Vollends wurden kaum Vergleiche mit den außermedialen Erfahrungen angestellt.

Seither wird positives Lernen via Medien kaum erhoben. Allein 1994 suchte beispielsweise das Münchner Institut Jugend Film Fernsehen JFF im Auftrag der Hamburgischen Anstalt herauszufinden, wie Kinder im Alter von 8 bis 13 Jahren Fernsehnachrichten, vor allem gewalthaltige, wahrnehmen und verarbeiten. Die Studie war qualitativ angelegt, entsprechend holistisch oder auch pauschal fiel die Methodik aus. Zur Interpretation griff man wiederum auf Piagetsche Kategorien zurück, wenn es etwa zusammenfassend heißt: „Das Fernsehen als Informationsmedium hat für die Ausformung der kindlichen Weltbilder einen mehr oder weniger starken unterstützenden Effekt, der vom Elterneinfluss kaum abzukoppeln ist. Kindern, die die ‚persönliche Welt' in den Mittelpunkt stellen, hat die Fernsehinformation wenig zu bieten, außer dass sie sie in der Auffassung bestätigt, im weiteren Umfeld und in der Außenwelt würden viele Bedrohungen auf sie warten. Die kleinen Kinder, die bereits dabei sind, ihren Horizont auf Weltgeschehen zu erweitern, kommen mit diesem auch über das Fernsehen in Kontakt. Ohne Unterstützung der Eltern können sie allerdings damit noch kaum umgehen. Kinder, deren Weltbild politisch und gesellschaftlich orientiert ist, beziehen auch aus Informationssendungen, vor allem aus den Nachrichten und zum Teil aus

Magazinen, Wissen über aktuelles Weltgeschehen und globale Probleme. Wie sehr sie das Fernsehen zur Information nutzen, hängt davon ab, ob die Angebote ihre Informationsansprüche erfüllen. Das ist meist nur bedingt der Fall; die Eltern oder Personen des sozialen Umfeldes bleiben auch bei ihnen die ausschlaggebende Informationsquelle." (Theunert/Schorb u.a. 1995, S. 118f.).

Solche Befunde und Interpretationen sind sicherlich nicht sehr konkret und differenziert, zumal nicht im Lichte der referierten Theorien. Immerhin lassen sie vermuten, dass das Fernsehen, jedenfalls in seinen Informations-sendungen, für Kinder wenig Strukturierungsleistungen anbietet, diese von Erwachsenen gewissermaßen hinzugeliefert werden müssen. Wenn es so ist, was nicht eindeutig belegt ist, bleiben dennoch Fragen wie:

– ob das Fernsehen andere Strukturierungen anstößt, und wenn ja welche und bei welchen Kindern und,
– wenn es keine helfenden Erwachsenen gibt: wie sich Kinder dann solche Strukturierungen beschaffen oder erzeugen.

Insgesamt bleibt festzuhalten, dass sich beide Erhebungen um die konkreten Rezeptions- und Verarbeitungstätigkeiten der Kinder kaum kümmern, jeden-falls nichts darüber verlauten lassen, entsprechend sind sie auch in dieser Hinsicht nicht differenziert genug. Daher sei noch ein weiterer Zugang zur und Typus von Rezeptionstätigkeit angesprochen.

5. Die Rezeptionstätigkeit Lesen aus medienpädagogischer Sicht

Gegenwärtig sind die PISA (Programme for International Student Assess-ment)-Studie und die IGLU (Internationale Grundschul-Lese-)-Untersuchung nicht nur die prominentesten Beispiele empirischer pädagogischer For-schung, sondern wohl auch die politisch brisantesten und einflussreichsten. Auf den ersten Blick scheinen sie mit medienpädagogischen Fragestellungen wenig zu tun haben, misst doch die eine – PISA (Baumert u.a. 2001) – die Leistungen von 15jährigen Schülern im internationalen Vergleich (aus dem Jahr 2000); die andere – IGLU (Bos u.a. 2003) – die von Grundschülern ebenfalls im internationalen Vergleich (im Jahr 2002). Was im aufgeregten öffentliche Getöse über die Leistungen, zumal über die recht schlechten der 15jährigen Deutschen im Vergleich zu Schülern anderer Nationen, und über die durchschnittlichen der deutschen Grundschüler, weitgehend unterging, ist allerdings: Beide Studien rekurrieren vornehmlich oder ausschließlich auf die Lesefähigkeiten, die Lesekompetenz der Schüler, mithin auf eine Medienre-zeptionstätigkeit, sofern man einen weiten Medienbegriff zu Grunde legt. Geht man weiterhin davon aus, wie vielfach, zumal von den Protagonisten des Lesens, unterstellt wird, leider bislang nur fallweise bestätigt wurde, dass Lesen die grundlegendste, weil kognitiv entscheidendste und komplizierteste

Rezeptionstätigkeit bzw. Kulturtechnik ist, die alle anderen Rezeptionsmodi beeinflusst, kann man ein medienpädagogisches Interesse für sie kaum ansprechen, ja muss es sogar einfordern (Kübler 2002).

Wie kaum eine andere Rezeptionstätigkeit ist Lesen in das kulturelle Umfeld integriert, will heißen: Lesen muss nicht in allen Kulturen dasselbe (Wichtige) bedeuten oder kann zumindest unterschiedlich erlernt und praktiziert werden – auch wenn es kaum interkulturelle Vergleichsstudien über die Praxis und Bewertung des Lesens gibt (Stiftung Lesen 1990; 1994). Dennoch mussten die beiden Leistungserhebungen als internationale Vergleichsmessungen solche Ungewissheiten ignorieren bzw. konnten nicht danach fragen, ob es kulturelle Unterschiede in der Sozialisation wie in der aktuellen Umgebung der Schüler gibt, die sich auf die Lesefähigkeiten der Schüler auswirken könnten. Man kann dafür argumentieren, dass ja alle Schüler weltweit gleichermaßen betroffen sind, aber da die jeweiligen kulturellen Voraussetzungen nicht berücksichtigt wurden, könnte es durchaus sein, dass durch solch vordergründige Egalität einige Schülerpopulationen benachteiligt werden, weil unvergleichbare Voraussetzungen und Lernprozesse miteinander verglichen wurden.

Immerhin weist die PISA-Studie für die deutschen Schüler einen „straffen Zusammenhang zwischen Sozialschichtzugehörigkeit und erworbenen Kenntnissen über alle untersuchten Domänen hinweg" (Baumert u.a. 2001, S. 36) aus, der sich bei Jugendlichen unterer sozialer Schichten, in Familien ungelernter Arbeiter und Migrantenfamilien in überproportionale Leseschwächen niederschlägt. Auch IGLU identifiziert eine allerdings kleinere Risikogruppe hinsichtlich der Lesefähigkeiten bei Kindern unterer sozialer Schichten, in Migrantenfamilien, buchfernen Haushalten und bei Jungen – so die Indikatoren (Bos u.a 2003). Fügt man die Daten von IGLU und PISA in den Alterskohorten vorsichtig hintereinander, was methodisch wohl nur heuristisch möglich ist, scheinen sich die Diskrepanzen in der Schulkarriere zu verschärfen; jedenfalls lassen sich in der Grundschule aufgetretene und nicht behobene Schwächen derzeit, mit den verfügbaren Möglichkeiten, auf der Sekundarstufe offenbar nicht mehr kompensieren, im Gegenteil; sie verstetigen und vertiefen sich.

Doch bislang nicht hinreichend untersucht wird, ob es – außer den potenziellen kulturellen Unterschiede – noch schichtspezifisch differenten Voraussetzungen und Fähigkeiten gibt, die sich über die unterschiedlichen Lesefähigkeiten hinaus auf weitere Lernformen auswirken könnten. Erinnert sei an die heftigen Diskussionen um die Sprachbarrieren und den schichtspezifischen Sprachgebrauch während der 60er Jahre oder auch an Oskar Negts (1971, S. 59ff.) Versuch, soziale Topik, plastische Sprache und bildliche Vorstellungskraft für das soziale Lernen der „Arbeiterklasse" – wie es damals noch hieß – zu nutzen. Solche soziologischen Differenzierungen scheinen heute weitgehend vergessen, aber darunter könnte die Validität der komparativen Leistungsmessungen insgesamt leiden. Aber solch möglichen schichtspezifischen Differenzen müsste man analytisch eine Chance geben, indem man die medialen Vermittlungsformen variiert – etwa in der Sprache, aber auch in bildlichen Manifestationen.

Immerhin sind zumindest bei der PISA-Studie schon reichliche Differenzierungen in die Leseaufgaben und damit in das Verständnis von Lesekompetenz eingearbeitet worden, wenn

- geschriebene Texte unterschiedlicher Art in ihren Aussagen, ihren Absichten und ihrer formalen Struktur verstanden und in einen größeren Zusammenhang eingeordnet werden mussten und wenn die Fähigkeit,
- Texte für verschiedene Zwecke sachgerecht zu nutzen,

unterschieden wurde, wobei auch bildliche Darstellungen (wie Diagramme, Bilder, Karten, Tabellen und Grafiken) zum Einsatz kamen. Doch wie diese unterschiedlichen Decodiertätigkeiten gemessen und in ihren Proportionen gewichtet, wie zudem die Wahrnehmung und Verarbeitung der Aufgaben im Vergleich zu ihrer Lösung proportioniert werden, zumal unter Berücksichtigung jener kultureller und sozialer Divergenzen, darüber erfährt man in den Publikationen noch zu wenig. Aber solche Differenzierungen sind es aus rezeptionsanalytischer Sicht unbedingt wert, weiter analysiert zu werden.

Bei IGLU waren nur zwei Dimensionen des Lesens im Zentrum des Interesses, nämlich das Lesen literarischer Texte und die Ermittlung und der Gebrauch von Informationen. Erhoben wurden sie mit Worttests und Multiple-Choice-Fragen, die sich eng am Text oder wohl auch durch Zufall beantworten lassen. Warum und wie dabei „externes Wissens" herangezogen werden muss, wie es im Konzept der International Reading Literacy Study postuliert wird, wird nicht ersichtlich.

Beide Leistungsmessungen rekurrieren mithin auf nur einer, der konventionellsten Rezeptionstätigkeit, wenngleich sie das Lesen im Vergleich zu früheren Studien schon merklich differenzieren und es nicht mehr auf schiere „Sinnentnahme" konzentrieren. Allerdings ist mit dieser Fokussierung der Anschluss an die vielfältigen Diagnosen und Spekulationen über veränderten Wahrnehmungs- und Lernmöglichkeiten nur bedingt gegeben – wenn man sich die Diagnosen über die massive Zunahme visueller Formen und Bildlichkeit, über „the New Age of Visual Thinking" (Baacke 1999), über die Verbreitung delinearer, nicht-sequentieller, punktueller oder gar assoziativer Informationsaufnahme im Web, via Links, die vermuteten Veränderungen von Wahrnehmungsformen durch Zapping und Surfen, und was sonst noch alles einschlägig gemutmaßt wird, vergegenwärtigt. So berechtigt oder haltlos diese Visionen und Vermutungen sein mögen, in die aktuellen Leistungsmessungen, die soviel pädagogische Furore machen, sind sie noch nicht eingegangen, und ihr Ausbleiben indiziert erneut nicht nur den time-lag empirischer pädagogischer Forschung, sondern auch ihre kulturelle und mediale Indifferenz.

Daher müsste es Aufgabe wie Ansporn einer pädagogisch orientierten Medienforschung oder einer empirisch arbeitenden Medienpädagogik sein, dafür methodische Anstöße zu geben, angemessene und innovative Designs zu entwickeln und erhellende wie vorbildliche Fallstudien durchzuführen. Diese müssten sowohl quantitativer wie auch qualitativer Methodik sein, sie müssten als Experimente angelegt sein, um heuristisch wenige Korrelationen testen zu können, als auch als Feldstudien durchgeführt werden, etwa als teilnehmende Beobachtungen, Befragungen und Interviews, und sie müssten neben kurz- vor allem auch langfristige Reichweiten haben.

6. Konsequenzen für eine pädagogisch orientierte, empirische Medienforschung

Versucht man nun, aus dem bisher Ausgeführten einige Schlussfolgerungen und Perspektiven für die empirische medienpädagogische Forschung zu formulieren, so sind es folgende:

Bisher konzentrierte sich diese Forschung, wenn sie überhaupt empirisch war, darauf, Nutzungsdaten von Kindern und Jugendlichen zu erheben, zumal über Mediensegmente, die von den großen, demografischen Survey-Studien wie der Media-Analyse ausgespart werden. Der Medienpädagogischer Forschungsverbund Südwest erhebt solche Daten nun auch in offiziellem Auftrag und in regelmäßigen Abständen: als Kinder- und Jugendmedien-Studien, wenngleich immer noch viele Lücken etwa im Printsektor oder eben bei speziellen Segmenten wie etwa bei Computerspielen bleiben. Daneben befasst sich medienpädagogische Forschung immer wieder mit Wirkungsaspekten der Medien, freilich meist zu pauschal und daher mit reichlich methodischen Problemen. Allein die beiden Münchner Institute, das JFF, nunmehr das Institut für Medienpädagogik in Forschung und Praxis, und das Deutsche Jugendinstitut haben Studien aus subjektiver Sicht und mit qualitativen Methoden hervorgebracht, über die Medienwahrnehmung, -verarbeitung und Medienhandeln, über biographische und sozialisatorische Dimensionen der Medien, und es ist zu hoffen, dass sie es weiterhin tun, wenngleich ihnen anzuraten wäre, ihr methodisches Instrumentarium zu schärfen und zu differenzieren, so dass die von ihnen vertretene qualitative Forschung keinen Stillstand erfährt und in Verruf kommt.

Wenn die Medienwirkungsforschung insgesamt gewissermaßen eine kognitivistische Wende nimmt, wie Schenk (2002) annimmt, dann könnte dies auch eine Chance für die pädagogisch orientierte Medienforschung sein, und zwar weil

– sie ihren speziellen Beitrag zur heute wieder vorrangig erachteten Erforschung von Lernen und Wissenserwerb leisten könnte, der mit der Zunahme medialer Lernwege (z.B. E-Learning) unbedingt erforderlich ist;

– sie – weg von pauschalen Fragestellungen – mikroskopische Zusammenhänge und Korrelationen zwischen relevanten Faktoren und Dimensionen der Rezeption und des Lernens wie zwischen kognitiven Strukturen, Motivation, Aufmerksamkeit, Involvement einerseits und Wahrnehmung, Decordierung, Lernen, Wissenserwerb und Kompetenzen andererseits differenziert konzipieren und empirisch untersuchen kann;

– sie die verschiedenen Rezeptionstätigkeiten, Lernmodi und Vermittlungsoptionen der Medien aufeinander beziehen, ihre Lernangebote entsprechend den Fähigkeiten der Probanden und den angestrebten Inhalten ge-
   wichten, damit die verschiedenen Kompetenzen wie Perzeptionswege
   von Individuen würdigen und die vielberufene Individualisierung des
   Lernens voranbringen könnte und weil
– sie schließlich dazu betragen könnte, die physischen Wirklichkeiten nicht
   mehr gegen die symbolischen und medialen auszuspielen, „Weltwissen"
   und „Medienwissen" in das erforderliche, aber kulturell, sozial und individuell unterschiedliche Wechselverhältnis zu bringen, um damit Kindern vielfältige, jeweils angemessenen Lernchancen zu eröffnen.

Dass dies ein ambitioniertes und kompliziertes Programm ist, ist klar – zumal
es nicht das einzige ist, wie eingangs bereits betont wurde. Doch mit der an-
haltenden Durchdringung aller Lebensbereiche mit Medien, mit den wachsenden Aufwendungen psychischer und materieller Art, die Medien entgegen
gebracht werden, mit ständig umfänglicheren Zuschreibungen an die Medien,
kurzum: mit der expandierender Medialisierung des Lebens bedarf es einerseits ehrgeiziger, aber auch genügend profilierter Vorhaben, um überhaupt
wissenschaftlich tätig zu werden, d.h. neue Erkenntnisse zu gewinnen und
Innovationen voranzubringen.

Literatur

Baacke, D.: Die neue Medien-Generation im New Age of Visual Thing. In: Goglin,
   I./Lenzen, D. (Hrsg.): Medien-Generation. Opladen 1999, S. 137-149.
Basic, N. u.a.: Kinder sehen fern. Programmangebot und Präferenzen. München 1997.
Baumert, A. u.a. (Hrsg.): PISA 2000: Basiskompetenzen von Schülerinnen und Schüler
   im internationalen Vergleich. Opladen 2001.
Beinlich, A.: Die Entwicklung des Lesers. In: Baumgärtner, A. C. (Hrsg.): Lesen – ein
   Handbuch. Hamburg 1973, S. 172-210.
Berger, P. L./Luckmann, T.: Die gesellschaftliche Konstruktion der Wirklichkeit. Eine
   Theorie der Wissenssoziologie. Frankfurt a.M. 1980.
Berghaus, M. u.a.: Vorschule im Fernsehen. Ergebnisse der wissenschaftlichen Be-
   gleituntersuchung zur Vorschulserien Sesamstraße. Weinheim und Basel 1978.
Bertelsmann Stiftung (Hrsg.): Was kommt nach der Informationsgesellschaft. 11 Antwor-
   ten. Gütersloh 2002.
Bolz, N.: Das kontrollierte Chaos. Vom Humanismus zur Medienwirklichkeit. Düsseldorf
   u.a. 1994.
Bonfadelli, H.: Die Wissenskluft-Perspektive. Theoretische Perspektive, methodische
   Umsetzung, empirischer Ertrag. In: Schenk, M. (Hrsg.): a.a.O. 2002, S. 568-604.
Bos, W. u.a. (Hrsg.): Erste Ergebnisse aus IGLU. Schülerleistungen am Ende der vierten
   Jahrgangsstufe im internationalen Vergleich. Münster 2003.
Dichanz, H. u.a.: Medien im Unterrichtsprozess. Grundlagen, Probleme, Perspektiven.
   München 1974.
Elschenbroich, D.: Weltwissen der Siebenjährigen. Wie Kinder die Welt entdecken kön-
   nen. München 2002.

Ewers, H.-H. (Hrsg.): Lesen zwischen Neuen Medien und Pop-Kultur. Kinder- und Jugendliteratur im Zeitalter multimedialen Entertainments. Weinheim und München 2002.

Flavell, J./Ross, L. (Eds.): Social cognitive development: Frontiers and possible futures. Cambridge, MA. 1981.

Früh, W.: Medienwirkungen. Das dynamisch-transaktionale Modell. Theorie und empirische Forschung. Opladen 1991.

von Hentig, H.: Das allmähliche Verschwinden der Wirklichkeit. Ein Pädagoge ermutigt zum Nachdenken über die Neuen Medien. München 1984.

von Hentig, H.: Der technischen Zivilisation gewachsen bleiben. Nachdenken über die neuen Medien und das gar nicht mehr allmähliche Verschwinden der Wirklichkeit. Weinheim 2002.

Issing, L. J./Knigge-Illner, H. (Hrsg.): Unterrichtstechnologie und Mediendidaktik. Grundfragen und Perspektiven. Weinheim u. Basel 1976.

Kleinsteuber, H. J.: Informationsgesellschaft: Entstehung und Wandlung eines politischen Leitbegriffs der neunziger Jahre. In: Gegenwartskunde 1, 1997, S. 41-52.

Kübler, H.-D.: Informationsgesellschaft im Trend – aber in welchem? Ein nüchterner Blick auf den Alltag der schönen neuen Medienwelt. In: medien praktisch H. 1, 1995, S. 4-8.

Kübler, H.-D.: Medien für Kinder. Von der Literatur zum Internet-Portal. Wiesbaden2002a.

Kübler, H.-D.: PISA und die Medienkompetenz. In: medien praktisch, 26. Jg., 2/2002, H. 102, 2002b, S. 4-7.

Kübler, H.-D.: Medienpädagogik wohin? Ein prospektiver Nachruf auf „medien praktisch" In: medien praktisch 27. Jg., H. 103, 2/03, S. 4-8.

Kuhlen, R.: Informationsmarkt. Chancen und Risiken der Kommerzialisierung von Wissen. Konstanz 1995.

Kuhn, T. S.: Die Struktur wissenschaftlicher Revolutionen. 2. rev. u. um das Postskriptum von 1969 erg. Aufl. Frankfurt/M. 1978.

Lippmann, W.: Public Opinion. New York (dt: Bochum 1990), 1922.

Luhmann, N.: Die Realität der Massenmedien. 2. erw. Aufl. Opladen 1996.

Maasen, S.: Wissenssoziologie. Bielefeld 1999.

Negt, O.: Soziologische Phantasie und exemplarisches Lernen. Zur Theorie und Praxis der Arbeiterbildung. Überarb. Neuausgabe. Frankfurt/M. 1971.

Oerter, R./Montada, L. (Hrsg.): Entwicklungspsychologie. 3., vollständig überarb. und erweiterte Aufl. Weinheim 1995.

Popper, K.: Objektive Erkenntnis: ein evolutionärer Entwurf. Hamburg 1993.

Schenk, M.: Medienwirkungsforschung. 2. Aufl. Tübingen 2002.

Schreier, M./Groeben, N.: Realitäts-Medialitäts-Unterscheidungen als Teilbereich von Medienkompetenz? Eine Interviewstudie. In: Baum, A./Schmidt, S. J. (Hrsg.): Fakten und Fiktionen. Über den Umgang mit Medienwirklichkeiten. Konstanz 2002, S. 392-404

Sodian, B.: Entwicklung bereichsspezifischen Wissens. In: Oerter, R./Montada, l. (Hrsg.): a.a.O.. 1995, S. 622-653

Spinner, H. H.: Die Wissensordnung. Ein Leitkonzept für die dritte Grundordnung des Informationszeitalters. Opladen 1994.

Stiftung Lesen (Hrsg.): Lesen im internationalen Vergleich. 2 Bde. Mainz 1990.

Sturm, H.: Vorschläge zur Abschätzung von Fernsehwirkungen auf Kinder. In: Heygster, A.-L./Stolte, D. (Hrsg.): Kinder vor dem Bildschirm. Mainzer Tage der Fernsehkritik, Bd. VI., Mainz 1990, 1994, S. 29-48 (Original 1974).

Theunert, H./Schorb, B. u.a.: ‚Mordsbilder': Kinder und Fernseh-Information. Eine Untersuchung zum Umgang von Kindern mit realen Gewaltdarstellungen in Nachrichten und Reality-TV im Auftrag der Hamburgischen Anstalt für Neue Medien (HAM) und der Bayerischen Landeszentrale für neue Medien (BLM), Berlin 1995.

Vowinckel, G.: Förderung intellektueller Fähigkeiten mit „Sesamstraße". In: Berghaus, M. u.a. (Hrsg.): a.a.O.. 1978, S. 135-144.

Wirth, W.: Von der Information zum Wissen. Die Rolle der Rezeption für die Entstehung von Wissensunterscheiden. Ein Beitrag zur Wissenskluftforschung. Opladen 1997.

Wirth, W.: Individuelles Wissensmanagement und das Internet. Kommunikationswissenschaftliche Perspektiven. In: Maier-Raibler, U./Latzer, M. (Hrsg.): Kommunikationskulturen zwischen Kontinuität und Wandel. Universelle Netzwerke für die Zivilgesellschaft. Konstanz 2001, S. 393-410.

Rebekah Willett

New Models of Learning for New Media: Observations of Young People Learning Digital Design

1. Introduction

There are numerous discourses that seek to define the relationships between young people and digital media. These discourses have different and sometimes contradictory ways of constructing learners and the learning environment (Facer et al. 2001). On the one hand there are panics around new media which position children and young people as being at risk from the dangers of digital technology. In this view children are in need of careful teaching and controlling, as they are unable to learn the correct and safe way to use digital technology on their own. In complete contrast, there are discourses around new technologies which position children as ready learners and technology as offering endless easy-to-use resources for worthwhile learning. This latter view of children as „natural cyberkids' overlooks many aspects of learning and digital technology, not least the socio-cultural aspects of learning or the possibility that there might be a developmental progression of skills related to learning new technologies.

These discourses are echoed in the various pedagogical approaches to children and digital technology. The model of learning known as „constructionism", developed by Papert and colleagues at MIT (Kafai/Resnick 1996) in relation to children's learning of a simple a computer programming language called Logo, has echoes of the „natural cyberkid" discourse mentioned above. According to the model, the more time children spend building on the computer (with the computer doing the teaching) the more the child will understand the programme and therefore develop logical thinking skills. In this model, children are employing new ways of learning via computers; ways of learning which are non-linear and contradict many models currently in practice. The data from the study discussed in this article include times when young people play around on a software package, such as Flash animation, and learn through trial and error guided by particular elements on the software, such as pull-down menus. This way of learning aligns with the constructionist model. On the other hand, popular pedagogies found in many schools are based on linear developmental models that define levels which children progress through given the appropriate environment. The work of Vygotsky (1962) is used with teachers to discuss the role of verbal interactions in learning. A model of learning based on Vygotsky emphasises the important role of a more able peer or teacher in assisting a learner's development. Using Vygotsky's terms, each child actively participates in learning within his or her 'zone of proximal development', that is, the distance between the real and potential levels of development. According to Vygotsky, as the child engages in his or her learning, and with assistance, modelling of actions, and pointing out of discrepancies, particularly through verbal interactions, the child internalises desired actions. A Vygotskian model aligns more closely with the discourse which constructs children as at risk of time-wasting (amongst other things) if not carefully instructed. In the data being discussed in this article, there were times when young people were unable to progress with their designs without assistance, and the assistance was most effective (in terms of internalising the learning) when the tutor modelled the skill, discussed what the problems were and engaged with the learner on his or her level. Finally, with the learning of digital technologies taking place in informal settings such as homes, there has been considerable interest in contextualising learning and looking at different styles and forms of learning (Coffield 2000; Lave/Wenger 1991). Lave and Wenger`s concept of „situated learning" focuses on looking at learning as a type of social interaction, rather than a cognitive activity. This concept can be applied to the learning of digital technology and cultures, with young people acting as „apprentices" as they learn the language, skills and discourses from „masters" of digital technology. This article will include descriptions of times when the tutor of a class acted as a master, using a variety of sophisticated concepts and language to immerse the young people into the world of digital graphic design.

The study discussed in this article, „Shared Spaces: Informal Learning and Digital Cultures"[1], was designed as a way of engaging with and examining some of these discourses surrounding learning and digital cultures by looking at how children and young people use digital technologies in more „informal", out-of-school settings. Its aim was to develop ways for schools to engage with the new knowledge and experiences digital culture can offer young people, as well as drawing on the informal styles of learning which characterise young people's out-of-school experiences with technology. Our data was collected at an informal education and arts centre, WAC, in north London which runs various arts activities on weekends for the young people from low income families (www.wac.co.uk). This article will focus on one curriculum initiative established on the project, a games making class for children age 9-13. I will first give a brief description of the class and describe how software was taught and learned. Then I will discuss issues around technology and pedagogy which are highlighted by the study.

---

1   The „Shared Spaces" project ran from October 2001 – December 2002 and was funded by the Esmée Fairbairn Charitable Trust. The project was based at the Centre for the Study of Children, Youth and Media, Institute of Education, University of London. The directors of the project were David Buckingham and Julian Sefton-Green. My thanks to them for their contribution to this article. More information is available on the project website: www.wac.co.uk/sharedspaces.

2. The Games Making Class

The aim of this class was to see how computer game *production* could be used as a way of engaging with young people's experiences of playing computer games. This aim is founded on two principles: 1) the importance of drawing on young people's culture and 2) the need to shift away from the prioritisation of analysis over production in media studies. The incorporation of media culture in schools is seen as a way of allowing young people to express themselves, not just as students, but as social individuals; and it gives teachers more space to draw on varying cultures, personalities, and values. Furthermore, in a constructivist sense, teachers are seen as having the opportunity to build on pupils` previous experiences and knowledge, helping them to make sense of the culture surrounding them and extending what they already know. There are, however, a number debates about how to approach the study of media in schools. One of the debates in the field concerns the balance between analysis and production. In a conventional approach, there is a strong emphasis on the critical analysis of media. Analysis is sometimes seen as a way of „inoculating" young people against the dangers of media (for example, absorbing negative ideologies presented in media). However, as Buckingham et. al. (1995) write, „There is a fundamental difference between the `passive` knowledge that is developed through critical analysis and the `active` knowledge that derives from production" (p. 12). In our project, production is seen as a way of allowing young people's passive knowledge of media to be made active. The emphasis is on seeing the product *as part of* the process of analysis. Therefore, the process of making a game is seen as a way of allowing for a balance between playing games and developing conceptual understanding of games.

The games class had ten participants (all boys), and it ran from September 2001 to June 2002, meeting Saturday mornings for two hours. The class had four phases which aimed to reflect back on each other: analysis and critique of games, designing games and game products, learning software and creating games projects. During the analysis stage, the boys looked at the games they play and discussed them in terms of key media education concepts such as quality, genre, representation, narrative structure and characters. Having analysed games in context of their experience of playing, the boys started designing their own games. They first made „story boards" for their games on paper (mapping out a sequence of events) and then designed a character and environment for a game on the computers. After designing these components on the computer they created posters advertising their games (see figure 1).

Figure 1: POSTER MADE IN GAMES CLASS (November 2001)

During the designing of the posters the boys had to consider the concepts co-
vered in the analysis. They chose specific genres of game and thought about
what elements constitute a particular genre. For example, the poster in figure
1 advertises a medieval role play game by using particular elements (knight,
sword, different worlds), language (1st person address, descriptive words)
and lighting (shadow of the knight, glinting sword). The choices the boys
made when making the posters reflect their awareness of elements of gaming
and game advertising, thereby making explicit some of the otherwise implicit

knowledge. Also, through the production of the poster and the process of making their knowledge explicit, the boys were engaged in further discussion and analysis of their gaming experiences.

The posters as well as the final games projects required use of professional production software (Photoshop for editing images, Flash for animating and making interactive elements, and two 3D software packages). The 3D software was used for making sophisticated images such as the „worlds" in the poster in figure one. This software allowed the boys to produce images which are similar to the environments in the games they play (i.e. 3D characters in many role play games as opposed to 2D ones in platform games such as Mario). Because professional software was being used, a large section of the course was spent teaching the software skills (e.g. constructing layers, using various filters in Photoshop, doing frame-by-frame animation in Flash). As will be discussed in the following sections, the final projects were hampered by the complicated nature of the software. The final projects were not games, but instead were animated fly-through introductions to computer games which the boys had designed. This aspect of the course raised questions about our original aim of looking at informal learning, because the software skills were actually being taught in a formal way. Furthermore, the lack of a game as a final outcome raised questions about the feasibility of engaging with young people's knowledge of gaming through production, as we had originally intended.

This brief summary of the course indicates the different types of teaching and learning which were occurring. The premise of our research was that young people were learning digital cultures outside of formal school settings, possibly incorporating new forms and styles of learning. Our question now is how to describe and analyse the learning and teaching we observed in the games class. The next section of this article will look closer at how software packages were taught and learned in the games class. Issues related to pedagogy and technology will be discussed, including how our study relates to the various discourses and models of learning outlined in the introduction.

3. Software in situ

3.1 Photoshop – drawing and editing images

The first piece of software taught in the class was Photoshop, used for drawing and editing images. Formal step-by-step instruction was given to the entire group, and then they boys experimented with the software as the tutor gave one-on-one help to the younger, less experienced users. (Of the ten boys in the class, the oldest three had done a class on web design the previous year using Photoshop and Flash – professional software packages used for editing and animating images.). In Photoshop the boys could use their previous knowledge from any basic drawing software (Paint, Kid Pix, etc.), and the boys found it easy to use tools such as filters to alter to images. They could use simple drawing skills to get started fairly quickly, and the filters gave the boys ways to make their hand-drawn images look more sophisticated. The boys used the pull down menu in Photoshop to experiment with different effects. For example, Lawrence (age 12) gave his hand-drawn sword dramatic lighting effects (the background, the glinting tip, and the sunspots) using simple filters (see figure 2).

Figure 2: LAWRENCE"S SWORD AND LUKE"S CAR (October 2001)

The younger boys (Jordan and Luke, age 9) struggled even with the basic drawing tools, as is evident in Luke's drawing of a car (figure 2, above). Luke found the concept of layers difficult, and he only used the pencil tool on the software, changing the colour but nothing else. Jordan similarly used simple pencil tools to draw a knight. When Luke and Jordan were taught to use other tools, they were not able to „take on board" what they were being taught, indicating that perhaps the teaching and software were too advanced for them. For example, Jordan wanted his knight's armour to look shiny, so he was shown how to change the lighting and opacity. Jordan then forgot to save the changes that he had made, and when he tried to repeat what he had been taught (the same day) he was unable to proceed. Of course there were other circumstances which could have been affecting the boys` learning (for example, lack of practice time during the week and erratic attendance), and therefore it is difficult to say if the teaching or software were generally too advanced. If Jordan were shown again how to change the lighting, and if he practised it several times over the course of a week, then he probably would have had more success. However, there is a question about how Jordan would learn to conceptualise the armour as shiny and therefore know what tools to use. When Jordan said he wanted the armour to be shiny, the tutor explained that he could „give the appearance of shininess" through lighting and opacity. It is unclear in our study how this element of production, being able to imagine and then conceptualise a particular image or effect, is learned.

3.2 3-D software

On the whole, the boys were content with Photoshop when they were drawing objects and writing text. However, when the boys started drawing their characters and landscapes, they were dissatisfied with the simple drawing images they were producing. They wanted their images to appear more realistic and less hand-drawn. Therefore, two 3D packages (Bryce 3D and Poser) were introduced to supplement their work. The boys quickly dismissed their work in Photoshop in favour of the 3D look. Louis, for example, had been fairly successful at drawing a man and a mountain (using Photoshop). But when he repeated those images using the 3D software, not surprisingly, he did not return to his Photoshop work (see figure 3).

Figure 3: LOUIS" WORK IN PHOTOSHOP AND BRYCE 3D
(Oct. and Nov. 2001)

The 3D software has several advantages, in addition to looking quite sophisticated. For most of the boys the software required almost no instruction, so they were able to explore the software, achieving instant satisfaction with very little effort. At this point in the course the boys had attended every Saturday morning for two months, and they expected to make a game by the end of the year. Although the boys were willing to give up their Saturday mornings to learn how to make a computer game, there was a balance between how much time they were willing to invest without some sort of noticeable progress. The 3D software offered what seemed to them to be major progress towards a game, and they could use the software independently to create images. However, because the images looked so sophisticated, the boys were too intimidated to use other programs for drawing. The most significant problem with using the 3D software was that it was hard to import and manipulate in other programs (Photoshop and Flash). The game production which the tutor had imagined involved creating images and then assembling, animating and making elements of the images interactive. Combining images from different programs complicates this production process. Even the posters (assembled in Photoshop) included many imports from various sources which needed to be formatted and arranged, and this assembling required one-on-one instruction. This instruction often did not result in them mastering the concept or procedure (for example, the boys were not able to do the formatting independently after the one-on-one help). Referring to the models of learning discussed at the beginning of this article, one could describe the instruction as faulty because it was not occurring within the boys' 'zones of proximal development'. This description of the interactions reflects a linear model of learning whereby the boys need to learn certain skills and concepts in relation to digital graphic design before they can proceed.

However, although skills may not have been learned, the tutor was introducing the boys to the world of graphic work on professional software, much in the way Lave and Wenger (1991) discuss situated learning through „peripheral participation". The tutor would regularly give general advice such as „try to leave as many windows open as you can", „try to label each layer with a name that describes what's on it". She also made general conceptual statements; for example „the machine allocates memory to every single application, so it will run much quicker if you close applications you're not using". She used technical terms such as bitmaps, jpegs, tweening and megabites and discussed issues such as layering, different types of files and relevance of file sizes. There is an enormous body of skills, knowledge, concepts and discourse that needs to be learned here. As the tutor used the discourse the boys gradually developed an understanding of the field (especially the older boys). For example, when the tutor was showing the boys how to do the formatting and importing, she was using technical language which perhaps made more sense as they saw her do the formatting in other contexts throughout the year. I will return to a discussion of these models of learning in the final section of this article.

3.3 Flash animation software

After the boys made their posters, using the 3D software and Photoshop, four class sessions were devoted to formal instruction on Flash, a professional animation software package. In these sessions the boys did experimental projects which included scripting interactive elements (using buttons, for example), but in the end these skills were not used as part of their final games projects. The boys also learned „tweening" which allows for objects to be animated without programming every frame, and they learned frame-by-frame animation. The final projects ended up being animated narrative introductions to the boys` invented computer games. The animation projects were assembled in Flash, and the tutor did most of the work of assembling the projects, due to the complexity of the task. Only one boy, Jake, used Flash independently in his final project (to make images of a newspaper spinning and Big Ben collapsing, see figure 4). Towards the end of the course, Lawrence, who was also able to use Flash independently, was making very rudimentary games in the first half hour of the class before the sessions started (for example, in one of Lawrence's games the player had to try to click on a moving target, see figure 5).

Figure 4: SCREENSHOT OF BIG BEN COLLAPSING, JAKE, MAY 2002

Figure 5: Screenshot of Simple Game, Lawrence, May 2002

Hit the centre of the target.

4. *Graphic problems – issues raised by the use of professional software*

One of the major issues highlighted by the course concerns the choice of software, especially with this age range. There are other packages available such as Kid Pix, Hyperstudio or Stagecast which are produced for children. Using these packages would have resulted in different types of final projects. Stagecast, for example, is a game production software for children, but it can only produce platform games. The choice of software used in the games class was intended to leave open possibilities for the boys to produce the type of game they wanted, based on their knowledge and preferences as gamers. However, in practice the data from this project suggests that the professional software actually limited the production of games because the software was so advanced, particularly when the packages were combined (e.g. 3D images from Poser were animated in Flash). Because the 3D software was easy to use and produced images that are much more like the high-quality graphics in games that many kids like to play, it looked as if the software started leading the designs of the final products. Paradoxically then, although our aim was for the boys to design a game (without being restricted by a determined design built into specific software packages), the end result was still that the software led to a particular type of game.

Both the tutor and the boys who were interviewed at the end of the course recognised that it would have been better to stick with Flash (which is two-dimensional) and drop the 3D software. Jake said, „Flash makes it simpler; with other software you have to keep putting it into different files, whereas in Flash you can just animate it and make it and just run it". In completely independent interviews, Jake and Lawrence said that Flash was their favourite software because „it's quite easy to make cartoons, it's a really good drawing tool" and „it's easy to muck about with it". Jake said, „I think you need to be taught the basic stuff but then you can learn the rest". This is an important learning outcome for the boys, and certainly the tutor tried to persuade the boys to use more Flash, but they seemed to need to get the 3D images out of their system and learn through experience. Furthermore, going through the difficult process of using 3D images led to an understanding of why games that they play cost so much and take so much time to produce. This is another important learning outcome when considering how to develop young people's understanding of digital media. It is also significant that the other boys (besides Jake) who had experience with Flash from the previous year did not use it in their projects, apart from when the tutor helped them. The skills they learned seemed difficult to apply to the task set (designing the animated introduction), and the software did not help to access their knowledge about high graphics games (which they were designing). The key finding here is that there was a mismatch between the task and the software available – an issue I will return to when I discuss pedagogy.

As I explained earlier, the tutor chose to use professional software as opposed to more child-orientated software such as Stagecast or Hyperstudio. The choice was partly due to the framework guiding our research, but primarily it was the tutor's choice. The tutor is an artist, games player and professional software user, and as such she had personal preferences about the style of software she wanted to use. For example, she said she found an alternative software package „clunky". However, several factors prevented the boys from reaching the point of being independent (they were not using the software apart from a couple hours a week, many were young and inexperienced with different software, they had little experiencing conceptualising graphics, and the tutor may have been using an approach that was not effective).

The course introduced the boys to the software, but (unlike software designed specifically for young people) the software is not scaffolded enough to allow young users to explore and learn independently. The software does not have a beginning level which introduces concepts and allows the user to gradually learn more technical aspects. Looking at learning of Logo-based software, Kafai and Resnick (1996) argue that learning depends on both the structure of the software and the developmental stage of the user. They describe the structures which scaffold learning on software as „training wheels". According to Kafai and Resnik, those structures are based on observations of what experts do, however, novices are unable make use of them until they are at the appropriate stage in their learning process (i.e. when they realise that things need to be organised in a particular way). One of the questions our study raises is whether there should be a range of software which suits different developmental levels or whether software preference is more about the users" learning style and mode of thinking. If we accept that software should have different developmental levels, this leads to questions about what cognitive skills are involved in using production software. Could we call the use of simple paint tools part of the first stage of development for young people using graphics programs, and if so what skills and concepts are being developed at this level? Is there a set of visual literacies that needs to be learned in order to use graphics programs? For example, in the image of the sword (Figure 2), how did Lawrence learn to conceptualise what he was imagining?

Another software related problem which held up the production of the games was the place of the software in group work. The tutor had decided to group the boys so that the boys who had previous experience with the software or caught on quicker were matched with the younger, less experienced boys. In theory, the tutor thought that a peer-tutoring situation would develop during game production. In practice, however, the times the boys were working in pairs usually involved working on their own computers, and then importing their individual work onto a joint document. The boys often had questions when they were working individually, but even more knowledgeable peers were not able to answer those questions. Furthermore, younger and less experienced Information and Communications Technology (ICT) users had a very hard time joining in group work with more advanced users. At this point, even the more experienced boys did not understand the software sufficiently to be able to help their peers. Furthermore, the boys were not familiar enough with the software to know how to divide the work so that less experienced users could do simpler tasks. For this type of interaction, the software was too advanced. Therefore, our study raises questions about the types of software used in group work and also about the role of group work in ICT production, which is a common practice in schools. For example, should we only set up peer tutoring situations if the tutor has gained a sufficient amount of conceptual understanding of a software program? If so how do we know what level of understanding is needed and how do we measure that understanding?

5. Technology and pedagogy

As described in the introduction, there is a particular discourse that constructs young people's relation to new technology as unproblematic (the „natural cyberkid"). This discourse claims that through access to digital technology (with or without instruction) young people will learn to use powerful software that will allow them to do many creative things (as well as develop various useful skills). The discourse implicitly assumes that pedagogy is not important, and therefore the role of teachers in learning new technology is not discussed. However, the difficulties encountered on the course outlined in previous sections point to a need to consider pedagogy. If software requires formal instruction, not just trial and error, in order for it to become a creative tool for young people, then pedagogical issues arise. If there is a se-

ries of developmental stages in relation to learning technology, then pedagogy needs to be considered. And finally our goal of accessing young people's
knowledge as consumers of games through particular pedagogical means
needs to be examined.

5.1 Models of learning in the games making class

As I have described, the tutor had a basic plan which involved a series of sequential activities and constant application of theory and knowledge through
practice. The tutor engaged the kids in critical analysis of computer games
they play. She taught the software step-by-step to the whole group and then
gave individual help. She used her own experience of gaming and using
software to model and give advice, and she tried to make connections between practice and theory by referring to games when the boys were learning
software. These are all characteristics of what one might describe as good teaching. However, the boys did not learn as much as the tutor thought they
would, and so she modified her goals. The important question is why the
boys did not learn as much as the tutor had planned. Some of the problems
relate to the characteristics of informal educational settings. Unlike a school,
the course had a looser structure in terms of attendance – a couple of boys
joined the course half way through and one dropped out, two boys left early
every week for other lessons, they were often late for class, and they sometimes had other commitments on Saturdays so their attendance was erratic.
These factors made it hard for the tutor to plan lessons and teach them in a
sequential, orderly way. However, the tutor thought the difficulties in learning were also due to the boys: they weren't working hard enough, they weren't committed to the projects and they didn't spend time practising using
the software. In her opinion the boys would have learned if they had shown
more interest – an opinion which strikes a chord with the „natural cyberkid"
discourse mentioned earlier. The constructionist model discussed at the beginning of this article would suggest that if the boys had more time with the
software they would have developed their skills naturally. Using the constructionist model, it wasn't the lack of sequential lesson plans which hinde-
red the learning, it was the lack of opportunity to explore the software. Certainly some of our data suggests that ICT skills are learned through repetition
and over self-directed time which allows for learning through trial and error
and exploration. Using a Vygotskian model of learning, however, the problem with the tutor's instruction was that she didn't find out where the boys
were, in terms of software skills, and so she didn't build on their knowledge
and engage with them within their zone of proximal development. The answer to the question of why the boys found it difficult to learn the software
skills is not clear, and requires further theoretical reflection on the models of
learning ICT we have taken for granted.

5.2 Scaffolding

In our study we collected data which can be explained through several different models of learning. Some of the instances of learning which almost „jumped" out at us as significant moments happened at opportune moments when the learners where just at the level where they could take on new knowledge, and when the instruction was building on what they already knew. So, for example, when the boys tried to do something but it didn't work, then the value of the tutor's instruction was maximised. At these times there was a context for the instruction both in terms of the purpose and the tools (the boys had a goal and had already tried some tools to achieve their goal). This data suggests that „scaffolding" by a teacher or more knowledgeable tutor/peer is crucial to the learning process (Bruner 1987). Bruner, whose work is based on Vygotsky's theories, used the term 'scaffolding' to describe the interactions between a learner and a teacher or more able peer whereby structures are put in place to support the learner in mastering a task. Effective scaffolding occurs within the learner's zone of proximal development and is gradually withdrawn as an action becomes internalised. A model of learning based on scaffolding perhaps indicates that a lot of time and energy (and ultimately enthusiasm) is wasted if instruction doesn't happen at the right time. In the games class the tutor spent significant amounts of class time giving one-on-one help, but in doing so she created a situation in which the boys were often waiting before they could receive help. During that waiting time they were repeatedly trying to figure out how to do something, to the point of frustration. This strategy was thus counter-productive.

Clearly, a teacher can not always be present at exactly the moment when a learner needs the next bit of scaffolding. However, the scaffolding which the teacher provides can also be „faulty". In our data I could describe some situations as times when the tutor's instruction seemed too advanced (i.e. not in the boys' zone of proximal development, using Vygotsky's term). For example, the tutor would give advice about the size of files or about naming layers, but much of the advice went over the boys" heads, given that they weren't even sure how to save files in correct places. However, using Lave and Wenger's situated learning model (1991) mentioned earlier, we could describe these occasions as times when the boys were learning the culture of digital production use by a master. Therefore, we have to ask if it matters whether or not the boys were „learning" everything the tutor was trying to teach, or whether the boys should be expected to be achieving something all the time at all different levels. Pedagogic models found in many schools (at least in the U.S. and U.K.) based on Piaget, Bruner and Vygotsky (1971, 1987, 1962 respectively), are more linear than a situated learning model, so instruction has to happen in a particular way, time and place. Certainly educators believe that children can stay on one step for a while or progress backwards, but given the right environment all children are able to progress. This model of learning perhaps does not apply to the learning in all aspects of digital cultures.

5.3 Alternative models of learning

The games class was seen by the arts centre as a pilot project, and the class was repeated the following year with several revisions, raising further questions about the kinds of learning I have described. A significant fact is that almost all the boys returned for a second year, and several new children joined, including two girls. This simple fact perhaps indicates that my interpretation of the level of frustration which the boys were feeling was overstated. We may have been looking for „completed learning" at too early a stage. Perhaps it was only me who was frustrated by the non-linear and non-sequential approach. If this is the case then we must look for other models and styles of learning to explain our findings.

Lave and Wenger (1991) argue that there needs to be a shift away from the concept of an individual learner and that notions of mastery and pedagogy must be decentred. They write, „(R)ather than learning by replicating the performance of others or by acquiring knowledge transmitted in instruction, we suggest that learning occurs through centripetal participation in the learning curriculum of the ambient community" (p. 100). Therefore, instead of looking at the individual skills that each boy developed (or failed to develop) in the games class, we could look at their learning as a process of interacting in a (pseudo-) games making environment.

Researchers working with Logo and similar programming packages for children (Hoyles et al. 2001; Kafai/Resnick 1996; Papert 1993) also see learning as a process which is not as linear and sequential as strict developmental models would describe. On a recent research project called Playgrounds (www.ioe.ac.uk/playground), which looks at children building computer games using specially designed software, researchers describe how the learning develops as the children experiment with the software. Instead of having a tutor impart knowledge in an organised way, children learned to programme through their exploration of the software. This is a recursive process, as Goldstein and Pratt write, „As learners become familiar with the tools, they become aware of new opportunities and utilities of those tools. Through using the tools, the learners re-construct their understanding of them. This shapes the way that the learners think about their solution to the problem and the problem itself" (2001, p. 2). Looking at this in relation to the games class, it is possible that the boys did not require the tutor to give them step-by-step instructions, but instead they were gaining familiarity and learning to use the software through a gradual process of experimentation.

Another non-sequential approach to learning is taken by researchers looking at computer game playing. In our research and, I would propose, in the experience of anyone watching a child learning to play a computer game, there are few times when children will sit down and be given step-by-step instructions by a tutor or instruction booklet. Children start playing a new game with little instruction, and they learn as they play. Toni Downes (1999) argues that playing games is producing new styles and ways of learning.

Downes writes, „Within game playing the continued success of using the „learning by doing" and trial and error approaches alter children's predisposition to learning and performing in similar environments, particularly other computing environments such as word processing or using information data bases. Importantly these computing environments, through their interactivity readily afford these approaches and therefore reinforce this pre-disposition towards exploratory modes of learning" (p. 77). Looking at this description of learning, we could say that the boys on the games class did not need the sequential instruction of the tutor, especially as they were all avid game players who were accustomed to learning through trial and error. We were asking the boys to apply their skills and knowledge of playing as they engaged in digital production, but in expecting a linear model of learning we overlooking an important gaming skill – learning by doing.

A brief conversation about hand-outs which I had with the tutor who taught the class in the second year exemplified the non-linear approach to learning which is used by the young people in the class. For example, the tutor gave the children hand-outs when instructing on Flash, listing all the steps involved to achieve a particular effect (e.g. shape tweening or masking). The tutor described how the children didn't even glance at the hand-out after she had shown them the steps on the computer. They felt comfortable relying on their memory to go through the steps, and they were not anxious about remembering the exact sequence of steps. According to the tutor, the children were more concerned with the overall effect that they were trying to achieve, and they were comfortable exploring the software in order to achieve the effect, rather than following the specific steps. This approach taken by the young people contrasts greatly with the one taken by adults whom the tutor has worked with on the same concept. Adults are anxious about missing out steps, and they glue themselves to the hand-outs, taking additional notes during the instruction. These two contrasting approaches to learning are explained by the theories I have outlined, and help explain why I, as an adult, am less comfortable with non-linear learning and perhaps misinterpret learning situations, particularly in relation to new technologies.

One obvious question raised by the games course both during the pilot and the following year is whether it is possible to produce games with young people. Although the children were more successful the following year, for various reasons including the fact that Flash was the only software used, the projects during the pilot and the follow-up year can not be classified as games. By the same token, the fly-through introductions from the pilot year are actually animated narratives, not games. The second year the children made interactive animations, but they were not games either. Our aim was to engage with kids' knowledge of the games they play at home through the production of games, but we ended up focusing on learning of software and discussing graphics. A course using alternative software (Logo or Stagecast) would focus on learning the logics of programming, and similar to our games class would miss out on engaging with kids' gaming experiences.

6. Conclusion

The study, perhaps, raises questions rather than providing answers. It is clear, however, that children and young people are experiencing various ways of learning through their consumption and production of digital cultures. Computer games, for example, can involve endless repetition, trial and error and risk taking in their consumption, as well as in their production, as this article has described. However, gaming can also involve careful scaffolding. When playing a computer game, the first level is easier than the other levels and sometimes includes auditory or visual hints on how to progress. There is an economic advantage to scaffolding the learning in this way so that players will continue to play the game. Similarly, as described in this article, digital production requires some degree of scaffolding in order for users to make progress and avoid frustration.

The problems encountered in the computer games making class as described in this article raise questions about the relationship between knowledge and production. For example, what kinds of knowledge are needed in order to engage in production, and how is that knowledge developed? Is it possible for young people to produce the games they themselves play, and if so would that production process engage in the critical analysis we are hoping for? As explained earlier, our aim was to use production as a way of accessing the boys' knowledge of games which they acquired through game playing, to make that knowledge visible and somehow to involve a critical framing of that knowledge. Instead, what ended up happening was that the production tools disempowered the boys, making their knowledge of games fairly useless. Although the tutor continually reminded the boys that the high graphics videogames they play (Tomb Raider, Grand Theft Auto) involve many years of development and expansive budgets, the boys still had quite high expectations about what they could produce. This is an important contribution to the debate about the role of production in media studies. We need to find the tools which will allow us to empower students; tools which will make visible the embedded knowledge of their media culture. Furthermore, we also need to consider when to use a model of learning based on a developmental progression of skills related to production, or when to see young people as learning technology through immersion into the digital culture.

References

Bruner, J.: Actual minds, possible worlds. Cambridge 1987.
Buckingham, D./Grahame, J./Sefton-Green, J.: Making Media: Practical Production in Media Education. London 1995.
Coffield, F. (ed.): The necessity of informal learning. Bristol 2000.
Downes, T.: Playing with computing technologies in the home. Education and Information Technologies 4. 1999, S.65-79.

Facer, K./Furlong, J./Furlong, R./Sutherland, R.: Constructing the child computer user: from public policy to private practices. British Journal of Sociology of Education. 22:1 2001, S. 91-108.

Goldstein, R./Pratt, D.: „Michael's Computer Game: A Case of Open Modelling" In: van der Heuval-Panhuizen, M. (ed): Proceedings of the Twenty Fifth Annual Conference of the International Group for the Psychology of Mathematics, Vol 3, Utrecht 2001, p. 49-56 (www.ioe.ac.uk/playground/RESEARCH/papers/open_modelling.pdf).

Hoyles, C./Noss, R./Adamson, R./Lowe, S.: „Programming rules: what do children understand?" Proceedings of the Twenty Fifth Annual Conference of the International Group for the Psychology of Mathematics. Utrecht 2001. [www.ioe.ac.uk/playground/RESEARCH/papers/programming_rules.pdf]

Kafai, Y./Resnick, M. (eds.): Constructionism in Practice: Designing, thinking and learning in a digital world. Mahwah 1996.

Lave, J./Wenger, E.: Situated Learning: Legitimate peripheral participation. Cambridge 1991.

Papert, S.: The Children's Machine: Rethinking School in the Age of the Computer. New York 1993.

Piaget, J.: Science of Education and the Psychology of the Child. Harlow 1971.

Vygotsky, L.S.: Thought and Language. Cambridge 1962.

Klaus Peter Treumann, Eckhard Burkatzki, Mareike Strotmann und Claudia Wegener

Hauptkomponentenanalytische Untersuchungen zum Medienhandeln Jugendlicher

Die vorliegende Arbeit ist im Rahmen des von der DFG geförderten Forschungsprojekts „Eine Untersuchung zum Mediennutzungsverhalten 12-20jähriger und zur Entwicklung von Medienkompetenz im Jugendalter" entstanden, welches von Klaus Peter Treumann, Uwe Sander und Dorothee Meister geleitet wird. Es bezieht sich auf die Bundesländer Mecklenburg-Vorpommern, Nordrhein-Westfalen und Sachsen-Anhalt mit den drei Projektstandorten Bielefeld, Halle a.d. Saale und Rostock. Das Forschungsvorhaben kombiniert qualitative und quantitative Zugänge zum Forschungsfeld in Form von Gruppendiskussionen, leitfadengesteuerten Interviews und einer standardisierten Befragung von Jugendlichen. Im Folgenden wird über einige Befunde quantitativer Analysen berichtet.

1. Fragestellung

Ein Ziel des quantitativen Teils des Forschungsprojekts ist es, ein möglichst umfassendes Bild über das Medienhandeln Jugendlicher zu gewinnen, d.h. zu repräsentativen Aussagen über die Häufigkeitsverteilung quantitativ erfassbare Merkmale im Kollektiv der 12- bis 20-Jährigen zu gelangen. Medienhandeln umfasst dabei nach unserem Verständnis nicht nur Variablen der Mediennutzung, sondern schließt darüber hinaus solche Konzepte ein, wie sie in verschiedenen systematischen Entwürfen zur Medienkompetenz entwickelt worden sind. Als theoretische Folie nutzen wir vor allem das Bielefelder Medienkompetenz-Modell, um das Medienhandeln Jugendlicher zum einen facettenreich zu operationalisieren und zum anderen inhaltlich in voneinander unterscheidbare Teilbereiche zu untergliedern. Die quantitative Studie bleibt jedoch nicht bei einer uni- und bivariaten Analyse stehen, sondern versucht explorativ mit Hilfe des *multivariaten* Verfahrens der Hauptkomponentenanalyse die folgenden Fragen zu beantworten:

a) Lassen sich die erfassten („gemessenen") Variablen des Medienhandelns Jugendlicher gemäß ihrer korrelativen Beziehungen in voneinander unabhängigen Gruppen klassifizieren? Es geht also darum, die Hauptquellen der Variation bzw. der Unterschiede, welche die Jugendlichen in ihren Medienaktivitäten zeigen, zu rekonstruieren.

b) Wie sind die einzelnen Teilbereiche des Medienhandelns dimensioniert? Ist die dem Variablengeflecht unterlegte Ordnung, aus der sich die jeweils angetroffene Konstellation der Variableninterkorrelationen erklären lässt, ein- oder mehrdimensional? In diesem Zusammenhang lassen sich auch Überlegungen zur Konstruktvalidität von Merkmalsbereichen diskutieren.

2. Theoretischer Bezugsrahmen

Im Folgenden werden einige Theoriebezüge, die für die Operationalisierung der Variablen der quantitativen Untersuchung und für die Interpretation der Ergebnisse der Hauptkomponentenanalysen von Bedeutung sind, knapp dargestellt.

2.1 Das Bielefelder Medienkompetenz-Modell

Medienkompetenz ist eine Teilmenge der kommunikativen Kompetenz, die sich zur Realisierung von Kommunikation vielfältiger Medien bedient. Das Bielefelder Medienkompetenz-Modell (vgl. Baacke 1996, 1999) umfasst vier Dimensionen mit jeweils mehreren Unterdimensionen, um Reichweite und Umfang medial vermittelter Kommunikation zu rekonstruieren:

1. Dimension: Mediennutzung

Sie lässt sich in zwei Subdimensionen ausdifferenzieren:

a) Die *rezeptiv-anwendende* Unterdimension bezeichnet die Fähigkeit, das Gelesene, das Gehörte oder das Gesehene zu verarbeiten und in das Bildungs- und Bildrepertoire einzuarbeiten.

b) Die zweite Unterdimension umfasst die *interaktive* Nutzung von Medien: Hier ist der Nutzer nicht nur Rezipient, sondern im Rahmen der Kommunikationssituation auch Anbieter von Medienbotschaften. Hierzu gehört die Fähigkeit, nach medienvermittelten Informationen zu fragen oder umgekehrt auf Anfragen antworten zu können, wie sie z.B. bei der Informationsrecherche mit Hilfe von Suchmaschinen, beim Telebanking, Teleshopping oder beim Online-Learning notwendig ist, aber auch beim Produzieren eines Videos in einer Jugendgruppe.

2. Dimension: Medienkunde

Sie bezieht sich auf das Wissen über heutige Mediensysteme und -strukturen:

a) Die *informative* Subdimension umfasst klassische Wissensbestände (Medienwissen). Hierzu gehört beispielsweise das Wissen um die Strukturen des dualen Rundfunksystems, um die Arbeit von Journalisten, um Programmformate und -genres sowie Wissen über den effektiven Einsatz des Computers als Arbeitshilfe.

b) Die *instrumentell-qualifikatorische* Unterdimension meint hingegen die Fähigkeit, mit Medien angemessen umzugehen. Dazu gehört etwa das Sich-Einarbeiten in die Handhabung einer Computer-Software, das Sich-Einloggen-Können in ein Netz, die Bedienung des Videorecorders.

3. Dimension: Mediengestaltung

Sie bezieht sich auf den Prozess der technischen und inhaltlichen Veränderung von Medien und Medienangeboten. Auch hier lassen sich zwei Unterdimensionen konstruieren:

a) Die *innovative* im Sinne von Veränderungen und Weiterentwicklungen des Mediensystems innerhalb der angelegten Logik und

b) die *kreative* im Sinne einer Betonung ästhetischer Varianten, das Über-die-Grenzen-der-Kommunikationsroutine-Gehen (z.B. das Verfremden bekannter Werbelogos zum Zweck der Ironisierung oder Provokation). Diese Unterdimension schließt ebenso die Produktion von Medienbotschaften ein, wie etwa die Produktion von Fernsehbeiträgen für den *Offenen Kanal* oder die Gestaltung einer Homepage.

4. Dimension: Medienkritik

Sie umfasst drei unterschiedliche Aspekte:

a) *Analytisch* sollen problematische Prozesse (z.B. Konzentrationsbewegungen im Mediensektor) angemessen erfasst werden können.

b) Die *reflexive* Unterdimension zielt auf den Gedanken, dass jeder Mensch sein analytisches und sonstiges Wissen auf sich selbst und sein persönliches Handeln beziehen und anwenden können muss.

c) Die *ethische* Unterdimension bindet analytisches Denken und reflexive Bezüge in ethische Konzepte ein und definiert sie somit als sozial verantwortlich (z.B. Fragen der gesellschaftlichen Folgen medialer Entwicklungen).

2.2 Der Uses-and-Gratifications Approach

Der Nutzenansatz fragt nach den Gründen der Mediennutzung und dem Nutzen der durch die Medien vermittelten Inhalte für den Rezipienten. Er begreift den Mediennutzer als Subjekt, das medial vermittelte Realität produktiv verarbeitet. Der Uses-and-Gratifications Approach versteht sich als bewusste Abkehr von den Annahmen des Stimulus-Response-Modells, indem er die aktive Rolle des Publikums in den Mittelpunkt des Forschungsinteresses stellt (vgl. Katz/Blumler 1974). Mehr als Wirkungen interessieren im Rahmen dieses Ansatzes Funktionen der Medien für den Rezipienten.

Der Uses-and-Gratifications Approach bekommt durch die Einführung Neuer Medien neue und umfassende Perspektiven. So steigt das Aktivitätspotential des Rezipienten ja zum einen durch die Interaktivität multimedialer Anwendungsmöglichkeiten, zum anderen durch den Abbau räumlicher, zeitlicher und funktionaler Einschränkungen bei der Mediennutzung. Insofern bietet sich dieser Ansatz insbesondere auch als Grundlage zur Untersuchung des Medienverhaltens im Hinblick auf die Neuen Medien an.

2.3 Habituskonzept und Kapitalsortenansatz

Das *Habituskonzept* von Bourdieu einschließlich seines *Kapitalsortenansatzes*, welches Habitus als ein durch Lernprozesse inkorporiertes Dispositionssystem begreift, das Wahrnehmungs-, Denk- und Handlungsschemata bereit hält, die wiederum Orientierungen innerhalb der sozialen Welt ermöglichen und die der Hervorbringung angemessener Praktiken dienen. Das Ausmaß an ökonomischem, kulturellem und sozialem Kapital, über das der einzelne verfügen kann, ist zentrale Determinante des Erwerbs und der Ausübung von Kompetenzen.

Die Hinwendung zu Jugendkulturen (und den entsprechenden Medien, die sie begleiten) ist zu verstehen als ein Akt der Selbstsozialisation Jugendlicher. Die unterschiedliche Verfügung über kulturelles Kapital bedingt unterschiedliche Aneignungsformen (und Interessen) an kulturellen Angeboten, so dass sich die Differenzen weiter verstärken. Die Analogie zur Wissenskluftthese in der Medienforschung – enger bezogen auf den Erwerb von Wissen – ist evident.

Im Unterschied zum ökonomischen Kapital ist das kulturelle Kapital grundsätzlich körpergebunden und setzt Verinnerlichung voraus. Wer sich bildet, muss zunächst Zeit und Lernanstrengungen aufwenden, um inkorporiertes Kapital als ein Besitztum zu erwerben, das dadurch zu einem festen Bestandteil der Person, zum Habitus geworden ist. „Inkorporiertes und damit verinnerlichtes Kapital kann deshalb (im Unterschied zu Geld, Besitz- und Adelstiteln) nicht durch Schenkung, Vererbung, Kauf und Tausch kurzfristig weitergeben werden" (Bourdieu 1997, S. 56). Die sozialen Bedingungen der Weitergabe kulturellen Kapitals sind verborgener als beim ökonomischen Kapital, sie lassen sich dennoch nachzeichnen. Der Besitz kulturellen Kapitals ist über den subjektiven Gewinn hinaus, besser gebildet zu sein, auch deshalb vorteilhaft, weil es für materielle und symbolische Profite eingesetzt werden kann. Wer beispielsweise über Medienkompetenz als kulturelles Kapital verfügt, ist in der Lage, Medien anders, nämlich besser, für seine Zwecke und Interessen einsetzen – privat und/oder beruflich. Kulturelles Kapital ermöglicht dem Einzelnen so einen Zugang zu Statusgewinnen (jemand, der sich mit Neuen Medien auskennt) oder auch ökonomischen Gewinnen

(Computerkenntnisse als Voraussetzung für Berufspositionen) in seinem gesellschaftlichen Umfeld.

Mit sozialem Kapital bezeichnet Bourdieu „die Gesamtheit der aktuellen und potenziellen Ressourcen, die mit dem Besitz eines dauerhaften Netzes von mehr oder weniger institutionalisierten Beziehungen gegenseitigen Kennens oder Anerkennens verbunden sind; oder, anders ausgedrückt, es handelt sich dabei um Ressourcen, die auf der Zugehörigkeit zu einer Gruppe beruhen. (...) Sozialkapitalbeziehungen können nur in der Praxis auf der Grundlage von materiellen und/oder symbolischen Tauschbeziehungen existieren, zu deren Aufrechterhaltung sie beitragen" (Bourdieu 1997, S. 63). Wer über tragfähige Netze im Familien-, Freundes- und Kollegenkreis verfügt, kann auch an deren Ressourcen partizipieren, so dass dem Sozialkapital ein besonderer Multiplikatoreffekt zu eigen ist. Soziales und kulturelles Kapital sind bereits beim Erwerb von Medienkompetenz entscheidende Faktoren. Ein Mangel an diesen Kapitalsorten kann den Erwerb von Medienkompetenz behindern (vgl. Treumann u.a. 2002).

3. Forschungsdesign

Der Erhebungsplan für die standardisierte Befragung der Jugendlichen zu ihrem Medienhandeln ist als Querschnittsstudie angelegt, d.h. die Datenerhebung bezieht sich auf eine kurze Zeitspanne, in der eine einmalige Erhebung der Variablenwerte bei n Untersuchungseinheiten vorgenommen wird (Diekmann 1995, S. 267).

3.1 Stichprobe

Die Grundgesamtheit setzt sich aus Jugendlichen der drei Bundesländer Mecklenburg-Vorpommern, Nordrhein-Westfalen und Sachsen-Anhalt zusammen, die zum Befragungszeitpunkt ein Lebensalter von 12 bis einschließlich 20 Jahren erreicht hatten, Deutsch als Muttersprache beherrschten, mindestens drei Jahre in demselben Ort und jeweils in einem der drei folgenden Sozialräume wohnten:

a)   Ländliche Wohngegenden mit einer Gesamteinwohnerzahl bis 25.000
b)   Mittelstädte mit einer Einwohnerzahl bis 50.000 und
c)   Großstädte ab einer Einwohnerzahl von 100.000

Aus der Grundgesamtheit wurde eine zweifach geschichtete Flächenstichprobe gezogen, die sich zum einen auf die drei Bundesländer und zum anderen auf die drei Sozialräume bezog. In einem letzten Schritt wurde in den drei ausgewählten Sozialräumen per Zufall mindestens je eine Hauptschule, Realschule bzw. Sekundarschule, ein Gymnasium, eine Gesamtschule (für NRW) und eine

Berufsschule ausgewählt und die Jugendlichen aus mindestens einer Schulklasse pro Schülerjahrgang von der siebenten Jahrgangsstufe oder dem ersten Ausbildungsjahr an aufwärts befragt. Es ergab sich über alle drei Bundesländer hinweg eine *bereinigte Nettostichprobe* von insgesamt n = 3.271 Jugendlichen. Diese Stichprobe bildet den Ausgangspunkt für die nachfolgenden Analysen.

3.2 Methoden der Datenerhebung

Die Umfrage zum Mediennutzungsverhalten und zur Medienkompetenz Jugendlicher erfolgte mit Hilfe eines standardisierten Fragebogens, der insgesamt 121 Fragen umfasste und zuvor einem Pretest unterzogen wurde. Die Operationalisierung des Medienhandelns erfolgte u.a. in Anlehnung an die Studien von Gerhards und Klingler (2001). Der Erhebungszeitraum in den drei Bundesländern erstreckte sich für die Haupterhebung von Mitte Oktober bis Anfang Dezember 2001.

4. Methoden der Datenanalyse

4.1 Itemanalyse

Zur Messung der Unterdimension „informative Medienkunde" (Medienwissen) des Bielefelder Medienkompetenz-Modells bildeten wir für jeden Jugendlichen einen Summenscore bzw. Index aus den richtig beantworteten Einzelitems (für jedes Item galt: richtig = 1 Punkt; falsch = 0 Punkte). Zuvor unterzogen wir die entsprechenden Items einer Itemanalyse: Ausgeschieden wurden zum Einen alle Items, die sehr schwierig ($p_i < 0,2$) oder sehr leicht ($p_i > 0,8$) waren, und zum anderen diejenigen, deren Trennschärfekoeffizient $r_{it} < 0,25$ war (Bortz u. Döring 2002[3], S. 218-219). Die Items, die nach Durchführung der Schwierigkeits- und Trennschärfenanalyse noch in der Untersuchung verblieben, bildeten den Ausgangspunkt für die Hauptkomponentenanalysen zur informativen Medienkunde beziehungsweise zum Medienwissen. Des Weiteren wurde die Reliabilität – in unserem Fall eines Index zur Messung des Medienwissens – als Alpha-Koeffizient nach Cronbach berechnet (siehe Abschnitt 5.4).

4.2 Durchführung der Hauptkomponentenanalysen

Die Hauptkomponentenanalyse[1] gehört zur Klasse der multivariaten Verfahren der Datenanalyse (vgl. Backhaus u.a. 2000[9]; Bortz 1999; Cureton/D'Agostino 1983; Jackson 1991; Jolliffe 1986; Krzanowski/Marriott 1994 u. 1995; Ta-

---

1   Wir verwenden in dieser Veröffentlichung allein aus Gründen der sprachlichen Variation die Begriffe „Hauptkomponenten" und „Faktoren" synonym.

bachnik/Fidell 1996). Sie ist trotz mancher Ähnlichkeiten von der statistischen Methode der Faktorenanalyse zu unterscheiden. In der Hauptkomponentenanalyse wird im Gegensatz zur Faktorenanalyse die gesamte Varianz einer Variablen, die durch die Standardisierung vom Betrag 1 ist, analysiert, d.h. es wird nicht zwischen gemeinsamer Varianz, spezifischer Varianz und Fehlervarianz der Variablen unterschieden. Die Hauptkomponenten, die inhaltlich ähnliche Merkmale zu Variablenkomplexen bündeln, werden durch eine lineare Transformation eines umfangreichen Sets korrelierter Variablen gewonnen und ergeben so eine kleine Gruppe *un*korrelierter Variablenkomplexe (= die Komponenten). Bei diesem Verfahren schöpft die erste Komponente den größtmöglichen Varianzanteil aus, die zweite Komponente den größtmöglichen Anteil der dann noch verbliebenen Varianz (= Restvarianz) und so fort. Die Hauptkomponentenanalyse liefert Indexzahlen (sog. Ladungen), die darüber informieren, wie gut eine Variable zu einer Variablengruppe, d.h. zu einer Komponente passt. Diese Ladungen der Variablen auf der jeweiligen Hauptkomponente stellen die Basis für interpretative Hypothesen über *das Gemeinsame* der Variablen einer Variablengruppe dar.

4.2.1 Bestimmung der Anzahl der zu extrahierenden Hauptkomponenten

Für jede Unterdimension des Bielefelder Medienkompetenz-Modells – z.B. interaktive Mediennutzung – wurde zwischen den entsprechenden Variablen eine Korrelationsmatrix errechnet und mit Hilfe der Hauptkomponentenanalyse exploriert. Das Verfahren extrahierte in einem ersten Schritt aus der Korrelationsmatrix eine Reihe von Hauptkomponenten. Dabei galt es, die Anzahl der Komponenten so zu bestimmen, dass zum einen ein hinreichend großer Teil der Streuungen bzw. Varianz – in unserem Fall der Unterschiede zwischen den Jugendlichen in bestimmten Bereichen ihres Medienhandelns – erklärt wird und zugleich eine ausreichend große Reduzierung der Komplexität des untersuchten Bereichs erfolgt, d.h. dass die vielfältigen Medienaktivitäten der Jugendlichen, welche durch die einzelnen Items des Fragebogens erfasst wurden, sich zu sinnvoll interpretierbaren Klassen bzw. Kategorien zusammenfassen lassen. Diese Bündelung der Variablen zu wenigen Hauptkomponenten führt zu einer geringeren Varianzaufklärung als maximal möglich wäre. Sie wird zugunsten einer Reduktion einer komplexen Datenmenge bewusst in Kauf genommen (Prinzip der Parsimonität), und zwar unter der Annahme, dass der nicht-erklärte Varianzanteil auf zufällige oder irrelevante Einflüsse (sogenanntes „weißes Rauschen") zurückgeht. Die Faktoren einer Hauptkomponentenanalyse sind voneinander unabhängig und erklären sukzessiv maximale Varianzanteile der analysierten Korrelationsmatrix.

Die Bestimmung der Anzahl der zu extrahierenden Hauptkomponenten erfolgte durch eine kombinierte Anwendung des Kaiser-Guttman-Kriteriums, d.h. nur Komponenten mit Eigenwerten > 1 sind zu berücksichtigen, und des Scree-Tests nach Catell sowie nach inhaltlichen Gesichtspunkten, wie etwa Interpretierbarkeit, Kohärenz und Prägnanz der Komponenten.

4.2.2 Rotation der Hauptkomponenten

In einem zweiten Arbeitsschritt wurden die extrahierten Hauptkomponenten
– geometrisch als Achsen im Variablenraum deutbar – zu ihrer besseren Interpretierbarkeit mit Hilfe des Varimax-Kriteriums auf eine *orthogonale
Einfachstruktur* hin rotiert. Dadurch lädt auf den einzelnen Hauptkomponenten jeweils nur eine begrenzte Anzahl von Variablen substantiell, was in
der Regel ihre Deutung erleichtert (Bortz 1999[5], S. 531). Da die Hauptkomponenten orthogonal zueinander stehen, dürfen die Faktorenladungen a_{ij} als
Korrelationskoeffizienten[2] der Komponenten mit den Variablen interpretiert
werden. Bei der inhaltlichen Interpretation der Hauptkomponenten nur solche
Variablen, die substantielle Ladungen aufwiesen ($a_{ij} \geq \Box 0,40 \Box$). Sie berück-
sichtigten wir werden in den folgenden Abbildungen der Komponenten-
strukturen als Indikatorvariablen bezeichnet.

5. Ergebnisse

Aus Platzgründen beschränken wir uns auf die Darstellung der faktoriellen Binnenstruktur der „rezeptiven Mediennutzung", der „interaktiven Medienutzung",
der „informativen Medienkunde" und der „kreativen Mediengestaltung".

5.1 Rezeptive Mediennutzung

Die rezeptive Mediennutzung der Schüler wurde auf Grundlage objektivierter Zeit- und Häufigkeitsangaben zur Nutzungsdauer verschiedener Medien
sowie über Fragen zur subjektiven Häufigkeit bestimmter Formen des Mediengebrauchs erfasst.

5.1.1 Indikatoren der rezeptiven Mediennutzung

Bezogen auf die Nutzungsdauer von Medien wurden Jugendliche danach gefragt, wie viel Zeit sie mit der Nutzung eines Mediums am Tag oder in der Woche verbringen. Vorgegeben war dabei immer eine konkrete Zeiteinheit (z.B.
Stunden am Tag), auf deren Grundlage die Befragten die eigene durchschnittli-
che Nutzungsdauer eines Mediums quantifizieren konnten. Die entsprechende
Frage zum Fernsehen lautete etwa: „Wie viele Stunden siehst du am Tag Fern-

---

2   Der Produkt-Moment-Korrelationskoeffizient r kann Werte zwischen -1 und +1 anneh-
     men: $-1 \leq r \leq +1$. Eine Korrelation von r = +1 bedeutet einen perfekten positiven Zu-
     sammenhang zwischen Hauptkomponente und Variable, ein Wert von r = -1 einen per-
     fekten negativen Zusammenhang; ein Korrelationskoeffizient von Null (r = 0) signali-
     siert dagegen, dass kein Zusammenhang zwischen Komponente und Variable besteht.

sehen?" Die Fragen zur Nutzungsdauer der anderen Medien hatten analoge Formulierungen. Für die Analyse der rezeptiven Mediennutzung wurden die Nutzungsdauern primär solcher Medien ausgewählt, deren Gebrauch typischerweise eher konsumtiv angelegt ist, wie etwa Fernsehen, Radio, Walk- respektive Discman, Video, Kino, Lektüre von Belletristik und Zeitschriften.

5.1.2 Hauptkomponentenmodell zur rezeptiven Mediennutzung

Auf Grundlage der Hauptkomponentenanalyse wurde im Weiteren geprüft, wie sich die faktorielle Binnenstruktur der rezeptiven Mediennutzung auf Grundlage der Befragtenangaben darstellt. Im Zuge der Analysen ergab sich, wie im Folgenden dargestellt, als beste Rekonstruktion der Daten ein Fünf-Komponenten-Modell, auf dessen Basis insgesamt 51,4 Prozent der Varianz in der den Analysen zugrundegelegten Korrelationsmatrix aufgeklärt werden konnte (siehe Abb. 5.1.2).

Abb. 5.1.2. Hauptkomponentenstruktur der rezeptiven Mediennutzung von Jugendlichen zwischen 12 und 20 Jahren (n=1694)

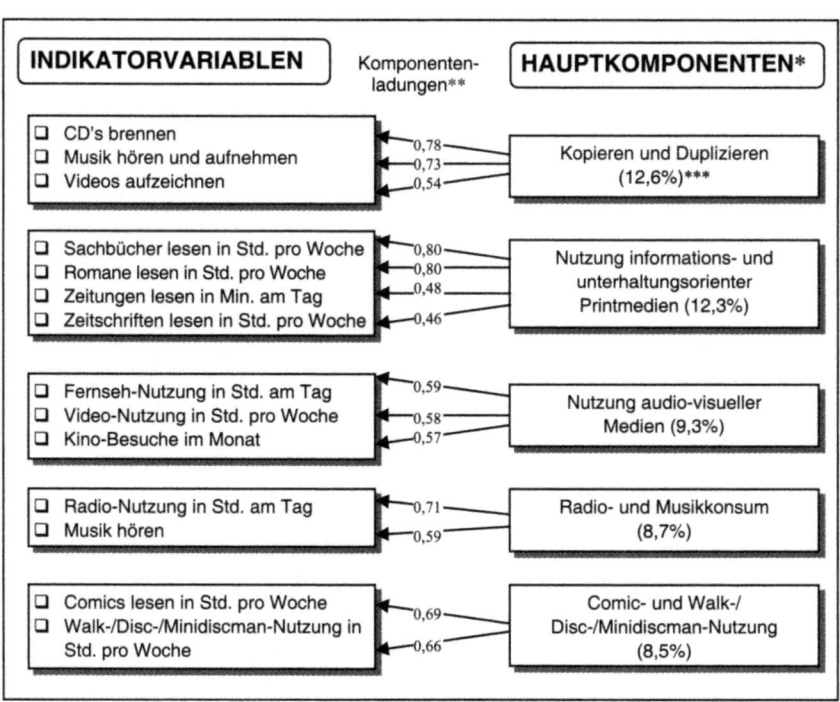

*   Orthogonale Einfachstruktur gemäß Varimax-Kriterium
**   Ladungen der Indikatorvariablen a_{ij} auf den Hauptkomponenten
*** Durch die jeweiligen Komponenten aufgeklärte Varianz der Korrelationsmatrix in %

Hauptkomponente 1: Kopieren und Duplizieren

Die Komponente 1 vereinigt drei Items mit subjektiven Häufigkeitsangaben zum Kopieren und Duplizieren medialer Inhalte: Erstens das Item „CD's brennen", zweites „Musik hören und aufnehmen" und drittens das Item „Videos aufzeichnen". Dieser Befund lässt sich unter Rückbezug auf das quantitative Paradigma, welches von Auftrittshäufigkeiten von Merkmalen und ihren Ausprägungen ausgeht, wie folgt interpretieren: Bezogen auf das jugendliche Medienhandeln bedeutet dieser Befund, dass Jugendliche, die besonders häufig CD's brennen – beispielsweise Musikstücke kopieren oder (neu) zusammenstellen –, auch überdurchschnittlich oft Musik hören und sie aufnehmen sowie Videos aufzeichnen. Wer dagegen nie oder selten CD's brennt, der hört ebenfalls unterdurchschnittlich oft Musik, nimmt sie kaum oder gar nicht auf und stellt nie oder selten (Fernseh-)Filme, Fernsehsendungen oder -spots per Video zusammen oder kopiert diese. Der Faktor ist interessanterweise die erklärungskräftigste Teilkomponente des Hauptkomponentenmodells und vereinigt, für sich betrachtet, 12,6 Prozent der Varianz in der zugrundeliegenden Korrelationsmatrix.

Hauptkomponente 2: Nutzung informations- und unterhaltungsorientierter Printmedien

Die Komponente 2 umfasst die rezeptive Nutzung von Printmedien. Auf ihr laden die Variablen zur Erfassung der objektiven Nutzungsdauer von belletristischer und sachbezogener Buchliteratur sowie von Zeitungen und Zeitschriften. Ihre besondere Prägnanz gewinnt diese Hauptkomponente durch das Lesen von Sachbüchern und Romanen, da diese beiden Merkmale jugendlichen Medienhandelns auf dem Faktor besonders hohe Ladungen aufweisen. Die Ladungen aller vier Items verfügen dabei über ein positives Vorzeichen, was anzeigt, dass durch die Komponente kein bipolares Kontinuum mit den Endpunkten einer unterhaltungs- versus informationsorientierten Rezeption von Printmedien rekonstruiert wird. Medial vermittelte Unterhaltungs- und Informationsorientierung scheinen hier vielmehr ineinander zu greifen. Die Hauptkomponente vereinigt dabei 12,3 Prozent der Varianz der zugrunde liegenden Korrelationsmatrix auf sich.

Hauptkomponente 3: Nutzung audio-visueller Medien

Komponente 3 bündelt drei Variablen zur individuellen Nutzungsdauer der Medien Fernsehen, Video und Kino. Auch hier gilt – wie prinzipiell bei allen Komponenten – gemäß dem quantitativen Paradigma, welches auf Häufigkeitsbesetzungen von Merkmalsausprägungen beruht, dass Jugendliche, die überdurchschnittlich lange fernsehen, auch mehr Zeit für die Rezeption von Videos investieren und häufiger als das Gros ihrer Altersgenossen ins Kino gehen. Umgekehrt bedeutet dies ebenfalls, dass ein geringer Fernsehkonsum tendenziell mit unterdurchschnittlicher Video-Nutzung und einem selteneren

Kino-Besuch einhergeht. Entsprechend kovariieren die durchschnittlichen Nutzungszeiten beziehungsweise -häufigkeiten in den drei hochladenden Variablen bei den Nutzern. Alle drei Variablen indizieren übergreifend Formen der rezeptiven Nutzung audio-visueller Medien. Die rotierte Hauptkomponente erklärt dabei für sich 9,3 Prozent der Varianz der analysierten Korrelationsmatrix.

Hauptkomponente 4: Radio- und Musikkonsum

Komponente 4 vereinigt die Variable zur Nutzungsdauer des Mediums Radio mit einem weiteren Item zur subjektiven Häufigkeit des Hörens von Musik. Sie hebt auf diese Weise den Konsum auditiver Medieninhalte von dem visueller Inhalte ab. Die Hauptkomponente klärt dabei für sich 8,7 Prozent der Varianz in der zugrunde liegenden Korrelationmatrix auf.

Hauptkomponente 5: Comic- und Walkman-Nutzung

Die Komponente 5 bündelt zwei Items mit Angaben zur individuellen Nutzungsdauer der Medien Comic und Walkman. Bei beiden Variablen spielt offenbar die Rezeption spaß- und unterhaltungsorientierte Inhalte durch die Jugendlichen eine zentrale Rolle. Die Hauptkomponente vereinigt dabei 8,5 Prozent der Varianz der analysierten Korrelationsmatrix auf sich.

Die fünf im Rahmen der Hauptkomponentenanalyse rekonstruierten Faktoren sollen näherungsweise die (gegenwärtige) Binnenstruktur der rezeptiven Mediennutzung bei bundesdeutschen Jugendlichen skizzieren. Methodologisch verbinden sich die Analysen dabei mit der Annahme, dass die extrahierten Komponenten voneinander unabhängig sind. D.h. konkret, Kopieren und Duplizieren, die Nutzung audio-visueller Medien, die Nutzung von Büchern, Radio- und Musikkonsum und die Nutzung anderer Printmedien aus dem Bereich von Information und Unterhaltung schließen einander nicht notwendig aus, sondern können im Einzelfall unabhängig voneinander variieren. An dieser Stelle wird zu überlegen sein, wie weit unterschiedliche Konsumptions- und Rezeptionsstile im Bereich der Mediennutzung sich eindeutig als Ausdruck der „feinen (ständischen) Unterschiede" begreifen lassen, wie Bourdieu sie in seiner gleichnamigen Kulturanalyse der französischen Gesellschaft der 70er Jahre zugleich postulierte und konstatierte.

5.2 Interaktive Mediennutzung

5.2.1 Indikatoren der interaktiven Mediennutzung

Die interaktive Mediennutzung der Schüler wurde auf Grundlage objektivierter Zeit- und Häufigkeitsangaben zur Nutzungsdauer von Computer, Internet und Handy und zur Teilnahme an Fernsehsendungen sowie darüber hinaus über Fragen zur subjektiven Häufigkeit bestimmter Formen des Mediengebrauchs erfasst. Bezugspunkte waren dabei einerseits Aussagen zur allgemeinen und medienbezogenen Freizeitbeschäftigung der Jugendlichen sowie im Weiteren Angaben dazu, was sie konkret an Computer, Internet und Handy „schon einmal gemacht haben", respektive für welche Zwecke sie diese wie häufig nutzen.

5.2.2 Hauptkomponentenmodell zur interaktiven Mediennutzung

Auf Grundlage der Hauptkomponentenanalyse wurde im Weiteren geprüft, wie sich die faktorielle Binnenstruktur der interaktiven Mediennutzung auf Grundlage der Befragtenangaben darstellt. Im Zuge der Analysen ergab sich, wie im Folgenden dargestellt, als beste Rekonstruktion der Daten ein Fünf-Komponenten-Modell, auf dessen Basis insgesamt 39 Prozent der Varianz in der den Analysen zugrundegelegten Korrelationsmatrix aufgeklärt werden konnten (siehe Abb. 5.2.2).

Hauptkomponente 1: Konsumorientierte Mediennutzung

Die Komponente 1 vereinigt Items zu Praktiken aus dem Bereich der EDV- und Internetnutzung, die den konkreten Nutzenaspekt dieser Medien für zum Beispiel den Gebrauch neuer Software, das Hören von Musik oder das Abwickeln von Internetgeschäften in den Vordergrund stellen. Zentral sind in diesem Zusammenhang die konsumorientierten, instrumentellen Zwecke, die der Mediennutzung zugrunde liegen. Als Items laden auf diesem Faktor: (1) „Downloading/Uploading (aus dem Internet)", (2) „Download von Software (aus dem Internet)", (3) „Musikdateien anhören/(aus dem Internet) herunterladen", (4) „Etwas (aus dem Internet) bestellen, das Geld kostet", (5) „Software installieren", (6) „Internet nutzen", (7) „In Datenbanken (des Internet) suchen", (8) „Software (am Computer) installiert". Darüber hinaus laden hier die Variablen zur individuellen Nutzungsdauer von Computer und Internet bei Jugendlichen: (9) „Computernutzung in Std. am Tag", (10) „Internetnutzung in Std. in der Woche". Komponente 1 erklärt, für sich betrachtet, 8,7 Prozent der Varianz in der zugrundeliegenden Korrelationsmatrix.

Hauptkomponente 2: Handy-Nutzung

Komponente 2 bündelt ausschließlich solche Items zur interaktiven Mediennutzung, die sich auf das Medium Handy beziehen. Dies sind zum einen die Items, die beinhalten, welche Funktionen Jugendliche bei ihrem Handy im Alltag nutzen (s.o.). Darüber hinaus lädt auf dem Faktor noch eines der Items, die sich auf am Handy vorgenommene Veränderungen beziehen: „Symbole oder Ruftöne auf Handy geladen". Alle anderen Items zu vorgenommen Veränderungen konnten im Rahmen der Hauptkomponentenanalyse keine substanziellen Ladungen erzielen. Über die genannten Items tritt das Handy als eigenständige Komponente innerhalb der interaktiven Mediennutzung in Erscheinung. Sie erklärt für sich 7 Prozent der Varianz in der zugrundeliegenden Korrelationsmatrix.

Abb. 5.2.2: Hauptkomponentenstruktur der interaktiven Mediennutzung von Jugendlichen zwischen 12 und 20 Jahren (n=1381)

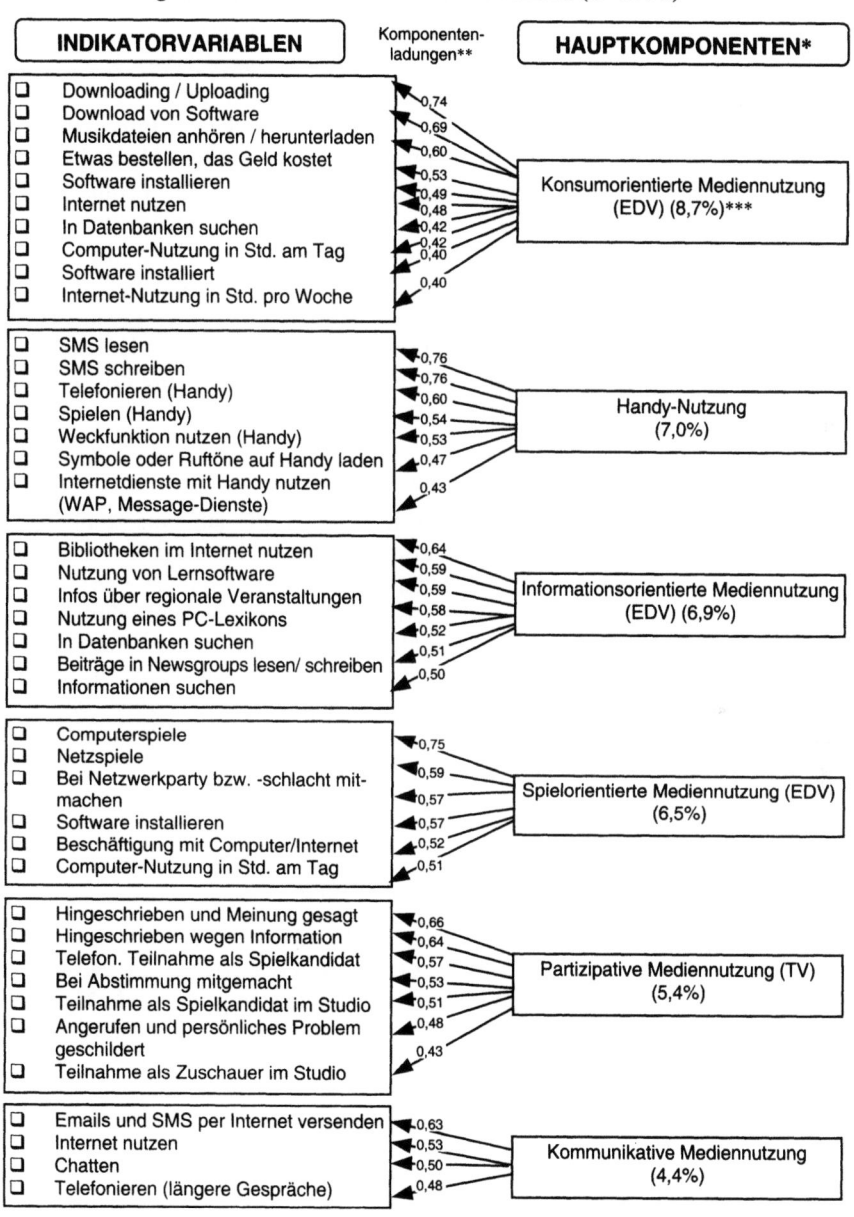

INDIKATORVARIABLEN	Komponentenladungen**	HAUPTKOMPONENTEN*
❑ Downloading / Uploading ❑ Download von Software ❑ Musikdateien anhören / herunterladen ❑ Etwas bestellen, das Geld kostet ❑ Software installieren ❑ Internet nutzen ❑ In Datenbanken suchen ❑ Computer-Nutzung in Std. am Tag ❑ Software installiert ❑ Internet-Nutzung in Std. pro Woche	0,74 0,69 0,60 0,53 0,49 0,48 0,42 0,42 0,40 0,40	Konsumorientierte Mediennutzung (EDV) (8,7%)***
❑ SMS lesen ❑ SMS schreiben ❑ Telefonieren (Handy) ❑ Spielen (Handy) ❑ Weckfunktion nutzen (Handy) ❑ Symbole oder Ruftöne auf Handy laden ❑ Internetdienste mit Handy nutzen (WAP, Message-Dienste)	0,76 0,76 0,60 0,54 0,53 0,47 0,43	Handy-Nutzung (7,0%)
❑ Bibliotheken im Internet nutzen ❑ Nutzung von Lernsoftware ❑ Infos über regionale Veranstaltungen ❑ Nutzung eines PC-Lexikons ❑ In Datenbanken suchen ❑ Beiträge in Newsgroups lesen/ schreiben ❑ Informationen suchen	0,64 0,59 0,59 0,58 0,52 0,51 0,50	Informationsorientierte Mediennutzung (EDV) (6,9%)
❑ Computerspiele ❑ Netzspiele ❑ Bei Netzwerkparty bzw. -schlacht mitmachen ❑ Software installieren ❑ Beschäftigung mit Computer/Internet ❑ Computer-Nutzung in Std. am Tag	0,75 0,59 0,57 0,57 0,52 0,51	Spielorientierte Mediennutzung (EDV) (6,5%)
❑ Hingeschrieben und Meinung gesagt ❑ Hingeschrieben wegen Information ❑ Telefon. Teilnahme als Spielkandidat ❑ Bei Abstimmung mitgemacht ❑ Teilnahme als Spielkandidat im Studio ❑ Angerufen und persönliches Problem geschildert ❑ Teilnahme als Zuschauer im Studio	0,66 0,64 0,57 0,53 0,51 0,48 0,43	Partizipative Mediennutzung (TV) (5,4%)
❑ Emails und SMS per Internet versenden ❑ Internet nutzen ❑ Chatten ❑ Telefonieren (längere Gespräche)	0,63 0,53 0,50 0,48	Kommunikative Mediennutzung (4,4%)

*   Orthogonale Einfachstruktur gemäß Varimax-Kriterium
**   Ladungen der Indikatorvariablen a_{ij} auf den Hauptkomponenten
*** Durch die jeweiligen Komponenten aufgeklärte Varianz der Korrelationsmatrix in %

Hauptkomponente 3: Informationsorientierte Mediennutzung

Auf der Komponente 3 laden sieben Items, die für die informationsorientierte Nutzung insbesondere der Neuen Medien stehen (vgl. Feierabend u. Klingler 2002). Die Items beziehen sich dabei einerseits auf die Nutzung von Informationen aus Bibliotheken und (autodidaktischer) Lernsoftware am Computer, zum anderen auf die Nutzung des Internets für Zwecke der Informationsrecherche. Es handelt sich dabei konkret um die Items: (1) „Bibliotheken im Internet nutzen", (2) „(Recherche von) Infos über regionale Veranstaltungen", (3) „In Datenbanken suchen", (4) „Beiträge in Newsgroups lesen/schreiben", (5) „Informationen suchen". Anzumerken ist, dass das Item „In Datenbanken suchen" ebenfalls auf Faktor 1 lädt. Dies ist als Hinweis darauf zu verstehen, dass die obige Medienaktivität durch Einflüsse eines sowohl konsumorientierten als auch informationsorientierten Nutzungsverhaltens bestimmt wird. Insgesamt erklärt die Hauptkomponente für sich 6,9 Prozent der Varianz in der zugrunde liegenden Korrelationsmatrix.

Hauptkomponente 4: Spielorientierte Mediennutzung

Auf Komponente 4 laden zum einen solche Items, die auf eine spielorientierte Nutzung von Computer und Internet verweisen. Es handelt sich dabei konkret um (1) „Spielen von Computerspielen", (2) „(Spielen von) Netzspielen" und (3) „Bei Netzwerkparty bzw. –schlacht mitmachen". Zum anderen finden sich hier Items wieder, die allgemein auf die Nutzung von Computer und Internet verweisen. Es handelt sich dabei um die Items: (4) „Software installieren", (5) „Beschäftigung mit Computer und Internet" und (6) „Computernutzung in Std. am Tag". Insgesamt verweist die Hauptkomponente also auf eine Spielorientierung, die sehr konkret im Kontext der Nutzung Neuer Medien steht. Sie erklärt dabei für sich 6,5 Prozent der Varianz in der zugrunde liegenden Korrelationsmatrix.

Hauptkomponente 5: Partizipative Mediennutzung

Auf dieser Komponente laden durchgängig alle Items, die sich auf verschiedene Formen der Teilnahme an Fernsehsendungen beziehen (s.o.). Sie bildet entsprechend eine partizipative Orientierung ab, die sich primär aufs Medium Fernsehen bezieht. Dabei erklärt sie, für sich betrachtet, 5,4 Prozent der Varianz in der zugrundeliegenden Korrelationsmatrix.

Hauptkomponente 6: Kommunikative Mediennutzung

Komponente 6 bündelt Variablen resp. Items, die – zum einen bezogen auf das Internet, zum anderen bezogen auf das normale Telefon – Formen der kommunikationsorientierten Mediennutzung indizieren (vgl. Feierabend u. Klingler 2002). Konkret laden hier die Items: (1) „Emails und SMS per Internet versenden", (2) „Chatten" und (3) „Telefonieren (längere Gespräche)". Darüber hinaus findet sich auf diesem Faktor ebenfalls das Item „Internet (am Computer) nutzen", das bereits im Kontext der konsumorientierten Mediennutzung (vgl. Faktor 1) in Erscheinung trat. Dieser Befund weist darauf hin, dass in einen nicht näher spezifizierten Internetgebrauch Aspekte einer sowohl konsumorientierten als auch kommunikativen Mediennutzung eingehen. Insgesamt gesehen erklärt Komponente 6, für sich betrachtet, 4,4 Prozent der Varianz in der zugrundeliegenden Korrelationsmatrix.

5.3 Informative Medienkunde

5.3.1 Indikatoren zur informativen Medienkunde

Das informativ-medienkundliche Wissen der Schüler wurde über Wissensfragen zu verschiedenen medienbezogenen Themengebieten erfasst. Die Studie differenzierte dabei zwischen:

a) Fragen nach Autoren oder nach Vertretern medienspezifischer Inhalte, z.B.

– Weißt du, wer das Buch „Der Herr der Ringe" geschrieben hat?
– Welcher Musiker hat den Reggae weltberühmt gemacht?
– Wer hat die beweglichen Metallbuchstaben für den Buchdruck erfunden?

b) Fragen zu Spezifika einzelner Medien, wie etwa

– Bei welchem Sender wird die Sendung „Gute Zeiten – Schlechte Zeiten" ausgestrahlt?
– Wie nennt man Großkinos, die sich durch vielfältige Programme, technische Perfektion und ein umfangreiches Serviceangebot (Getränke, Speisen etc.) auszeichnen?
– Was sind „Mangas"?

c) Fragen zu den gegebenen Strukturen des Mediensystems

– Welches ist derzeit das am meisten verbreitete private Videosystem der Welt?
– Wodurch finanziert sich der Fernsehsender RTL?
– Was ist ein Volontariat?

Die in die Studie einbezogenen Jugendlichen beantworteten insgesamt 27 Fragen zur informativen Medienkunde. Davon mussten neun Fragen für die weiteren Analysen ausgeschieden werden, da sie die Mindestkriterien für die Itemschwierigkeit und die Trennschärfe nicht erfüllten (siehe auch Abschnitt 4.1). Von den verbliebenen 16 Items wiesen insgesamt 14 substantielle Ladungen auf den beiden interpretierbaren Hauptkomponenten zum Medienwissen auf (siehe Abschnitt 5.3.2).

5.3.2 Hauptkomponentenmodell zur informativen Medienkunde

Auf Grundlage der Hauptkomponentenanalyse wurde im Weiteren geprüft, wie sich die Binnenstruktur des informativen Medienwissens auf Grundlage der Befragtenangaben darstellt. Im Zuge der Analysen ergab sich, wie im Folgenden dargestellt, als beste Rekonstruktion der Daten ein Zwei-Komonenten-Modell, auf dessen Basis insgesamt 34,3 Prozent der Varianz in der den Analysen zugrundegelegten Korrelationsmatrix aufgeklärt werden konnten (siehe Abb. 5.3.2).

Abb. 5.3.2 Hauptkomponentenstruktur der informativen Medienkunde von Jugendlichen zwischen 12 und 20 Jahren (n=1867)

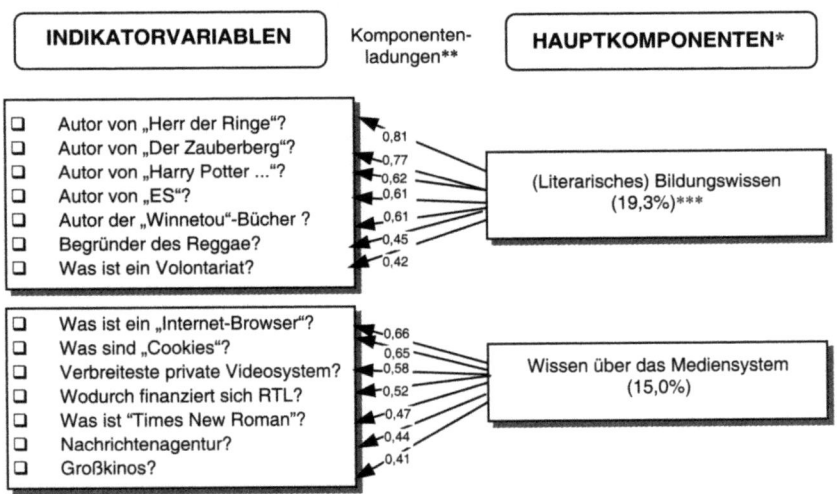

*	Orthogonale Einfachstruktur gemäß Varimax-Kriterium
**	Ladungen der Indikatorvariablen a_{ij} auf den Hauptkomponenten
***	Durch die jeweiligen Komponenten aufgeklärte Varianz der Korrelationsmatrix in %

Hauptkomponente 1: Literarisches Bildungswissen

Die Komponente 1 vereinigt Fragen zu vornehmlich literarischen Wissensinhalten auf sich. Es handelt sich dabei zum einen um Fragen nach Buchautoren: (1) „Autor von ‚Herr der Ringe'", (2) „Autor von ‚Der Zauberberg'", (3) „Autor von ‚Harry Potter'", (4) „Autor von ‚Es'" und (5) „Autor von ‚Winnetou'". Zum anderen findet sich hier ebenfalls die Frage zu einem berühmten Vertreter des Reggae (6), eine Frage, deren Beantwortung nicht primär „Buchwissen", sondern einen Kenntnishorizont in dem Bereich der Popularmusik voraussetzt. Das Item (7) auf diesem Faktor, die Frage „Was ist ein Volontariat?, ist ebenfalls nicht direkt auf literarisches Wissen bezogen, hat aber einen starken Bezug zum Printmediensektor. Die Hauptkomponente erklärt, für sich betrachtet, 19,3 Prozent der Varianz in der den Analysen zugrunde liegenden Korrelationsmatrix.

Hauptkomponente 2: Wissen über das Mediensystem

Komponente 2 fasst im Weiteren solche Fragen zusammen, die eher sachbezogene Themen beinhalten. Es handelt sich dabei einerseits um technisch ausgerichtete Fragen zu EDV und Internet: (1) „Was ist ein *Internet-Browser?*", (2) „Was sind *Cookies?*" und (3) „Was ist *Times New Roman?*" Daneben sind hier aber auch solche Fragen gebündelt, die eher ein Wissen über einzelne Medien oder Medieninstitutionen beinhalten, so etwa (4) die Frage nach dem am meisten verbreiteten privaten Videosystem oder (5) die Frage „Wodurch finanziert sich der Fernsehsender RTL?". Ebenfalls auf Sachwissen über das Mediensystem rekurrieren die auf diesem Faktor ladenden Items: (6) „Was ist eine *Nachrichtenagentur?*" und (7) „Wie nennt man *Großkinos,* die sich u.a. durch ein umfangreiches Serviceangebot auszeichnen?" Hauptkomponente 2 erklärt für sich 15 Prozent der Varianz in der den Analysen zugrunde liegenden Korrelationsmatrix.

Die jeweils sieben Items, die auf den beiden Hauptkomponenten substantielle Ladungen aufweisen, lassen sich damit zu zwei Skalen zusammenfassen, um die beiden Konstrukte „Literarisches Bildungswissen" und „Wissen über das Mediensystem" zu messen. Die beiden aus jeweils sieben Items bestehenden Skalen erfassen die Konstrukte hinreichend zuverlässig und erlauben somit zumindest Gruppenvergleiche zwischen Jugendlichen anzustellen, da Cronbachs Alpha für die erste Skale 0,78 und für den zweiten Index 0,68 beträgt (siehe auch Abschnitt 4.1).

5.4 Kreative Mediengestaltung

5.4.1 Indikatoren zur kreativen Mediengestaltung

Die kreative Mediengestaltung der Schüler wurde über Fragen zu der von ihnen berichteten Häufigkeit bestimmter Formen des Mediengebrauchs erfasst. Bezugspunkte waren dabei einerseits Aussagen zur allgemeinen und medienorientierten Freizeitbeschäftigung der Jugendlichen sowie im Weiteren Angaben dazu, welche gestalterischen Dinge sie insbesondere im Umgang mit Neuen Medien „schon einmal gemacht haben" respektive für welche Zwecke sie diese wie häufig nutzen.

5.4.2 Hauptkomponentenmodell zur kreativen Mediengestaltung

Auf Grundlage der Hauptkomponentenanalyse wurde im Weiteren geprüft, wie sich die faktorielle Binnenstruktur der kreativen Mediengestaltung auf Grundlage der Befragtenangaben darstellt (siehe Abb. 5.4.2).

Abb. 5.4.2: Hauptkomponentenstruktur der Mediengestaltung von Jugendlichen zwischen 12 und 20 Jahren (n=1923)

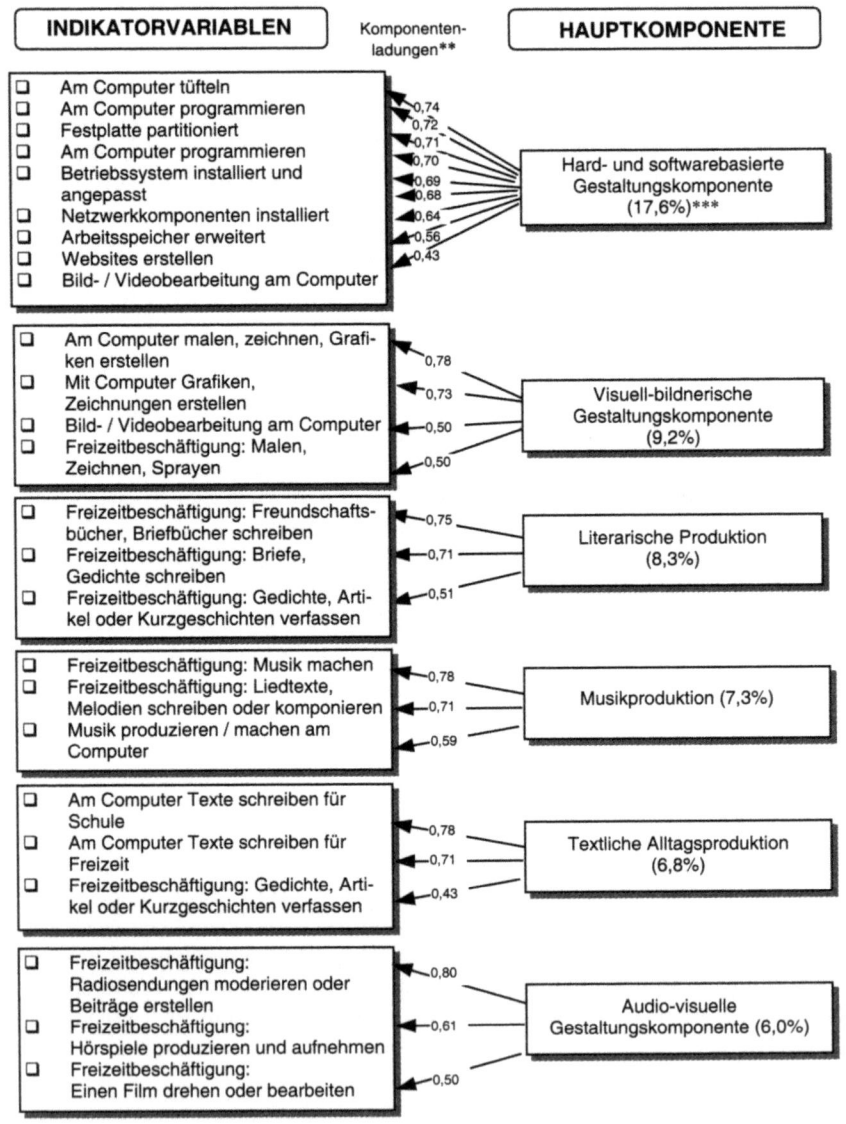

*   Orthogonale Einfachstruktur gemäß Varimax-Kriterium

**   Ladungen der Indikatorvariablen a_{ij} auf den Hauptkomponenten

***   Durch die jeweiligen Komponenten aufgeklärte Varianz der Korrelationsmatrix in %

Im Zuge der Analysen ergab sich als beste Rekonstruktion der Daten ein Sechs-Komponenten-Modell, auf dessen Basis insgesamt 55 Prozent der Varianz in der den Analysen zugrundegelegten Korrelationsmatrix aufgeklärt werden konnten (siehe Abb. 7.3.2.1).

Hauptkomponente 1: Hard- und softwarebasierte Gestaltungskomponente

Auf der Komponente 1 laden insbesondere solche Items, die sich auf allgemein gestalterische Arbeiten am Computer beziehen. Dabei stehen hard- und softwarebezogene Gestaltungsaktivitäten nebeneinander. Als hardwarebezogene Gestaltungsaktivitäten laden hier die Items: (1) „Am Computer tüfteln" und (2) „Arbeitsspeicher erweitert". Im Weiteren laden als softwarebezogene Gestaltungsaktivitäten: (3) „Am Computer programmieren", (4) „Festplatte partitioniert", (5) „Betriebssystem installiert und angepasst", (6) „Netzwerkkomponenten installiert", (7) „Websites erstellen", (8) „Bild-/Videobearbeitung am Computer".[3] Der Faktor erklärt dabei für sich gesehen 17,6 Prozent der Varianz in der zugrundeliegenden Korrelationsmatrix und ist im Vergleich zu allen weiteren Hauptkomponenten besonders varianzstark.

Hauptkomponente 2: Visuell-bildnerische Gestaltungskomponente

Komponente 2 bündelt solche Items, die auf grafisch-zeichnerische und bildbezogene Gestaltungsaktivitäten verweisen. Es laden hier zum einen solche Items, die auf entsprechende Aktivitäten am Computer Bezug nehmen: (1) „Am Computer malen, Zeichnen, Grafiken erstellen", (2) „Mit Computer Grafiken, Zeichnungen erstellen", (3) Bild-/Videobearbeitung am Computer". Zum anderen lädt hier auch das Item „Freizeitbeschäftigung: Malen, Zeichnen, Sprayen" (4), das über das Arbeiten mit edv-spezifischen Anwendungen hinaus auf zeichnerisch-bildnerische Aktivitäten verweist. Da Item (3) dieses Faktors ebenfalls eine Ladung auf der Komponente 1 des vorliegenden Modells aufweist, ist davon auszugehen, dass beide Hauptkomponenten die entsprechende Medienaktivität beeinflussen. Der vorliegende Faktor erklärt 9,2 Prozent der Varianz in der den Analysen zugrundeliegenden Korrelationsmatrix.

Hauptkomponente 3: Literarische Produktion

Komponente 3 bündelt solche Items, die auf das Schreiben resp. Verfassen persönlicher oder auch subjektbezogener Texte Bezug nehmen. Es handelt sich dabei um die Items: (1) „Freizeitbeschäftigung: Freundschaftsbücher, Briefbücher schreiben", (2) „Freizeitbeschäftigung: Briefe, Gedichte schreiben" und (3) „Freizeitbeschäftigung: Gedichte, Artikel oder Kurzgeschichten

---

3   Dem Faktor wurde im Zuge der Hauptkomponentenanalysen ebenfalls das Item „Zusatzgeräte installiert" zugewiesen. Das Item konnte auf dieser Komponente jedoch keine substantielle Ladung ($r \geq 0{,}40$) erzielen.

verfassen". Die Hauptkomponente bezieht sich dabei primär auf inhaltliche Aspekte der Textproduktion. Sie erklärt dabei, für sich betrachtet, 8,3 Prozent der Varianz in der zugrundeliegenden Korrelationsmatrix.

Hauptkomponente 4: Musikproduktion

Komponente 4 bündelt Items, die sich auf kreative Aktivitäten im Kontext des Musikmachens resp. der Musikproduktion beziehen. Es laden auf diesem Faktor entsprechend die Items: (1) „Freizeitbeschäftigung: Musik machen", (2) „Freizeitbeschäftigung: Liedtexte, Melodien schreiben oder komponieren" und (3) „Musik produzieren/machen am Computer".[4] Die Hauptkomponente 4 erklärt, für sich betrachtet, 7,3 Prozent der Varianz in der zugrundeliegenden Korrelationsmatrix.

Hauptkomponente 5: Textliche Alltagsproduktion

Komponente 5 vereinigt solche Items, die sich statt auf inhaltliche, eher auf schreibbezogene Aspekte der Textproduktion beziehen. So laden hier die Items: (1) „Am Computer Texte schreiben für die Schule" und (2) „Am Computer Texte schreiben für Freizeit". Darüber hinaus lädt auf diesem Faktor, allerdings mit relativ schwacher Ladung, das Item „Freizeitbeschäftigung: Gedichte, Artikel oder Kurzgeschichten verfassen", das bereits auf dem Faktor 3 zur literarischen Produktion in Erscheinung trat. Dies indiziert, dass beide Hauptkomponenten als Faktoren textbezogener Gestaltungsaktivitäten das genannte Item beeinflussen. Die Komponente 5 erklärt dabei, für sich betrachtet, 6,8 Prozent der Varianz in der zugrundeliegenden Korrelationsmatrix.

Hauptkomponente 6: Audio-visuelle Gestaltungskomponente

Auf der Komponente 6 laden solche Items, die sich auf kreativ-gestalterische Aktivitäten im Umgang mit auditiven und visuellen Medien beziehen. Es handelt sich dabei um die Items: (1) „Radiosendungen moderieren oder Beiträge erstellen", (2) „Hörspiele produzieren und aufnehmen" und (3) „Einen Film drehen/bearbeiten". Die Hauptkomponente erklärt 6 Prozent der Varianz in der zugrundeliegenden Korrelationsmatrix.

Wichtig ist an dieser Stelle herauszustellen, dass die vorgestellten Komponenten kreativ-gestalterischen Medienhandelns – analog zu den methodologischen Prämissen der Hauptkomponentenanalyse – als voneinander unabhängig zu betrachten sind. Das heißt, illustriert an einem Beispiel, dass etwa gestalterische Aktivitäten im Bereich der Musikproduktion gestalterische Aktivitäten in dem Bereich literarischer Textproduktion weder ausschließen noch implizieren und deshalb, bezogen auf das Kompetenzprofil von Ju-

---

4   Durch die Hauptkomponentenanalyse wurde zwar auch das Item „Rufton für das Handy komponieren" diesem Faktor zugeordnet. Es konnte dabei aber keine substantielle Ladung ($r \geq 0{,}40$) auf der Komponente erzielen.

gendlichen, in unterschiedlichen Variationen vorkommen können. Ein wichtiges Ergebnis der dokumentierten Analysen besteht schließlich darin, dass ein eigenständiger Faktor hard- und softwarebasierter Gestaltungsaktivitäten und eine Hauptkomponente der visuell-bildnerischen Produktion – realisiert im Wesentlichen über die Möglichkeiten, die das Medium Computer zu diesem Zwecke bietet – in Erscheinung treten. Dieser Befund verweist auf die immense Bedeutung, die Neue Medien auch im Bereich kreativ-gestalterischen Medienhandelns für Jugendliche haben.

6. Fazit und Ausblick

6.1 Fazit

Die Hauptkomponentenanalysen liefern für verschiedene Bereiche des Medienhandelns, die sich am Bielefelder Medienkompetenz-Modell mit seinen Dimensionen der Mediennutzung, Medienkunde, Mediengestaltung und Medienkritik orientierten, intepretierbare faktorielle Binnenstrukturen, die es erlauben, Hauptquellen der Unterschiede, welche Jugendliche in ihren Medienaktivitäten zeigen, zu rekonstruieren. Darüber hinaus lässt sich für die verschiedenen Felder des Medienhandelns nicht eine eindimensionale, sondern eine mehrdimensionale Ordnungsstruktur ableiten, die mit den empirisch erhobenen Daten verträglich ist und zugleich den empirischen Gehalt des Modells verdeutlicht.

1. Es lassen sich interpretierbare faktorielle Binnenstrukturen für die folgenden Unterdimensionen des Bielefelder Medienkompetenz-Modells aus den Umfragedaten rekonstruieren:

Rezeptive Mediennutzung
– Kopieren und Duplizieren
– Nutzung informations- und unterhaltungsorientierter Printmedien
– Nutzung audio-visueller Medien
– Radio- und Musikkonsum
– Comic- und Walkman-Nutzung

Interaktive Mediennutzung
– Konsumorientierte Mediennutzung (EDV)
– Handy-Nutzung
– Informationsorientierte Mediennutzung (EDV)
– Spielorientierte Mediennutzung (EDV)
– Partizipierte Mediennutzung (TV)
– Kommunikative Mediennutzung

Informative Medienkunde
- (Literarisches) Bildungswissen
- Wissen über das Mediensystem

Kreative Mediengestaltung
- Hard- und softwarebasierte Gestaltungskomponente
- Visuell-bildnerische Gestaltungskomponente
- Literarische Produktion
- Musikproduktion
- Textliche Alltagsproduktion
- Audio-visuelle Gestaltungskomponenten

2. Diese faktoriellen Binnenstrukturen bilden zugleich empirisch gestützte Klassifikationen jugendlichen Medienhandelns.
3. Sowohl die Ergebnisse der univariaten Analysen (über die in diesem Beitrag nicht berichtet wird) als auch der multivariaten Analysen zur interaktiven Mediennutzung zeigen die inzwischen bestehende massive Durchdringung jugendlicher Lebenswelten mit den Neuen Medien „Computer", „Internet" und „Handy" (vgl. Vogelgesang 1994). Ihre Veralltäglichung und die zu ihrer Nutzung erforderlichen Aneignungsprozesse zur Bildung entsprechenden kulturellen Kapitals scheinen weit fortgeschritten zu sein.
4. Die Möglichkeit der Rekonstruktion der drei Hauptkomponenten „Hard- und softwarebasierte Gestaltungskomponente", „Visuell-bildnerische Gestaltungsaktivitäten" und „Textliche Alltagsproduktion" zeigt die große Bedeutung, die die Neuen Medien für die gegenwärtige Generation der Jugendlichen auch im Bereich des kreativ-gestalterischen Medienhandelns besitzen.

6.2 Ausblick

In einem nächsten Auswertungsschritt werden die Komponentenwerte der befragten Jugendlichen für jede Hauptkomponente getrennt berechnet. Der Faktorwert eines Jugendlichen bezeichnet seine Position auf der betreffenden Komponente. Er informiert darüber, wie stark die in einer Hauptkomponente zusammengefassten Merkmale bei diesem Jugendlichen – im Vergleich zu den anderen Jugendlichen in der Stichprobe – ausgebildet sind. Die Komponentenwerte lassen sich damit als Ausprägungen interpretieren, welche die Jugendlichen auf den einzelnen Hauptkomponenten erreichen. Diese varianzstarken beziehungsweise erklärungsmächtigen Variablenbündel, die auf einer höheren Abstraktionsstufe als die Eingangsvariablen liegen und einen höheren Verallgemeinerungsgrad besitzen, bilden die Ausgangsdaten für die Durchführung von Clusteranalysen zur Entwicklung einer empirisch gestützten Typologie des Medienhandelns Jugendlicher.

Literaturverzeichnis

Baacke, D.: Medienkompetenz – Begrifflichkeit und sozialer Wandel. In: von Rein, A. (Hrsg.): Medienkompetenz als Schlüsselbegriff. Bad Heilbrunn 1996.

Baacke, D.: „Medienkompetenz": theoretisch erschließend und praktisch folgenreich. In: Medien und Erziehung, 1/1999, S. 7-12.

Backhaus, K./Erichson, B./Plinke, W.: Multivariate Analysemethoden: eine anwendungsorientierte Einführung, 9. Aufl. Berlin 2000.

Bortz, J.: Statistik für Sozialwissenschaftler. 5. Aufl. Berlin 1999.

Bortz, J./Döring, N.: Forschungsmethoden und Evaluation für Human- und Sozialwissenschaften. 3. Aufl. Berlin 2002.

Bourdieu, P.: Ökonomisches Kapital-Kulturelles Kapital-Soziales Kapital. In: Die verborgenen Mechanismen der Macht. Schriften zu Politik & Kultur 1 (Hg. von M. Steinrücke). Hamburg 1997, S. 49-79.

Cureton, E.E./D'Agostino, R.B.: Factor Analysis: An Applied Approach. Hillsdale. New Jersey 1983.

Diekmann, A.: Empirische Sozialforschung. Grundlagen, Methoden, Anwendungen. Reinbek bei Hamburg 1995.

Feierabend, S./Klingler, W.: Medien- und Themeninteressen Jugendlicher. Ergebnisse der JIM-Studie 2001 zum Medienumgang 12- bis 19-Jähriger. In: Media Perspektiven. 1/2002, S. 9-21.

Gerhards, M./Klingler, W.: Jugend und Medien: Fernsehen bleibt dominierend. Nutzung und Bedeutung des Fernsehens für Jugendliche im Jahr 2000. In: Media Perspektiven. 2/2001, S. 65-74.

Jackson, J.E.: A User's Guide to Principal Components. New York 1991.

Jolliffe, I.T.: Principal Component Analysis. New York 1986.

Katz, E./Blumler, J.G. (Hrsg.): The Uses of Mass Communications. Current Perspectives on Gratification Research. Beverly Hills/London 1974.

Krzanowski, W.J./Marriott, F.H.C.: Multivariate Analysis, Part 1: Distributions, Ordination and Inference; Part 2: Classification, Covariance Structures and Repeated Measurements. London 1994 u. 1995.

Tabachnick, B.G./Fidell, L.S.: Using Multivariate Statistics. 3rd. Edition. New York 1996.

Treumann, K.P./Baacke, D./Haacke, K./Hugger, K.U./Vollbrecht, R.: Medienkompetenz im digitalen Zeitalter. Wie die neuen Medien das Leben und Lernen Erwachsener verändern. Opladen 2002.

Vogelgesang, W.: Jugend- und Medienkulturen. Ein Beitrag zur Ethnographie medienvermittelter Jugendwelten. In: Kölner Zeitschrift für Soziologie und Sozialpsychologie. 46, (1994), 3, S. 464-491.

Dorothee M. Meister, Jörg Hagedorn und Uwe Sander

Medienkompetenz als theoretisches Konzept und Gegenstand empirischer Forschung

1. Einführung

Der Beitrag versteht sich als Teil der Bemühung, das Phänomen Medienkompetenz bei Jugendlichen besser beschreiben und analysieren zu können. Dabei gehen wir von einem Verständnis von Medienkompetenz aus, das sich an den von Dieter Baacke (1996) vorgeschlagenen vier Dimensionen (Medienkritik, Mediennutzung, Medienkunde, Mediengestaltung) orientiert. Im Rahmen des DFG-Projektes „Untersuchung zum Mediennutzungsverhalten 13-18jähriger und Entwicklung von Medienkompetenz im Jugendalter"[1] untersuchen wir empirisch das Medienhandeln Jugendlicher in Anlehnung an das Bielefelder Medienkompetenzmodell (Treumann/Baacke u.a. 2002). In einer quantitativen Befragung haben wir zunächst die Dimensionen der Medienkompetenz operationalisiert und erhoben. Des Weiteren konkretisieren wir in qualitativen Befragungen die Medienkompetenz bei Jugendlichen inhaltlich und erschließen diese in ausgewählten Fällen auch rekonstruktiv hermeneutisch. Die Einzelinterviews dienen dazu, das Medienhandeln und die verschiedenen Ebenen der Medienkompetenz umfassend zu erheben und im Rahmen einer Clusteranalyse mit den quantitativen Daten in Beziehung zu setzen. Im Rahmen von Gruppendiskussionen werden indes die kollektiven Orientierungen Jugendlicher in der analytisch-reflexiven Auseinandersetzung mit Medien und damit die Dimension der Medienkritik empirisch erschlossen.

In diesem Beitrag stellen wir zwei Zugänge bei der Auswertung der Gruppendiskussionen vor. Beim *ersten* Zugang – hier orientieren wir uns stark an dem Medienkompetenzmodell von D. Baacke – werden die konkreten Sichtweisen und Orientierungen der Jugendlichen in einer kritischen Auseinandersetzung mit medial vermittelten Ereignissen herausgearbeitet. Dieser Zugang geht der Frage nach, welche analytisch-reflexiven Fähigkeiten sich in der Ausprägung von Medienkritik in den Aussagen der Jugendlichen aufspüren lassen. Beim *zweiten* Zugang nähern wir uns den Aussagen der Jugendlichen

---

1   Das Projekt läuft seit Januar 2001 an den Standorten Bielefeld, Rostock und Halle. Leitung: Prof. Dr. Klaus Treumann, Prof. Dr. Uwe Sander, Dr. Dorothee M. Meister. Projektmitarbeit: Eckard Burkatzki, Jörg Hagedorn, Mareike Strotmann, Dr. Claudia Wegener

in einer rekonstruktiv hermeneutischen Logik. Mittels einer exemplarischen Fallrekonstruktion verdeutlichen wir, wie kollektiv generierte Orientierungsrahmungen in der Auseinandersetzung mit alltagsrelevanten Handlungsproblemen ausschlaggebend dafür sind, wie Jugendliche zu einer spezifischen Ausprägung von Medienkompetenz gelangen können. Medienkritik wird in diesem Fall von der kollektiven Interpretation gesellschaftlicher Modernisierungs- und Wandlungsprozesse bestimmt. Insbesondere sind es die milieu- bzw. bildungsspezifischen Dispositionen Jugendlicher, die in der Generierung konkreter Orientierungsrahmungen festschreiben, zu welchen Formen der Ausprägungen von Medienkritik Jugendliche in der Lage sind und welche sie für sich selbst ausschließen.

2. Zur theoretischen Konzeption von Medienkompetenz

Auch wenn der Begriff der Medienkompetenz vielfach Verwendung findet, so ist seine theoretische Verankerung in den Sozialwissenschaften kaum kanonisiert, wodurch die Definitionsvielfalt teilweise erklärt werden kann. Ein Ansatz, das Konzept theoretisch zu verorten, stammt von Dieter Baacke, der den Begriff Medienkompetenz zum einen aus älteren sozialwissenschaftlichen Debatten zur ,*kommunikativen Kompetenz*' herleitet und zum anderen auf die Anschlussfähigkeit des Konzeptes zu aktuellen *medientheoretischen Debatten* verweist wie der Wissenslufthypothese, dem Nutzenansatz, dem Habituskonzept oder dem sozialökologischen Ansatz (vgl. Treumann/Baacke u.a. 2002, S. 19ff.).

In den Überlegungen von Baacke wird Medienkompetenz als eine besondere Form von kommunikativer Kompetenz (gemeint sind dabei alle Sinnesakte der Wahrnehmung) und Handlungskompetenz (gemeint ist damit eine Spezifik von ,Weltermächtigung' und handelnder ,Weltveränderung') betrachtet. Als anthropologische Grundkonstante ist dieser Überlegung inhärent, dass der Mensch generell als ein kompetentes Wesen angesehen wird. Kompetenz wird in diesem Kontext nicht wie in der Umgangssprache als quasi expertenhafte Zuständigkeit und Fähigkeit verwendet. Auch geht es bei diesen Annahmen weniger um die Intention der allgemeinen Erziehungswissenschaft, die unter Kompetenz die generative Fähigkeit von Menschen versteht, Wissens- und Handlungsmuster situationsadäquat entwickeln und anwenden zu können (vgl. Baacke u.a. 1999, S. 52f.). Vielmehr rekurriert Baacke auf den Ursprung des Kompetenzbegriffs, die Biologie, die unter Kompetenz (auch: Zuständigkeit) zunächst die (zeitlich begrenzte) Bereitschaft embryonaler Zellen bezeichnet, auf einen bestimmten Entwicklungsreiz zu reagieren. Übertragen auf Sprache und Sprecher bezeichnet Kompetenz dann „die Fähigkeit des letzteren, über die Sprachrichtigkeit von Sätzen zu entscheiden und eine potentiell unbegrenzte Zahl von Sätzen und Aussagen zu produzieren. Kompetenz meint damit (...) eine in der Sprache angelegte Verfügung über den Sinn und die Intention von Aussagen" (Baacke 1980, S. 261). Damit orientiert sich Baacke am Kompetenzbegriff, wie ihn der Linguisten Chomsky annahm, nämlich als eine im Mentalen verankerte Fähigkeit des Menschen, aufgrund eines immanenten Regelsystems eine potenziell unbegrenzte Anzahl von Sätzen zu erzeugen. Die Vorstellung einer „universellen Grammatik" behauptet im Grunde, „dass alle Menschen potientiell über die Sprachmuster einer Universalsprache verfügen – und insofern *gleich* sind" (Baacke 1996, S. 116). Die tatsächliche Erzeugung eines konkreten Satzes belegt dieses Modell mit dem Begriff der Performanz belegt. Eine empirische Beobachtung vorhandener Kompetenz, genauso wie der Ansatzpunkt pädagogischer Interventionen, kann insofern lediglich auf der Performanzebene erfolgen. Die Herausforderung für die Pädagogik besteht somit im Spannungsverhältnis zwischen Kompetenz und Performanz und damit in der ‚Nichtidentität' eines universalen Regelsystems und regelgeleiteter aktueller Strukturierung in einer konkreten Sprechsituation. Baacke zieht aus dieser Differenz von Kompetenz und Performanz den Schluss, dass der ontologische Kompetenzbegriff auf ein Gleichheitspostulat hinausläuft, das in diesem Kontext auch pädagogische Förderung begründet, um die allen inhärente Kompetenz zur Performanz zu bringen. Theoretisch begründbar wird eine pädagogische Relevanz zudem aus dem Umstand, dass die Performanzebene als empirisch wahrnehmbare Oberflächenstruktur menschlichen Handelns durch weitere Bedingungen wie subjektive Faktoren (Lebensgeschichte, Motivation) und gesellschaftliche Variablen (institutionelle Bedingungen des Handelns, Rollenerwartungen an den Handelnden) sowie durch situative, entwicklungsbedingte, soziale und kulturelle Variablen beeinflusst wird. Pädagogische Vermittlungsprozesse zielen insofern auf die Transformationsprozesse, mittels derer sich Kompetenz in Performanz realisiert. Insofern „geht es in impliziten Bildungsprozessen nicht um den Erwerb konkreter Handlungsmuster, sondern um den Erwerb von Strukturen" (Dewe/Sander 1996, S. 129), da Kompetenz als kognitive Fähigkeit keine sachliche Phänomenebene, sondern die „Fähigkeit im Umgang mit Wissen selbst" (ebd., S. 128) betrifft.

Baacke (1997; 1996) entwickelt das Konzept der ‚Medienkompetenz' im Kontext kommunikativer Kompetenz. Er leitet diesen Terminus des Weiteren aus einem „kulturellen In-der-Welt-Sein" und einem gemeinsamen Wahrnehmungsbewältigungsprozess ab. Betont wird dabei die Tatsache, dass alle Menschen grundsätzlich mit der Fähigkeit ausgestattet sind, sich in der Welt erfolgreich und sozial zu bewegen, allerdings muss diese Ausstattung gefördert, zur Performanz gebracht werden. Zur Operationalisierung des Konzeptes schlägt Baacke vor, vier Dimensionen von Medienkompetenz zu unterscheiden, die jeweils aus mehreren Unterdimensionen bestehen: Medienkritik, Medienkunde, Mediennutzung und Mediengestaltung (vgl. dazu ausführlicher Treumann u.a. in diesem Band). Medienkompetenz „meint also grundlegend nichts anderes als die Fähigkeit, in die Welt aktiv aneignender Weise *auch* alle Arten von Medien für das Kommunikations- und Handlungsrepertoire von Menschen einzusetzen." (Baacke 1996, S. 119).

Medienkompetenz stellt insofern einen Sammelbegriff dar mit allgemeinen Anforderungen, die Kompetenz- und Performanzelemente enthalten, was in modernen Gesellschaften bedeutet, allgemeine Kriterien mit spezifischen Erwartungen zu verbinden. Doch die Konkretion dessen, welche spezifischen Kenntnisse und Eigenschaften eine medienkompetente Person vereinen sollte, lässt sich nicht aus der Theorie allein beziehen, sondern bedarf einer aus dem Fall bezogenen empirischen Überprüfung. Das bedeutet auch, es bedarf noch genauerer Untersuchungen, wie Medienkompetenzen in den Alltag eingebunden sind und welche Erscheinungsformen und Ausprägungen wir vorfinden.[2]

Qualitative Verfahren können nun genau hier ansetzen. Gerade der Bereich der Medienkritik[3] ist in diesem Zusammenhang von besonderem Interesse, da diese von Pädagogen häufig eingeklagt wird, es aber nach wie vor unklar ist, wie sich eine reflexiv-analytische Medienkompetenz im Alltag zeigt. Hierzu sind Studien, die die hermeneutische Rekonstruktion jugendlicher (kollektiver) Sinn- und Bedeutungszuschreibungen in Bezug auf das eigene Medienverhalten zum Gegenstand ihrer Forschung machen, bisher nahezu gänzlich ausgeblieben. So bleibt es bislang offenbar unklar, inwiefern die ambivalente Dynamik zwischen sozialräumlichen Bedingungen und individuellen Prozessen noch genauer gefasst werden kann (vgl. Thole 2002; S. 678). Darüber hinaus wird zwar immer wieder gerade in den sozialisationstheoretischen bzw. alltags- und lebensweltlichen Ansätzen der Medienforschung auf die (selbst-)sozialisatorische Potenzialität hingewiesen, die jugendliche Peers in der Auseinandersetzung mit Medien freisetzen können (vgl. Thole 2002; Barthelmes/Sander 1997; Loos/Schäffer 2001; Fromme u.a. 1999). Auch hierzu liegen der Medienforschung kaum fundierte, erkenntnisgenerierende Studien vor. So bleibt eine Lücke in der Medienforschung gerade an der Stelle festzustellen, wo es um die methodisch fundierte Herleitung jugendlicher Sichtweisen und Deutungen eigenen Medienhandelns einerseits und medialen Wirkmechanismen andererseits geht.

Diesem Forschungsdesiderat begegnen wir in diesem Beitrag mittels eines methodisch rekonstruktiven Zugangs in der empirischen Untersuchung von Medienkompetenz, der verdeutlicht, welche spezifisch ausgeformten und rekonstruktiv erschlossenen Sichtweisen und Deutungen Jugendliche ihrer ‚Interpretation' medienkritischen Handelns zur Seite stellen.

---

2   Wie wir das Thema Medienkompetenz mittels quantitativer Fragen untersuchen, führt der Beitrag von Treumann u.a. in diesem Band aus. Insbesondere in Bezug auf die Dimension der Medienkritik hat sich in der Praxis die Operationalisierung von Medienkritik als besonders schwierig erwiesen.

3   Medienkritik umfasst nach Baacke eine analytische, ethische und reflexive Dimension.

3. Empirische Studie zur Erforschung von Medienkompetenz bei Jugendlichen

In der quantitativen Befragung konnten wir die Medienkritik Jugendlicher nur eingeschränkt erheben bzw. erschließen. Um nun genauere Aussagen zur Medienkritik Jugendlicher treffen zu können, haben wir in unserem Untersuchungssetting das Gruppendiskussionsverfahren übernommen. Die Wahl dieses Verfahrens war zweifach motiviert: Einerseits war es uns wichtig, eine große Anzahl von Meinungen Jugendlicher vorzulegen, um so das breite Spektrum an medienkritischen Haltungen von Jugendlichen zu erfassen. Andererseits besteht mit Gruppendiskussionen die Möglichkeit, kollektive Deutungen aufzudecken, die spezifische Haltungen und performative Erscheinungen erklären (vgl. Loos/Schäffer 2001). In drei Bundesländern wurden insgesamt zehn Gruppendiskussionen durchgeführt mit Gruppen von Schülerinnen und Schülern aus verschiedenen Schultypen. Die Auswertung der qualitativen, transkribierten Gruppendiskussionen erfolgte in mehreren Schritten. Zunächst wurde der Text nach Textpassagen und nach bestimmten Codes geordnet. Diese Codebäume wurden mit Hilfe eines Softwareprogramms (MaxQda) erstellt. Die Auswertung der Datenmaterialien erfolgte zunächst nach den thematischen (Medienkritik-) Dimensionen, die sich aus dem Thema der Gruppendiskussion ergaben (Bohnsack 1997). In einem zweiten, exemplarisch durchgeführten Schritt wurden einzelne Textpassagen hermeneutisch rekonstruiert, um so kollektive Deutungen zu ermitteln (Oevermann 2001, 2001a).

Grundlage der folgenden Überlegungen ist eine Gruppendiskussion, die mit einer Berufsschulklasse in einer Mittelstadt in Sachsen-Anhalt im Frühjahr 2002 geführt wurde. Teilgenommen haben an dem ca. zwei Stunden dauernden Gespräch drei Jungen und vier Mädchen einer Restaurantfachklasse.

3.1 Aufbau und Durchführung der Gruppendiskussion zur Erhebung von Medienkritik

Als Aufhänger für die Gruppendiskussionen wurde die Medienberichterstattung rund um den „11. September" (Anschlag auf das WTC im Jahre 2001) gewählt. Wie auch bei den anderen Gruppendiskussionen stand bei der hier thematisierten Gruppe von Berufsschülern aus einer Mittelstadt in Sachsen-Anhalt der Fokus des Interesses auf den reflexiven und analytischen Fähigkeiten der Jugendlichen in Bezug auf Medien (Medienkritik, eingebunden in das Konzept von Medienkompetenz).

Als Stimulus zeigten wir den Jugendlichen zunächst vier Fotos des Ereignisses. Ziel dieses neuen Verfahrens in der Gruppendiskussion (vgl. Loos/ Schäffer 2001) war, über die Bilder das Vergangene zu vergegenwärtigen.

Die Diskussion begann mit der Frage, wie die Jugendlichen von dem Ereignis erfuhren. Danach brachten die Moderatoren auch Leitfragen zu analytischen, reflexiven und ethischen Bezügen von Medienkritik ein. So wurde beispielsweise im Hinblick auf eine analytische Dimension gefragt, ob wir uns sicher sein können, dass die Berichterstattung wirklich das zeigt, was vor Ort passiert ist. Hinsichtlich ethischer Überlegungen legten wir den Jugendlichen eine weitere Serie von Fotos über die Ereignisse rund um den „11. September" vor. So versetzten wir die Jugendlichen quasi in die Rolle von Medienproduzenten und baten sie zu begründen, welche Bilder sie für eine Veröffentlichung eines Artikels in einer Zeitung auswählen würden. In der Logik eines ersten Zuganges zu dieser Gruppendiskussion haben wir erwartet, dass sich aus den Sichtweisen der Jugendlichen in der Auseinandersetzung mit den Ereignissen des 11. September ein starkes Informationsbedürfnis zeigen würde, die Jugendlichen Reflexionen zu dem Ereignis selbst anstellen und sie eine differenzierte Reflexion der Rolle der Medien als auch eine Bewertung der Medien vornehmen würden.

In einem *ersten* Schritt zeichnen wir nach, wie die Jugendlichen diese Ereignisse in ihrer medialen Vermittlung erfahren haben, welche je spezifischen Strategien sie in der Verarbeitung dieser Ereignissen entwickelt haben und welche – auch alltagsrelevanten – Erwartungsansprüche sie vor dem Hintergrund ihrer kollektiven Medienerfahrungen an die Medien selbst adressieren. In einem *zweiten* Schritt werden wir die sinn- und bedeutungsstiftenden kollektiven Orientierungsrahmungen rekonstruktiv herleiten, die als Begründungsfolie für das eigene Medienhandeln, aber auch für die konkret ausgeformten und im ersten Schritt nachgezeichneten Erwartungshaltungen dienen, die von den Jugendlichen an die Medien adressiert werden.

3.2 Medienkritische Haltungen einer Berufsschulklasse

Das Ereignis des 11. September veranschaulicht, wie stark die Mediennutzung der Jugendlichen lebensweltlich eingebettet ist. So durchbrechen die Ereignisse dieses Tages die Alltags- und Handlungsgewohnheiten der Jugendlichen und führen zu erheblichen Irritationen. Zur Wiederherstellung von ,Weltsicherheit' streben die Berufsschüler allerdings keine komplexe Aufarbeitung von Hintergründen an, sondern sind daran interessiert, über die Medien eindeutige Konsequenzen vermittelt zu bekommen und damit Orientierungen zu erhalten, die eine weitere Auseinandersetzung und Information über ,Hintergründe' nicht mehr erforderlich machen.

Der Verlauf der Gruppendiskussion zeigt, dass die Jugendlichen von dem Anschlag relativ schnell erfahren haben; jedoch konnten sie aus den Berichterstattungen kaum verlässliche und eindeutige Informationen beziehen. So haben die Jugendlichen über weite Strecken eine ,objektive Medienberichterstattung' vermisst, die es ihnen erleichtert hätte, Weltsicherheit in den medial vermittelten Ereignissen über eine ,richtige' Deutung wiederherstellen zu können.

Vor dem Hintergrund dieser Medienerfahrung, die geprägt war vom Verlust von eindeutigen Wahrheits- und Wirklichkeitskonstruktionen, generierte sich bei den Jugendlichen das Gefühl von Angst und Unsicherheit. Schnell werden die Folgen dieser Ereignisse auch für das eigene Land und für die eigene Sicherheit gedacht. Ängste, die sich um potenzielle globale Kriegsszenarien rankten, wurden nicht zuletzt auch von den Medien selbst geschürt, denn *„viele Sender haben geredet, jetzt bricht der Krieg aus"* (Em; Z. 45-46). Dieser Krieg hätte dann nicht nur die Konsequenz um das eigene Leben fürchten zu müssen, vielmehr stand für sie die Weltsicherheit an sich in Gefahr: *„und dass, wirklich, die Welt nicht mehr lange lebt"* (Em; Z. 487). Dass sich diese Ängste und Unsicherheiten nicht nur an die gegenwärtigen weltpolitischen Krisenkonstellationen – ausgelöst durch die Ereignisse vom „11. September" – rankten, sondern vielmehr auch in der Zukunft potenziell auf Dauer gestellt sein können, zeigt die Aussage: *„man weiß nicht, was in der Zukunft steckt, was da noch alles passieren kann, kann noch viel passieren"* (Em; Z. 821-824). Damit wird die so dramatisch erlebte und nachvollzogene Krisenhaftigkeit in eine potenziell krisenhafte Zukunft überführt. In den Deutungen der Jugendlichen müssen Medien aber die Funktion übernehmen, über eindeutig vermittelte Wahrheiten und Informationen ‚Weltsicherheiten' beim Publikum herzustellen. Genau dies gelingt ihnen aber in den Augen der Jugendlichen in diesem Fall nicht.

Diesem Handlungsproblem, sich nicht auf medial vermittelte Weltsicherheiten verlassen zu können, versuchten die Jugendlichen durch einen Rückzug in gewohnte Alltags- und Handlungsroutinen (Schauen von Spielfilmen und Video) zu entkommen. Nachdem die Berichterstattung über die Ereignisse des 11. Septembers bei den Jugendlichen eine gewisse Übersättigung ausgelöst hatten, konnte der Rückzug in habitualisierte Fernsehgewohnheiten freilich nur zum Teil gelingen, was nicht zuletzt daran lag, dass *„die ganzen Spielfilme, alle ausgefallen"* (Bw; Z. 218) sind. Insofern waren die Jugendlichen weiterhin der Dramatik der Ereignisse (*„diese Bilder andauernd"* (Dm; Z. 291-292)) ausgeliefert, was letztendlich dazu führte, dass sie diese Bilder *„zum Schluss gar nicht mehr sehen"* (Dm; Z. 292-293) konnten. Auch der antizipierte, entlastende Rückzug in die Sozialbeziehungen (Peers, Elternhaus etc.) war durchzogen von permanenter Konfrontation mit den Ereignissen, kaum gab es darüber hinaus Gespräche mit Freunden und Eltern über diese Ereignisse. Diese Konfrontation im Zusammenhang mit der tendenziell ausgebliebenen Möglichkeit der Aufklärung und Information, ließen die Ereignisse zu einer Art symbolischer Gewalt (*„die haben die Leute bloß weiter fertig gemacht"*(Dm; Z. 247-248)) werden (vgl. Bourdieu 1998; S. 21 ff.), der die Jugendlichen individuell und kollektiv allenfalls in Form der Abwehr und Verweigerung entkommen konnten.

Augenscheinlich wird damit der Medienkritik durch diese Jugendlichen eine Absage erteilt. Denn so lassen sich in den Aussagen der Jugendlichen kaum analytische, reflexive und ethische Bezüge in der Deutung und Interpretation dieser Ereignisse nachzeichnen. Vielmehr wird diese Leistung den

Medien selbst überantwortet. Medien sollten gewissermaßen ihr eigenes Handeln (objektive Berichterstattung, Auswahl der Bilder nach ethischen Dispositionen etc.) selbst reflektieren und in zweifelsfreien Sinn- und Deutungskonstruktionen an die Medienrezipienten vermitteln, also ein ,wahres' Abbild sozialer Wirklichkeit liefern. Eine Leistung bzw. ein Professionalitätsanspruch, den diese Jugendlichen selbst nicht einlösen wollen/können. ,Wahrheit', ,Sinnhaftigkeit' und ,Wirklichkeit' werden von diesen Jugendlichen also im entscheidenden Maße über die Symbolvorräte der Medien bezogen. Kommen Medien der Vermittlung dieser ,deutungsresistenten' Symbole nicht mehr nach, fehlt es den Jugendlichen an einer stellvertretenden Deutungsinstanz und die Welt wird immer weniger erklärbar. Diese Jugendlichen befinden sich also in einem starken Abhängigkeitsverhältnis zu den Medien, wenn es um die Vermittlung sozialer Wirklichkeit geht: *„na, eigentlich muss man das doch glauben, oder?...weil, es bleibt einem ja gar nichts anderes übrig, wir sehen das und na ja, dann wird das schon stimmen..., wie kriegen wir denn raus, dass es nicht stimmt"* (Aw; Z. 1024-1032).

In ihren Deutungen unterstellen die Jugendlichen den Medien einen autoritativen Charakter: Welt entzieht sich tendenziell den eigenen Erklärungs- und Deutungsmustern; Sinnkonstruktionen im Verstehen von Welt werden kaum zum Gegenstand selbstreflexiver Auseinandersetzungsprozesse, die Deutung sozialer Wirklichkeit wird so in den Verantwortungsbereich der Medien überführt. Dimensionen medienkritischer Auseinandersetzungen beruhen allein in der Attestierung des Nichteinlösens dieses so formulierten und von den Jugendlichen erwarteten Anspruchs bzw. Auftrages nach medialer Pflichterfüllung. Dort, wo Welt durch die Medien nicht mehr erklärt werden kann, generiert sich Unsicherheit und Nicht-Verstehen und in der Folge Rückzug und Resignation.

3.3 Orientierungs- und Deutungsrahmungen Jugendlicher und ihre Relevanz für Medienkritik – Eine exemplarische Fallrekonstruktion

Diese bis hier dargestellten kollektiven Orientierungsrahmungen im (Medien-) Handeln Jugendlicher formen sich maßgeblich vor dem Hintergrund bildungs- bzw. milieuspezifischer Dispositionen aus. Damit wird auch eine je spezifische Sicht Jugendlicher in der kritischen Auseinandersetzung mit Medien, aber auch mit dem eigenen Medienhandeln generiert, die wiederum eingebettet ist in eine je spezifische Sicht auf eine moderne Welt, in der sich die Jugendlichen auch selbst verorten und positionieren müssen.

Diese komplexen Zusammenhänge sollen in einer nun folgenden exemplarischen Fallrekonstruktion nachgezeichnet werden. Die Interpretation der Gruppendiskussion zeigt, dass das eigene lebensweltlich eingespannte Medienhandeln Jugendlicher in den Kontext gesellschaftlicher Modernisierungs- und Wandlungsprozesse gestellt ist, die wiederum selbst von den Jugendli-

chen gedeutet, ja ‚verstanden' werden (müssen). Medienkritik Jugendlicher –
so unsere These – findet ihre fallspezifische Ausprägung in den je konkreten,
kommunikativ verhandelten Orientierungsrahmungen Jugendlicher in der
Deutung und im Sinnerschließen moderner Welt. Diese spezifischen Sichtweisen Jugendlicher und damit die Sinn- und Bedeutungskonstruktionen im Verstehen und Erklären von Welt generieren Jugendliche auch vor dem Hintergrund medial vermittelter Symbolangebote, die wiederum in Abhängigkeit zum
jeweiligen Bildungsniveau bzw. zum sozialen Milieu spezifisch übernommen
oder abgelehnt werden. Diese Annahmen legen nun in einem weiteren Schritt
der empirischen Untersuchung von Medienkritik – als eine Analyseebene von
Medienkompetenz – einen rekonstruktiven Zugang nahe, der eben jene Sinn-
und Bedeutungsstrukturen Jugendlicher nachzuzeichnen vermag. In den folgenden Abschnitten steigen wir in Auszüge der Fallrekonstruktion ein.

3.3.1 Idealisierte Modernisierungsprozesse im historischen Kontext und ihr gegenwärtiges Ende – der ‚Normalfall' Berufsschule

Wir befinden uns nun – in der Logik eines eher rekonstruktiven Vorgehens –
in jenem Teil der Gruppendiskussion, in dem die Jugendlichen ihre Sicht auf
die Welt, aber auch ihre milieu- bzw. bildungsspezifisch festgeschriebene
Rolle innerhalb dieser Welt kommunikativ aushandeln. Dabei zeigt sich, dass
die Spezifik des Falls ganz konkrete Formen des Ausschlusses aber auch der
Beteiligung am Prozess der Modernisierung von Welt unterstellt. Innerhalb
dieses Prozesses lassen sich die Lebenswelten der Beteiligten einerseits und
die Lebenswelten der Nichtbeteiligten andererseits finden, die einen je spezifischen Umgang mit den Unsicherheiten moderner Gesellschaften implizieren. Wir gewinnen hier einen ‚Einblick' in die Lebenswelt der Nichtbeteiligten, die vor dem Hintergrund ganz konkreter Erfahrungsdispositionen im
Umgang und der Lösung von Unsicherheiten und Risiken im Modernisie-
rungsprozess spezifische kollektive Deutungs- und Orientierungsrahmungen
generieren, in die u.E. Medienkritik selbst eingespannt ist, indem sie als Re-
sultante eines spezifischen Erfahrungswissens im Deuten und Verstehen von
Welt ‚funktioniert'.

Em: Guck mal vor zwanzig Jahren, vor dreißig Jahren
Fm: Das war die Menschheit, die nach Wissen strebte und das ist vorbei,
    das ist zu Ende die Evolution ist vorbei, das ist Geschichte,
Em: Eh das glaub'ste nicht
Fm: Jetzt geht's rückwärts, guck doch mal hier rum auf der Schule, guck
    doch mal dir die Berufsschule aus, wer intelligent ist, und wer ottonor-
    mal ist"
    (Z. 3262- 3272)[4]

---

4   Die Transkription der Interviews erfolgte nach einem vereinfachten Verfahren aus
    Rosenthal (1987). Die Unterstreichung im Text symbolisiert eine Betonung des
    Sprechers. Die Beteiligten wurden in der Gruppendiskussion alphabetisch zugeord-

In der retrospektiven Perspektive auf historische Verläufe (*„vor zwanzig, vor dreißig Jahren"*) wird der *„Menschheit"* das Streben nach Wissen und damit das Streben nach Erkenntnis im Glauben an Fortschritt und Entwicklung unterstellt und gleichsam unter gegenwartsbezogener Perspektive abgesprochen. Damit wird das Ideal von Modernisierung, dessen Gelingen in der Antriebskraft des Erkenntnisgewinns (*„Wissen"*) liegt, in der Gegenwart als nicht eingelöst bzw. als nicht einlösbar gekennzeichnet. Darüber hinaus stehen die Modernisierungsansprüche, also das Streben nach Wissen, konträr zur potenziell möglichen (Weiter-)Entwicklung der Fähigkeiten und Kompetenzen jener Akteure, die diese Modernisierungsansprüche umzusetzen und damit einzulösen haben. Das Verschwinden der ‚Idee des Fortschritts' ist somit auch an die Verunmöglichung der Angleichung der Fähigkeiten der *„Menschheit"* gebunden, ihre eigenen Modernisierungsansprüche und -erwartungen handlungspraktisch umsetzen bzw. verbürgen zu können (*„das ist zu Ende, die Evolution ist vorbei"*).

Dies führt zur Fundamentalbilanz, dass die Zeit der Neuerung, des Fortschritts, der (Weiter-)Entwicklung und damit auch der Modernisierung als abgeschlossen gilt und allenfalls im historischen Kontext zu verorten ist (*„das ist Geschichte"*). Argumentativ wird diese Aburteilung der Gesellschaft in der Ausdifferenzierung von Bildungsniveaus und sozialen Milieus festgemacht, die sich hier exemplarisch in der Miniaturfigur „Berufsschule" manifestieren. Denn, so wird unterstellt, dass es vor *„zwanzig Jahren, vor dreißig Jahren"* noch eine, in gewissem Sinne homogene Gesellschaftsstruktur (*„Menschheit"*) gegeben hat, für die das Streben nach Wissen bezeichnend war. Dieser Zeit wird unter der Hand einerseits ein spezifischer Bildungsbegriff (*„Wissen"*) und andererseits ein spezifischer Bildungsanspruch (*„Streben nach Wissen"*) unterstellt.

So kann das ‚Streben nach Wissen' hier als homogener Bildungsanspruch gedeutet werden, der den historisch-epochalen Drang nach Bildung und damit nach Erklärbarkeit, Erkenntnis und Verstehen von Welt unterstellt. Diese so hergestellte Geschlossenheit löst sich in der Gegenwart insofern als auf, als sich in ihr Bildungsansprüche und somit auch Bildungsniveaus kontrastiv entwickeln (*„intelligent"; „ottonormal"*). Die Berufsschüler stilisieren sich in diesem Zusammenhang tendenziell als Repräsentanten eines spezifischen Bildungsniveaus (*„ottonormal"*), die nicht als Garanten der Umsetzung bzw. Einlösung von Modernisierungsansprüchen bzw. -erwartungen auftreten.

Modernisierungsprozesse sind in ihrer Einlösung bzw. Umsetzung somit strikt an ihre professionellen Repräsentanten gebunden. Sinnlogisch sind es demnach die *„intelligent(en)"* ‚Eliten', die überhaupt an Modernisierungsprozessen partizipieren und erst so das idealisierte ‚Vorwärts', also die gesellschaftliche Entwicklung, aber auch die Entwicklung ihres eigenen Selbst

---

net (hier: A bis F), die Zuordnung orientiert sich dem ersten Sprachbeitrag. Der zweite Buchstabe (m oder w) kennzeichnet das Geschlecht der Beteiligten. Die angegebenen Zeilen (Z.) sind ein Verweis auf die Zeilen im Interview.

(*„Evolution"*), nicht zuletzt vor dem Hintergrund adäquater Bildungsniveaus (*„intelligent"*), entsprechend einlösen. Vor dem Hintergrund des dazu konkurrierenden milieu- bzw. bildungsspezifischen Kontextes *„Berufsschule"*, diagnostizieren die Jugendlichen Gegenläufiges. Denn so ist es in Abgrenzung zu den ‚intelligenten Eliten' der gesellschaftliche ‚Durchschnitt' (*„ottonormal"*), der entgegen der ‚Vorwärtsgewandtheit' von Modernisierungsprozessen eher ‚Rückwärtsgewandtheit', zumindest jedoch Stagnation im Sinne des Nicht-Einlösens bzw. Nicht-Einlösen-Könnens entsprechender Modernisierungsanforderungen symbolisiert.

Zweifel an diesem Entwurf (*„eh das glaub'ste nich"*) können durch eine evaluative ‚Aufrechnung' eben jener Akteure, die über die spezifischen Modernisierungsbefähigungen verfügen (*„intelligent"*), und denjenigen Akteuren, die vor dem Hintergrund ihrer Fähigkeiten Modernisierung eher verhindern (*„ottonormal"*), ausgeräumt werden. Dabei fällt auf, dass in dieser Kontrastierung von *„intelligent"* und *„ottonormal"* zwar Statusunterschiede in den Bildungsniveaus markiert werden, die jedoch nicht zwangsläufig eine gleichzeitige Entwertung der ‚rangniederen' Gruppe der *„Ottonormale(n)"* nach sich zieht. Denn so sind es gerade diejenigen (*„ottonormal"*), die vor dem Hintergrund so implizit thematisierter Normalitätsentwürfe der ‚Normalität' entsprechen. Die Gruppe der „Intelligenten" wird somit im Kontext des hier spezifischen Bildungsniveaus (*„Berufsschule"*) zur nicht-repräsentierten Ausnahme, die dem Normalfall entgegenläuft. Die Gültigkeit dieses (Normalitäts-)Entwurfs kann jederzeit durch jeden ‚überprüft' werden, der sich legitim als ‚Insider' oder ‚Kenner' dieses konkreten Kontextes (*„auf der Schule"*) ausweisen kann und der sich vor dem Hintergrund seiner analytischen Fähigkeiten (*„guck doch mal hier rum"*) eben jenen repräsentativen Normalitätsentwurf erschließt. Der konkrete institutionelle Zusammenhang Berufsschule wird so zum repräsentativen, aber auch zum identitätsstiftenden Moment der hier vertretenen Akteure. Die Perspektive eines Berufsschülers repräsentiert in dieser Logik also eine spezifische Sichtweise, nämlich eine aus dem Selbstverständnis als ‚normalisierter Durchschnitt'. So wird dieser stellvertretenden Deutung übergreifende Gültigkeit unterstellt, die gemeinhin für den berufsschulspezifischen Kontext bindend ist. Diese stellvertretende Deutung problematisiert gleichzeitig in der Gegeneinanderführung historischer und gegenwärtiger Bezüge den Verlust gesellschaftlich homogener Bildungsansprüche durch die Säkularisierung in spezifische Bildungsniveaus.

Dabei ist entscheidend, dass der im historischen Kontext verortete Bildungsanspruch dem Idealbild von Fortschritt und Entwicklung – also von Modernisierung – entspricht, denn nur in diesem Idealbild der übergreifend kollektiv verbürgten Idee des Erklärens und Verstehens von Welt erscheint Vorwärtsgewandtheit, also (Weiter-)Entwicklung und Fortschritt garantiert. Gegenwärtig jedoch ist bezüglich dieser Idealkonstruktion eine historische Zäsur eingeführt, die kollektive Verbürgung nicht mehr garantiert. In der Deutung der Jugendlichen wird vielmehr die Gesellschaft in ‚Beteiligte' (aktive, die Entwicklung der Moderne verstehende und steuernde Personen) und

‚Nicht-Beteiligte' (passive, von den Entwicklungen der Moderne lediglich betroffene und getriebene Personen) aufgeteilt. Kollektive Verbürgung garantierende Bildungsansprüche haben sich in voneinander unterscheidbare, institutionalisierte Bildungsniveaus verkehrt, die ihre je spezifischen Möglichkeiten bezüglich der Partizipation an Modernisierung beinhalten bzw. festlegen. Der hier ausgewiesene berufsschulspezifische Kontext steht in der Tendenz als Repräsentation einer – im Selbstverständnis der jugendlichen Akteure – institutionell organisierten Gemeinschaft der ‚Nicht-Beteiligten'.

Bis hier bleibt Folgendes festzuhalten: Im stellvertretend gedeuteten Selbstbild der Jugendlichen als Berufsschüler werden bildungsspezifische Unterscheidungen aufgemacht, die jeweilige Formen der Beteiligung am Modernisierungsgeschehen nahe legen oder verschließen. Die Möglichkeit solcher milieu- bzw. bildungsspezifischen Unterscheidungen werden dem gegenwartsbezogenen Kontext unterstellt und sind somit als Ausdruck einer modernen Gesellschaft zu sehen, die sich nicht nur von ihrem Idealbild von Modernisierung als kollektiv geteilte Idee des Fortschritts und der Weiterentwicklung entfernt, sondern tendenziell soziale Ungleichheit produziert. So sehen sich hier die benachteiligten Berufsschüler in die Position der Nichtbeteiligten gedrängt, die den ‚intelligenten Modernisierungseliten' gegenüberstehen. Diese Ausgrenzung wird von den Berufsschülern in der Verteidigung ihrer sozialen Rolle als ‚normaler Durchschnitt' beantwortet. In dieser Selbstpositionierung der Berufsschüler werden somit milieu- bzw. bildungsspezifische Unterscheidungen konstruiert, die ausschlaggebend dafür sein können, welche je spezifischen (medien-)kritischen Bezüge Jugendliche ausformen und welche vor dem Hintergrund ihrer Ausgrenzungserfahrungen per se ausgeschlossen sind. So wurden bis hier Erfahrungsdispositionen Jugendlicher nachgezeichnet, die eher Verweigerung bzw. Rückzug betonen, als dass sie eine aktive Teilhabe dieser Akteure in der reflexiv-kritischen und gestalterischen Auseinandersetzung innerhalb gesellschaftlicher Modernisierungsprozesse ausformen.

Im nächsten Abschnitt wird nun der Frage nachgegangen, welchem Adressaten das Gelingen des Modernisierungsprojekts überantwortet wird.

3.3.2 Über den Verlust charismatischer Repräsentanten und die Verbürgung von Modernisierung

> *„ich muss schon sagen, dass, dass och in damaligen Zeiten irgendwie irgendwas anderes im Vordergrund stand, zum Beispiel die Erfinder, zum Beispiel Einstein, der war weltberühmt, wenn man jetzt irgendeinen Erfinder der irgendeine Formel erfunden hat, da weeß keener den Namen" (Em; Z. 2840- 2846).*

Einmal mehr scheint sich der retrospektive Blick in die *„damalige Zeit"* zu lohnen. Dass sich diese Zeit im Vergleich zum gegenwartsbezogenen Kontext durch eine Besonderheit auszeichnet, wird zwar betont (*„im Vordergrund stand"*), jedoch nicht weiter spezifiziert (*„irgendwie irgendwas"*). So werden hier zunächst einmal nur Differenzen zwischen historischem und ge-

genwartsbezogenem Kontext markiert. Diese Differenzen bzw. Prioritäten (*„im Vordergrund stand"*) werden im Folgenden an einem *„Beispiel"* erklärt. So sind es die *„Erfinder"* als personalisierte Repräsentanten des Fortschritts und der Entwicklung *„damaliger Zeiten"* – im Speziellen ist es *„Einstein"* als ‚nennenswerter' Repräsentant einer Profession (*„Erfinder"*) – und dieser so bedeuteten Zeit des Glaubens an Entwicklung und Fortschritt. In diesem Sinne müssen die ‚alten Zeiten' mit Blick auf die Vergangenheit als Garant für Entwicklung und Fortschritt herhalten. Die personalisierten Repräsentanten stehen also für die Idee der Modernisierung überhaupt. Darüber hinaus verkörpert diese Personalisierung, die nicht zuletzt *„Einstein"* *„weltberühmt"* gemacht hat, eher eine nicht genau benennbare Vergangenheit und verliert sich unter den gegenwärtigen Bezügen in der X-Beliebigkeit. So sind es heute (*„jetzt"*) *„irgendwelche"*, scheinbar bedeutungslos gewordene Formeln von irgendwelchen *„Erfinder(n)"*, die die Idee von Modernisierung kaum mehr verbürgen. Zwar sind auch in der heutigen Zeit Modernisierungsaspirationen, die durch *„Erfinder"* und *„Formeln"* immer wieder neu angestoßen werden, nicht obsolet geworden. Jedoch werden sie in der Gegeneinanderführung zur *„damaligen Zeit"* nicht durch charismatische Repräsentanten einer Profession in der Weise verstetigt, wie sie erst dadurch übergreifende Gültigkeits- und Bewährungsansprüche (*„weltberühmt"*) erheben können.

In diesem Bilde stehen *„Erfindungen"* und *„Formeln"* für sinngenerierende ‚neue Technologien', derer man sich bedient, um die Welt erklären und gestalten können. So sind es aber auch jene Technologien, die überhaupt erst die Machbarkeit des Verstehens, Erklärens und Gestaltens von Welt unterstellen, ohne jeden Zweifel, trotz permanenter, eigendynamisch verlaufender Wandlungs- und Veränderungsprozesse. Das Gelingen hängt dabei einerseits immer davon ab, wie gut eben jene Neuerungen selbst in der Lage sind, (neuen) handlungsleitenden Sinn, also Wirklichkeit, Orientierungen und Sicherheiten zu generieren und zu versprechen. Andererseits – und das zeigt dieser Fall – können sie dies immer weniger aus sich selbst heraus. Denn das Gelingen bzw. die Machbarkeit des Erklärens und Gestaltens von Welt, das immer auch gebunden ist an das Streben um das ‚richtige' Wissen, hängt ab von der kollektiven Verbürgung. Der eigentliche Erfolg von Modernisierung liegt demzufolge in seinem gelungenen, (kollektiv) glaubhaften Versprechen. Dies gilt hier nur dann als gelungen, wenn Geltungs- und Bewährungsansprüche eben dieser ‚Neuerungen' umfassende Gültigkeit und Anerkennung (*„weltberühmt"*) erfahren und wenn diese in einer konkret wahrnehmbaren, personellen Repräsentanz verschmelzen. So empfinden hier die Akteure Modernisierungsprozesse nur dann als adäquat, wenn sich die Versprechen der Moderne handlungspraktisch auch nachvollziehen lassen, wenn sie also gemeinhin das einlösen, was sie verheißen, nämlich Erklärbarkeit, Verstehen und Nachvollzug von Fortschritt und Entwicklung. Dies wird jedoch in diesem Fall der *„damaligen Zeit"* zugeschrieben, wobei es in der Gegenwart zwar solche (Weiter-)Entwicklungen immer noch gibt, jedoch verweisen diese kaum noch auf eine übergreifende Verbürgung in der Etablierung der Idee des Fortschritts und der Entwicklung. Modernisierungsprozesse verlieren also in der Gegenwart für die Jugendlichen in der Anonymisierung einer modernisierenden Elite (*„irgendeinen Erfinder"*) ihre verbürgte und übergreifende Idee an Fortschritt, Entwicklung und Modernität. Modernisierung bleibt für sie allenfalls noch als permanenter Wandel erfahrbar.

War es somit im historischen Kontext also das kollektive Streben *nach* Wissen und damit nach Erklärbarkeit und Verstehen von Welt, so ist es unter gegenwärtigen Bezügen der dramatische Verlust *von* Wissen im Nachvollzug um die ‚eindeutig richtigen' Technologien – im Sinne sinngenerierender Handlungsalternativen. Damit generiert sich vor dem Hintergrund unterschiedlicher Bildungsniveaus eine Wissenskluft im Nachvollzug und dem Verstehen von Modernisierung, die sich im konkreten Fall vor dem Hintergrund des berufsschulspezifischen Kontextes repräsentiert.

3.3.3 Modernisierungsprozesse versus Modernisierungsschub – wann verliert Modernisierung ihren Sinn?

„aber ich muss schon sagen, dass die Entwicklung ziemlich schnell geht, dass mich das ziemlich erschreckt" (Em; Z. 2983- 2985).

Modernisierungsprozesse werden vor diesem Hintergrund als relativ eigendynamische, sich selbst reproduzierende Abläufe charakterisiert (*„Entwicklung...geht"*), die in ihrem Verlauf und ihrer Geschwindigkeit (*„ziemlich schnell"*) nicht nur Distanzen und das Gefühl von Angst und Unbehagen produzieren (*„erschreckt"*). Modernisierung erscheint immer weniger als prozessual generiert, was den Akteuren die Möglichkeit verschließt, an diesem Prozess der Generierung ‚neuen Wissens' und ‚neuer Technologien' (*„Ideen"*) partizipieren zu können. Vielmehr steht Modernisierung hier für einen unkontrollierten, Distanz erzeugenden und Partizipation verunmöglichenden Modernisierungsschub, der freilich auch das Gefühl der Lähmung und der Angst erzeugt. Was bleibt, ist die Wahrnehmung von Modernisierung als gewaltiger Modernisierungsschub, der eher in der Figur des permanenten Wandels, im Sinne ebenso permanenter Re-Formulierungen von ‚neualten' Sicherheiten und Orientierungen erscheint, statt der Wahrnehmung von Modernisierung als der gelungenen Generierung und Umsetzung ‚neuer Technologien', um den Anforderungen der Moderne erkenntnis-, sinn- und orientierungsstiftend gerecht werden zu können. Modernisierung verfehlt demzufolge in der Idealkonstruktion ihr Ziel und erreicht genau das Gegenteil: Desorientierung durch den Verlust von Sicherheiten und gemeinsam getragenen Ideen, verbunden mit der tendenziellen Ausgrenzung der – hier repräsentierten – Akteure aus dem Modernisierungsgeschehen.

„für mich einfach viel zu schnell, man schnallt das eigentlich gar nicht alles=alles, was jetzt (...) erfindet, erfunden wurde" (Em; Z. 2996-2999)

Die Konsequenz eben jener Modernisierungsschübe liegt somit auf der Hand. Indem Modernisierungen als *„einfach viel zu schnell"* wahrgenommen werden, bleibt nicht nur der Nachvollzug und das Verstehen jener Entwicklungen aus (*„man schnallt das eigentlich gar nicht alles"*). Vielmehr verschließt sich auch Partizipation an diesen Entwicklungen. Hier verfehlt – genau genommen – die bereits angedeutete Wissenskluft ihre Wirkung nicht: Das fehlende und dennoch so wichtige Wissen im Modernisierungsgeschehen generiert ebenso die Verunmöglichung des Nachvollzuges und des Verstehens von Modernisierung. Dies impliziert die fatale Folge dieser so charakterisierten Modernisierungsverläufe: ‚Erfindungen' können – wie bereits angedeutet – als der Schlüssel zur Generierung ‚neuen Wissens' auch im Sinne alternativer Handlungsoptionen bedeutet werden, über die wiederum Modernisierung überhaupt erst erklärbar, verstehbar und somit nachvollziehbar wird. Verstehen sich diesbezüglich die konkreten Akteure als Ausgeschlossene, die sich diesen Entwicklungen im Verstehen und Erkennen nicht angleichen können, verschließt sich damit auch der Sinnbezug von Modernisierung und damit auch der Sinnbezug im Erschließen des ‚Neuen'. Modernisierung, Fortschritt, Entwicklung – all das sind komplexe Prozesse, die ebenso in unser Leben und unsere Gewohnheiten bzw. Alltagsroutinen eingreifen, wie sie damit eine Steigerung der Lebensqualität bzw. unseres Lebensstandards verheißen. Nun verkommen aber in der Gegenwart gerade jene ‚Modernisierungseliten' zum Gegenteil, nämlich zu namenlosen, anonymen Modernisierungsbeteiligten. Die immer schnelleren und eigendynamisch verlaufenden Modernisierungsverläufe, die den Nachvollzug und das Erfahren und Verstehen der so quasi schon unterstellten Neuerungen für die Nichtbeteiligten tendenziell verunmöglichen, führen in der Folge nicht nur zu einem Ausschluss dieser Akteure in der ‚Generierung des Neuen'. Vielmehr scheint Modernisierung (als Idee) strukturell ihren orientierungsstiftenden Sinn zu verlieren.

Bis zu dieser Stelle werden in den Textpassagen zwei konkurrierende Entwürfe von Modernisierung mit ihren jeweiligen Konsequenzen für die konkreten Akteure präsentiert: Einmal wird in der retrospektiven Perspektive auf ein Idealbild von Modernisierung Bezug genommen, dem das Streben nach ‚neuem Wissen', also gemeinhin das Streben nach Fortschritt und Entwicklung, unterstellt wird. Diese so formulierten Modernisierungsideale gelten im historischen Kontext in ihren Geltungs- und Bewährungsansprüchen als umfassend eingelöst und anerkannt. Dies nicht zuletzt durch die personelle Verbürgung und Einlösung dieser so formulierten Ideale durch herausgehobene modernisierende Repräsentanten einer historisch bereits abgeschlossenen ‚Blütezeit'. Modernisierungsprozesse im Rahmen dieses historischen Kontextes gehen im Bild der personell verbürgten Modernisierung als ‚Idee des Fortschritts und der Entwicklung' auf.

Diesen Modernisierungs*prozessen* der ‚damaligen Zeit' stehen Modernisierungs*verläufe* in der Gegenwart gegenüber, die weitestgehend willkürlich und eigendynamisch verlaufen und eher den Charakter distanzerzeugender Modernisierungs*schübe* aufweisen. Dies führt in der Konsequenz zum ‚passiven Erleiden' gesellschaftlicher Wandlungsprozesse, die vor dem Hintergrund der formulierten Idealbilder von Modernisierung kaum noch einen Nachvollzug bzw. eine Einordnung sinngenerierender Modernisierungsaspirationen zulassen und in der Tendenz eher Desorientierungen und Verunsicherungen provozieren. Vielmehr jedoch generieren bzw. potenzieren diese Modernisierungsverläufe Wissensklüfte im Nachvollzug und Verstehen in Abhängigkeit zu den konkret repräsentierten Bildungsniveaus.

5. *Schlussfolgerungen*

Führt man nun die aus diesen beiden hier vorgestellten Zugängen in der empirischen Erschließung von Medienkompetenz generierten Ergebnisse zusammen, so lassen sich folgende erkenntnisgenerierenden Aussagen dieses exemplarischen Falles festhalten:

Das Medienhandeln der befragten Jugendlichen ist eingebettet in ihre konkreten Weltdeutungen, die in spezifischer Art und Weise und vor dem Hintergrund milieu- und bildungsspezifischer Dispositionen wahrgenommene Phänomene (hier die Medienberichterstattung des 11. September 2001) zu verstehen und einzuordnen suchen.

In Auseinandersetzung mit außergewöhnlichen oder irritierenden (Medien-)Ereignissen, die als Handlungskrisen bezeichnet werden können, greifen die Jugendlichen also auf ihr vorhandenes Erfahrungs- und Deutungswissen zurück. Das reflexive Wissen Jugendlicher um die Abläufe und Strukturlogiken eines Mediensystems, das in gewisser Weise die Paradoxien moderner Gesellschaften selbst reproduziert, speist sich also aus den lebensweltlich generierten Orientierungs- und Deutungsrahmungen und bedingt gleichsam die fallspezifische Ausprägung von Fähigkeiten im kritischen Umgang mit Medien. Medienkritik kann demzufolge nicht per se als erwartbare Festlegung an den Fall herangetragen werden, sondern muss sich aus dem Fall selbst, also vor dem Hintergrund der spezifisch generierten kollektiven Orientierungs- und Deutungsrahmungen Jugendlicher herleiten lassen. Erst so kann u.E. erklärt werden, welche Besonderheiten in den Lebenswelten Jugendlicher dafür ausschlaggebend sein können, dass sich im Medienhandeln Jugendlicher kaum Medienkritik zeigt.

Um es noch einmal zu wiederholen: Die ,medien-kritische' Position der von uns befragten Jugendlichen beschränkte sich im Wesentlichen auf das Bedauern, dass seinerzeit die Medien zwar permanent über den Anschlag auf das WTC mit Wort und Bild berichteten, aber keine eindeutigen Bewertungen und Gründe dafür lieferten. Die Jugendlichen hätten sich eine ,klare Berichterstattung' gewünscht, durch die dann der Vorfall aber auch medial ,erledigt', gewissermaßen ,abgehakt' worden wäre. Aber statt dieser gewünschten eindeutigen Berichterstattung der Medien mussten die Jugendlichen nicht nur divergierende Berichte, Vermutungen und konträre Meinungen aushalten.

Die Medienlandschaft (vor allem das Fernsehen) ließ den eigentlich unterhaltungsorientierten Jugendlichen keine Nischen des ‚Entkommens' mehr: Überall und andauernd wurde nur noch über den Anschlag berichtet. In der Weltdeutung der Jugendlichen konnten sie als „Ottonormale" diese uneindeutige Dauerberichterstattung der Medien nicht angemessen einschätzen. Was genau geschehen war, wer schuldig, Täter oder Drahtzieher war, entzog sich ihrer Kenntnismöglichkeit. Wie bei anderen komplizierten Phänomenen (z.B. neuere Physik oder allgemein: die komplexen Vorgänge und Interdependenzen der Moderne) lässt es in der Selbstsicht der Jugendlichen ihr Ausbildungsstand (eigentlich ihr gesamtes biografisches Schicksal als „Ottonormale") nicht zu, Hintergründe und Durchblicke angemessen selbst zu analysieren. Für sie bleiben nur die Möglichkeiten an Kritik: unverstehbare Dinge zu personalisieren (wie z.B. neuere Physik in der Person „Einstein", der man früher noch vertrauen/nicht vertrauen oder der man glauben/nicht glauben konnte), oder eben von den Medien eindeutige Bilder und Fakten geliefert zu bekommen, denen man genauso vertrauen/nicht vertrauen oder der man glauben/nicht glauben kann.

Eben dieser ‚Serviceleistung' aber hatten sich die Medien in der medienkritischen Sicht der Jugendlichen rund um den 11. September entzogen. Statt Klarheit in den politisch komplexen und undurchschaubaren Vorfall zu bringen, wurde er zum medialen Dauerthema perpetuiert. Die befragten Jugendlichen als „Ottonormale" reagierten darauf wie auf andere Unerklärbarkeiten und Irritationen der Moderne auch. Ihre kritische Haltung dazu aktualisierte ein auch in anderen Kontexten bewährtes Deutungsmuster, nach dem die „Ottonormalen" nicht nur die Katastrophen und Imponderabilitäten der Moderne aushalten und erleiden müssen, sondern zusätzlich von den Eliten (hier den Medienmachern) auch noch unaufgeklärt bleiben. Zusätzlich gewährten die Medien um den 11. September den „Ottonormalen" dann noch nicht einmal das, was ihnen überhaupt noch zu tun übrig blieb; nämlich den Leerraum der eigenen Eingreif- und Mitgestaltungsmöglichkeiten durch den Genuss von Spielfilmen und anderer Medienunterhaltung zu füllen.

Literatur

Baacke, D.: Kommunikation und Kompetenz. Grundlegung einer Didaktik der Kommunikation und ihrer Medien. München 1980 (3. Aufl., Orig. 1973).

Baacke, D.: Medienkompetenz – Begrifflichkeit und sozialer Wandel. In: Rein, A. v. (Hrsg.): Medienkompetenz als Schlüsselbegriff. Bad Heilbrunn 1996, S. 112-124.

Baacke, D.: Medienpädagogik. Tübingen 1997.

Baacke, D./Sander, U./Vollbrecht, R. u.a.: Zielgruppe Kind. Kindliche Lebenswelten und Werbeinszenierungen. Opladen 1999.

Barthelmes, J./Sander, E.: Medien in Familie und Peer-group. München 1997.

Bohnsack, R.: Gruppendiskussionsverfahren und Milieuforschung. In Friebertshäuser, B./Prengel, A. (Hrsg.): Handbuch qualitative Forschungsmethoden in der Erziehungswissenschaft. Weinheim 1997, S. 492-502.

Bourdieu, P.: Über das Fernsehen. Frankfurt a.M. 1998, S. 21

Dewe, B./Sander, U.: Medienkompetenz und Erwachsenenbildung. In: von Rein, A. (Hg.): Medienkompetenz als Schlüsselbegriff. Bad Heilbrunn 1996, S. 125-142.

Fromme, J./Kommer, S./Mansel, J./Treumann, K. P. (Hrsg.): Selbstsozialisation, Kinderkultur und Mediennutzung, Opladen 1999.

Loos, P./Schäffer, B.: Das Gruppendiskussionsverfahren. Opladen 2001.

Oevermann, U.: Zur Analyse der Struktur von sozialen Deutungsmustern (Original: 1973). In : Sozialer Sinn. Zeitschrift für hermeneutische Sozialforschung, H.1, 2001, S. 3-11.

Oevermann, U.: Die Struktur sozialer Deutungsmuster – Versuch einer Aktualisierung. In: Sozialer Sinn. Zeitschrift für hermeneutische Sozialforschung. H. 1, 2001a, S. 35-83.

Rosenthal, G.: „...wenn alles in Scherben fällt...". Vom Leben und Sinnwelt der Kriegsgeneration. Typen biographischer Wandlungen. Opladen 1987

Thole, W.: Jugend, Freizeit, Medien und Kultur. In: Krüger, H.-H./Grunert, C. (Hrsg.): Handbuch Kindheits- und Jugendforschung. Opladen 2002; S. 653- 685.

Treumann, K. P.: Tringulation als Kombination qualitativer und quantitativer Forschung: In: Abel, J./Möller, R./Treumann, K. P. (Hrsg.): Einführung in die Empirische Forschung. Stuttgart 1998, S. 154-182.

Treumann, K. P./Baacke, D./Haacke, K./Hugger, K.-U./Vollbrecht, R.: Medienkompetenz im digitalen Zeitalter. Wie die neuen Medien das Leben und Lernen Erwachsener verändern. Opladen 2002.

Jana Dittmann und Winfried Marotzki

Digitale Vertrauenskulturen

Wie sich die Transformation moderner Gesellschaften in den nächsten Jahren
fortsetzt, hängt ganz zentral von der Entwicklung, Implementierung und sozialen Kontrolle der GNR-Technologien (der Kombination aus Gen-, Nano-
und Robotertechnologie) ab. Die Diskussion zur künstlichen Intelligenz, die
im letzten Jahrzehnt geführt worden ist, hat mit dem Gebiet der Robotertechnologie gleichsam eine neue Arena gefunden und sich auf dieses Gebiet verlagert. Hier werden jetzt grundlegende, auch pädagogisch zentrale Fragen,
wie z.B. die nach einem Personenkonzept, diskutiert (vgl. Richards u.a.
2002). Zentrale Bedenken, die sich auf die mit den neuen Technologien verbundenen Gefahren stützen, sind immer wieder vorgetragen worden (Joy
2000; Moravec 1999). Ohne diese verzweigte Debatte an dieser Stelle rekonstruieren zu wollen, kann doch ein Befund in verallgemeinernder Absicht
hervorgehoben werden: In dem Maße, in dem Gesellschaften aufgrund des
Einsatzes neuer Technologien einen Komplexitätsschub aufweisen, der sich
bis in die Lebenswelten einzelner Menschen hinein auswirkt, rückt ein „Mechanismus" von Sozialität immer stärker in das Zentrum der Aufmerksamkeit: Vertrauen. Nicht nur aus der hier herangezogenen Perspektive wird diese Ressource prekär. Vielmehr ist seit Beginn der neunzehnhundertneunziger
Jahre ein Ansteigen der Publikationen zu dem Thema *Vertrauen* aus verschiedenen Perspektiven zu konstatieren, und zwar in Soziologie, Pädagogik,
Philosophie, Politikwissenschaft und Ökonomie. Vertrauen wird als elementare Voraussetzung sozialer Prozesse gesehen. Wenn Vertrauen aber nicht
mehr als selbstverständliche Voraussetzung sozialer Prozesse verstanden
werden kann, häufen sich Maßnahmen zur Vertrauensbildung, gerät das Phänomen Vertrauen also in den Fokus der systematischen Reflexion.

In der vorliegenden Arbeit wollen wir uns auf solche Thematisierungsbe-
reiche beziehen, in denen Vertrauensbildung deshalb nötig wird, weil die sozialen Umgebungen in hohem Maße technisch gestaltet sind, und zwar durch
neue Informationstechnologien. Im Folgenden werden wir zunächst einen
Überblick über die Thematisierungen des Vertrauensphänomens in sozialwissenschaftlicher Hinsicht geben. Zweitens soll die Diskussion über Vertrauenskulturen am Beispiel von Online-Auktionen nachgezeichnet werden. Drittens
werden dann einige Perspektiven für eine Vertrauenskultur virtueller Commu-

nities (framework of trust) entwickelt. Denn diese Arbeit ist aus umfangreichen interdisziplinären Vorarbeiten an der Universität Magdeburg entstanden, die darauf abzielen, eine virtuelle 3D Community zu entwickeln und zu gestalten.

1. Sozialwissenschaftliche Thematisierungsweisen

Thematisierungen des Verhältnisses von Vertrauen und sozialer Ordnung finden sich bei den Klassikern der Soziologie, angefangen bei Thomas Hobbes, über Emile Durkheim, Georg Simmel bis zu Max Weber. Ohne hier im einzelnen auf die Unterschiede einzugehen, kann zusammenfassend gesagt werden, dass Vertrauen für alle ein zentraler Mechanismus sozialer Interaktion darstellt, weil es – so die sachliche Dimension – Komplexität reduziert, weil es – so die soziale Dimension – stabile Rahmenbedingungen für Handlungs- und Interaktionsprozesse schafft und weil es – so die zeitliche Dimension – Nichtwissen zeitlich überbrückt (vgl. genauer: Endress 2002, S. 10-27). Vertrauen ist der soziale *Grundmechanismus*, der auf die Grunderfahrung reagiert, dass Handeln sich unter Bedingungen unvollständigen Wissens vollzieht und vollständige individuelle Handlungsautonomie ohnehin unmöglich ist, insofern jede Handlung immer risikobehaftet vollzogen werden muss. Vertrauen überbrückt die Informationsunsicherheit und die Zeitproblematik. Die Diskurse der letzten Jahrzehnte zum Thema Vertrauen strukturieren wir in Form von drei Strängen:

1.1 Systemtheoretische Thematisierung

In systemtheoretischer Hinsicht bietet die frühe Arbeit von Niklas Luhmann (1968) ein kompaktes Thematisierungsformat in grundlagentheoretischer Einstellung. Für ihn ist Vertrauen ein Mechanismus der Komplexitätsreduktion, um auf diese Weise spezifische Risikoprobleme sozialen Handelns zu lösen. Durch Vertrauen werden Erwartungen stabilisiert und dadurch wird individuelles Handeln gesichert, indem das Zeitproblem des Handelns und die Informationsunsicherheit überbrückt werden. Luhmann unterscheidet zwischen persönlichem Vertrauen (Vertrauen in Personen) und Systemvertrauen (Vertrauen in soziale und technische Systeme). Die Kontrolle des Systemvertrauens erfordert Fachwissen (z.B. gegenüber technischen Systemen), die Kontrolle des persönlichen Vertrauens nicht. „Praktisch kann Vertrauenskontrolle also nur im Hauptberuf ausgeübt werden. Alle anderen müssen sich auf die hauptberuflich Kontrollierenden verlassen (...) Das Vertrauen in die Funktionsfähigkeit von Systemen schließt Vertrauen in die Funktionsfähigkeit ihrer immanenten Kontrollen ein. Die Risikoneigung muß in diesen Systemen selbst unter Kontrolle gehalten werden" (Luhmann 1968, S. 77). Dabei konstatiert er, dass die Entwicklung von der Dominanz des Typs des (inter)personalen Vertrauens in kleinen und relativ undifferenzierten Gesellschaften hin zu einem Typus von Systemvertrauen gehe, der typisch für komplexe, hochgradig differenzierte, technisch orientierte Gesellschaften ist: „Eher wird man damit rechnen müssen, dass Vertrauen mehr und mehr in Anspruch genommen werden muß, damit technisch erzeugte Komplexität der Zukunft ertragen werden kann" (Luhmann 1968, S. 20).

1.2 Die Rational Choice Perspektive

Pointiert hat James S. Coleman (1991) diese Perspektive ausgearbeitet, derzufolge Vertrauen und rationales Handeln aufeinander bezogen sind. Die strukturell nicht mögliche Gleichzeitigkeit von Leistung und Gegenleistung bildet für Colemann das spezifische Risiko des Vertrauenschenkens, denn zeitliche Asymmetrien stellen in sozialen Austauschbeziehungen prinzipiell ein Risiko dar. Folgende Strukturmerkmale kennzeichnen die Logik von Vertrauen: (1) Die Vergabe von Vertrauen impliziert die Übertragung von Ressourcen. (2) Im Falle der Vertrauenswürdigkeit des Vertrauensnehmers verbessert der Vertrauensgeber seine Position, sonst verschlechtert er sie. (3) Die Übertragung von Ressourcen erfolgt, ohne dass der Ressourcenempfänger eine wirkliche Verpflichtung eingeht. (4) Eine Einschätzung der berechtigten Vergabe von Vertrauen impliziert eine Zeitverzögerung bis zu dem Zeitpunkt, an dem sie sich potentiell auszahlt (vgl. Endress 2002, S. 36).

Auf jeden Fall ist die Entscheidung für oder gegen ein Vertrauen für Coleman abhängig vom Stand des Wissens seitens des Vertrauensgebers über die Gewinnchancen und die möglichen Verluste. Diese Relevanz des Wissens verweist auf die Bedeutung von Bewährung. Individuen vergeben (als rationale Akteure) auf rationale Weise Vertrauen, wenn die wahrscheinlich erwartbaren Vorteile (Bewährung) größer sind als die wahrscheinlich erwartbaren Nachteile (Enttäuschung). Es liegt also ein Modell einseitiger Vertrauensvergabe vor; insofern – so urteilt Endress 2002 – liege ein eher reduzierter Phänomenbereich des Vertrauens vor. Informationen einholen und Informationen zukommen lassen ist hier das strategische Handlungsmuster, um Vertrauenswürdigkeit einschätzen zu können. Man sieht sehr schnell die Grenzen dieses Modells: Ein rational Handelnder im Sinne Colemans müsste, um zwischenmenschlichen Bereich Vertrauen zu vergeben, Informationen einholen. Gerade dieses zerstört aber häufig gerade Vertrauen.

1.3 Modernitätstheoretische Thematisierung

Anthony Giddens (1996) hat herausgearbeitet, dass die Entwicklung der Moderne sich dadurch auszeichnet, dass die Menschen aus konkreten orts- und zeitgebundenen Interaktionszusammenhängen immer mehr herausgehoben werden (Entbettung). Damit einher geht der Prozess der Reflexivitätssteigerung (die Einzelnen müssen immer mehr selbst entscheiden und verantworten; elementare Mechanismen werden selbstbezüglich). Diese Tendenz hatte Luhmann bereits aufgezeigt: In dem Maße, in dem die Komplexität des sozialen Lebens ansteigt, müssen dessen elementare Mechanismen reflexiv werden. Luhmann verdeutlicht dieses an dem Beispiel des Lernens. Ab einer bestimmten Stufe der Komplexität kann Lernen nur dadurch gesteigert werden, dass der Lernende sich der Mechanismen des Lernens klar wird, um diese auf diesem Weg verändern zu können: Lernen des Lernens. Aber zurück zu Giddens: Ähnlich wie Luhmann argumentiert auch er, dass Menschen in dem Maße auf Systemvertrauen angewiesen sind, wie sich im Zuge der Entwicklung einer Informations- bzw. Wissensgesellschaft immer mehr Technik zwischen Mensch und (natürliche) Umwelt schiebt.

Der Begriff des Vertrauens lässt sich nach Giddens zunächst als Zutrauen zur Zuverlässigkeit einer Person oder eines Systems im Hinblick auf eine gegebene Menge von Ergebnissen oder Ereignissen bestimmen (Giddens 1996, S. 49). Vertrauen ist ein Zustand, der aus dem Glauben an die Zuverlässigkeit einer Person oder Institution oder Technik folgt (sich-verlassen-auf; keinen-Grund-zum-Zweifeln-haben). Das Erlebnis der Sicherheit beruht normalerweise auf einem Gleichgewicht zwischen Vertrauen und akzeptablem Risiko. Schwerpunktmäßig nimmt Giddens, und zwar wesentlich stärker als Luhmann, die institutionelle Vermitteltheit von Systemvertrauen in den Blick. Das Wesen moderner Institutionen ist für ihn nämlich zutiefst mit den Mechanismen des Vertrauens in abstrakte Systeme, vor allem Expertensysteme, verbunden. Gerade Expertensysteme (z.B. Arzt-Patient-Beziehung) sind für ihn typische Beispiele institutioneller Rahmungen und institutionalisierter Vertrauensmuster (frameworks of trust), z.B. das Versicherungssystem. Das sind für ihn gleichsam intermediäre Institutionen des Vertrauens. Man könnte dabei etwa an die Stiftung Warentest oder auch an Verbraucherzentralen denken.

1.4 Empirische Analysen zum Aufbau von Vertrauen

Untersuchungen zur Genese von Vertrauenskonstellationen sind auf unterschiedlichen Emergenzstufen des Sozialen durchgeführt worden. Die Einteilung von Endress (2002) in Mikro-, Meso- und Makroebenen halten wir für sinnvoll. Wir klammern lediglich die Studien zum Vertrauensaufbau in virtuellen Welten aus, weil wir sie im folgenden Abschnitt genauer behandeln werden. Zu den *Mikroanalysen* zählen Analysen von face-to-face Interaktionsprozessen. James M. Henslin (1968) untersucht beispielsweise, wie Taxifahrer sich relativ schnell ein Bild von einem neuen Kunden machen und dann auf Grundlage des so konstituierten Vertrauens ihn als Fahrgast akzeptieren oder eben nicht. *Mesoanalysen* untersuchen Vertrauen in Organisations- und Arbeitsprozessen, z.B. Studien zu professionellem Handeln (Arzt-Patient-Beziehung oder zum professionellen Handeln von Pfarrern). *Makro*analysen thematisieren das Vertrauen zu gesellschaftlichen Institutionen und in gesellschaftliche Transformationsprozesse. Am Beispiel der polnischen Gesellschaft hat beispielsweise Piotr Sztomka (1995) seine Analysen zur Entstehung von Vertrauens- bzw. Misstrauenskulturen durchgeführt. Vertrauen ist für ihn eine kulturelle Ressource zur Bewältigung der Zukunft. „Vertrauen regt Kooperation und gegenseitige Hilfe an, dämpft Konflikte und mäßigt persönliche Auseinandersetzungen" (Sztompka 1995, S. 260). Vertrauen versteht Sztompka als Annahme über das erwartbare menschliche Handeln anderer und bezieht es somit auf mehr oder weniger unsichere Ereignisse, deren Ausgang zum jetzigen Zeitpunkt nicht bekannt sein kann. Für postkommunistische Gesellschaften diagnostiziert er einen durchgängigen und tiefgreifenden Vertrauensverlust. Zusammenfassend stellt er dar, dass sich vertrauensbildende Maßnahmen auf folgende Aspekte konzentrieren müssten: (1) Die Unsicherheit der Politik durch Bestimmtheit ersetzen; (2) Willkür bekämpfen, für mehr Berechenbarkeit; (3) Rechtssicherheit; (4) Geheimniskrämerei bekämpfen; (5) Pluralismus unterstützen; (6) Inkompetenz von Personen in zentralen Positionen bekämpfen und Integrität sichern.

Soweit die Rekonstruktion einiger zentraler Diskussionstopoi. Sie verdeutlicht zum einen die zentrale, offenbar nicht hintergehbare Funktion von Vertrauen für soziale Austauschprozesse. Zum anderen zeigt sie aber deutlich den Trend, dass Vertrauen im Sinne von Systemvertrauen dann immer zentraler wird, wenn sich Technik zwischen die Menschen und andere Menschen bzw. seine Umwelt schiebt.

Wir möchten diesen Sachverhalt im Folgenden exemplarisch am Beispiel neuer Informationstechnologien erörtern. Durch sie sind neue soziale Arenen entstanden, die neue Handlungsmöglichkeiten, aber eben auch neue Formen des Vertrauens und Misstrauens bieten. Beispielsweise finden ökonomische Akteure in Form des E-Commerce neue Handelsmöglichkeiten. Aus diesem Bereich wird unser erstes Beispiel kommen. Neue soziale Vergemeinschaftungsformen bilden sich im Internet, die verschiedenartigen Interesses gerecht werden. Darauf werden wir uns im darauffolgenden Schritt beziehen.

2. Vertrauen in digitalen Welten

Das Problem der Konstitution von Vertrauen im Internet ist bisher vornehmlich anhand von Online Versteigerungen diskutiert worden. Deshalb beziehen wir uns in diesem Argumentationsschritt auf diesen Spezialfall und öffnen dann den Fokus unserer Betrachtung, indem wir Gruppenphänomene im Internet hinsichtlich der Vertrauenskonstitution betrachten wollen.

Bekannt sind die beiden Internet-Auktionshäuser „Ricardo" (www.ricardo.de) und „eBay" (www.ebay.de). Auf sie beziehen sich die beiden Arbeiten, auf die wir hier exemplarisch eingehen wollen. Die Arbeit von Brinkmann und Seifert (2001) untersucht das Modell der Vertrauensbildung, das eBay in seinen allgemeinen Geschäftsbedingungen wie folgt einführt: „Um betrügerische Handlungen zu vermeiden, hat eBay ein öffentlich zugängliches Bewertungssystem eingerichtet, mittels dessen sich Nutzer nach der Durchfuehrung eines Vertrages gegenseitig bewerten können. Das Bewertungssystem soll Nutzern dabei helfen, die Zuverlaessigkeit anderer Nutzer einzuschätzen. Die Bewertungen werden von eBay nicht überprüft und können ihrer Natur nach unzutreffend oder irreführend sein" (www.ebay.de. Allgemeine Benutzerbedingungen [AGBn] §4 [20.2.2003]).

Brinkmann/Seifert (2001) entwickeln in ihrer Arbeit zu „ebay" ein dreidimensionales Vertrauensmodell:

(1) Kompetenzerwartungen
Die erste Dimension von Vertrauen besteht darin, dass der Vertrauende erwartet, dass der andere die entsprechende Kompetenz und Professionalität besitzt, um entsprechende Aufgaben auszuführen. Diese Dimension deckt Fälle der Laien-Professionellen-Beziehung ab, also z.b. Arzt-Patienten-Beziehung oder Lehrer-Schüler-Beziehung. Indikatoren für Vertrauenswürdigkeit in dieser Dimension sind beispielsweise Berufsabschlüsse, Qualifikationsnachweise, Zertifikate und Ähnliches. Diese Dimension deckt aber auch Fälle der Mensch-Maschine-Interaktion ab. Vertrauen in Technik (z.b. in die Sicherheit eines Verkehrsmittels) liegt dann vor, wenn unterstellt werden kann, dass diese Technik von kompetenten Akteuren hergestellt und hinsichtlich der Qualität geprüft sind. Vertrauensindikatoren sind hier in der Regel Markennamen und Qualitätszertifikate, aber auch Rankings (beispielsweise durch Verbraucherzentralen). Die Kommunikation von Vertrauenswürdigkeit in dieser Dimension ist dann die *Reputation*.

(2) Integritätserwartungen.
„Die Integrität einer Vertrauensperson setzt sich zusammen aus ihrer Offenheit/Erreichbarkeit, Wahrhaftigkeit, Glaubwürdigkeit und Zuverlässigkeit" (Brinkmann/Seifert 2001, S. 25).[1]

(3) Gesinnungserwartungen
Es wird erwartet, dass die Vertrauensperson sich wohlwollend und loyal verhält. „Wer vertraut, hegt die Erwartung, dass seine Interessen nicht verletzt und der eigenen Person kein Schaden zugefügt wird, selbst wenn dazu für eine Vertrauensperson die Gelegenheit und ein Anreiz besteht" (Brinkmann/ Seifert 2001, S. 26). Akteure dürfen aus der Vertrauensbeziehung einen Vorteil ziehen, aber nicht auf Kosten des Anderen. Es muss Fairness im Sinne eines ausgeglichenen Gebens und Nehmens bestehen.

---

1   Offenheit bedeutet vollständige Informationslage, und Erreichbarkeit bedeutet Kommunikationsbereitschaft. Wahrhaftigkeit bedeutet wahrheitsgemäße Informationen. Glaubwürdigkeit bedeutet, dass gegebene Versprechen auch eingehalten werden, also eine gewisse Übereinstimmung zwischen Worten und Taten. Zuverlässigkeit ist eine Stetigkeitserwartung, Kontinuitätserwartung des Verhaltens und Handelns.

Die Autoren fassen ihr Modell zusammen: „Vertrauen läßt sich jetzt definieren als die gefühlsmäßige und/oder kalkulierte Bereitschaft eines Akteurs, auf die Kontrolle eines anderen zu verzichten und eine riskante Vorleistung (Handlung) zu erbringen, die meistens mit einer kognitiven Erwartung und dem Gefühl einhergeht, dass der oder die VertrauensempfängerIn gleichzeitig kompetent, integer und wohlwollend ist" (Brinkmann/Seifert 2001, S. 27).

Die Autoren konzentrieren sich im Folgenden nicht auf die technische Seite der Vertrauenskonstitution bei „ebay", sondern ausschließlich auf „das Problem der interpersonalen Vertrauenskonstitution im Rahmen einer sozialen Beziehung im Internet" (Brinkmann/Seifert 2001, S. 28). Aufgrund der fehlenden Kopräsenz müssen die Internetauktionäre einander vertrauen, denn Käufer und Verkäufer sind einander in der Regel völlig fremd und besitzen keine eigenen Erfahrungen mit der Vertrauenswürdigkeit des jeweils anderen. Zur Lösung dieser Vertrauensproblematik hat der Betreiber der Plattform „ebay" fünf vertrauensstiftende Kontroll- und Regulationsformen installiert:

Erstens: Selbstregulierung der Community im Feed-back-Forum durch ein Vertrauensprofil: Die Mitglieder sollen sich in erster Linie selbst gegenseitig kontrollieren. „Das Vertrauensprofil stellt einen Lösungsversuch der Auktions-Plattform für das Problem der Reputationsbildung dar, das sich kleinen (Privat-) Anbietern ohne Markennamen auf Internetmärkten stellt" (Brinkmann/Seifert 2001, S. 29). Jeder Akteur, ob Käufer oder Verkäufer, bewertet nach jeder Transaktion den jeweils anderen hinsichtlich verschiedener Kriterien. Diese Bewertungen werden in das Vertrauensprofil aufgenommen. „Jeder Akteur im Rahmen einer Internet-Auktion fungiert dabei mit seiner Bewertung für nachfolgende Auktionäre als Dritter, der im Sinne eines Ratgebers (...) die Vertrauenswürdigkeit der Akteure im Hinblick auf vorausgegangene Auktionen einschätzt und in Form einer reputationsbildenden Bewertung dokumentiert" (Brinkmann/Seifert 2001, S. 29).

Beispiel 1: Bewertungssystem eBay

Fast alle vergleichbaren Anbieter haben solche Dokumentationen, die sich auf das vertrauensrelevante Transaktionsverhalten beziehen, implementiert. Überwiegend wird in der Fachliteratur attestiert, dass dieses System funktioniert, obwohl es immer auch wieder kritische Stimmen gibt (vgl. Intern.de 2003).

Zweitens: Kontrolle der Plattform durch die Plattformbetreiber, d.h. Selektion von „schwarzen Schafen".

Drittens: Garantien durch den Plattformbetreiber (Schadensersatz): „Das Angebot des Schadensersatzes reduziert das Risiko der Vertrauensvergabe für den Kaufinteressenten und erleichtert diese" (Brinkmann/Seifert 2001, S. 30).

Viertens: Zertifizierung auf der Basis von zusätzlichen Personendaten: Fundierung des Vertrauens in Identität (weil die Leute Online mit einem Alias auftreten). eBay überlegt, ob die Kunden bei der Anmeldung ihre Personendaten freigeben (z.B. Personalausweis faxen) sollten, um so eine Konvergenz von Online und Offline-Identität zu erreichen.

Fünftens: Stiftung sozialer Kontexte: „Regulativ wirken schließlich auch die sozialen Netzwerke bzw. 'Communities', die als Nebeneffekt der ökonomischen Transaktionen entstehen und über das rein Geschäftliche hinausweisen" (Brinkmann/Seifert 2001, S. 31). eBay unterstützt solche Communities, die sich zuweilen auch Offline treffen. Die zwischen den Mitgliedern einer Community festzustellenden sozialen Ähnlichkeiten und charakteristischen Gemeinsamkeiten wirken regulativ und stiften eine charakteristische Art von Vertrauen, das darauf beruht, dass gemeinsame Hintergrundüberzeugungen geteilt werden. In einem Interview sagen die Betreiber von eBay: „Letztlich vollzieht das, was wir hier erleben, die historische Entwicklung von Städten und Siedlungen nach. Diese haben sich in der Geschichte immer dort gebildet, wo aufgrund von Handelsstrassen oder Häfen ein Marktplatz vorhanden war. Um diesen Marktplatz herum haben sich dann auch die sozialen Gefüge entwickelt. Im Zentrum der Marktplatz, am Rande die Cafes: genau dieses Modell versuchen wir nachzubilden, denn es hat sich als wichtig erwiesen, das neben dem konkreten Geschäft auch die Geschichten um das Produkt sichtig sind" (Interview cit. Brinkmann/Seifert 2001, S. 31).

Die Autoren stellen in ihrer Studie im Wesentlichen die Resultate der von ihnen durchgeführten quantitativen und qualitativen Analyse einer Zufallsstichprobe aus den Feedback-Foren dar. Die von eBay selbst geäußerte Einschätzung der hohen Relevanz der Selbstregulierung bestätigen die Autoren in ihrer Untersuchung. Wenn ein Akteur im Laufe der Zeit mehrere schlechte Bewertungen erfährt, wird auch weniger Vertrauen gewährt und es kommen mit hoher Wahrscheinlichkeit auch weniger Transaktionen zustande. Es ist dann für ihn unter Umständen günstiger, mit einer neuen Identität von vorne zu beginnen. Insofern rückt die Verifizierung von Identitäten an dieser Stelle in das Blickfeld, und zwar zunächst als technisches Problem (formale Identität), denn wenn dies geschieht, muss sicher gestellt sein, dass der Nutzer diese Identitäten auch einsehen und rekonstruieren kann.

Brinkmann und Seifert fassen die Resultate zusammen, indem sie die interpretierten Daten auf die drei Dimensionen ihres Vertrauensmodells beziehen: Es lassen sich verschiedene Arten von *Kompetenzerwartungen* nachweisen: Expertenwissen (über Produkte), technische/handwerkliche Fähigkeiten (beim Versand der Ware), Ausübung einer Routinehandlung (z.B. nicht ausreichende Frankierung der Sendung), rollenspezifische Kompetenz (d.h., es darf auf Verkäuferseite nicht passieren, dass nach erfolgreicher Auktion die Ware nicht mehr da ist, weil sie schon anderweitig verkauft wurde). *Integritätserwartungen* werden beispielsweise dann verletzt, wenn keine Reaktion darauf erfolgt, eine Kommunikation anzubahnen. „Damit ist die ungenügende Erreichbarkeit von InteraktionspartnerInnen die meistgenannte Problematik in der Integritätsdimension. Die Unzugänglichkeit wird als unfreundlich empfunden. (...) Im Umkehrschluß bedeutet dies, dass eine gute Erreichbarkeit Kommunikatitonsbereitschaft signalisiert, die für die Stiftung von Vertrauen höchst relevant ist" (Brinkmann/Seifert 2001, S. 41). Unzuverlässigkeit und Inkonsistenz werden vor allem beim Ausbleiben der Ware thematisiert. Wahrhaftigkeit steht in Frage, wenn jemand behauptet, das Geld sei nicht angekommen. *Gesinnungserwartungen* werden verletzt, wenn vorsätzliche Täuschung (Betrugsabsicht) unterstellt werden muss.

Abschließend stellen die Autoren fest, dass die Logik der Vertrauensprofile darin bestehe, die fehlende Primärerfahrung durch eine Vielzahl von Sekundärbeurteilungen zu substituieren. Die Institutionalisierung von Vertrauen in Form von Vertrauensprofilen funktioniere. Insbesondere die Erreichbarkeit als Dimension der Integritätsdimension spiele eine grosse Rolle. Es liege bei eBay eine soziale (kommunikative) Einbettung der Transaktionen (der Marktvorgänge) vor. „Gewöhnlich sind Intermediäre, die Reputation über Akteure verbreiten und damit Aussagen über deren Vertrauenswürdigkeit machen, Einzelpersonen oder Institutionen (z.B. die Stiftung Warentest). Im Fall der Internetauktion setzt sich der Intermediär aus einer mehr oder minder großen Anzahl von Einzelbewertungen zusammen, die als Gesamtheit das Vertrauensprofil abbilden" (Brinkmann/Seifert 2001, S. 43).

Die zweite einschlägige Studie von Diekmann und Wyder (2002) untersucht am Beispiel von Handyversteigerungen beim Internetauktionshaus Ricardo Auswirkungen des Reputationssystems auf Preise und Zahlungsmodalitäten. Sie gelangen zu dem Resultat, dass Reputation eine positive Auswirkung auf den Verkaufspreis habe: „Anbieter mit hoher Reputation legen im Durchschnitt höhere Mindestpreise fest, haben einen größeren Verkaufserfolg und können es sich leisten, die Zahlungsmodalität stärker zu ihren Gunsten zu beeinflussen" (Diekamnn/Wyder 2002, S. 690). Sie betonen die grundlegende soziale Regulationsfunktion von Reputation: Unter der Bedingung von Reputation werde soziale Ordnung möglich. Sie fördere im hohen Maße Kooperation. „Verkäufer haben einen Anreiz, in Kooperation zu investieren. Kunden werten die Reputation als ein Signal für ein geringeres Risiko der Transaktion und sind bereit, dafür eine Gebühr, eine Art Versicherungsprämie zu entrichten" (Diekmann/Wyder 2002, S. 689f.). Für die Herstellung von Kooperation durch Reputation sind folgende Bedingungen zu erfüllen: (a) die Voraussetzung, muss erfüllt sein, dass sich die zu bewertende Aktion prinzipiell wiederholen wird, also nicht einmalig ist; (b) die Transkation muss relativ schnell, unkompliziert und objektiv nachvollziehbar zu bewerten sein; (c) die Transaktionen sollten von allen (oder möglichst vielen) bewertet werden: je mehr Bewertungen desto zuverlässiger ist der Vertrauensindex; (d) sämtliche Bewertungen sollten prinzipiell allen Interessierten zugänglich sein (Transparenz).

3. Aspekte eines Framework of Trust für Communities: Das Dreiecksverhältnis von Identität, Vertrauen und Technik

Exemplarisch am Beispiel von Online-Versteigerungen haben wir diskutiert, welche Mechanismen für die Konstitution von Vertrauen bei wirtschaftlichen Transaktionen im Internet möglich sind. Dabei zielen die dargestellten Mechanismen vor allem auf *sozialtechnische Gestaltungsmöglichkeiten*, die nach Winkel „der Verbesserung des gesellschaftlichen Sicherheitsmanagements" (Winkel 1999, S. 198) dienen. Da das Internet als Kommunikationsgrundlage auf einer Vielzahl von technischen Komponenten basiert, sind darüber hinaus *ingenieurtechnische Gestaltungsmaßnahmen* notwendig, um das Vertrauen in die interaktiven Informationstechnologien zu erhöhen. Nach Winkler richten sich ingenieurtechnische Gestaltungsmaßnahmen „in erster Linie auf die Implementierung von Sicherheitsvorkehrungen in der Form von Hardware und Software" (Winkel 1999, S. 197)[2].

Insbesondere ist zu konstatieren, dass für die diskutierten vertrauensbildenden Maßnahmen die Identifizierung der Nutzer (formale Identität) als Grundvoraussetzung für Vertrauen angesehen wird, wie dies ja auch schon in der Studie zu ebay deutlich wurde.In der digitalen Welt eröffnen sich jedoch eine Vielzahl von Schwierigkeiten, die Identität eines Nutzers eindeutig festzustellen: Einerseits existieren Bestrebungen, Kommunikationsbeziehungen zu anonymisieren, um den Persönlichkeitsschutz zu garantieren, andererseits tritt der Internetnutzer nicht durch sein persönliches Erscheinen auf und lässt seine Identität durch die Technik modellieren.

Virtuelle Communities mit ihrer Vielzahl von Akteuren stellen in dieser Hinsicht eine besondere Herausforderung dar, eine Zuordnung von einem oder sogar von mehreren Nutzern zu einer realen Identität vorzunehmen. Es ist möglich, dass ein Internetnutzer mehrere Internetidentitäten annehmen kann, er kann zwischen Identitäten wechseln, neue erstellen oder gar fremde Identitäten übernehmen. Dies gehört nicht nur zu den Vertrauensrisiken von Virtuellen Communities, dies ist Bestandteil ihrer Faszination. Aber nur durch die eindeutige Feststellung der formalen Identität eines Nutzers können technisch realisierte Anreizsysteme wie die positiven oder negativen Listen bei eBay funktionieren und Vertrauen thematisieren, wodurch eine Dreiecksbeziehung von Identität, Technik und Vertrauen entsteht, die in Virtual Communities modelliert werden muss (vgl. Abb. 1).

---

2   Aus der Sichtweise der Informatik beinhaltet das Fachgebiet der IT-Sicherheit (vgl. BSI 2003) organisatorische und technische Maßnahmen.

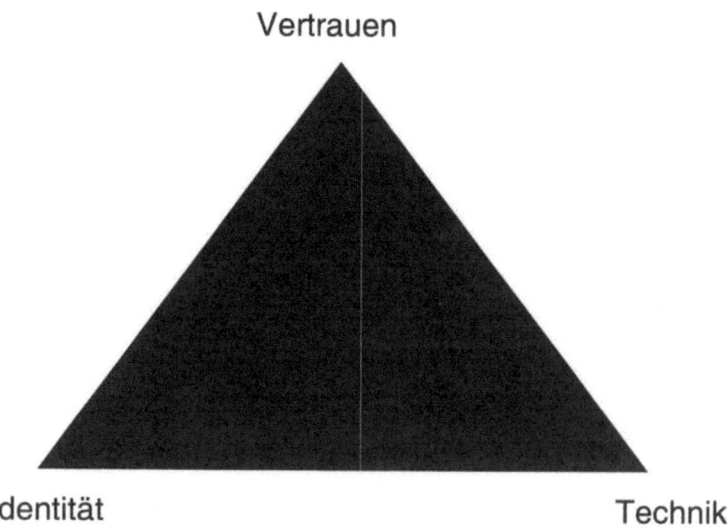

Vertrauen

Identität   Technik

Abb. 1

Unter *Identität* verstehen wir formale, persönliche Identität sowie Rollenidentität. Die *formale Identität* bezieht sich, wie bereits erwähnt, auf die Identifizierung der jeweiligen Offline-Person, d.h. es soll auf diese Weise sichergestellt sein, dass hinter einer Online-Person (z.B. einem Avatar) auch eine bestimmte Offline-Person steht. Diese Identifizierung würde den Online-User gleichsam Offline identifizieren. Das ist nicht nur für Internetauktionshäuser wie eBay wichtig, sondern gilt auch für Communities. Offline-Personen, die online agieren und dort soziale Beziehungen aufbauen, müssen sicher sein können, dass Online-Personen, denen sie dort begegnen, bei der erneuten Begegnung auch dieselben sind. Auf diese Art der formalen Identität wird in den Communities unterschiedlich stark Wert gelegt. Traditionell ist es beispielsweise in Newsgroups verpönt, sich einen Nickname zuzulegen, es wird der reale Namen (Realname) eingefordert. Aber auch wenn in vielen Spielecommunities Nicknames und beliebig konstruierbare Avatare Standard geworden sind, ist es für die Entwicklung einer Vertrauenskultur doch wichtig, zu wissen, dass hinter ein und derselben Online-Person eindeutig eine reale Person steht.

Die *persönliche Identität* bezieht sich auf die Identität, die sich eine reale Person Online gibt. In der Regel handelt es sich dabei um eine Liste von selbst gewählten Eigenschaften, die über die Identity Card einsehbar, aber von der Person auch veränderbar sind. *Rollenidentität* oder soziale Identität stellt sich in den sozialen Aktionen im virtuellen Raum her. In den Foren bilden sich beispielsweise bestimmte Rollen aus, z.B. derjenige, der sich bei der *Formel 1* in technischen Dingen gut auskennt. Über solche Rollenidentität wird Reputation aufgebaut.

Unter *Vertrauen* verstehen wir zunächst das Bündel von Eigenschaften, das in den Abschnitten 1.1 bis 1.3 herausgearbeitet worden ist. *Technik* beinhaltet nach Winkel (1999) alle Maßnahmen in Form von Hard- und Softwareimplementierung.

Das Dreieck Vertrauen, Identität und Technik ist so zu lesen, dass (1) eine *Vertrauenskultur* die Bedingung dafür ist, dass Identität im o.g. dreifachen Sinne sichergestellt ist und sich entwickeln kann und dass sie Bedingung dafür ist, dass Technikgestaltung akzeptiert wird (Vertrauen in Systeme). (2) *Identität* im Sinne von personaler Identität und Rollenidentität ist Bedingung dafür, dass sich eine Vertrauenskultur entwickeln kann, und sie ist Bedingung dafür, dass Technik auch gestaltend entsprechende Möglichkeiten sichern und bereitstellen kann. (3) Technische Gestaltungen sind Bedingung dafür, dass Identität sichergestellt und sich entwickeln kann, und sie ist Bedingung dafür, dass eine Vertrauenskultur entstehen kann[3]. Im Folgenden sollen diese drei Aspekte näher entwickelt werden.

3.1 Vertrauen als Bedingung von Identität und Technik

Bei der Modellierung von Vertrauen im Rahmen unseres Dreiecks bündeln wir verschiedene grundlegende vertrauensbildende Aspekte. Die oben angeführten sechs Perspektiven nach Szompka (1995) können als Regelsicherheit zusammengefasst werden. Eine Community benötigt klare Regeln, Regulationsmuster wie Normen und Werte – sozialer Natur –, die durch geltende Gesetze und Rechtsvorschriften, durch den Dienstleister (Betreiber einer Community) oder durch die Nutzer selbst demokratisch festgelegt und kontrolliert werden. Das Regelwerk muss allen Akteuren bekannt sein und alle Aktionen müssen regelgeleitet und rekonstruierbar erfolgen. Regelwerke für Communities müssen also von ihrer Genese her transparent (wie sind sie zustande gekommen?), von ihrer Umsetzung her legitim sein (wie begründet sich das Recht der Durchsetzung des Regelwerkes?), und sie müssen Geltung haben (jeder muss sich an sie halten, ansonsten drohen Sanktionen). Technisch gesehen, sind die Aspekte der Funktionsfähigkeit, der Verfügbarkeit und der Integrität der verwendeten Technologien wesentliche Aspekte von Vertrauen. Aus Sicht der IT-Sicherheit können wir dem Sammelbegriff Vertrauen die folgenden Sicherheitsaspekte zuordnen (nach Dittmann u.a. 2001):

---

3   Einschlägige Studien zeigen, dass eine gezielte Auswahl von Maßnahmen als Katalysator für die Vertrauensbildung wirken kann. Reimer (2003) stellt darüber hinaus fest, dass in komplexen Netzwerken die Sicherheit tendenziell abnimmt, dass Vertrauen aber tendenziell wachsen kann, indem man bewusst und verantwortungsvoll mit unvermeidbaren Restrisiken umgehen lernt. Reimer weist des weiteren darauf hin, dass zu unhandliche Vorrichtungen für Sicherheit auch Unsicherheit bedeuten können, denn sie werden vom kompetenten Nutzer abgeschaltet, skalierbare und adaptive Sicherheitseigenschaften können hingegen Vertrauen erzeugen (vgl. Reitenspiess 2003).

(1) *Vertraulichkeit*: Informationen sollen nur den dazu berechtigten Parteien (dies können Personen oder auch Geräte sein) zur Verfügung stehen. (2) *Integrität*: Es soll sichergestellt werden, dass Daten nicht unautorisiert geändert wurden. (3) *Verfügbarkeit und Zuverlässigkeit*: Informationen oder Betriebsmittel sollen bestimmten Parteien bei Bedarf zur Verfügung stehen und definierte Aufgaben erledigen. (4) *Authentizität*: Sowohl Daten als auch Parteien, die miteinander kommunizieren, sollen auf ihre Echtheit hin geprüft werden können. Man unterscheidet dementsprechend zwischen der Authentizität des Datenursprungs (Data Origin Authenticity), die auch die Integrität der Daten beinhaltet, und der Authentizität der Parteien (Entity Authenticity). (5) *Nachweisbarkeit*: Mit Nichtabstreitbarkeitsmechanismen soll gegenüber Beteiligten und Unbeteiligten bewiesen werden, ob ein bestimmtes Ereignis eingetreten ist bzw. eine bestimmte Aktion ausgeführt wurde oder nicht. Das Ereignis oder die Aktion kann dabei das Erzeugen, das Übermitteln, die Entgegennahme oder das Vorlegen einer Nachricht sein.[4]

3.2 Technik als Bedingung von Vertrauen und Identität

Im Gegensatz zu den in Abschnitt 2 herangezogenen Arbeiten, die die technische Dimension bei der Erörterung von Vertrauen in virtuellen Welten ausgeklammert haben, beziehen wir diese ein und diskutieren exemplarisch vertrauensbildende Technikmaßnahmen. Voranstellen möchten wir, dass Vertrauen in Technik sehr stark vom individuellen Sicherheitsbedürfnis, der Sicherheitseinstellung und dem Sicherheitsinteresse – ebenfalls abhängig auch von kulturellen Einflüssen – abhängt. Man unterscheidet deshalb gelegentlich „subjektive Sicherheit" und „objektive Sicherheit" (vgl. Grimm 1994). Die subjektive Sicherheit, also das individuelle Sicherheitsbedürfnis, die individuelle Sicherheitseinstellung und das individuelle Sicherheitsinteresse, ist von Community zu Community unterschiedlich. Es ist vor allem dann schwierig zu bestimmen, wenn Communities international zusammengesetzt sind, wenn also verschiedene kulturelle Selbstverständlichkeiten und Habitus im Spiel sind. Es ist bereits in „einfachen" Mailinglisten oder Newsgroups zu beobachten, dass in bestimmten Abständen diese kulturellen Verortungen selbst thematisiert werden und dann zu einem expliziten Element der diskursiven Deliberation werden.[5]

Wir wollen uns im Folgenden den technischen Maßnahmen widmen, die sich auf die „objektive Sicherheit" beziehen. Dass diese immer wichtiger werden, ist in den Abschnitten zu Luhmann und Giddens herausgearbeitet

---

4   Oftmals werden die beiden letzten Sicherheitsaspekte mit den drei ersten erklärt und erscheinen nicht separat als eigenständige Aspekte.

5   Ein gutes Beispiel dafür ist die von Geert Lovink und Pit Schultz betriebenen Mailingliste *Nettime-l*, die 1995 in Venedig gegründet wurde und seit dieser Zeit zu einer Plattform des internationalen kulturellen Austauschs geworden ist (nettime-l@bbs. thing.net).

worden. In dem Maße, wie gesellschaftliche Komplexität ansteigt, nimmt auch die Notwendigkeit an Systemvertrauen zu und damit die Anforderungen an technische Standards, dieses notwendige Systemvertrauen nicht zu gefährden. Bezogen auf virtuelle Communities liegt die technische Umsetzung eines agentenbasierten Vertrauensmodells von Abdul-Rahman/Heiles (2000) vor. Der Ansatz setzt jedoch die eindeutige Bestimmbarkeit von formalen Identitäten voraus und modelliert kein Systemvertrauen, sondern bearbeitet interpersonelle und Reputationsmechanismen.

Ein einschlägiges Instrument, um Systemvertrauen aufzubauen, ist im Sinne des rational choice-Ansatzes eine Informations- und Kompetenzpolitik, also die Bereitstellung und Vermittlung von Wissen und – darauf basierend – der Aufbau der Fähigkeit, Risiken einzuschätzen und damit umzugehen. Schädler (1999) untersucht beispielsweise vertrauensbildende Maßnahmen hinsichtlich der verwendeten Techniken für Zahlungssysteme im Internet und zeigt, dass sich für eine Vertrauensbildung die Herstellung von Transparenz der Abläufe und die Aufklärung über die verwendeten Technologien und der abzuschätzenden Risiken anbieten. Vertrauensprofile, wie sie in eBay zu finden sind, basieren auf transaktionsorientierten Mechanismen, um das Vertrauen in Personen zu erhöhen, und stellen ein institutionalisiertes Feedback-Forum mit dezentralem Selbstregulierungsmechnanismus dar. Interessant sind hier nach Eggs u.a. (2002) vor allem Reputationsmechnismen, wie beispielsweise negative Reputationsdienste in Form von „Black Lists" oder positive Reputationsdienste, mit denen korrektes Verhalten archiviert wird.

Neben der „Informations- und Kompetenzpolitik" fördern Expertenmeinungen sowie technische Normung und Standards sowie deren Anwendung das Vertrauen (vgl. z.B. Sicherheit bei der Kreditkartenabrechnung über SET [was ist das?] etc.). Innerhalb der IT-Sicherheit spricht man von „Sicherheitspolitik", um die strategische Ausrichtung und die Unterstützung der Geschäftsführung bei der Informationssicherheit zu beschreiben und um Ziele, Zwecksetzungen, Absichten und Hauptverantwortlichkeiten der IT-Sicherheit zu definieren. Für das Management der Informationssicherheit stellt der Standard ISO 17799[6] eine internationale Grundlage zur Verfügung und kann insofern als gutes Beispiel für die Vertrauensherstellung gesehen werden, wie sie innerhalb des Rational Choice-Ansatzes modelliert wird. Jedoch ist Informations- und Kompetenzpolitik zwar notwendig, aber nicht hinreichend, um ein „framework of trust" für Communities zu entwickeln, das sich durch das Dreieck von Vertrauen, Identität und Technik auszeichnet.

Da dem Laien-Nutzer oft technisches Wissen zum Verständnis fehlt, nutzen Anbieter von technischen Systemen oft Zertifzierungsdienste, um die korrekte Funktionsweise und die „objektive Sicherheit" von unabhängigen Dritten überprüfen zu lassen. Ein klassisches Beispiel dafür ist die Zertifizierung nach Verbraucherschutz-Richtlinien, wie es von www.trustedshops.de angeboten wird. „Trusted Shops entstand Anfang 2000 in enger Zusammen-

---

6   ISO17799 http://www.noweco.com/wp_iso17799d.htm, 2003

arbeit mit Verbraucherschutzverbänden. Zielsetzung ist es, den Forderungen führender Politiker nach mehr Sicherheit im Internet gerecht zu werden – und dem Verbraucher diese Sicherheit auf Dauer zu bestätigen" (http://www.-trustedshops.de/de/shops/obligations_de.html [20.3.2003]).[7].

Um Transparenz hinsichtlich der Sicherheitseigenschaften von IT-Produkten zu schaffen, ist die Prüfung und Bewertung von IT-Produkten und IT-Systemen nach einheitlichen Qualitätskriterien durch unabhängige Stellen ein wichtiges Mittel. Als Grundlage wurden in vielen Ländern Kataloge von Sicherheitskriterien – allgemeiner und umfassender als die von Trusted Shops – für die Prüfung und Bewertung der Sicherheit von Informationstechnik erarbeitet[8]. Die geprüfte Sicherheitsleistung wird nach den Sicherheitskriterien durch ein Zertifikat bestätigt. Neben Sicherheitskriterien, Normung und Zertifizierungen fördern – wie schon erwähnt – Verbraucherverbände oder Experten- und Notfallteams wie das Computernotfallteam (CERT – Computer Emergency Response Team) die Vertrauensbildung aus institutioneller Sicht und stellen ebenfalls Systemvertrauen im Sinne Luhmannns und Giddens bezüglich Risikomanagement, Beherrschung und Erkennung von Bedrohungspotentialen und Sicherheitsvorfällen her.

Wir wollen nun die institutionelle Sichtweise auf die Vertrauensbildung verlassen und uns den Sicherheitsanforderungen und -maßnahmen, die von der Technik umgesetzt werden müssen, detaillierter widmen. Die Sicherheitskriterien, die bei der Zertifizierung und auch von Expertensystemen betrachtet werden, stehen in unmittelbarem Zusammenhang zu den bereits unter Vertrauen behandelten Sicherheitsaspekten Vertraulichkeit, Integrität, Authentizität, Nachweisbarkeit und Verfügbarkeit (vgl. Dittmann u.a. 2001). Im Wesentlichen nutzt man heute Sicherheitstechniken bzw. –mechanismen, die auf unterschiedlichen Ebenen der IT-Systeme wie dem Betriebssystem, dem Netzwerk oder der Anwendung angesiedelt sind, um die genannten Sicherheitsaspekte zu garantieren. Es handelt sich meist um Kombinationen aus technischen Verfahren wie:

(1) *Firewalls:* „Ein Firewall ist eine Schwelle zwischen zwei Netzen, die überwunden werden muss, um Systeme im jeweils anderen Netz zu erreichen. Es wird dafür gesorgt, dass jede Kommunikation zwischen den beiden Netzen über den Firewall geführt werden muss. Auf dem Firewall sorgen Zugriffskontrolle und Audit dafür, dass das Prinzip der geringsten

---

7   Ein Online Shop, der das Trusted Shops-Siegel führen will, ist verpflichtet, während der gesamten Vertragslaufzeit mit der Trusted Shops GmbH die folgenden organisatorischen und technischen Voraussetzungen zu erfüllen: (1) Anbieterkennzeichnung, Vertragsschluss; (2) Allgemeine Geschäftsbedingungen, Vertriebs- und Marketingbeschränkungen; (3) Jugendschutz, Preistransparenz; (4) Zahlungsbedingungen, Bestellbestätigung; (5) nachvertragliche Informationen, Leistungserbringung; (6) Kundenservice, Widerrufs- oder Rückgaberecht und Kaufpreiserstattung, (7) Datenschutz, Daten- und Systemsicherheit.

8   Vgl. beispielsweise Department of Defense (1985), ITSEC (1991), NCSC (1991) oder NCSC (1987).

Berechtigung durchgesetzt wird und potentielle Angriffe schnellstmöglich erkannt werden" (DFN CERT (2002). Eine Firewall übernimmt somit Zugriffsschutzmechanismen und kann das IT-System hinter der Firewall vor fremdem Zugriff schützen, kann aber auch sicherstellen, dass der Zugriff nach außen unterbleibt. Man findet Firewalltechniken beispielsweise zur Abgrenzung des Intranets zum Internet.

(2) *Kryptographische Verfahren:* Kryptographische Mechanismen basieren auf mathematischen Verfahren, auch Kryptosysteme genannt, die meist zur Verschlüsselung der Daten benutzt werden, um Vertraulichkeit zu garantieren oder mittels digitaler Signaturen zum Nachweis der Unversehrtheit und Authentizität dienen. Nach Dittmann u.a. (2000) bestehen Kryptosysteme aus zwei Mengen an Funktionen, einer Menge an Schlüsseln, durch die diese Funktionen parametrisiert werden, und aus Mengen, auf denen diese Funktionen operieren. Man unterscheidet zwischen symmetrischen Kryptosystemen (oder Private-Key-Kryptosystemen) und asymmetrischen Kryptosystemen (oder Public-Key-Kryptosystemen). „Die Kryptographie beruht neben der Annahme über die Berechenbarkeiten von Funktionen auf der Voraussetzung, dass Daten, die für kryptographische Mechanismen eingesetzt werden, authentisch sind (beispielsweise durch ihre Veröffentlichung) oder ihre Authentizität geprüft werden kann. Ein Datum oder eine Partei gilt dann als echt, wenn ein Prüfer einen Beweis akzeptiert, in dem ein Geheimnis verwendet wird, bei dem der Prüfer davon ausgeht, dass dieses Geheimnis nur dem rechtmäßigen Besitzer oder den rechtmäßigen Besitzern bekannt ist. Jeder andere, der das Geheimnis kennt, also auch ein Betrüger, kann das Geheimnis ebenfalls für einen entsprechenden Beweis einsetzen. Es ist Aufgabe der Sicherheitsstrategie (Security Policy) der jeweiligen Anwendung festzulegen, ob ein Prüfer einen Beweis akzeptieren kann. Die Sicherheitsstrategie muss definieren, wie hoch das Sicherheitsniveau der Anwendung zu setzen ist, beispielsweise: wie streng die Auflagen an die Sicherheit von Geheimnissen (wie Größe, Anzahl aber auch Aufbewahrungsort) sind und mit welchem Verfahren der Sicherheitsmechanismus realisiert wird, damit er als sicher im Sinne der Sicherheitsstrategie gilt. Hier müssen Kosten, die durch den Einsatz von Sicherheitsmechanismen entstehen, und Kosten, die durch Schäden ohne oder von in nur geringem Maße eingesetzten Sicherheitsmechanismen aufkommen, gegeneinander abgewogen werden." (Dittmann 2002, S. 110).

(3) *Steganographische Verfahren:* Die Steganographie hat den Zweck, Nachrichten in anderen Nachrichten zu verstecken, um die bloße Existenz einer geheimen Botschaft zu verbergen (vgl. Schneier 1996). Die Steganographie nutzt zur geheimen Kommunikation die Präsenz anderer Kommunikation und bietet Mechanismen zur Gewährleistung der Vertraulichkeit. Derzeit verbreitet sind Verfahren, die in digitalem Bildmaterial, das auf zugänglichen Quellen wie der Webseite Nachrichten in den Farbwerten verbirgt, die vom menschlichen Auge nicht wahrgenommen

werden können. Nur bei Kenntnis von geheimen Schlüsseln kann die Nachricht zugänglich gemacht werden.

(4) *Digitale Wasserzeichen:* Mit digitalen Wasserzeichen kann die Authentizität der Urheber und die Herkunft des Datenmaterials und/oder die Integrität nachgewiesen werden, indem Informationen direkt in das Datenmaterial eingefügt werden. Unter einem digitalen Wasserzeichen versteht man nach Dittmann (2000) ein transparentes, nicht unmittelbar wahrnehmbares Muster, welches in das Datenmaterial (Bild, Video, Audio, 3D-Modelle) mit einem Einbettungsalgorithmus unter Verwendung eines geheimen Schlüssels eingebracht wird und mit einem Schlüssel wieder ausgelesen werden kann, um die Authentizität bzw. Integrität zu verifizieren.

Einschlägige Diskussionen zu heutigen Verfahren und dem damit zu erzielenden Sicherheitsniveau findet man beispielsweise in Bishop (2003) und Pfleeger u.a. (2003). Weitergehende vertrauenbildende technische Verfahren sind etwa Verfahren zur Anonymisierung oder Pseudonymisierung. Welchen Einfluss hat nun die Wahl von technischen Sicherheitsmechnismen auf die Vertrauensbildung? Klar ist, dass das Vertrauen durch die Gesamtheit der einzelnen Sicherheitsmechnismen beeinflusst wird. Die institutionelle Vertrauensbildung mittels Zertifizierung filtert nach anerkannten Verfahren. Die Praxis zeigt aber, dass ein zertifiziertes System institutionelles Vertrauen aufweisen kann, es jedoch in der Praxis trotz Zertifizierung nicht angenommen wird, da Sicherheitsmechnismen verwendet werden, die nur unter Vorbehalt akzeptiert werden. Ein Beispiel dafür ist die Überprüfung der Microsoft Produktaktivierung durch TÜViT (2001)[9]. Obwohl keinerlei Anhaltspunkte gefunden wurden, dass irgendwelche personenbezogenen Daten über das Internet übertragen werden, bestehen bei Anwendern Bedenken, auf Windows XP umzurüsten. Für die Vertrauensbildung bedeutet dies, dass neben dem institutionellen Vertrauen auch Vertrauen in die einzelnen technischen Komponenten vorhanden sein muss, allgemeines Systemvertrauen reicht also nicht aus.

Abschließend sei ein Aspekt erwähnt, der in anderen Zusammenhängen sicherlich noch eine eingehendere Erörterung verdient: Die bisherige Thematisierung von Vertrauen, insbesondere die modernitätstheoretische Sicht nach Giddens und die Perspektive des Rational-Choice-Ansatzes, geht von einem einseitigen Modell der Betrachtung der Vertrauensbeziehung wie bei der Arzt-Patienten-Beziehung aus. Rein technisch gesehen finden wir im Internet jedoch auch Ansätze eines zweiseitigen Modells: Vor allem ist hier das HTTPS-Protokoll zu nennen (vgl. Details beispielsweise in Pfleeger u.a. 2003), bei dem beim Zugang auf eine Webseite eine Serverauthentifzierung vorgenommen wird und nach erfolgreicher Prüfung des Servers die Kommunikation vertraulich über Verschlüsselung erfolgt. In den technischen Sicherheitskonzepten findet man beim HTTPS-Protkoll aber auch eine sogenannte Client-

---

9 TÜViT (2002): Microsoft Produktaktivierung durch TÜViT geprüft!, http://www.tuvit. de/XS/ASP/content. 050300/sprache.DE/EID.25/SX/

Authentifzierung, die, bevor die Kommunikation stattfindet, auch die Clientauthentizität überprüft und somit ein zweiseitiges Vertrauensmodell darstellt.

3.3 Identität als Bedingung von Vertrauen und Technik

Die Diskussion der sozialwissenschaftlichen Thematisierung von Vertrauen hat gezeigt, dass die Identifizierung der Person (formale Identität) eine grundlegende Voraussetzung für Vertrauensmodelle darstellt. Communties mit ihren Akteuren in der digitalen Welt sind virtuell, woraus sich zusätzliche Problemstellungen der Identifizierung der Nutzer hinter den Akteuren ergeben, auf die wir jetzt eingehen wollen. Wir bearbeiten in diesem Aufsatz also nicht die Aspekte der persönlichen Identität und der Rollenidentität in virtuellen Communities (vgl. dazu u.a. Döring 1998, Turkle 1995, Marotzki 1997).

Die eBay Geschäftsbedingungen umreißen prägnant die Problemlage: „(1) Beim Handel über das Internet bestehen Risiken, die in der Natur des Mediums liegen. Da die Identifizierung von Nutzern im Internet schwierig ist, kann eBay nicht zusichern, dass jeder Nutzer die natürliche oder juristische Person ist, für die er sich ausgibt. Trotz unterschiedlicher Maßnahmen durch eBay ist es möglich, dass ein Nutzer falsche Adressdaten gegenüber eBay angegeben hat. Der Nutzer hat sich deshalb selbst von der Identität seines Vertragspartners zu überzeugen" (eBay AGBn § 4).

Die von Bishop (2003) definierte Identität als eine Computerrepräsentation einer Entität ist eine Form dessen, was wir oben *formale Identität* genannt haben. Formale Identitäten (im Sinne der eindeutigen Identifizierung eines Nutzers) legen die Basis für die Zuordnung von Privilegien und sind integrale Voraussetzung für die Bestimmung und Benennung von Schutzdomänen in der IT-Sicherheit. Die Authentifizierung bindet eine Entität an eine interne Repräsentation der Identität im Computersystem, wobei jedes Computersystem seine eigene Art und Weise der Repräsentation von formaler Identität hat. Alle Entscheidungen, wie Zugriffe und Ressourcenfreigaben, nehmen an, dass die Bindung von Entität und zugeordneter Identität korrekt sind.

Diese formale Identität hat verschiedene Zwecke, zwei wesentliche sind Zurechenbarkeit und Zugriffskontrolle. Die Zurechenbarkeit erfordert eine Identität, die alle Aktionen eindeutig einer Entität zuordnen lassen. Zugriffskontrolle erfordert eine Identität, die Zugriffskontrollmechanismen nutzen können, um zu entscheiden, ob ein Zugriff erlaubt ist oder nicht. Zurechenbarkeit knüpft somit an die Möglichkeit an, mittels Identitäten Protokollierungen und Auditierungen durchzuführen, und erfordert eine eindeutige Identifizierung der Entität. In vielen Systemen ist dies schwer oder nicht möglich, deshalb wird die protokollierte Identität abgebildet auf ein Nutzerkonto (user account). Die meisten Systeme bestimmen die Zugriffsrechte auf der Grundlage der Identitäten der Entität, die eine bestimmte Aktion ausführt.

In der IT-Sicherheit finden wir nach Bishop (2003) Identitäten für alle Entitäten eines Computersystems: Diese reichen von Identiäten von einzelnen Nutzern und Gruppen von Nutzern, bis hin zu Identitäten von Dateien und Objekten. Im allgemeinen werden Identitäten durch *Bezeichner* (Identifier) eindeutig unterschieden. Probleme, die bei einer eindeutigen Zuordnung von Entitäten und Identitäten auftreten können, sind zum Beispiel die Wahl von eindeutigen Bezeichnern bei gleichen Namen von Nutzern, statische oder dynamische Bezeichner, Gewährleistung von Anonymität von den Identitäten zugeordneten Nutzern (vgl. Bishop 2003).

Im Folgenden wollen wir untersuchen, welche technischen Mechanismen es gibt, Nutzern (Offline-Personen) eine formale Online-Identität zuzuordnen und diese zu überprüfen. Im ersten Schritt wird eine Authentifizierung der Nutzer vorgenommen, d.h. einem Nutzer wird im System eine Identität zugeordnet. Dabei kann überpüft werden, ob der Benutzer überhaupt berechtigt ist, eine formale Identität zu erhalten, wie es zum Beispiel auch auf den Meldestellen bei der Passausfertigung erfolgt. Im zweiten Schritt kann dann der Nutzer mit der erhaltenen Identität (im übertragenen Sinne also mit seinem Pass) sich gegenüber dem System authentifizieren.

Um eine Authentifizierung vornehmen zu können, muss der Nutzer Informationen bereitstellen, um das System in die Lage zu versetzen, dass es die Identität prüfen und bestätigen kann. Als hinterlegte Informationen zur Authentifizierung und Identifizierung der Nutzer kommen in der Regel Folgende in Frage: (1) *Wissen*: Passwörter, geheime Information; (2) *Besitz*: Chipkarten, Schlüssel; (3) *Sein*: biometrische Merkmale wie Fingerabdruck, Retina oder Stimme. Die wohl gängigste Form der Authentifizierung und Überprüfung von Identitäten ist das Password (Wissen). Meist wird auch eine Kombination benutzt, beispielsweise werden geheime Informationen auf einer Chipkarte (Besitz) freigeschaltet über ein Password (Wissen) und/oder ein biometrisches Merkmal (Sein). Das System, das den Nutzer identifiziert und seine Identität überprüft, muss nicht unbedingt die komplette Information über Wissen, Besitz und Sein hinterlegt haben. Oft werden Abstraktionen im System aufbewahrt, um Angreifern zu erschweren, die Authentifizierungsinformation auszuspähen, um eine Identität vorzutäuschen. Authentifizierungsmechanismen können des Weiteren bei der Identifizierung eine örtliche und/oder zeitliche Überprüfung einbeziehen, beispielsweise, wo der Nutzer sich befindet (vor dem Terminal oder in einem bestimmten Gebäude) und zu welcher Zeit er sich dort befindet.

Hinsichtlich der Vertrauensbildung spielt die Überprüfung einer Identität und die Zuordnung zu einer Person (einem Nutzer) eine wesentliche Rolle, da die vertrauensbildenden Maßnahmen die eindeutige Identifizierung der Person voraussetzen. Bei formalen Identitäten ist der Authentifizierungsprozess, die Zuordnung einer Person zu einer formalen Identität, ein kritischer und vertrauensbeeinflussender Vorgang. Will man sicher gehen, dass eine Identität einer realen Person beweisfähig zugeordnet ist, wie man es beispielsweise bei notariellen Vertragsabschlüssen vorfindet, wird man bei der

Authentifizierung die Zuordnung von Name und Anschrift über den Personalausweis durch persönliche Überprüfung der Ausweisdaten vornehmen
müssen. Dieses Vorgehen findet man beispielweise im Rahmen der elektronischen Signatur, bei dem ein öffentlicher Schlüssel eindeutig einer Person
mit Namen zugeordnet wird. Auf der Grundlage des Erscheinens der Person
bei einer zentralen Vertrauensinstanz (Trusted Third Party) und der Vorlage
des Ausweises wird über ein Zertifikat der öffentliche Schlüssel der Person
zugeordnet. In weniger sicherheitsrelevanten Bereichen, wie der privaten
oder firmeninternen Kommunikation, findet man auch dezentrale Authentifi-
zierungsverfahren, bei denen sich Nutzer untereinander authentifizieren. Ein
Beispiel dafür ist das „Pretty Good Privacy" (PGP) Email Verschlüsselungs-
werkzeug, bei der ebenfalls ein öffentlicher Schlüssel einem Email-Nutzer
zugeordnet wird. Im PGP bescheinigen die Nutzer untereinander, den anderen zu kennen, wodurch dezentrale Vertrauensbildung erfolgt.

Zur Vertrauensbildung in virtuellen Communities können die bekannten
Mechnismen von *Besitz-Wissen-Sein* genutzt werden, um Identitäten festzustellen. Wichtig ist jedoch, dass es in der digitalen Welt und somit in virtuellen Communities möglich ist, mehrere formale Online-Identitäten zu haben,
die auf *eine* Offline-Identität abgebildet werden, ohne dass dies für andere
Nutzer transparent ist. Des weiteren ist es möglich, die Online-Identitäten an
andere Offline-Identitäten weiterzugeben, sei es zeitweise oder unbeschränkt,
um beispielweise positive Reputationsmechanismen auszunutzen[10]. Weiter
können zu einer Offline-Identität ständig neue Online-Identitäten entstehen
oder ausgelöscht werden, um beispielweise negative Reputationen abzustrei-
fen. Ebenso kann hinter einer Online-Identität eine ganze Gruppe von realen
Nutzern stehen.

Wichtig für die Vertrauensbildung erscheint uns, die digitalen Online-
Identitäten mit Attributen zu versehen, die anzeigen, inwieweit die Zuordnung zu einer realen Person oder zu einem realen Personenkreis möglich ist
und ob ein Wechsel der Online-Identität vorgenommen wurde. Abgestufte
und ausgewogene technische Authentifizierungsmechanismen (auf der Basis
von Besitz, Wissen und Sein) sowie organisatorische Authentifizierungsmechanismen (zentraler und/oder dezentraler Überprüfungen realer Identitäten),
die einerseits Identitäten für die Vertrauensbildung nachvollziehbar machen,
andererseits auch die Privatspäre und Anonymität berücksichtigen, stellen
vielversprechende Lösungskonzepte in virtuellen Communties dar und werden in den nächsten Jahren mit Sicherheit weiterentwickelt werden.

---

10 Spieler von Online-Computerspielen, die in bestimmten Spielen mit ihrem Avatar eine bestimmte Punktzahl erreicht haben, verkaufen (oder versteigern) gelegentlich ihren Avatar. Der Käufer kann dann mit diesem Avatar, der dann „seiner" ist, mit einer
hohen Reputation (= hohe Punktezahl) in das Spiel einsteigen.

4. Schlussbemerkung

Interessant für die weitere Forschung erscheint die Tatsache, dass in virtuellen Communities „digital lebende" Avatare existieren können, die aus ihren sozialen Erfahrungen lernen und beispielsweise aufgrund dieser Erfahrungen ihre Identity-Card verändern, gleichsam ihre digitale Biographie umschreiben, ohne dass dieses von der Offline-Person veranlasst und vielleicht auch bemerkt wird. Die Avatare (Online-Personen) können auf diese Weise sich von der Offline-Person gleichsam ablösen und ein eigenes Leben führen. Das wären Themen, die genauer zu untersuchen sind, wenn man sich Fragen von persönlicher Identität und Rollenidentität zuwendet, wie sie sich in virtuellen Communities entwickeln.

Auch wenn wir uns in dieser Arbeit nur auf die formale Identität bezogen und deren Bedingungsverhältnis zu Vertrauen und Technik erörtert haben, dürfte doch deutlich geworden sein, dass ein Framework zur Vertrauensbildung für virtuelle Communities ein umfassendes Spektrum an Maßnahmen erfordert, um die wesentlichen Beziehungen des Verhältnisses Identität, Technik und Vertrauen abzudecken.

Literatur

Abdul-Rahman, A./Heiles, St.: Supporting Trust in Virtual Communities, HICSS, [citeseer.nj.nec.com/article/abdul-rahman00supporting.html] 2000.

Bishop, M.: Computer Security – Art and Science. Boston 2003.

Brinkmann, U./Seifert, M.: "Face to Interface". Zum Problem der Vertrauenskonstitution im Internet am Beispiel von elektronischen Auktionen. In: Zeitschrift für Soziologie 30 (2001), S. 23-47.

BSI – Bundesamt für Sicherheit in der Informationstechnik: Grundschutzhandbuch. [http://www.bsi.de/gshb/index.htm] (30.3.2003).

Coleman, J. S.: Grundlagen der Sozialtheorie. Bd. 1: Handlungen und Handlungssysteme. München 1991.

Department of Defense: Department of Defense Trusted Computer System Evaluation Criteria (Orange Book). DOD 5200.28-STD, Dec 1985

DFN CERT: Zentrum für sichere Netzdienste GmbH, [http://www.cert.dfn.de] (20.3.2003). 2002.

Diekmann, A./Wyder, D.: Vertrauen und Reputationseffekte bei Internet-Auktionen. In: Kölner Zeitschrift für Soziologie und Sozialpsychologie.4/2002, S. 674-693.

Dittmann, J.: Digitale Wasserzeichen. Berlin 2000.

Dittmann, J./Wohlmacher, P./Nahrstedt, K.: Multimedia and Security – Using Cryptographic and Watermarking Algorithms, IEEE MultiMedia, October-December 2001, Vol. 8, No. 4, pp. 54-65.

Döring, N.: Sozialpsychologie des Internet – Die Bedeutung des Internet für Kommunikationsprozesse, Identitäten, soziale Beziehungen und Gruppen. Göttingen 1998.

Eggs, H./Sackmann, St./Eymann, T./Müller, G.: Vertrauen und Reputation in P2P-Netzwerken. In: Peer-to-Peer-Ökonomische, technologische und juristische Perspektiven. Berlin 2002, S. 229-254.

Endress, M.: Vertrauen. Bielefeld 2002.

Giddens, A.: Konsequenzen der Moderne. Frankfurt a.M.1996.

Grimm, R.: Sicherheit für offene Kommunikation, Mannheim 1994.

Henslin, J. M.: Trust and the Cab Driver. In: Truzzi, M. (Hrsg.): Sociology and Everyday Life. Englewood Cliffs NJ 1968, S. 139-159.

Horster, P. (Hrsg.): DACH Security. Erfurt (syssec IT Security & IT Management). Erfurt 2003

Intern.de: Wie zuverlässig ist eBays Bewertungssystem? In: Intern.de Fachinformationsdienst Ausgabe 13/2003 vom 31.2.2003 (http://www.intern.de/news/4105.html [31.3.2003]).

ITSEC (Information Technology Security Evaluation Criteria): Provisional Harmonised Criteria. Version 1.2, Juni 1991.

Joy, B.: Warum die Zukunft uns nicht braucht. In: Frankfurter Allgemeine Zeitung Dienstag, 6. Juni 2000. Nr. 130, S. 49.

Luhmann, N.: Vertrauen. Ein Mechanismus der Reduktion sozialer Komplexität. 4. Auflage 2000. Stuttgart 1968.

Marotzki, W.: Digitalisierte Biographien? Sozialisations- und bildungstheoretische Perspektiven virtueller Welten. In: Lenzen, D.;/Luhmann, N. (Hrsg.): Bildung und Weiterbildung im Erziehungssystem. Lebenslauf und Humanontogenese als Medium und Form. Frankfurt a.M. 1997, S. 175-198.

Moravec, H.: Robot: Mere Machine to Transcendent Mind. Oxford 1999.

NCSC (National Computer Security Center): Trusted Network Interpretation of the Trusted Computer System Evaluation Criteria (Red Book). NCSC-TG-005, Version 1, Jul 1987.

NCSC (National Computer Security Center): Trusted Database Management System Interpretation of the Trusted Computer System Evaluation Criteria. NCSC-TG-021, Version 1, Apr 1991.

Pfleeger, C. P./Pfleeger, S. L.: Security in Computing, 3rd Edition, New Jersey 2003.

Preisendörfer, P.: Vertrauen als soziologische Kategorie. Möglichkeiten und Grenzen einer entscheidungstheoretischen Fundierung des Vertrauenskonzepts. In: Zeitschrift für Soziologie 24. 1995, S. 263-272.

Reimer, H.: TeleTrust: Informationssicherheit als interdisziplinäre Aufgabe, In: Horster (Hrsg.): DACH Security. Erfurt 2003. S. 1-15.

Reitenspiess, M.: IT-Sicherhit – Quo Vadis? In: Horster, P. (Hrsg.): DACH Security. Erfurt 2003, S. 16-32.

Richards, J. u.a.: Are we Spiritual Machines? Ray Kurzweil vs. the Critics of Strong A.I. Seattle, Washington 2002.

Rössler, P./Wirth, W. (Hrsg.): Glaubwürdigkeit im Internet. Fragestellungen, Modelle, empirische Befunde. München 1999.

Schädler, M.: Institutionelle Aspekte der Vertrauensbildung bei Zahlungssystemen im Internet, Diploarbeit, [http://www.ub.uni-konstanz.de/kops/volltexte/2000/407/.] 1999.

Schneier, B.: Angewandte Kryptographie. München 1996.

Sztompka, P.: Vertrauen: Die fehlende Ressource in der postkommunistischen Gesellschaft. In: Nedelmann, B. (Hrsg.): Politische Institutionen im Wandel. Sonderheft 35 der Kölner Zeitschrift für Soziologie und Sozialpsychologie. 1995, S. 254-276.

Turkle, S.: Life on the Screen. Identity in the Age of the Internet. London 1995.

Winkel, O.: Die Förderung von Vertrauen, Glaubwürdigkeit und Verläßlichkeit. Welchen Beitrag kann die elektronische Verschlüsselung dazu leisten? In: Rössler/Wirth (Hrsg.) 1999. S.193-208.

Teil III
Neue Medien als Herausforderung neuer Handlungsmuster und Organisationsformen

Renate Schulz-Zander und Annabell Preussler

Selbstreguliertes und kooperatives Lernen mit digitalen Medien – Ergebnisse der SITE-Studie und der SelMa-Evaluation

1. Einleitung

Der vorliegende Beitrag stellt Ergebnisse zum selbstregulierten und kooperativen Lernen aus zwei vom Institut für Schulentwicklungsforschung der Universität Dortmund durchgeführten Studien vor. Es handelt sich um die deutschen Ergebnisse der Second Information Technology in Education Study – Module 2 (SITES M2) der International Association for the Evaluation of Educational Achievement (IEA) und der Evaluation des Modellversuchs „Selbstlernen in der gymnasialen Oberstufe – Mathematik (SelMa)".

Der SITE-Studie liegt ein konzeptioneller Bezugsrahmen zugrunde, der vom Paradigmenwechsel des Lernens in der Wissensgesellschaft und vom Wandel der Lernkultur ausgeht. Dies besagt, dass eine Veränderung der Lehrerrolle vom Wissensvermittler zum Berater und Lernbegleiter und der Schülerrolle vom passiven zum aktiven Lernenden, der Wissen selbstständig und im Team konstruiert, eintritt. Den Informations- und Kommunikationstechnologien (IKT) wird dabei eine entscheidende Rolle zugesprochen, da sie überdies die Bearbeitung realer Probleme und den Aufbau lokaler und globaler Gemeinschaften unterstützen. Weltweit sind hohe Investitionen getätigt worden, um die Ausstattungen von Schulen mit Computern zu erhöhen und den Schulen Zugang zum Internet zu verschaffen (Pelgrum/Anderson 1999). Die Frage stellt sich, welche Veränderungen die Informations- und Kommunikationstechnologien in Schulen und im Klassenraum tatsächlich bewirken. Wie sieht die Praxis der innovativen Lehrerinnen und Lehrer aus, die IKT einsetzen? Wie verändern diese erfolgreich Curricula und inwieweit verändern sich Lehr- und Lernprozesse? Welche Nutzung der IKT ist besonders effektiv? Wie lassen sich die Kompetenzen von Schülerinnen und Schülern bewerten? Welche schulorganisatorischen Maßnahmen, nationale Bildungspolitik oder andere Faktoren tragen zur erfolgreichen Einführung von Innovationen bei? Was ist für politische Entscheidungsträger und für Schulen in Hinblick auf Nachhaltigkeit und Übertragbarkeit besonders relevant? SITES M2 zielt darauf, in qualitativen Fallstudien an Schulen die Mikroebene des Unterrichts zu erforschen, und zwar das Lehrer- und Schülerhandeln beim Einsatz von IKT, die Rolle der IKT, die curricularen Entwicklungen, aber auch die Mesoebene mit den schulischen und lokalen Rahmenbedingungen und die Makroebene mit den staatlichen Kontextfaktoren. Nicht zuletzt geht es auch um Fragen zur Nachhaltigkeit und Übertragbarkeit der pädagogischen Praxis.

Das Programm ‚Systematische Einbeziehung von Medien, Informations- und Kommunikationstechnologien in Lehr- und Lernprozesse' (SEMIK) der Bund-Länder-Kommission (BLK), in das SelMa eingebettet ist, zielt angesichts des Wandels unserer Gesellschaft zur Wissensgesellschaft auf eine breite und nachhaltige Implementation von Medien an Schulen. Dabei sollen innovative Unterrichtskonzepte zum Einsatz kommen, die eine Veränderung der Lernkultur erkennen lassen. Es gilt, das Leitkonzept der Problemorientierung mit Veränderungen der Lehrer- und Schülerrolle und der Kooperation und Kommunikation der Lehrer und Schüler zu berücksichtigen (vgl. Mandl/- Reinmann-Rothmeier/Gräsel 1998). SelMa beansprucht als Bestandteil dieses Programms eine Veränderung des Mathematikunterrichts in der Oberstufe herbeizuführen.

Im Fokus beider Studien, SITES M2 und SelMa, steht die Untersuchung der Veränderung der Lernkultur. Beide Studien gehen davon aus, dass die digitalen Medien nicht ursächlich eine Veränderung der Lernkultur bewirken, sondern dass ihr Einsatz erst im Kontext innovativer Unterrichtskonzepte zu qualitativen Veränderungen führen, und zwar zu einer stärkeren Schülerorientierung mit veränderten Lehrer-/Schülerrollen.

2. Die Studien SITES M2 und SelMa

2.1 SITES M2

SITES M2 (1999-2002) ist eine qualitative Studie mit Fallstudien über innovative pädagogische Praxis unter Nutzung von Informationstechnologien („Innovative Pedagogical Practices Under Use of Information Technology" (IPPUT)), an der 28 Länder aus Nord- und Südamerika, Europa, Asien, Afrika und Australien teilgenommen haben. Deutschland war, gefördert vom Bundesministerium für Bildung und Forschung (BMBF), ebenfalls beteiligt. Das Forschungsdesign geht davon aus, dass in den meisten Ländern eine relativ kleine Gruppe von Lehrpersonen innovative, computergestützte Unterrichtsformen entwickelt hat und eine Vorreiterrolle einnimmt. Die Studie soll innovative Lehr-Lernformen in Schulen identifizieren, analysieren und dokumentieren, um eine Wissensbasis beispielhafter Unterrichtspraxis unter Nutzung digitaler Medien sowie Befunde über Bedingungsfaktoren zur erfolgreichen Implementation von IKT und deren Nachhaltigkeit und Übertragbarkeit zu liefern. Das Ziel ist, Veränderungen von Lehrer- und Schülerhandeln, curriculare Veränderungen und die Rolle und Wirkungen von IKT im Unterricht zu erforschen und Daten über den Implementationsprozess von IKT in den Unterricht zu liefern, zur Theorieentwicklung beizutragen, Instrumente zur Erforschung schulischer Implementationsprozesse zu generieren und zu validieren sowie die Reflexion der Ergebnisse von SITES M1 und der Vorbereitung von SITES M3 mit repräsentativen Studien zu ermöglichen (vgl. Pelgrum/Anderson 1999).

Die Fallstudien in SITES erfolgten optional auf der Primarstufe, der Sekundarstufe I und der Sekundarstufe II mit jeweils vier Fallstudien pro Stufe. Deutschland hat alle Schulstufen einbezogen und zwölf Fallstudien durchgeführt. Die Auswahl der Fallstudien traf jeweils ein nationaler Beirat, bestehend aus Personen aus der Wissenschaft, dem Schulbereich, der Bildungspolitik und Wirtschaft auf der Basis internationaler Auswahlkriterien unter Einbeziehung nationaler Kriterien für innovative Unterrichtspraxis.

Internationale Kriterien für die Auswahl waren:

- Veränderung der Schüler- und Lehrerrollen, des Curriculums, der Leistungsbewertung und des Unterrichtsmaterials,
- substantielle Rolle der IKT im Unterricht,
- positive Schülerergebnisse,
- Übertragbarkeit auf andere Schulen und Nachhaltigkeit der Innovation innerhalb der Schule,

wobei die ersten beiden notwendige, die letzten beiden wünschenswerte Kriterien waren.

Als fünftes Kriterium galt, was im nationalen Kontext als ‚innovative Praxis' verstanden wird. Eine Beispielliste für ‚innovative Praxis', resultierend aus den Ergebnissen von SITES M1, sollte den nationalen Beiräten einen Anhaltspunkt bieten:

- Aktives, selbstständiges Lernen,
- Förderung von IT-Kompetenzen,
- Projektorientiertes Bearbeiten authentischer Probleme,
- Individuelle Förderung,
- Chancengleichheit,
- Öffnung des Unterrichts,
- Interkulturelles Lernen.

Der deutsche Beirat hat diese Liste durch zwei Punkte ergänzt. Die Unterrichtspraxis sollte in einen Schulentwicklungsprozess eingebettet sein und ein Medienkonzept verfolgen, das traditionelle und digitale Medien integriert.

Von Oktober 2000 bis Mai 2001 fand während eines jeweils einwöchigen Schulbesuchs die Erhebung der Daten statt, und zwar durch leitfadengestützte Interviews mit der Schulleitung, dem/der Computerkoordinator/in, den an der Innovation beteiligten Lehrpersonen, Schülerinnen, Schülern, Eltern und nicht an der Innovation beteiligten Lehrpersonen sowie durch mindestens zwei Unterrichtsbeobachtungen, durch Videoaufzeichnungen an der Hälfte der Schulen und durch Sammlung schriftlicher Dokumente (z.B. Schulprogramm, Homepage der Schule, schulische Konzepte für die Mediennutzung, Unterrichtsmaterialien, Arbeitsergebnisse der Schülerinnen und Schüler). Darüber hinaus kamen ein standardisierter Schulleiter- und Computerkoordinatorenfragebogen zur Erhebung von Zielsetzungen, Einschätzungen der schulischen Arbeit mit digitalen Medien sowie der Basisdaten zur IKT-Ausstattung zum Einsatz.

Alle geführten Interviews wurden transkribiert und inhaltsanalytisch mit WinMax ausgewertet. Ein deduktiv aus den Forschungsfragen (internationales Kategoriensystem) und induktiv anhand der Daten entwickeltes Kategoriensystem diente der nationalen Datenanalyse (vgl. Büchter/Dalmer/Schulz-Zander 2002).

2.2 SelMa

SelMa ist ein Modellversuch zur Curriculumentwicklung im Fach Mathematik in der Sekundarstufe II, den das Landesinstitut für Schule (LfS) in Soest im Zeitraum 1999-2003, gefördert vom BMBF und vom Land Nordrhein-Westfalen, durchführte. SelMa soll zeigen, wie Mathematikunterricht in der gymnasialen Oberstufe zu gestalten ist, um Eigentätigkeit und selbstreguliertes Lernen mit digitalen Medien zu fördern (vgl. Fankhänel/Weber 2003). (Selbst-)lernen, Mathematik und (digitale) Medien gelten als drei gleichberechtigte, tragende Säulen des Modellversuchs.

In fünf sog. Autorenschulen entwickelten Lehrerteams Szenarien und Materialien für Selbstlernphasen im Mathematikunterricht, die anschließend zehn ‚Erproberschulen' einsetzten. Die Autorenschulen wendeten fünf verschiedene – den curricularen Vorgaben für das Fach Mathematik entsprechende – Konzeptionen an: die Aufgabensammlung[1], das Gruppenpuzzle[2], Lernen an Stationen[3], die Lernumgebung[4] und das Selbstlernzentrum[5] (vgl. Fankhänel/Weber 2003). Die Aufgaben sind in erster Linie in Hypertextumgebungen präsentiert. Schülerinnen und Schülern können unterschiedliche Plug-Ins und Applets zu Übungszwecken, zur Simulation und zur Veranschaulichung nutzen. Für die Bearbeitung der Aufgaben sind häufig compu-

---

1   Die Aufgabensammlung berücksichtigt die Interessen, Lernwege, aber auch das Arbeitstempo der Schülerinnen und Schüler, da keine bestimmte Bearbeitungsform vorgegeben ist.

2   Bei der Methode des Gruppenpuzzles erarbeiten die Schülerinnen und Schüler die Aufgaben zunächst in Gruppen, die anschließend neu zusammengesetzt werden und jede/r Einzelne ist gefordert, das eben erworbene Wissen den neuen Gruppenmitgliedern zu vermitteln.

3   Lernen an Stationen: Der Lernzirkel ist verschiedenen thematischen Bereichen zugeordnet, bei denen es jeweils Pflicht- und Wahlstationen gibt, die die Schülerinnen und Schüler eigenständig bearbeiten sollen.

4   In der Lernumgebung sind Aufgaben, Hinweise, Lösungen, interaktive Übungen und weiterführende Informationen (auch Links im WWW) sinnvoll miteinander verknüpft.

5   Im Selbstlernzentrum bearbeiten Schülerinnen und Schülern selbstständig Aufgaben außerhalb des Stundenplans.

terbasierte Werkzeuge wie Tabellenkalkulationsprogramme oder Computer-Algebra-Systeme bzw. grafikfähige Taschenrechner (TI 89) erforderlich.

Die projektspezifische Evaluation von SelMa (2001-2002) diente der datengestützten Bewertung des in SelMa vollzogenen Innovationsprozesses. Die Fragestellung orientierte sich dabei sowohl an den Zielen von SEMIK als auch an den spezifischen Zielen von SelMa ([http://www.learn-line.nrw.de/angebote/selma/medio/01a_uebersicht.htm] 07.04.2003). Dem Prinzip der Triangulation bzw. der Multitrait-Multimethod-Methode (vgl. Bortz/Döring 2002, S. 370; Flick 2000, S. 310ff.) Folge leistend wurden bei der Evaluation verschiedene Forschungsansätze, Methoden und Perspektiven miteinander verglichen bzw. integriert. Qualitative und quantitative Methoden, teilstandardisierte Interviews mit standardisierten Fragebögen und Unterrichtsbeobachtungen wurden auf diese Weise kombiniert und die Perspektiven von Lehrpersonen, Schülerinnen und Schülern, der Schulleitung sowie der Forschungsgruppe integriert.

Die Erhebung mit quantitativen Methoden fand in 37 Erproberklassen statt und umfasste eine standardisierte Schülerbefragung (N=712) und Lehrerbefragung (N=37). Eine vertiefende Untersuchung von 14 Erprobungen erfolgte mit qualitativen Methoden, und zwar jeweils durch Interviews mit der Schulleitung, den erprobenden Lehrperson sowie zwei Schülerinnen und zwei Schülern (jeweils leistungsstark/leistungsschwach), teilweise auch Unterrichtsbeobachtungen und Videoaufzeichnungen. Des weiteren fanden Gruppeninterviews mit den Autorenteams statt. Die quantitativen Daten wurden mittels statistischer Verfahren deskriptiv und analytisch ausgewertet. Die inhaltsanalytische Auswertung der transkribierten Interviews erfolgte mit Atlas.ti unter Verwendung eines entwickelten Kategoriensystems.

3. Ergebnisse der Studien

Während SITES Innovationen über alle Fächer hinweg erforschte, zielte die Evaluation von SelMa auf die Untersuchung eines veränderten Mathematikunterrichts. Der Beitrag stellt im Folgenden ausgewählte Ergebnisse zum selbstregulierten und kooperativen Lernen aus beiden Studien vor. Beide Studien hatten nicht das Ziel, eine bestimmte Theorie zu testen. In SelMa war dem selbstregulierten Lernen kein Modell zugrunde gelegt. Selbststeuerung ist ein zentraler Aspekt des problemorientierten Lernens nach Mandl, Reinmann-Rothmeier und Gräsel (1998), dem Leitkonzept für das SEMIK-Programm. Dem problemorientierten Lernen liegt eine gemäßigt konstruktivistische Auffassung zugrunde, d.h. Lernen wird generell als ein aktiv-konstruktiver, selbstgesteuerter, situativer und sozialer Prozess angesehen.

Dem Begriff des selbstgesteuerten bzw. selbstregulierten Lernens ist in der Literatur keine eindeutige Definition zuzuordnen. So findet sich eine Vielzahl von Definitionsansätzen, die allerdings bestimmte Gemeinsamkeiten aufweisen. So steht nach Deitering „der lernende Mensch [...] im Mittelpunkt; er ist Initiator und Organisator seines eigenen Lernprozesses. Die Zielvorstellungen der Förderung von Selbstbestimmung, Selbsttätigkeit und Selbstverantwortung im Lernprozess ist in vielen Ansätzen zu finden" (Deitering 1995, S. 11). Weinert beschreibt selbstgesteuertes Lernen als eine Form des Lernens, bei der „der Handelnde die wesentlichen Entscheidungen, ob, was, wann, wie und woraufhin er lernt, gravierend und folgenreich beeinflussen kann" (Weinert 1982, S. 102). Einigkeit besteht laut Artelt, Demmrich und Baumert auch in Hinblick auf die funktionale Bestimmung des selbstregulierten Lernens: „Lernende, die ihr eigenes Lernen regulieren, sind in der Lage, sich selbstständig Ziele zu setzen, dem Inhalt und Ziel angemessene Techniken und Strategien auszuwählen und sie auch einzusetzen. Ferner halten sie ihre Motivation aufrecht, bewerten die Zielerreichung während und nach Abschluss des Lernprozesses und korrigieren – wenn notwendig – die Lernstrategie" (Simons/Jan 1992, zit. nach Artelt/Demmrich/Baumert 2001, S. 271). Darüber hinaus bestehe „erfolgreiche Selbstregulation des Lernens [...] unter anderem darin, auf der Basis der Aufgabenanforderungen und des eigenen Kenntnisstandes einzuschätzen, welche Mittel (Strategien) für die Zielerreichung angemessen sind" (Artelt/Demmrich/Baumert 2001, S. 297).

Es lassen sich verschiedene Formen kooperativen Lernens unterscheiden, und zwar Peer-Tutoring, kooperatives Lernen und kollaboratives Lernen (vgl. u.a. Konrad und Traub 1999). Kooperatives und kollaboratives Lernen unterscheiden sich im Grad der Zusammenarbeit und Interaktion. Lewis spricht von Kooperation, wenn eine gegenseitige Unterstützung der Gruppenmitglieder gegeben ist, aber jedes Mitglied eigene Ziele verfolgt. Kollaboration ist gegeben, wenn ein *gemeinsames* Ziel ausgehandelt wird (Lewis 2000). Littlejohn und Hakkinen (1999) definieren Kollaboration ebenfalls über die gemeinsame interaktive Konstruktion von Absichten und Bedeutungen und die Verpflichtung auf ein *gemeinsames* Ziel bei der *gemeinsamen* Arbeit.

3.1 SITES M2-Ergebnisse[6]

Eine Analyse der Fälle erfolgte u.a. unter den Kategorien Lehrerhandeln, Schülerhandeln und Rolle der Medien und ihrer Wirkungen. Die Kategorie Lehrerhandeln erfasst, welche konkreten Aktivitäten die Lehrpersonen während der Innovation ausüben, welche Rollen sie übernehmen, aber auch wel-

---

6 Die in SITES M2 durchgeführten Fallstudien sind sowohl Online (http://www.ifs. uni-dortmund.de) als auch Offline auf einer CD-ROM dokumentiert. Die Dokumentation enthält Analysen, mit welcher Funktion digitale Medien genutzt werden, welche Lehrer- und Schülerrollen im Unterricht erkennbar sind, welche curricularen Veränderungen eintreten und welche Probleme sich ergeben. Darüber hinaus finden sich in der Fall-Dokumentation Angaben zu schulischen Rahmenbedingungen, zur Schulkultur, Nachhaltigkeit und Übertragbarkeit der ‚Innovationen'.

che Auswirkungen die Innovation auf die Beteiligten hat. Die Aktivitäten der Lehrpersonen sind im internationalen Analyseschema erfasst mit ,Vortragen', ,Beraten und Lenken/Anleiten', ,Struktur geben für Schüleraktivitäten', ,Entwerfen von Unterrichtsmaterialien', ,Überprüfen der Schülerleistung', ,Zusammenarbeiten mit Schülern', ,Zusammenarbeiten mit Kollegen' und ,Zusammenarbeiten mit Partnern außerhalb der Klasse'.

Die Kategorie Schülerhandeln ist im internationalen Analyseschema erfasst mit ,Lösen von Übungsaufgaben', ,Durchführen von Forschungsaufgaben', ,Recherchieren von Informationen', ,Lösen von Problemen', ,Interpretieren von Daten in Tabellen und Graphiken', ,Veröffentlichen und Präsentieren von Ergebnissen', ,Entwerfen und Gestalten von Produkten', ,Zusammenarbeiten mit Mitschülern', ,Zusammenarbeiten mit Partnern außerhalb der Klasse', ,Bewerten der eigenen Leistung und die der Mitschüler' und ,Auswahl der Aufgabe' (vgl. Büchter/Dalmer/Schulz-Zander 2002).

3.1.1 Die Rolle digitaler Medien

In den untersuchten Fällen nutzen Schülerinnen und Schüler Informations- und Kommunikationstechnologien überwiegend als Werkzeuge und Arbeitsmittel, und zwar zum Erstellen von Texten, Kalkulationen, Grafiken, Multimedia, Präsentationen, zur Kommunikation und Kooperation über E-Mail, zum Informationsmanagement unter Nutzung von Web-Ressourcen und Multimedia sowie als fachbezogene Software oder zum Üben und Wissenserwerb mit Lernsoftware. Die Kommunikation über E-Mail spielt bei der Arbeitsorganisation eine maßgebliche Rolle: Die Gruppenmitglieder und die Lehrperson nutzen die elektronische Kommunikation für den Austausch ihrer Arbeitsergebnisse und für ihre Absprachen.

> *„Was ich dieses Mal zum ersten Mal initiiert habe, ist die Kommunikation der Gruppe untereinander über das Netz. Wir sind gestern auseinander gegangen. Einzelne arbeiten zu Hause und dann schicken wir uns gegenseitig die Arbeit zu. Die Kommunikation läuft über das Treffen hinaus sehr intensiv. Es ist faszinierend, wie gut man da noch zusammen an den Produkten arbeiten kann. Das beschleunigt und macht die Arbeit viel effektiver" (Lehrer, Sek. I).*

Die Nutzung der digitalen Medien zielt nicht nur auf die Wissenskonstruktion, sondern in erheblichem Umfang auf die Präsentation und Veröffentlichung von Arbeitsergebnissen. Schülerinnen und Schüler lernen, ihre Ergebnisse mit den Medien aufzubereiten und zu gestalten, oftmals für eine öffentliche Präsentation vor Ort oder im Internet. Damit ist explizit eine Förderung von Schreibkompetenz ein Ziel des Unterrichts.

Die Produktorientierung wirkt sich nach Einschätzung der Lehrpersonen positiv auf die Motivation, das Arbeitsverhalten und die Ergebnisse aus. Durch das Ziel der Veröffentlichung der Arbeitsergebnisse gewinnt der Lern- und Arbeitsprozess an Ernsthaftigkeit; Schülerinnen und Schüler arbeiten mit erhöhter Motivation. Dies belegen Interviews mit Lehrpersonen und Schülerinnen und Schülern, etwa beim Märchenprojekt einer Grundschule oder beim Wirtschaft-Schule-Projekt eines Gymnasiums oder den Medienprojekten einer Hauptschule und einer Gesamtschule. Digitale Medien können einerseits die gestalterische Qualität der Produkte verbessern, andererseits kommt aber auch zur Sprache, dass eine gut gestaltete PowerPoint Präsentation durchaus inhaltliche Schwächen überdecken kann.

Die digitalen Medien haben eine tragende Rolle, um Kooperationen zu ermöglichen. Bei europäischen Austauschprojekten dient das Internet dazu, Kontakt herzustellen, Unterrichtsprojekte zu organisieren, gemeinsam zu arbeiten, Arbeitsprodukte gemeinsam zu entwickeln und auszutauschen. Die Projekte hätten ohne das Internet nicht stattgefunden, das äußern die beteiligten Lehrpersonen. In Unterrichtsprojekten mit externen Partnern ist das Internet als Veröffentlichungsmedium für Ergebnisse kaum ersetzbar.

3.1.2 Instruktion und selbstreguliertes Lernen

Die Fallanalysen zeigen, dass innovativer Unterricht mit digitalen Medien zu einer Lernkultur mit einer stärkeren Schülerorientierung und mehr Anteilen selbstregulierten Lernens führt (vgl. Büchter/Dalmer/Schulz-Zander 2002). In allen Fällen ist eine Veränderung von Lehrer- und Schülerrollen feststellbar. Dies ist teilweise noch stärker ausgeprägt, wenn eine Zusammenarbeit mit externen Partnern praktiziert wird und Lehrerinnen und Lehrer phasenweise ihre Expertenrolle an andere abgeben. Die Lehrpersonen stellen in einigen der untersuchten Fälle nicht mehr Wissen, sondern Methoden zur Verfügung, wie Schülerinnen und Schüler ihr Wissen konstruieren können.

Aus Sicht der an den Innovationen beteiligten Lehrpersonen lassen sich die digitalen Medien in erfolgreicher Weise in problemorientierte Lernkontexte und/oder offene Unterrichtsformen integrieren. Sie gehen ebenso davon aus, dass der Einsatz der digitalen Medien neue Unterrichtsmethoden erfordert.

> *„Wir wissen, dass im Bereich Medienarbeit sowieso ganz andere methodische Formen notwendig sind und versuchen deshalb, [...] ergebnisorientiert zu gukken und sehr differenziert mit den neuen Medien zu arbeiten." (Lehrer, Sek. I)*

In allen zwölf Fällen erfolgt der Einsatz digitaler Medien in Verbindung mit problemorientierten Lernumgebungen und/oder offenen Unterrichtsformen. Die Rolle der Schülerinnen und Schüler lässt sich dahingehend beschreiben, dass diese insgesamt aktiver am Unterricht beteiligt sind und mehr Verantwortung für ihren Lernprozess und das Arbeitsergebnis übernehmen. Einige Schüler sind ‚Experten' hinsichtlich der Nutzung der digitalen Medien und erklären ihren Mitschülerinnen und Mitschülern bei Bedarf die Nutzung digitaler Medien. Gleichwohl weisen fast alle Fälle lehrerzentrierte Phasen mit Frontalunterricht und strukturierenden Hinweisen für Schüleraktivitäten auf. Dies erachten mehrere der beteiligten Lehrpersonen auch als notwendig. Die Schülerinnen und Schüler steuern im überwiegenden Maße ihre Lernprozesse mit instruktionalen Anteilen durch die Lehrperson. In diesen Phasen übernehmen die Lehrpersonen nach ihrer Selbstwahrnehmung die Rolle eines Moderators, Lernbegleiters und Beraters der Arbeitsprozesse der Schülerinnen und Schüler.

In Lehrerinterviews finden sich Aussagen, die einen Wandel der Lernkultur im jeweiligen Unterricht direkt auf den Einsatz der digitalen Medien zurückführen, aber auch Aussagen, die keinen Wandel der Lernkultur durch digitale Medien bedingt angeben, da ohnehin offene Unterrichtsformen mit einer stärkeren Schülerorientierung praktiziert werden.

3.1.3 Kooperatives Lernen

In allen untersuchten Fällen sind Kooperationen ein prägnantes Merkmal des Unterrichts. Lehrerinnen und Lehrer beobachten häufiger eine Zusammenarbeit zwischen den Schülerinnen und Schülern und stellen dies als einen wichtigen Effekt des Arbeitens mit digitalen Medien heraus (vgl. Schulz-Zander/Büchter/Dalmer 2002). Kooperationen finden auf unterschiedlichen Ebenen statt: klassenintern, klassenübergreifend schulintern und schulextern. Klasseninterne Kooperationen, als Unterrichtsform von der Lehrperson geplant, aber auch sich spontan ergebende oder von Schülerinnen und Schülern initiierte Kooperationen sind in allen Fällen beobachtbar.

Spontane Kooperationen entstehen aufgrund fachlicher Fragen und Unklarheiten, aber noch häufiger auf Grund fehlender technischer Kompetenzen oder wegen technischer Probleme. Kooperatives Arbeiten ist darüber hinaus in der geringen Anzahl von Computerarbeitsplätzen begründet.

Peer-Tutoring
Einige Schülerinnen und Schüler verfügen über mehr Wissen und Erfahrungen beim Umgang mit den digitalen Medien als andere, so dass sie ihr Wissen an ihre Mitschüler weitergeben. In einem Fall hat die Lehrerin einer Grundschule ein Schneeballsystem praktiziert, indem Schülerinnen und Schüler, die bereits über Computerkenntnisse verfügen, diese an ihre Mitschüler weitergeben. Mehrfach weisen Lehrpersonen darauf hin, dass fachlich leistungsschwächere Schülerinnen und Schüler teilweise über mehr Computerkenntnisse verfügen und darüber in der Klasse eine höhere Anerkennung erzielen können, was sich auf das Lernklima positiv auswirke.

Kooperatives und kollaboratives Lernen
Lehrpersonen initiieren in offenen, projekt- oder problemorientierten Lernumgebungen kooperatives und kollaboratives Lernen. Die Schülerinnen und Schüler eines 12. Jahrgangs eines Gymnasiums lernen z.B. im Fach Gemeinschaftskunde im Projekt „Wirtschaft und Schule" wirtschaftliche Zusammenhänge und Denkweisen kennen und erwerben Schlüsselqualifikationen für den Eintritt in das Berufsleben, und zwar Fähigkeiten zum selbstständigen Lernen, zur Teamarbeit, zum Projekt- und Informationsmanagement. Sie recherchieren Informationen über Unternehmen, analysieren in Gruppen je-

weils ein Großunternehmen, einen Kleinbetrieb und entwickeln ein eigenes Wirtschaftskonzept und bereiten eine Präsentation ihrer Ergebnisse vor. Die Arbeitsaufteilung erfolgt nach Interesse, aber auch nach dem Prinzip geteilter Kompetenzen. Gruppenarbeit ist darauf ausgerichtet, dass die Schülerinnen und Schüler sich mit ihren jeweiligen Kompetenzen und Fähigkeiten ergänzen und voneinander lernen können.

> *„Diese Teamfähigkeit ist eine Sache, die sie in jedem Fall aus diesem Projekt ziehen. Da ist letztendlich der PC als wichtigstes Werkzeug dazu da, sie ein Stückchen zusammen zu schweißen. Der eine hat schon eine ganze Menge Erfahrung und der andere fast keine. Derjenige, der die wenigen [technischen] Erfahrungen hat, ist aber gerade der, der das Projekt bereichern könnte. Derjenige, der die Kompetenzen im Umgang mit dem Computer hat, aber wenig [inhaltlich] mit dem Projekt zu tun hatte, wird dem anderen zeigen, wie er das am besten mit dem Computer vermitteln kann." (Lehrer, Sek. II)*

Lehrer einer Laptop-Klasse vermerken ebenfalls die Zunahme von Fähigkeiten zum kooperativen und selbstverantwortlichen Lernen bei den Schülerinnen und Schülern.

> *„Die Schüler haben im letzten Jahr gut gelernt, in Gruppen zusammenzuarbeiten. (...) [Sie] arbeiten gut und erstaunlich diszipliniert zusammen. Gestern, als ich zu spät kam, sitzt die Klasse da und fängt zu arbeiten an. Das macht normalerweise keine achte Klasse. (...) Es erhöht die Eigenständigkeit. (...) Sie machen Termine ab, an denen sie sich zu Hause treffen, oder fangen einfach zu arbeiten an." (Lehrer, Sek. I)*

Aufbau von Lerngemeinschaften mit externen Partnern

Die Zusammenarbeit mit externen Partnern führt zu einem Wandel der Lernkultur. Sie bewirkt eine Öffnung des Klassenraums und ermöglicht eher die Bearbeitung authentischer Probleme. Externe Partner waren in den untersuchten Innovationen europäische Schulen, Experten (eine Kinderbuchautorin, ein Unternehmensberater) sowie Einrichtungen (ein Medienzentrum). In der Zusammenarbeit mit externen Partnern ergänzen sich die Beteiligten entsprechend ihrer fachlichen bzw. technischen Kompetenzen. Durch die Zusammenarbeit mit Experten verändert sich die Rolle der Lehrperson. Nach dem Prinzip geteilter Kompetenzen gibt sie phasenweise ihre Expertenrolle im Unterricht ab. Dies erfolgte in Bezug auf technische Belange wie z.B. bei der Zusammenarbeit mit einem Medienzentrum oder in Bezug auf inhaltliche Belange wie z.B. bei der Zusammenarbeit mit einer Unternehmensberatung. Der Unterricht verändert sich durch diese Rollenverteilung. Durch den Einbezug Externer kommen die folgenden Aspekte zum Tragen: Die Lehrpersonen befinden sich partiell in der Rolle von Lernenden. Ihre Kompetenzen ebenso die Sichtweisen erweitern sich durch den Austausch mit anderen. Die beteiligten Lehrpersonen sehen in den Kooperationen eine Bereicherung ihrer Arbeit. Im Austausch mit anderen Kollegen erweitern sie ihre Methodenkompetenz.

„Der methodische Weitblick verändert sich. Das ist es wohl. Die Methodenkompetenz und die Anregungen aus anderen Ländern verändern die Kollegen positiv. Das ist eine Bereicherung." *(Schulleiter, Grundschule)*

Bei der Zusammenarbeit mit externen Partnern wird beobachtet, dass die Bedeutsamkeit des eigenen Arbeitsprozesses in besonderer Weise steigt und das Projekt an Ernsthaftigkeit gewinnt. Die Schülerinnen und Schüler arbeiten mit einem erhöhten Leistungsanspruch an ihrem Projekt. Sie erfahren, dass eine Einzelperson die gemeinsam erzielten Arbeitsergebnisse nicht hätte herstellen können.

In einem von der Europäischen Union (EU) geförderten Literaturprojekt, in dem eine Grundschule mit vier weiteren Schulen aus Tschechien, Schweden, Ungarn und einer weiteren deutschen Schule seit 1999 zusammengearbeitet hat, schreiben und gestalten die Schülerinnen und Schüler ein gemeinsames internationales Märchen- und Sagenbuch. Durch den Austausch und die Veröffentlichung der Produkte ist die Arbeit der Schülerinnen und Schüler in den Augen der Grundschullehrerin sorgfältiger und ernsthafter geworden. So achten sie neben korrekter Rechtschreibung und Grammatik verstärkt auf Stil und Lesbarkeit. Mit dem Ziel, gemeinsam ein großes Werk zu schaffen, setzen sich die Schüler und Schülerinnen immer wieder konzentriert hin und überarbeiten denselben Text teilweise mehrfach. Dabei spielt die gegenseitige Unterstützung eine besondere Rolle. Die Einbeziehung einer Kinderbuchautorin unterstreicht die Ernsthaftigkeit des Arbeitens und gibt zusätzliche Impulse.

„Ich denke, dass auch die Weitergabe der erarbeiteten Sachen ganz wichtig ist. Sonst ist ein Thema abgeschlossen und es kriegen vielleicht gerade noch die Eltern mit, aber durch E-Mail haben sie die Möglichkeit es weiter zu geben, zu hören, dass andere mit ihren vorbereiteten Sachen auch noch weiter arbeiten. Oder wir haben dann gemeinsam ein Ganzes gemacht. Das ist ein großer Ansporn." *(Lehrerin, Grundschule)*

In der innovativen Beziehung Wirtschaft und Schule fühlen sich die Schülerinnen und Schüler durch die Beteiligung von Unternehmensberatern und die Anforderung, ihre Ergebnisse in Anwesenheit von externen Wirtschaftsexperten zu präsentieren, für die Qualität der Projektarbeit stärker verantwortlich. Dies führt zu einer hohen Verbindlichkeit. Maßgeblichen Anteil am Lernerfolg hat die Tatsache, dass die Schülerinnen und Schüler, in eigener Verantwortung zu einem gesetzten Zeitpunkt ein bestimmtes Ergebnis erarbeiten müssen.

3.2 SelMa-Ergebnisse[7]

Die Auswertung der Ergebnisse durch qualitative Verfahren und anschließend – und dadurch vorbereitet – quantitative Verfahren erfolgte in drei

---

7   Die folgenden Ausführungen basieren im Wesentlichen auf dem Projektbericht der projektspezifischen Evaluation des Modellversuchs (vgl. Büchter/Preussler/Schulz-Zander/Heerdegen-Schickhaus 2003).

Schritten. Um einen schnellen ersten Überblick über alle Fälle hinweg zu erhalten, wurden zunächst einfach zu beantwortende Fragen in einer tabellarischen Übersicht ausgewertet. Die intensive qualitative Auswertung der Interviews erfolgte dann mit Hilfe von Textanalysesoftware. Mit den so erhaltenen Ergebnissen der qualitativen Auswertung konnte die quantitative Auswertung der Fragebögen vorbereitet werden, in dem empirisch begründete Hypothesen zu den einzelnen Fragen aufgestellt wurden.

3.2.1 Einsatz digitaler Medien

Der Einsatz digitaler Medien erfordert eine geeignete Infrastruktur an den einzelnen Schulen. Die technische Ausstattung, aber auch die Kompetenzen der Lehrenden und Lernenden waren sehr heterogen, so dass die erforderlichen Rahmenbedingungen für den Medieneinsatz nicht durchgängig erfüllt waren. Auch die Materialien der Autorenschulen konnten die Erproberschulen auf Grund von technischen Schwierigkeiten oft nicht konzeptgetreu oder vollständig einsetzen. Dies lag vor allem an nicht gegebenen Systemvoraussetzungen. Diese Probleme konnten die Lehrperson zwar durch eine gründliche Vorbereitung auffangen, was jedoch mit erheblichem organisatorischen Mehraufwand verbunden war.

> *„... wenn kein Computerraum frei ist, muss man natürlich gucken, was man macht. Das heißt bei uns dann eben, die fahrenden Einheiten auf irgendeinen Flur für irgendeinen Klassenraum. ... man verliert dann auch einfach Zeit durch [den] Aufbau dieser fahrenden Einheiten, Abbau dieser fahrenden Einheiten. Das rentiert sich dann wirklich nur für eine Doppelstunde..." (Lehrerin, Sek. II)*

Der Medieneinsatz an den Schulen gestaltet sich insgesamt vielfältig und umfasst digitale Medien und Printmedien. Digitale Medien werden in erster Linie genutzt zur Bereitstellung von Aufgaben und Informationen im Hypertextformat, zur Berechnung der Lösungen, wobei Computer-Algebra-Systeme (CAS) und Tabellenkalkulationsprogramme einen wesentlichen Stellenwert einnehmen, und zur Präsentation. Es werden häufig grafikfähige Taschenrechner eingesetzt. Einige Lehrpersonen berichten, dass die digitalen gegenüber den herkömmlichen Medien dominieren. Teilweise nehmen die Schülerinnen und Schüler bestehende Print-Alternativen nicht mehr wahr. Dies ist z.B. beim Stationenlernen beobachtbar, bei dem die Stationen in digitaler und konkreter Form vorliegen.

> *„Sie haben das Medium [Computer] nie verlassen. ... wir hatten alle Stationen sowohl medial, das heißt am Computer, wie auch papieren aufbereitet. Sie haben nie den Computer verlassen. Selbst wenn, wie ich sage, das am Computer teilweise viel schwieriger durchzuführen war. Sie sind von diesem Medium gefangen worden." (Lehrer, Sek. II)*

Zwar gestaltet sich der Einsatz der digitalen Medien für die Schülerinnen und Schüler nicht zwangsläufig motivierend, dennoch ist ein „Novitätseffekt" feststellbar. Der Medieneinsatz wirkt sich besonders in den Kursen, in denen noch nie oder nicht häufig mit digitalen Medien gearbeitet wurde – zumindest bis zum Zeitpunkt der Gewöhnung an das Medium – positiv auf die Motivation der Schülerinnen und Schüler aus. Jedoch gab es Ausnahmen. Einige Schülerinnen und Schüler mit einem negativen computerbezogenen Selbstkonzept lehnen den Medieneinsatz pauschal ab, andere schreiben den digitalen Medien ein hohes Ablenkungspotenzial zu.

Der Einsatz dynamischer Werkzeuge, die Möglichkeiten zum Experimentieren, Simulieren und Visualisieren bieten, kann zu einer Verlagerung von Schwerpunkten beim Lösen von Aufgaben führen, wenn bei authentischen Problemen stärker das Modellieren und das Interpretieren von Ergebnissen im Vordergrund steht und die Durchführung von Berechnungen aufgrund der Nutzung von Computerprogrammen weniger Gewicht erhält.

> *„Ja, das waren Original-Messwerte. Alleine von der Menge her ist die Frage des Aufbereitens und des tatsächlichen Durchrechnens dann bei an die achtzig Werten ... irgendwie etwas mühsam, weil das dann sehr krumme Werte sind, das eben per Hand zu machen. Also sinnvollerweise, kommt man da sehr schnell zu der Erkenntnis, dass so ein Tabellenkalkulationsprogramm da wesentlich weiterhilft.“ (Lehrerin, Sek. II)*

Auf diese Weise haben Schülerinnen und Schüler mehr Wahlmöglichkeiten bei der Bearbeitung der Aufgaben, da auch die Anzahl möglicher Lösungswege bei der Bearbeitung eines Problems gestiegen ist, was sie sehr positiv einschätzen.

> *„Man hat mehr Freiheiten, die Aufgaben irgendwie zu bearbeiten. Und man kann ja auch, wie gesagt, verschiedene Programme benutzen. Im Unterricht ist meistens ein Lösungsweg vorgegeben und den muss man dann verfolgen.“ (Schüler)*

Allerdings problematisieren Schülerinnen und Schüler, dass der Einsatz digitaler Medien, beispielsweise zur Konstruktion von Graphen, durchaus den Verstehensprozess beeinträchtigen oder auch den Erwerb von Fertigkeiten mindern kann.

> *„Eher im Negativen, würde ich einmal sagen. Weil am Computer geben wir eine Formel ein, zum Beispiel bei dem Graphen zeichnen, da muss man dann einfach nur auf Zeichnen gehen, dann zeichnet er den Graphen. Das ist zwar praktisch, aber man lernt ja da nicht, auf einmal selber die Daten da einzutragen im Graphen. Und davon könnte man auch sehr unselbstständig dadurch werden, wenn man alles nur von dem Computer machen lässt.“ (Schüler)*

3.2.2 Selbstgesteuertes Lernen

Die im SelMa-Unterricht beobachten Schülerrollen, lassen sich vor allem durch die Merkmale ‚Kooperation‘ und ‚Selbststeuerung‘ charakterisieren, was laut Aussagen von Schülerinnen und Schülern auch für die Rolle der Lehrpersonen im Vergleich zum herkömmlichen Unterricht gilt. Neben der größeren Verantwortung der Schülerinnen und Schüler für den eigenen

Lernprozess spielt die Übernahme von tutoriellen Funktionen eine herausragende Rolle, die sowohl von Schülerinnen und Schülern als auch von den Lehrpersonen positiv bewertet wurde.

Lehrerinnen und Lehrer treten im SelMa-Unterricht mehrheitlich in den Hintergrund, sie begleiten die Lernprozesse beobachtend. Beratung bzw. Hilfestellung leisten sie in den meisten Fällen nur auf Nachfrage. Insgesamt lassen sich diese Rollen am ehesten durch Begriffe wie Monitoring, Coaching und Hilfe auf Abruf beschreiben.

> *„Ich war so etwas wie ein fachlicher Berater an der Stelle. Also die Probleme und die Aufgabenstellungen waren ja letztlich dann durch dieses Computer-Web vorgegeben. Die Schüler machten sich daran und ich wurde an einigen Stellen gefragt und habe dann zum Teil ein paar Tipps gegeben und habe zum Teil auch gesagt, schauen sie noch einmal."* (Lehrer, Sek. II)

Die durch die Selbststeuerung veränderten Schüler- und Lehrerrollen lösen bei den Schülerinnen und Schülern teilweise Unverständnis aus.

> *„Ich habe mich manchmal gefragt, was der Job von meiner Lehrerin ist, wenn ich mir das alleine beibringen muss in der Schule. Also ich finde, das ist nicht, ich weiß nicht, dann könnte ich mir auch alles selber beibringen. Dann bräuchte ich nicht zur Schule zu gehen."* (Schüler)

In allen untersuchten Erprobungen wird eine größere Selbststeuerung von Schülerinnen und Schülern tatsächlich erreicht, was z.T. allerdings schon in den Materialien durch vorgegebene Wahl- und Entscheidungsmöglichkeiten so angelegt war. Schülerinnen und Schüler können auf diese Weise die Neigungs- und Eignungsdifferenzierung selbst vornehmen. Schülerinnen und Schüler äußern teilweise Probleme mit der relativ hohen Selbststeuerung, da auch der Umgang mit dieser erst erlernt werden muss. Besonders die freie Zeiteinteilung gestaltet sich schwierig.

> *„Letzten Endes war es schon so, dass sie es geregelt bekommen haben, aber man merkte auch, dass sie am Ende sehr in Druck gerieten, was die Zeit anging. Weil ich schon einen Zeitrahmen gesetzt habe und gesagt habe: so dann müssen wir jetzt damit fertig sein. ... Dann wurde es schon schwierig, weil sie am Anfang schon zu viel Zeit auch vertrödelt hatten."* (Lehrer, Sek. II)

Ein Ergebnis der quantitativen Befragung ist, dass leistungsstarke Schülerinnen und Schüler wesentlich weniger Schwierigkeiten mit dem ‚SelMa-Unterricht‘ haben, als leistungsschwache Schülerinnen und Schüler, die sich eher überfordert fühlen. Sie geben Probleme bei der Aufgabenlösung, Zeiteinteilung und dem selbstständigen Arbeiten an, wünschen sich mehr Hilfen und wollen seltener tutorielle Funktionen wahrnehmen. Zusammengefasst lässt sich dies in vielen Fällen als Überforderung mit den SelMa-Aufgaben deuten. Als besonders gravierend schätzen Lernende ein, dass sich „kumulierende Schwierigkeiten" letztlich aus drei Bereichen ergeben:

- dem überwiegend neuen Inhalt,
- den für viele Schülerinnen und Schüler neuen Methoden des Selbstlernens und
- der – ebenfalls oft erstmalig erfahrenen – Arbeit mit digitalen Medien.

Viele Schülerinnen und Schüler erleben dies als stark motivationshemmend, besonders da durch die Fokussierung auf das eigenständige Lernen die Lehrperson vielfach nicht in gewünschtem Ausmaß zur Verfügung steht, wenn Fragen auftreten. Leistungsstarke Schülerinnen und Schüler sehen diese Problematiken oftmals nicht, sondern geben im Gegensatz dazu an, dass sie SelMa-Unterricht als eine gute Vorbereitung auf Abitur und Studium erleben. Es verwundert also nicht, dass die Einschätzungen des Lernens seitens der leistungsstarken Schülerinnen und Schüler fast durchweg positiver ausfallen, als die der Leistungsschwachen.

Es gibt jedoch auch generellen Unterstützungsbedarf. So äußern Schülerinnen und Schüler den Wunsch nach mehr Unterstützung seitens der Lehrperson bzw. zu herkömmlichem, stärker lehrergeleiteten Unterricht zurückzukehren, bei welchem die Lehrperson die Aufgaben für alle erläutert.

> *„Die Schülerinnen und Schüler haben sich danach auch noch mehrfach gewünscht, dass ich einmal eine Lösung konsequent an der Tafel vorrechne. (...) Also zum einen die Bitte, noch einmal Einiges zu wiederholen, wo einfach Unklarheiten waren, wo gerade zum Ende hin, weil ich dann auch nicht noch mehr Zeit investieren konnte im Computerraum. Die hatten das große Bedürfnis, alle auf einen Stand gebracht zu werden. Und da [...] war doch vermehrt die Rückmeldung, das hätten sie alles nicht verstanden und das müsste ich noch einmal erklären." (Lehrerin, Sek. II)*

Eine Lösung dieses Problems sehen viele Befragte darin, innerhalb des SelMa-Unterrichts immer wieder „herkömmliche" Unterrichtsstunden einzuschieben, in denen eine gemeinsame Zusammenfassung erarbeitet wird.

> „Ich weiß nicht, ich kann das jetzt nur für mich persönlich sagen, weil ich habe mit Computern nicht so viel Erfahrung, ich habe da nicht so einen Bezug dazu. Und zu Mathe auch nicht, also zu beidem nicht. Und für mich war das also eigentlich Quälerei, weil ich mich da total, ich war ja auf mich selbst gestellt.... Und wenn dann andere und irgendjemand aufzeigt und irgendeine Frage hat, die Lehrperson kann ja nicht bei jedem stehen und jedem das erklären. Ich finde das nicht positiv, das wollte ich sagen." (Schülerin)

In Bezug auf den Einsatz digitaler Medien werden signifikante Unterschiede zwischen den Leistungsniveaus deutlich. Leistungsstarke schätzen ihre Begabungen auch im Bereich der Medien höher ein als ihre schwächeren Mitschülerinnen und Mitschüler. Ferner scheint auch das Beurteilen der eigenen Lösungen bei leistungsstarken Schülerinnen und Schülern besser zu funktionieren, als bei Schwachen. Darüber hinaus geben sie an, sich durch die Arbeit mit den Medien im Fach Mathematik verbessert zu haben. Die unterstützende Funktion der Medien für Lernen bewerten Mädchen und Jungen jedoch unterschiedlich. Schüler geben signifikant häufiger als Schülerinnen an, dass digitale Medien den Lernprozess unterstützen. Signifikante Unterschiede werden in den Aussagen zum Medieneinsatz deutlich, wonach Jungen die digitalen Medien eher zur Selbstaneignung neuen Stoffes bevorzugen, den Stoff darüber hinaus interessanter finden als Mädchen und eine bessere Veranschaulichung feststellen.

4. Fazit

Eine Zusammenschau der Ergebnisse von SITES M2 und SelMa ist zulässig und sinnvoll, da SelMa-Unterricht die Auswahlkriterien von Fallstudien in SITES erfüllt (eine SITES-Fallstudie war ‚Stationenlernen im Mathematikunterricht' in einer Klasse der gymnasialen Oberstufe aus dem SelMa-Modellversuch) und sogar explizit curriculare Veränderungen aufweist, gezielt digitale Medien zur Veränderung der Lehr- und Lernprozesse einsetzt und selbstreguliertes Lernen einfordert. SITES M2 bezieht ein größeres Spektrum von Fächern und digitaler Mediennutzung ein und untersucht, wie digitale Medien im Unterricht eingesetzt werden und welche Veränderungen im Lehrer- und Schülerhandeln auftreten. Die Untersuchung ist breiter angelegt. In SelMa sind zusätzlich zu qualitativen Methoden auch standardisierte Schülerbefragungen durchgeführt worden. Die Kombination führt zu differenzierteren Ergebnissen zum selbstregulierten Lernen.

SITES M2 zeigt, dass in fast allen Fällen die innovative Unterrichtspraxis mit digitalen Medien zu einer Lernkultur mit einer stärkeren Schülerorientierung und mehr Anteilen selbstregulierten Lernens führt. Überwiegend findet problemorientiertes und projektorientiertes Lernen und offener Unterricht statt. Die Lehrpersonen übernehmen nach ihrer Selbstwahrnehmung vermehrt die Rolle eines Moderators, Lernbegleiters und Beraters der Arbeitsprozesse der Schülerinnen und Schüler. Sie vermitteln weniger Fachwissen, jedoch vermehrt meta-kognitives Wissen. Die Rolle der Schülerinnen und Schüler verändert sich dahingehend, dass sie insgesamt aktiver am Unterricht beteiligt sind. Sie übernehmen mehr Verantwortung für ihren Lernprozess und das Arbeitsergebnis. Einige Schüler sind ‚Experten' hinsichtlich der Nutzung der digitalen Medien und übernehmen tutorielle Aufgaben gegenüber ihren Mitschülerinnen und Mitschülern und auch Lehrerinnen und Lehrern. In allen Fällen findet kooperatives und/oder kollaboratives Lernen statt. Einen Zusammenhang zum Einsatz digitaler Medien, aber auch zu den didaktischen Konzepten stellen Lehrende und Lernende immer wieder fest. Die Analysen der SITES-Fallstudien machen ebenfalls deutlich, dass viele Lehrpersonen lehrerzentrierte Phasen für notwendig halten, die zur Strukturierung der Aktivitäten der Schülerinnen und Schüler, sowie einer Zusammenführung der Schülerergebnisse dienen. Diese Phasen halten Schülerinnen und Schülern auch mehrfach für wünschenswert.

Die SelMa-Befunde zeigen, dass die (digitalen) Medien sowohl eine neue Aufgabenkultur als auch selbstregulierte Lernprozesse ermöglichen und fördern. Die neue Aufgabenstellung, die veränderten Lernformen und die digitalen Medien stehen in einem sich wechselseitig fördernden und fordernden Verhältnis.

Allerdings zeigt sich ein deutlicher Handlungsbedarf in Bezug auf Differenzierungsmaßnahmen, im Besonderen hinsichtlich des selbstregulierten Lernens. Die SelMa-Ergebnisse liefern Hinweise dafür, dass Leistungsstärkere besser mit den Veränderungen im Unterricht zurecht kommen als Leistungsschwächere. Der Einsatz von Computeralgebrasystemen und grafikfähigen Taschenrechnern kann die Schwierigkeiten teilweise sogar erhöhen. Leistungsschwächere wünschen sich von der Lehrperson teilweise mehr Unterstützung. Es ist erforderlich, auf den Umgang mit neuen Lernmethoden und die Nutzung digitaler Medien als Werkzeuge bei der Problembearbeitung vorzubereiten, Strategien zur Bearbeitung offener Aufgaben und authentischer Probleme und Methoden zur Reflexion des Lernprozesses zu vermitteln. Dies sollte günstiger Weise bereits in früheren Jahrgängen begonnen werden. Dem hohen Beratungs- und Unterstützungsbedarf in Lernprozessen und den vorhandenen zeitlichen Engpässen bei der Lehrperson für eine individualisierte Beratung und Unterstützung kann mit einer noch stärkeren Nutzung und Institutionalisierung von tutoriellen Funktionen durch Mitschülerinnen und Mitschüler begegnet werden, zumal Lernende dies positiv bewerten.

Um technischen Schwierigkeiten aus dem Weg zu gehen, scheint eine gewisse Normierung von Systemvoraussetzungen oder die Einbettung der Materialien in eine virtuelle Umgebung unabdingbar. Die technischen Schwierigkeiten haben die SelMa-Unterrichtseinheiten häufig gerade dort beeinträchtigt, wo besonders wirkungsvolle Applikationen vorgesehen waren.

Abschließend sei noch in Bezug auf die Übertragbarkeit innovativer Unterrichtskonzepte mit digitalen Medien erwähnt. Eine erfolgreiche Übernahme der Materialien setzt das Verständnis der zu Grunde liegenden allgemeinen und fachbezogenen didaktischen Konzeptionen voraus, sie müssen kommunizierbar sein. Lehrerinnen und Lehrer benötigen didaktische Modelle des Einsatzes digitaler Medien im Unterricht und die Vorbereitung auf eine entsprechende Lernkultur mit verändertem Lehrer-Schülerhandeln, veränderten Lehrer- und Schülerrollen.

Literatur

Artelt, C./Demmrich, A./Baumert, J.: Selbstreguliertes Lernen. In: Deutsches PISA-Konsortium (Hrsg.): PISA 2000. Basiskompetenzen von Schülerinnen und Schülern im internationalen Vergleich. Opladen, 2001, S. 271-298.

Bortz, J./Döring, N.: Forschungsmethoden und Evaluation. Für Human- und Sozialwissenschaftler. 3., überarbeitete Auflage. Berlin u.a. 2002.

Büchter, A./Dalmer, R./Schulz-Zander, R.: Innovative schulische Unterrichtspraxis mit neuen Medien. Nationale Ergebnisse der internationalen IEA-Studie SITES-M2. In:

Rolff, H.-G./Holtappels, H.-G./Klemm, K./Pfeiffer, H./Schulz-Zander, R. (Hrsg.): Jahrbuch für Schulentwicklung. Weinheim/München 2002. Bd. 12, S. 163-197.

Büchter, A./Preussler, A./Schulz-Zander, R./Heerdegen-Schickhaus, M.: Abschlussbericht der projektspezifischen Evaluation des BLK-Modellversuchs „Selbstlernen in der gymnasialen Oberstufe – Mathematik (SelMa)". Unveröffentlichter Projektbericht. Institut für Schulentwicklungsforschung. Dortmund 2003.

Deitering, F. G.: Selbstgesteuertes Lernen. Göttingen 1995.

Flick, U.: Triangulation in der qualitativen Sozialforschung. In: Flick, U./von Kardoff, E./Steinke, I. (Hrsg.): Qualitative Forschung. Ein Handbuch. Reinbek bei Hamburg 2000, S. 309-318.

Fankhänel, K./Weber, W.: SelMa: Selbstlernen – Medien – Mathematik. In: Thissen, F. (Hrsg.): Multimedia-Didaktik in Wirtschaft, Schule und Hochschule. Berlin/Heidelberg: 2003, S. 233 – 248.

Konrad, K./Traub, S.: Selbstgesteuertes Lernen in Theorie und Praxis. München 1999.

Lewis, R. : Human activity in learning societies. Invited paper. In: Young, S.S-C./Greer, J./Maurer, H./Chee, Y.S (eds.): Proceedings of the International Conference on Computers in Education ICCEICCAI 2000, Learning Societies in the new Millenium. Taiwan 2000, pp. 36-45.

Littleton, K./Häkkinen, P.: Learning Together: Understanding the Processes of Computer-Based Collaborative Learning. In: Dillenbourg, P. (ed.): Collaborative learning, cognitive and computational approaches. London 1999, pp. 20-30.

Mandl, H./Reinmann-Rothmeier, G./Gräsel, C.: Gutachten zur Vorbereitung des Programms „Systemstische Einbeziehung von Medien, Informations- und Kommunikationstechnologien in Lehr- und Lernprozesse". Bund-Länder-Kommission für Bildungsplanung und Forschungsförderung. Bonn 1998.

Pelgrum, W. J./Anderson, R. E. (Eds.): ICT and the emerging paradigm for life-long learning. Amsterdam 1999: IEA.

Schulz-Zander, R.: Lernen in der Informationsgesellschaft. In: Keuffer, J./Krüger, H.-H./Reinhardt, S./Weise, E./Wenzel, H. (Hrsg.): Schulkultur als Gestaltungsaufgabe. Weinheim 1998, S. 407 – 422

Schulz-Zander, R./Büchter, A./Dalmer, R.: The role of ICT as a promoter of students' cooperation. Journal of Computer Assisted Learning, Vol.18, No.4 December 2002, pp. 438-448.

Simons, P./Jan, R.: Lernen, selbständig zu lernen – ein Rahmenmodell. In: Mandl, H./Friedrich, H. F. (Hrsg.): Lern- und Denkstrategien. Analyse und Intervention. Göttingen 1992, S. 251-264.

Weinert, F. E.: Selbstgesteuertes Lernen als Voraussetzung, Methode und Ziel des Unterrichts. In: Unterrichtswissenschaft 10 (2), 1982, S. 99-110.

Sigrid Blömeke, Christiane Müller und Dana Eichler

Handlungsmuster von Lehrerinnen und Lehrern beim Einsatz neuer Medien
Grundlagen eines Projekts zur empirischen Unterrichtsforschung[1]

Zusammenfassung

Ziel des vorzustellenden Projekts ist es in einem ersten Schritt, Handlungsmuster von Lehrpersonen beim Einsatz von neuen Medien im Unterricht der Fächer Deutsch, Mathematik und Informatik der Sekundarstufe II zu identifizieren. Zu diesem Zweck werden Videoaufnahmen von 30 Unterrichtsstunden im Hinblick auf zugrunde liegende ,Unterrichtsscripts' (i.e. didaktische Routinen) analysiert und die subjektiven Theorien der Lehrkräfte zum Lehren und Lernen erhoben. Bei der Zusammensetzung der Stichprobe findet neben der Variation der Fachzugehörigkeit der Expertisegrad der Lehrpersonen bezogen auf den Einsatz neuer Medien Berücksichtigung, und zwar in zwei Abstufungen (hoch – niedrig). Auf diese Weise wird ermöglicht, in einem zweiten Schritt begründet Hypothesen zu Zusammenhängen zwischen Handlungsmustern sowie Fach und Expertise als Kontextfaktoren zu generieren und mögliche Geltungsbereiche zu beschreiben. Über diese Grundlagenforschung hinausgehend sollen in einem dritten Schritt anhand der gewonnenen Erkenntnisse Interventionen entwickelt werden, die eine Weiterentwicklung von Lehrerhandeln beim Einsatz neuer Medien im Unterricht ermöglichen. Hier stellt sich allerdings die Frage, wie sich Handeln grundsätzlich verändern lässt.

Das genaue Zusammenspiel von subjektiven Theorien – als gegenstandsbezogenen handlungsleitenden Kognitionen – und Scripts – als situationsbezogenen handlungsleitenden Kognitionen – in Bezug auf das unterrichtliche Handeln ist bisher noch unbekannt. Eine Klärung soll ebenfalls in dem avisierten Projekt geschehen.

Die Studie ist Teil des DFG-Schwerpunktprogramms „Die Bildungsqualität von Schule: Fachliches und fächerübergreifendes Lernen im mathematisch-naturwissenschaftlichen Unterricht in Abhängigkeit von schulischen und außerschulischen Kontexten" (BIQUA, vgl. Prenzel/Merkens/Noack

---

1 Eine Förderung erfolgt durch die Deutsche Forschungsgemeinschaft (DFG) im Rahmen des Schwerpunktprogramms 1082 „Die Bildungsqualität von Schule: Fachliches und fächerübergreifendes Lernen im mathematisch-naturwissenschaftlichen Unterricht in Abhängigkeit von schulischen und außerschulischen Kontexten" (BIQUA), Projektnummer BL 548/2-1

1999). Sie stellt einen Beitrag zur Entwicklung einer komplexen Theorie zum Lehrerhandeln dar. Die erste Fokussierung erfolgt auf den Einsatz neuer Medien, mit denen Hoffnungen auf eine Etablierung lernpsychologisch angemessener Lehrformen verbunden sind. Ob dies im Unterrichtsalltag tatsächlich realisiert wird, ist bisher nicht geklärt. Eine zweite Fokussierung findet auf die Sekundarstufe II statt, um die bisher durchgeführten, auf die Sekundarstufe I ausgerichteten Videostudien zu ergänzen. Im folgenden Beitrag wird zunächst der Stand der Forschung aufgearbeitet und es werden die sich daraus ergebenden offenen Fragen formuliert. Anschließend wird das Untersuchungsdesign vorgestellt. Auf die Darstellung empirischer Ergebnisse muss an dieser Stelle verzichtet werden, da erste Ergebnisse frühestens im Sommer des Jahres der Drucklegung vorliegen.

1. Theoretische Grundlagen

Ausgangspunkt des Projekts ist die Beobachtung, dass Lehrerhandeln in Deutschland außerordentlich gleichförmig abläuft (vgl. Baumert et al. 1997; Borries 1998; Hage, 1985; Stigler et al. 1999; Stigler/Hiebert 1997; Wragge-Lange 1983). Dass eine solch weite Verbreitung strukturell ähnlicher Handlungen festgestellt werden kann, ist vermutlich auf das Vorhandensein entsprechend ähnlicher kognitiver Strukturen bei Lehrerinnen und Lehrern zurückzuführen. Zum einen sind hier spezifische mentale Repräsentationen zum *Ablauf* des Unterrichts – so genannte Scripts – zu nennen. Diese Scripts stehen zum anderen in Beziehung zu subjektiven Theorien der Lehrpersonen über Lehren und Lernen. Scripts und dazugehörige subjektive Theorien können unter dem abstrakten Begriff der Handlungsmuster (vgl. Ehlich/Rehbein 1977, 1979) zusammengefasst werden.

Der Scriptbegriff findet in der empirischen Unterrichtsforschung seit Erscheinen der TIMS-Videostudie häufige Verwendung. Unterrichtsscripts in den Focus zu nehmen, kann als eine angemessene Balance zwischen Laborstudien zur Wirkung neuer Medien, die die unterrichtliche Komplexität stark reduzieren, und der Detailfülle des konkreten Lehr-Lerngeschehens angesehen werden. Allerdings ist der Begriff des Unterrichtsscripts nicht eindeutig definiert, sondern er wird vielfach in unterschiedlicher Bedeutung verwendet. Darüber hinaus erfolgt z.T. eine Beschreibung des selben Phänomens mit abweichenden Begriffen. Im Rahmen unserer Forschungen wird auf die kognitionswissenschaftliche Scripttheorie Bezug genommen. In dieser wird mit dem Begriff des Skripts, der auf Schank und Abelson (1977) zurückgeht, die mentale Repräsentation einer systematischen Handlungsabfolge bezeichnet, die auf eine spezifische Situation ausgerichtet (z.B. Restaurantbesuch) und mit einem bestimmten Ziel versehen ist. Ein Skript stellt die elaborierte Ausgabe des Framekonzepts von Minsky (1975) dar, das von Mandler (1984) als Schemakonzept weiterentwickelt wurde. Danach umfasst ein Schema hierarchisch organisiertes, generalisiertes Wissen über eine Standardsituation, wozu auch deren sequenzielle Abfolge gehört. Skripts sind Schemata für Ereignisabfolgen, die Verstehen und Vorhersagen von Sachverhalten ermöglichen (vgl. Spada 1992). Skripts weisen eine Baumstruktur mit Haupt- und Nebenlinien auf. Sie stellen eine Abfolge vollständiger Szenen dar, die nach Aebli (1980, 1983) die Handlungsgrößen Tätigkeit – Objekt – Ort – Akteure – Ergebnis umfassen. Übertragen auf den Einsatz neuer Medien im Unterricht bedeutet das Script-Konzept, dass von der Annahme ausgegangen wird, dem Handeln der Lehrerinnen und Lehrer liegen mental gespeicherte Handlungsverläufe zugrunde, die sich in wiederholten, strukturell ähnlich verlaufenden Unterrichtsschritten niederschlagen. Ihre Identifizierung stellt die zentrale Aufgabe des vorliegenden Forschungsvorhabens dar. Da es sich bei Scripts um ein Konstrukt handelt, das sich nicht unmittelbar beobachten lässt, sind unter Bezug auf bestehende Theorien und das empirische Material Indikatoren zu ermitteln, die begründet auf das Vorhandensein von Scripts im Sinne der kognitionswissenschaftlichen Scripttheorie schließen lassen. Die Indikatoren wurden in einer Voruntersuchung anhand eines Teils der Videoaufnahmen ermittelt. Das darin verwendete Videomaterial fließt nicht in die Auswertung der Hauptuntersuchung ein.

Scripts stehen in Beziehung zu subjektiven Theorien eines Individuums. Groeben et al. (1988) belegen die Bedeutung von subjektiven Theorien für das Handeln. Diese lassen sich definieren als komplexe Aggregate von Kognitionen der Selbst- und Weltsicht, die – analog zu objektiven Theorien – die Funktionen der Erklärung, Prognose und Technologie erfüllen und die eine entsprechende implizite Argumentationsstruktur besitzen (vgl. Groeben et al.. 1988, Scheele/Groeben 1998). Subjektive Theorien setzen sich aus subjektiven Daten (= direkt beobachtbare Ereignisse), subjektiven Konstrukten (= abstrakte Begriffe), subjektiven Definitionen (zur Klärung der Begriffe) und subjektiven Hypothesen (= Kombinationen von subjektiven Konstrukten oder Daten zu generellen wenn-dann-Aussagen) zusammen. Auf der Basis des Forschungsprogramms „Subjektive Theorien" sind Einzeluntersuchungen zu verschiedenen didaktischen Fragen entstanden (vgl. Hof 2000; Koch-Priewe 1986; Mutzek 1988; Söll 1999; Wahl 1991), die einen engen Zusammenhang zwischen subjektiven Theorien und schulischem bzw. unterrichtlichem Handeln bestätigen. Theoriewissen erhält nur dann eine handlungsleitende Funktion, wenn es in die subjektiven Theorien der Lehrerinnen und Lehrer übernommen worden ist.

Wesentliche Bestimmungsmerkmale der subjektiven Theorien gelten zwar – wie im Fall der Scripts – als nicht beobachtbar, aber als interpretativ erschließbar, und zwar in Form von Konstruktinterviews. Dem Individuum wird zugestanden, „einen privilegierten Zugriff zum Inhalt seiner bewusst ablaufenden mentalen Vorgänge" zu besitzen (Grotjahn 1998, S. 40). In Bezug auf die subjektiven Theorien von Lehrerinnen und Lehrern erfolgt in der Expertiseforschung in Anknüpfung an Shulman und Brophy eine Ausdifferenzierung in fachliches Wissen (einschließlich der Leitideen bezogen auf die

Wissenschaftsdisziplin), fachspezifisch-pädagogisches Wissen (einschließlich der Leitideen bezogen auf das Schulfach), pädagogisch-didaktisches Wissen und curriculares Wissen als relevante Theoriebestandteile (vgl. Bromme 1997). Damit stellt sich die Aufgabe, unter der Perspektive des Einsatzes neuer Medien im Unterricht, die subjektiven Theorien jeweils in diesen Facetten zu rekonstruieren und in Hinblick auf ihre Bezüge zu fachwissenschaftlichen, fachdidaktischen und pädagogisch-psychologischen Theorien und Konzepten zu untersuchen.

Das genaue Zusammenspiel von subjektiven Theorien – als gegenstandsbezogenen handlungsleitenden Kognitionen – und Scripts – als situationsbezogenen handlungsleitenden Kognitionen – muss allerdings noch als weitgehend ungeklärt gelten. In den letzten 30 Jahren sind unterschiedliche Modelle, je nach Verständnis des Lernprozesses, der Wissensrepräsentation und der Abrufregeln, entstanden, die zur Klärung beider Komponenten von Handlungsmuster beitragen können. Überwiegend wird von *mehreren* stabilen kognitiven Elementen ausgegangen, die parallel bestehen und die in Wechselwirkung mit der jeweiligen Situation das aktuelle Handeln bedingen. So unterscheidet Anderson (1988, 1993) in seinen ACT*- und ACT-R-Modellen zwischen einem deklarativen und einem prozeduralen Gedächtnis. Niedderer (1996) und Petri/Niedderer (2001) differenzieren zwischen „Minitheorien" und „Schemata". Im Rahmen der IPN-Videostudie formuliert Müller (2001) eine „kognitiv-strukturelle Ebene", wozu er die Vorstellungen von Naturwissenschaften zählt und eine „konkret-situativen Ebene", womit er didaktische Orientierungen meint. Das Verhältnis und damit die jeweilige Wirksamkeit beim Handeln werden in keinem Fall näher bestimmt. Groeben et al. (1988) machen selbst darauf aufmerksam, dass es zwei Gegenstandsbereiche gibt, für die sie keinen (direkten) Lösungsanspruch erheben, und zwar für Automatismen und erlernte Routinen (i.e. Scripts im Sinne des vorliegenden Projekts). In Bezug auf das Lehrerhandeln sehen sie Letztere in Einzelfällen wirksam werden, und zwar v.a. in komplexen Situationen. Bei Routinen bestanden zum Zeitpunkt des Erwerbs zwar durchaus Zusammenhangsannahmen über Situationsmerkmale und Reaktionen, die aber im Laufe des Berufslebens nicht mehr in jedem Fall handlungsleitend wirken. Noch deutlicher weist Bromme (1997) darauf hin, dass viele Lehrerhandlungen so routiniert ablaufen, dass ihnen nur noch wenige kognitive Prozesse vorausgehen.

Entsprechend belegen empirische Untersuchungen prinzipiell eine handlungsleitende Wirkung von subjektiven Theorien. So widmet sich beispielsweise Fischler (2000) der Rekonstruktion von subjektiven Theorien bei Physiklehrern und der Überprüfung ihrer Wirksamkeit sowie der Möglichkeiten, sie zu verändern. Vosniadou (1994) arbeitet die Bedeutung erkenntnistheoretischer und ontologischer Positionen für das Handeln heraus.

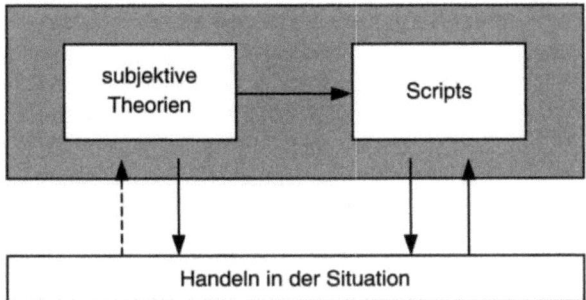

Grafik 1:   Heuristisches Modell zur Relation von Kognitionen und
Handlungen

Insbesondere unter Druck handeln Lehrpersonen anders als geplant, was auf
weitere kognitive Strukturen (im Sinne von Scripts) hindeutet, die wirksam
werden. Ohne den Einfluss von subjektiven Theorien und Scripts auf das
Handeln in der jetzigen Phase des Projekts im Detail klären zu können, kann
daher folgendes heuristisches Modell zur Relation von Kognitionen und
Handlungen aufgestellt werden (vgl. Grafik 1): Sowohl subjektive Theorien
als auch Scripts stellen handlungsleitende Kognitionen dar. Subjektive Theorien sind komplexe Überzeugungen des Individuums zu grundlegenden Fragen des Lehrens und Lernens. Bei Unterrichtsscripts handelt es sich dagegen
um didaktische Routinen, die situationsspezifisch abgerufen werden. Bei ihrer Entstehung – häufig bereits in der eigenen Schulzeit – lagen durchaus
subjektive Theorien zugrunde, die im Laufe der Zeit allerdings abgesunken
sind. Dennoch ist es möglich, sie im Nachhinein wieder zu rekonstruieren.

2. Methodisch-empirisches Vorgehen

2.1 Untersuchungsdesign

In dem hypothesengenerierenden Untersuchungsdesign der vorliegenden
Studie sollen kritische Faktoren (Moderatorvariablen), die Einfluss auf die
Struktur der Handlungsmuster beim Einsatz neuer Medien im Unterricht der
Lehrerinnen und Lehrer nehmen, ausgemacht werden. Dabei soll aus theore-
tischen, methodischen aber auch forschungspragmatischen Gründen der
Schwerpunkt auf die zwei Faktoren Fachzugehörigkeit und Expertisegrad im
Hinblick auf den Einsatz neuer Medien im Unterricht gelegt werden.

Seit der Aufsehen erregenden Veröffentlichung von Snows (1967) über
die ‚zwei Kulturen' der geistes- und der naturwissenschaftlich orientierten
Akademiker ist die Verschiedenheit des Denkens in den entsprechenden Fächern bereits zunehmend ins Bewusstsein gerückt. Die jeweilige kulturelle

Prägung – entstanden im Prozess der beruflichen Sozialisation – drückt sich in fachspezifisch geteiltem Denken, Handeln und Fühlen aus (vgl. Feiman-Nemser/Floden 1986). Systematische Studien zu fächerspezifischen Unterrichtsscripts von Lehrerinnen und Lehrern liegen bisher nicht vor. Im Hinblick auf die Akzeptanz und die Implementation der neuen Medien zeigt Jones (1999, S. 164) aber für Neuseeland eine fachkulturelle Prägung auf: „Subject subcultures were found to be consistent and were a strong influence on secondary school teachers' perceptions of technology education. Science teachers emphasized applications, social studies teachers focused on social aspects, English teachers on journalism, media studies and drama, accounting and economics teachers mentioned computing and ressources, transition concentrated on computing, and technical teachers focused on skills, designing and making." Die Unterschiede in den jeweiligen subjektiven Theorien der Lehrerinnen und Lehrer spiegeln sich dann erneut in der unterrichtlichen Verwendung der neuen Medien. Aus diesen Erkenntnissen soll für das vorliegende Projekt die Konsequenz gezogen werden, je ein Fach aus den beiden ‚Kulturen' systematisch in die Untersuchung einzubeziehen. Aus dem Fachspektrum der Geisteswissenschaften wird das Fach Deutsch gewählt, in dem die neuen Medien als Mittel des Unterrichts bereits einen gewissen Stellenwert erreicht haben (vgl. BMBF 2001). Aus dem Fachspektrum der Naturwissenschaften, in denen die Verbreitung der neuen Medien ebenfalls bereits fortgeschritten ist (vgl. ebd.), wird das Fach Mathematik gewählt, um die vier BIQUA-Videostudien sinnvoll zu ergänzen, von denen drei auf das Fach Physik ausgerichtet sind. Deutsch und Mathematik wird mit Informatik ein drittes Fach beigefügt, das aufgrund seiner erst jungen Existenz diesen ‚Kulturen' noch nicht zugerechnet werden kann. Darüber hinaus besitzt das Fach Informatik im Hinblick auf die Fragestellung des Projekts einen besonderen Reiz, da sie der Kerngegenstand des Fachs ist. Damit erhält man eine hinreichende Variation der Unterrichtsfächer, um bei Strukturgeneralisierungen einen Einfluss der Fachzugehörigkeit begründet ausschließen bzw. bei erkennbaren Unterschieden eine entsprechende Hypothese zum Zusammenhang von Fach und Handlungsmuster formulieren zu können.

Die Expertiseforschung hat auf die Bereichsspezifität von Expertise und deren Wissensbasierung aufmerksam gemacht. Dies spiegelt sich auch in fachdidaktischen Arbeiten für den Deutsch-, Sport- und Naturwissenschaftsunterricht, in denen subjektive Theorien von Lehrerinnen und Lehrern unter fachlicher Perspektive erhoben worden sind (vgl. Cochran/Jones 1998; Fischler 1991, 2000; Kunze 1999; Lippens 1993). Der Grad der Ausdifferenzierung eines Unterrichtsscripts und die Breite des Repertoires an vorhandenen Scripts hängen vom Expertisestatus der Lehrerinnen und Lehrer ab (vgl. Bromme 1997). Bei Expertise handelt es sich um eine domänenspezifisch dauerhaft herausragende Leistung einer Person im Vergleich zu anderen Personen. Die Kriterien für die Beurteilung des Expertisegrades sind der Umfang der Wissensbasis, Erfahrung, Problemlösefähigkeit und Effizienz (vgl. Gruber 1998). Um einen Lehrer als Experten bezeichnen zu können, ist entscheidend, dass mit Hilfe des gespeicherten Wissens während des Unterrichts unter Handlungsdruck mentale Situationsmodelle gebildet werden können, die es ihm gestatten, aus der Vielzahl der Informationen im Klassenzimmer die relevanten auszuwählen und zu verarbeiten, Entscheidungen zu treffen und auf diese Weise erfolgreich zu handeln (vgl. Weinert/Schrader/Helmke 1990; Clark/Lambert 1986). Für die vorliegende Studie bedeuten diese Ergebnisse, dass Experten und Novizen beim Einsatz neuer Medien im Unterricht einbezogen werden müssen, um ggf. eine Stabilität der Handlungsmuster über beide Personengruppen erkennen oder eine Hypothese zur Abhängigkeit davon formulieren zu können. Es ist zu erwarten, dass in der Gruppe der Lehrpersonen mit hoher Expertise eine größere Stabilität der Handlungsmuster vorliegt als in der Gruppe der Lehrpersonen mit geringer Expertise (vgl. Schnotz 1994). Aus den Handlungsverläufen von Lehrerinnen und Lehrern, die bereits seit vielen Jahren und regelmäßig neue Medien einsetzen, werden sich daher vermutlich typische Strukturen beim Einsatz dieser rekonstruieren lassen. Ob dies auch bei Novizen, die neue Medien erst seit kurzem und nur unregelmäßig einsetzen, der Fall ist, ist dagegen offen. Das sich vor diesem Hintergrund ergebende differenzierte heuristische Modell zum Kognitions-Handlungs-Zusammenhang zeigt Grafik 2.

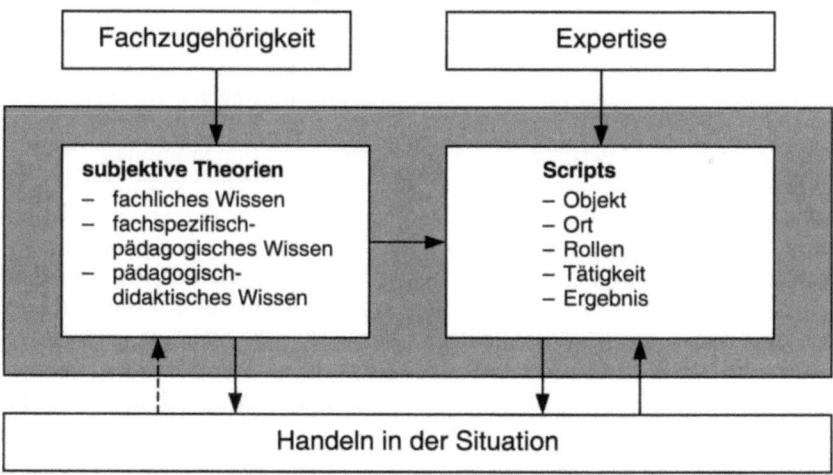

Grafik 2:   Differenziertes Modell zum Kognitions-Handlungs-
Zusammenhang

2.2 Stichprobe und Durchführung der Untersuchung

Im vorliegenden Projekt geht es nicht um die Frage der *Verteilung* von Merkmalen, was bei der Fallauswahl Repräsentativität im statistischen Sinne erforderlich machen würde, sondern um die Herausarbeitung der *Typik* von

Handlungsmustern in Relation verschiedener Fälle zueinander und um die Abschätzung ihrer Reichweite ('conceptual representativeness'; vgl. Brandt/Krummheuer 2000). Zweck ist eine empirische Generalisation, indem durch die vergleichende Analyse die Verbreitung eines Phänomens festgestellt wird. Diese wird anhand mutmaßlich abweichender Fälle kontrolliert, um einen weiten Geltungsbereich zu erreichen. Die Auswahl der Fälle erfolgt daher nach dem Kriterium des größtmöglichen Kontrastes (vgl. Merkens 2000). Bezogen auf die Stichprobe ergibt sich aus der Darlegung des Forschungsstands die Notwendigkeit, die Kontextfaktoren Fachzugehörigkeit und Expertisegrad der Lehrerinnen und Lehrer im Hinblick auf den Einsatz neuer Medien zu berücksichtigen und hinreichend zu variieren.

Mit der Wahl von zwei Fächern aus unterschiedlichen 'Kulturen' (Deutsch und Mathematik) und deren Ergänzung um ein Fach, das zum einen diesen nicht zuzurechnen ist und in dem zum anderen die neuen Medien gleichzeitig den fachlichen Gegenstand des Unterrichts darstellen (Informatik), kann eine hinreichende Kontrastierung erreicht werden. Was den Expertisegrad betrifft, steht die Auswahl der Probanden vor der Schwierigkeit, dass ein Zusammenhang zwischen langer und regelmäßiger Erfahrung beim Einsatz neuer Medien – als *einem* zentralen Merkmal von Expertise (s.o.) – und hoher Qualität als dem anderen zentralen Merkmal mangels empirischer Untersuchungen bisher nicht nachgewiesen wurde. Entsprechend den ersten Untersuchungen in der Expertiseforschung soll daher ein Expertisebegriff verwendet werden, der *nicht qualitativ wertend* zu verstehen ist, sondern indem nur auf das Merkmal der *zeitlichen Dauer* der Erfahrung beim Einsatz neuer Medien im Unterricht Bezug genommen wird (lange und regelmäßige Erfahrung versus einen nur wenige Male erfolgten Medieneinsatz). Dabei handelt es sich in der vorliegenden Studie bei langer und regelmäßiger Erfahrung um einen Einsatz neuer Medien im Unterricht der seit vielen Monaten bzw. mehreren Jahren stattfindet. Im Gegensatz dazu werden der Kategorie „wenige Male erfolgter Medieneinsatz" ausschließlich Lehrerinnen und Lehrer zugeordnet, die neue Medien im Unterricht nicht öfter als zwanzigmal eingesetzt haben. Ergänzend wird die Teilnahme an Seminaren und Weiterbildungen zum Einsatz neuer Medien im Unterricht erfragt. Deutlich hervorzuheben ist allerdings, dass es sich wirklich um Unterrichtserfahrung beim Einsatz neuer Medien handeln muss, und zwar auch in dem betrachteten Fach. Erfahrungen mit Mediennutzung für andere Zwecke (Unterrichtsvorbereitung, Schulverwaltungsangelegenheiten etc.), Unterrichtserfahrung ohne Medieneinsatz oder Erfahrungen beim Einsatz neuer Medien in einem anderen als dem beobachteten Unterrichtsfach spielen für die Intentionen des vorliegenden Projekts keine Rolle.

Die Lehrerinnen und Lehrer, deren Unterrichtsstunden gefilmt und deren subjektiven Theorien erhoben werden sollen, werden zum einen über die bereits bestehenden Kontakte zur Schulpraxis und zum anderen über Veröffentlichungen in Verbands- und Fachzeitschriften geworben. Der erste Fokus der Untersuchung liegt auf der generellen Rekonstruktion zugrunde liegender

Unterrichtsscripts beim Einsatz neuer Medien im Unterricht (also über alle Stunden mit neuen Medien hinweg). Dies betrifft 24 der avisierten 30 Unterrichtsstunden. Ein zweiter Fokus liegt auf der Kontextanalyse, so dass zunächst *fach*spezifische Subgruppen-Vergleiche durchgeführt werden. Dies betrifft 18 der 30 Unterrichtsstunden (je sechs Stunden in Deutsch, Mathematik und Informatik), für die der Expertisegrad konstant gehalten wird, um deren Einfluss auszuschalten. Es erfolgt in diesem Zusammenhang eine Analyse von Unterrichtsstunden von Lehrpersonen mit *hoher* Expertise wegen der zu erwartenden höheren Stabilität der Handlungsmuster, die eine bessere Rekonstruktion dieser Muster ermöglicht. Hieran schließt sich eine *expertise*spezifische Analyse an, für die nunmehr das Fach konstant gehalten wird (Mathematik), um dessen Einfluss auszuschließen. Diese Kontextanalyse bezieht sich auf 12 Unterrichtsstunden. Darüber hinaus stellt sich schließlich die – für eine Beurteilung der Stabilität von Unterrichtsscripts und eine Abschätzung ihrer Reichweite wichtige – Frage, ob sich das unterrichtliche Handeln durch den Einsatz der neuen Medien im Vergleich zum personalen Unterricht ändert. Da ein grundsätzliches Einbeziehen dieser Frage in die Untersuchungsanlage die Dimensionen des Projekts sprengen würde, wird erneut bei einem Unterrichtsfach (Mathematik) und bei einem Expertisegrad (hoch, nur hier werden überhaupt stabile Scripts erwartet) die Chance genutzt, bei den entsprechenden Lehrpersonen jeweils eine weitere Stunde *ohne* neue Medien zu beobachten, um eine Hypothese zu den Auswirkungen eines Einsatzes neuer Medien auf das unterrichtliche Handeln aufstellen zu können. Somit ergibt sich folgender Stichprobenplan.

Tabelle 1: Stichprobenplan des Forschungsvorhabens

	Deutsch	Mathematik	Informatik	insgesamt
hohe Expertise beim Einsatz neuer Medien (= ‚Experten')	je 1 Std. mit neuen Medien bei 6 Lehrpersonen	je 1 Std. *mit* neuen Medien bei 6 Lehrpersonen sowie je 1 Std. *ohne* neue Medien bei diesen Lehrpersonen	je 1 Std. mit neuen Medien bei 6 Lehrpersonen	24 Stunden bei 18 Lehrpersonen
geringe Expertise beim Einsatz neuer Medien (= ‚Novizen')	–	je 1 Std. mit neuen Medien bei 6 Lehrpersonen	–	6 Stunden bei 6 Lehrpersonen
insgesamt	6 Stunden bei 6 Lehrpersonen	18 Stunden bei 12 Lehrpersonen	6 Stunden bei 6 Lehrpersonen	30 Stunden bei 24 Lehrpersonen

Der Gesamtaufwand von 30 Stunden soll nicht überschritten werden, um das Projekt noch angemessen durchführen zu können. Die technische Umsetzung der Datenerhebung erfolgt für die Aufnahme der Unterrichtsfilme in Anlehnung an die Regeln für Videoaufnahmen des IPN, indem eine Videokamera mit zwei Mikrofonen verwendet wird, die aus der Schülerperspektive auf die

Lehrperson ausgerichtet ist – mit Ausnahme von Situationen, in denen Schüler Lehrfunktionen übernehmen (vgl. Seidel/Dalehefte/Meyer 2001). Die Filme werden digitalisiert und transkribiert; und die Texte werden zeitlich mit den Filmen verknüpft. Dabei gelten erneut die Regeln der TIMS-Videostudie, wobei insbesondere vom IPN bereits umfassend Erfahrungen gemacht wurden, die Berücksichtigung finden.

2.3 Operationalisierung – Theoretische Überlegungen

Bei ‚Unterrichtsscripts‘ im oben vorgestellten kognitionswissenschaftlich fundierten Verständnis handelt es sich im Unterschied zum deskriptiven Scriptbegriff der TIMS-Videostudie (vgl. Stigler et al. 1999) um mentale Konstrukte (latente Variablen), die sich nicht unmittelbar beobachten lassen. Durch Bezug auf bestehende Theorien sind daher Indikatoren – direkt beobachtbare Sachverhalte – zu entwickeln, von denen begründet angenommen werden kann, dass sie auf das Vorliegen spezifischer Unterrichtsscripts verweisen. Die weitere Operationalisierung geschieht dann in einem iterativen, qualitativ-hermeneutischen Interpretationsverfahren durch Abstraktion aus dem empirischen Material, in dem mehrfach – in rekursiven Durchgängen – Analysen vorgenommen werden, und zwar unter der leitenden Annahme, dass die in den Videodaten dokumentierten Handlungen Ergebnis von kognitiven Aktivitäten der Lehrpersonen darstellen (vgl. Peuckert 2001). Es bleibt das Problem, dass zwar von einer systematischen Verbindung zwischen Handeln und Scripts ausgegangen werden kann, dass die Indikatoren aber Konstruktionen der Forschung darstellen. Ihre Gültigkeit muss an der Nützlichkeit der Erklärung und an der Übereinstimmung mit anderen Forschungsergebnissen (z.B. aus den vier Videoprojekten des DFG-Schwerpunktprogramms) gemessen werden.

Damit stellt sich die Frage, mit Hilfe welcher Indikatoren eigentlich begründet auf das Konstrukt ‚Unterrichtsscript‘ geschlossen werden kann. Um den Einfluss der Kontextfaktoren erheben zu können, dürfen die Indikatoren zum einen nicht zu fachspezifisch ausgerichtet sein (gleichzeitig müssen sie fachliche Besonderheiten dennoch differenzieren können) und zum anderen müssen sie Differenzierungen im Expertisegrad angemessen abbilden. Für eine systematische und vollständige Entwicklung der Indikatoren wäre es notwendig, eine umfassende Theorie zu entwickeln, die beschreibt, was Unterrichtsqualität eigentlich ausmacht. Diese Notwendigkeit gilt verstärkt, wenn es um mehr als die Entwicklung einzelner Indikatoren geht, nämlich um die Klärung ihrer Beziehungen untereinander. Eine entsprechende Theorie fehlt allerdings. Zur Erstellung der Indikatoren und damit der Kategoriensysteme sollen die beiden Lehrtypen Verwendung finden, die im BLK-Modellversuch „Systematische Einbeziehung von Medien, Informations- und Kommunikationstechnologien in Lehr- und Lernprozesse" (SEMIK, vgl. Mandl/Reinmann-Rothmeier/Gräsel 1998) gegenüber gestellt werden. Dabei wird innerhalb der vorliegenden Studie nicht von einem starren eindimensionalen Theoriegebäude mit den beiden Extremen instruktionaler Typus und konstruktivistischer Typus ausgegangen. Vielmehr werden die genannten Lehrtypen als Ausgangsbasis für die Beschreibung von Lehrtypen innerhalb dieser Dimension und damit Differenzierungen zwischen den beiden Polen genutzt. Sie sollen illustrieren, welche Pole an Lehrerhandeln möglicherweise existieren und welche Merkmale für diese jeweils als relevant angesehen werden. Die zu entwickelnden Indikatoren müssen eine Erfassung sowohl dieser Merkmale gewährleisten als auch Differenzierungen zwischen diesen beiden Polen ermöglichen. Es handelt sich um:

–   einen instruktionalen Typus, der durch die Merkmale Frontalunterricht, linear-systematisches Vorgehen, Anleiten der Schüler, Steuerung des Lernprozesses, Präsentieren von Wissen, Erklären, strenge Fächergrenzen und hohe Bedeutung der Lernerfolgskontrolle als wesentlichen Handlungen der Lehrpersonen gekennzeichnet ist, sowie
–   einen konstruktivistischen Typus, der durch die Merkmale Ausgehen von authentischen Problemen, selbstbestimmtes und entdeckendes Lernen, instruktionale Abstinenz, kooperatives Lernen, Lernen in fächerübergreifenden Projekten, Methodenreflexion und Selbstevaluation gekennzeichnet ist (vgl. auch Reusser im Druck).

Wenn es sich auch um vergleichsweise abstrakte Typisierungen handelt, können sie unter Zuhilfenahme allgemein-, medien- und fachdidaktischer Modelle sowie lehr-lernpsychologischer Ansätze unter Orientierung an den von Aebli (1980, 1983) herausgearbeiteten Strukturelementen von Scripts – Objekt, Ort, Akteure, Tätigkeit und Ergebnis – derzeit mindestens so weit operationalisiert werden, dass zentrale Indikatoren für die Rekonstruktion der zugrunde liegenden Scripts gewonnen werden können. Durch eine Clusterung ihrer konkreten Ausprägungen sollen dann im Laufe des Projekts typische Scripts herausgearbeitet werden. Diese *können* auf die angesprochenen Lehrtypen und denkbare Differenzierungen, aber auch auf gänzlich andere Typen, die neben den genannten existieren, verweisen. Die Clusteranalyse ist insofern ergebnisoffen angelegt.

Die Erhebung der subjektiven Theorien bezieht sich auf die von Bromme (1997) ausdifferenzierten Wissensbereiche von Lehrerinnen und Lehrer, die für die vorliegende Studie spezifiziert werden in Vorstellungen der Lehrerinnen und Lehrer zu ihrer Fachwissenschaft, zu ihrem Schulfach, zu ihrem Selbstbild (Lehrerrolle), über Lernen allgemein (Schülerrolle), über kognitive Anforderungen beim Fachlernen, zur Rolle der neuen Medien und ihren Leistungen im Rahmen des Unterrichts, zu den mediendidaktischen Fähigkeiten sowie zur konkreten Unterrichtsstunde mit ihrer Einordnung in die Unterrichtsreihe, ihrem Lehrziel, dem Verlauf, dem vermuteten Lernerfolg und dem Vergleich zu sonstigem Unterricht. Um Ansatzpunkte für die an dieses Projekt anschließende Interventionsphase zu bekommen, sind darüber hinaus Hinweise auf wichtige Stationen der Expertiseentwicklung von Bedeutung. Daher sollen Fragen zu

Schritten der Ausbildung zum Lehren mit neuen Medien (Studium, Referendariat, Fortbildungen etc.) und zu den derzeitigen Rahmenbedingungen (Schulprogramm, Einstellung im Kollegium zu den neuen Medien etc.) gestellt werden.

2.4 Erhebungsinstrumente

Die Rekonstruktion der Unterrichtsscripts erfolgt durch die Analyse von Videoaufnahmen, da nur so die außerordentlich hohe Interaktionsdichte im Unterricht (sowohl im Hinblick auf die Komplexität als auch im Hinblick auf die Geschwindigkeit des Geschehens) einer differenzierten Untersuchung zugänglich gemacht werden kann. Zudem sollen *Handlungsmuster* der Lehrpersonen herausgearbeitet werden, was erst möglich wird, wenn nicht nur der Prozess begleitet wird – wie bei reinen Beobachtungen ohne Speichermöglichkeit – oder wenn nicht nur eine zusammenfassende Rekonstruktion im Nachhinein erfolgt – wie bei Befragungen –, sondern wenn das Ganze in den Blick genommen werden kann. Aufgrund der teilnehmenden Beobachtung im Unterrichtsalltag handelt es sich um Feldforschung. Wenn auch davon auszugehen ist, dass sich die beobachteten Lehrerinnen und Lehrer um einen besonders guten Unterrichtsverlauf bemühen werden, können subjektive Theorien und Scripts als so stabil angesehen werden, dass sie auch für Vorführstunden nur unwesentlich verändert werden können (vgl. Groeben et al. 1988).

Während die Scripts anhand der Videofilme rekonstruiert werden, sind für die Erfassung der subjektiven Theorien Interviews mit den Lehrerinnen und Lehrern durchzuführen. Im Anschluss an die Unterrichtsstunden werden daher Konstruktinterviews als eine entsprechend ausgerichtete Form des Leitfaden-Interviews durchgeführt (vgl. König/Volmer 1999, S. 141ff.), um nicht im Vorhinein durch Reflexionen das Handeln zu beeinflussen. Das Interview wird leitfadengestützt und dennoch möglichst offen geführt, da bereits die Dimensionen und der Zeitpunkt von Aussagen der Lehrerinnen und Lehrer im Interview wichtige Hinweise auf ihren Stellenwert darstellen. Jede Unterrichtsstunde wird einzeln mit allem verfügbaren Unterrichtsmaterial und dem begleitenden Konstruktinterview auf eine CD-ROM gebrannt.

2.5 Datenauswertung

Die Indikatoren erlauben es, auf nominalem Skalenniveau (in Ausnahmefällen auch auf ordinalem) den beobachteten Unterricht einzuschätzen. Dafür werden die vorliegenden Videos in einem festgelegten Zeittakt codiert (Zeitstichprobenplan). Greift man auf die Tradition der Interaktionsforschung in der Erziehungswissenschaft zurück, müssen die Takte vermutlich sehr viel kürzer sein als in den bisherigen Videostudien, um die verbalen Äußerungen der Lehrer und Schüler angemessen erfassen zu können. Die Vercodung erfolgt unter Verwendung einer Software zur Analyse von Videomaterialien (Videograph, Rimmele, http://www.ipn.uni-kiel.de/publikationen/).

Auf der Basis aller Daten erfolgt eine erste quantitative Analyse unter der Fragestellung, ob sich typische Unterrichtsscripts der Lehrerinnen und Lehrer erkennen lassen. Zunächst wird eine Randauszählung zur Beschreibung der beobachteten Unterrichtsstunden vorgenommen werden, indem die Anteile der unterschiedlichen Ausprägungen eines Indikators an der Gesamtheit der innerhalb einer Unterrichtsstunde festgestellten Häufigkeit ermittelt werden. Anschließend sollen Clusteranalysen Hinweise auf die Kernfrage des Projekts nach *Typen von Unterrichtsscripts* liefern. Die ermittelten Typen gilt es dann, qualifiziert zu beschreiben. Zur Veranschaulichung der gefundenen Clustergruppen, werden charakteristische „Vertreter" jeder Gruppe dargestellt und die gefundene Typik mit Zitaten belegt. Ergänzende Hinweise auf Typen von Unterrichtsscripts liefern im Hinblick auf die Ablauforientierung im Unterricht möglicherweise Sequenzanalysen, die daher bei der Suche nach Regelmäßigkeiten, Reihenfolgen und Längen von Unterrichtsabschnitten helfen sollen. Und schließlich gilt es, die subjektiven Theorien der Lehrerinnen und Lehrer in die Analyse einzubeziehen, um Handlungsmuster zu identifizieren. Eine zweite Clusteranalyse für die Indikatoren, die auf die subjektiven Theorien verweisen, erbringt möglicherweise spezifische *Typen von subjektiven Theorien*, so dass die ermittelten Klassen zu den Script-Klassen in Beziehung gesetzt werden können. In kausalanalytischer Absicht geben Pfadanalysen möglicherweise Auskunft darüber, wie stark subjektive Theorien und Scripts jeweils das Handeln beeinflussen. Die Stärke der Abhängigkeit ist allein aufgrund der Beobachtungen nicht ermittelbar, sie ist aber indirekt auf der Grundlage der empirisch gewonnen Daten rekonstruierbar.

Damit ist der erste Analyseschritt – die Suche nach Handlungsmustern von Lehrerinnen und Lehrern beim Einsatz neuer Medien – abgeschlossen. Diese Analyse wird in einem zweiten Schritt differenziert im Hinblick auf die Variation der Kontextfaktoren Fächer und Expertisegrad im Sinne eines Vergleichs qualitativer Klassen (Kreuztabellen-Analysen und Berechnung angemessener Zusammenhangsmaße). Der dritte und letzte Analyseschritt schließlich bezieht sich auf die Frage der Stabilität von Scripts, indem ein Vergleich von Unterrichtsstunden mit und ohne neue Medien bei Lehrpersonen mit hoher Expertise durchgeführt wird, und zwar beispielhaft am Fach Mathematik. Hierbei handelt es sich erneut um Vergleiche qualitativer Klassen mit Kreuztabellen-Analysen und Berechnung angemessener Zusammenhangsmaße.

3. Zur Interventionsphase als Folgeschritt

Das vorliegende Projekt ist in das größere Vorhaben der Optimierung von Lehrerhandeln im Umgang mit neuen Medien eingebunden. Daher sollen sich gezielte Interventionen im Rahmen eines quasi-experimentellen Designs anschließen, in dem die Modifizierung der Handlungsmuster erprobt wird – ausgehend von den rekonstruierten Mustern schrittweise hin zur Norm der Unterstützung problemorientierten Lernens. Die Ergebnisse des Projekts werden es erlauben, solche Interventionsstudien gezielt anzusetzen. Sie können entscheiden helfen, inwieweit Lehrerhandeln überhaupt weiterentwickelt werden muss. Sie geben Entscheidungshilfen, welche Interventionen sinnvoll sind. Und durch die gewonnenen differenzierten Kenntnisse kann die Detailstruktur der Interventionen besser geplant werden. Dem eingangs entworfenen heuristischen Handlungsmodell zum Kognitions-Handlungs-Zusammenhang zufolge sollte sich Handeln einerseits verändern lassen, indem man an den subjektiven Theorien ansetzt und diese versucht weiterzuentwickeln (z.B. indem sich Lehrerinnen und Lehrer, die sich als Wissensvermittler mit einer stark steuernden Rolle im Unterricht verstehen und den Fachinhalt linear-systematisch erarbeiten, sich mit Lehrern auseinander setzen, die problemorientiert unterrichten, und so auch das eigene Handeln reflektieren). Darüber hinaus müsste in einem zweiten Schritt aber auch eine Weiterentwicklung der Unterrichtsscripts erfolgen (z.B. indem Handlungsalternativen überlegt und trainiert werden; vgl. Wahl 2002). Somit wird für die Interventionsphase des vorliegenden Projekts die parallele Veränderung subjektiver Theorien *und* Scripts und damit die Veränderung problematischer Handlungsmuster angestrebt.

Literatur

Aebli, H.: Denken: das Ordnen des Tuns. Bd. 1: Kognitive Aspekte der Handlungstheorie. Stuttgart 1980.

Aebli, H.: Zwölf Grundformen des Lehrens. Eine Allgemeine Didaktik auf psychologischer Grundlage. Stuttgart 1983.

Anderson, J. R.: Kognitive Psychologie. Eine Einführung. Heidelberg 1988.

Anderson, J. R.: Rules of the Mind. Hillsdale 1993.

Baumert, J. u.a.: TIMSS – Mathematisch-naturwissenschaftlicher Unterricht im internationalen Vergleich. Deskriptive Befunde. Opladen 1997.

BMBF: IT-Ausstattung der allgemein bildenden und berufsbildenden Schulen in Deutschland 2001. Eine Bestandsaufnahme vom März 2001, 32 Seiten.

Borries, B. v.: Historische Projektarbeit im Vergleich der Methodenkonzepte. Empirische Befunde und normative Überlegungen. In: Schönemann, B./Mütter, B. (Hrsg.): Geschichtsbewusstsein und Methoden historischen Lernens. Weinheim 1998, S. 276-306.

Brandt, B./Krummheuer, G.: Die Komparative Analyse als methodologisches Prinzip interpretativer Unterrichtsforschung. In: Online-Zeitschrift Grundschulforschung 6/2000 (http://www.uni-frankfurt.de/fb04/grundschulforschung/grundschulforschung.htm)

Bromme, R.: Kompetenzen, Funktionen und unterrichtliches Handeln des Lehrers. In: Weinert, F. E. (Hrsg.): Psychologie des Unterrichts und der Schule. Göttingen 1997 (= Enzyklopädie der Psychologie; D, 1, 3), S. 177-212.

Clark, Ch./Lambert, M.: The Study of Teacher Thinking. Implications for Teacher Education. In: Journal of Teacher Education (Washington) 37 (1986) Sept.-Oct., p. 27-31.

Cochran, K.F./Jones, L.L.: The Subject Matter Knowledge of Preservice Science Teacher. In: Fraser B./Tobin K.G. (eds.): *International Handbook of Science Education.* Bd. 2. Dordrecht/Boston/London 1998, p. 707-718.

Ehlich, K./Rehbein, J.: Wissen, kommunikatives Handeln und die Schule. In: Goeppert, H. C. (Hrsg.): Sprachverhalten im Unterricht. Zur Kommunikation von Lehrer und Schüler in den Unterrichtssituationen. München 1977, S. 36-114.

Ehlich, K./Rehbein, J.: Sprachliche Handlungsmuster. In: Soeffner, H.-G. (Hrsg.): Interpretative Verfahren in den Sozial- und Textwissenschaften. Stuttgart 1979, S. 243-274.

Feiman-Nemser, Sh./Floden, R. E.: The Culture of Teaching. In: Wittrock, M. C. (Hrsg.): Handbook of Research on Teaching. A Project of the American Educational Research Association. New York/London 1986, S. 505-526.

Fischler, H.: Fachdidaktische Theorien und didaktisches Handeln – Paul Heimanns Ausbildungsziele und das Forschungsparadigma „Subjektive Theorien". In: Neubert, H. (Hrsg.): Die Berliner Didaktik. Paul Heimann. Berlin 1991, S. 173-182.

Fischler, H.: Über den Einfluss von Unterrichtserfahrungen auf die Vorstellungen vom Lehren und Lernen bei Lehrerstudenten der Physik. In: Zeitschrift für Didaktik der Naturwissenschaften (http://www.ipn.uni-kiel.de/zfdn/) 6 (2000), S. 27-36 und S. 79-96.

Groeben, N./Wahl, D./Schlee, J./Scheele, B.: Das Forschungsprogramm Subjektive Theorien. Eine Einführung in die Psychologie des reflexiven Subjekts. Tübingen 1988.

Grotjahn, R.: Subjektive Theorien in der Fremdsprachenforschung. Methodologische Grundlagen und Perspektiven. In: Fremdsprachen Lehren und Lernen. Zur Theorie und Praxis des Sprachunterrichts an Hochschulen (Tübingen) 27 (1998), S. 33-59.

Gruber, H.: Expertise. In: Rost, D. H. (Hrsg.): Handwörterbuch Pädagogische Psychologie. Weinheim 1998, S. 126-129.

Hage, K.: Das Methodenrepertoire von Lehrern. Eine Untersuchung zum Schulalltag der Sekundarstufe I. Opladen 1985.

Hof, Ch.: Subjektive Wissenstheorien als Grundlage des Unterrichtens. Ergebnisse einer Explorationsstudie. In: Zeitschrift für Erziehungswissenschaft (Leverkusen) 3 (2000) 4, S. 595-608 http://www.ipn.uni-kiel.de/publikationen/[22.01.2002].

Jones, A.: Teachers' Subject Subcultures and Curriculum Innovation. The Example of Technology Education. In: Loughran, J. (Hrsg.): Researching Teaching. Methodologies and Practices for Understanding Pedagogy. London/Philadelphia 1999, S. 155-171.

Koch-Priewe, B.: Subjektive didaktische Theorien von Lehrern. Tätigkeitstheorie, bildungstheoretische Didaktik und alltägliches Handeln im Unterricht. Frankfurt/M. 1986.

König, E./Vollmer, G.: Systemische Organisationsberatung. Grundlagen und Methoden. Weinheim 1999, 6. Aufl.

Kunze, I.: Subjektive Theorien von Lehrerinnen und Lehrern. Gegenstand und Impuls für die didaktische Forschung. In: Die Deutsche Schule. Zeitschrift für Erziehungswissenschaft, Bildungspolitik und pädagogische Praxis (Weinheim) 5. Beiheft (1999), S. 16-26.

Lippens, V. (Hrsg.): Forschungsproblem Subjektive Theorien. Zur Innensicht in Lern- und Optimierungsprozessen. Köln 1993: Bundesinstitut für Sportwissenschaft.

Mandl, H./Reinmann-Rothmeier, G./Gräsel, C.: Gutachten zur Vorbereitung des Programms „Systematische Einbeziehung von Medien, Informations- und Kommunikationstechnologien in Lehr- und Lernprozesse". Bonn 1998: BLK (= Materialien zur Bildungsplanung und zur Forschungsförderung; 66)

Mandler, J. M.: Stories, Scripts, and Scenes. Aspects of Schema Theory. Hillsdale, NJ/London 1984.

Merkens, H.: Auswahlverfahren, Sampling, Fallkonstruktion. In: Flick, U./von Kardoff, E./Steinke, I. (Hrsg.): Qualitative Forschung. Ein Handbuch. Reinbek 2000, S. 286-299.

Minsky, M. A.: A Framework for Representing Knowledge. In: Winston, P. (ed.): The Psychology of Computer Vision. New York 1975.

Müller, Ch.: Videoanalysen. LAUKON – ein Kategoriensystem zu Lern-Angeboten und Unterrichts-Konzeptionen. In: Prenzel, M./Duit, R./Euler, M./Lehrke, M./Seidel, T. (Hrsg.): Erhebungs- und Auswertungsverfahren des DFG-Projekts „Lehr-Lern-Prozesse im Physikunterricht – eine Videostudie". Kiel 2001 (= ipn-materialien), S. 111-133

Mutzek, W.: Von der Absicht zum Handeln. Rekonstruktion und Analyse subjektiver Theorien zum Transfer von Fortbildungsinhalten in den Berufsalltag. Weinheim 1988.

Niedderer, H.: Übersicht über Lernprozessstudien in Physik. In: Duit, R./von Rhöneck, C. (Hrsg.): Lernen in den Naturwissenschaften. Beiträge zu einem Workshop an der Pädagogischen Hochschule Ludwigsburg. Kiel 1996, S. 119-144.

Petri, J./Niedderer, H.: Kognitive Schichtenstrukturen nach einer UE Atomphysik (Sek II). In: Zeitschrift für Didaktik der Naturwissenschaften (Kiel) 7 (2001), S. 53-68

Peuckert, J.: Propositionalisierung von Videodaten zur Analyse kognitiver Zustände und Entwicklungen. In: von Aufschnaiter, St./Welzel, M. (Hrsg.): Nutzung von Videodaten zur Untersuchung von Lehr-Lernprozessen. Aktuelle Methoden empirischer pädagogischer Forschung. Münster u.a. 2001, S. 75-87.

Prenzel, M./Merkens, H./Noack, P.: Antrag an den Senat der DFG auf Einrichtung eines Schwerpunktprogramms zum Thema „Die Bildungsqualität von Schule: Fachliches und fächerübergreifendes Lernen im mathematisch-naturwissenschaftlichen Unterricht in Abhängigkeit von schulischen und außerschulischen Kontexten". o.O. (Kiel: IPN) o.J. (1999).

Reusser, K.: Unterricht zwischen Wissensvermittlung und Lernen lernen. Alte Sackgassen und neue Wege in der Bearbeitung eines pädagogischen Jahrhundertsproblems (Ms. Im Druck).

Schank, R. C./Abelson, R. P.: Scripts, Plans, Goals and Understanding. An Inquiry into Human Knowledge Structures. Hillsdale, N.J. 1977 (= The Artificial Intelligence Series).

Scheele, B./Groeben, N.: Das Forschungsprogramm Subjektive Theorien. Theoretische und methodologische Grundzüge in ihrer Relevanz für den Fremdsprachenunterricht. In: Fremdsprachen Lehren und Lernen. Zur Theorie und Praxis des Sprachunterrichts an Hochschulen (Tübingen) 27 (1998), S. 12-32

Schnotz, W.: Aufbau von Wissensstrukturen. Untersuchungen zur Kohärenzbildung beim Wissenserwerb mit Texten. Weinheim 1994.

Seidel, T./Dalehefte, I. M./Meyer, L.: Richtlinien für die Videoaufzeichnung. In: Prenzel, M./Duit, R./Euler, M./Lehrke, M./Seidel, T. (Hrsg.): Erhebungs- und Auswertungsverfahren des DFG-Projekts „Lehr-Lern-Prozesse im Physikunterricht – eine Videostudie". Kiel 2001 (= ipn-materialien), S. 5-26.

Snow, C. P.: Die zwei Kulturen (1959). Literarische und naturwissenschaftliche Intelligenz. Stuttgart 1967 (= Versuche; 10)

Söll, F.: Subjektive Theorien von Lehrerinnen und Lehrern zur Schulentwicklung. Paderborn: Universität/Fachbereich 2 1999 (Diss.).

Spada, H.: Lehrbuch der Allgemeinen Psychologie. Bern 1990.

Stigler, J. W./Gonzales, P./Kawanaka, T./Knoll, St./Serrano, A.: The TIMSS Videotape Classroom Study. Methods and Findings From an Exploratory Research Project on Eighth-Grade Mathematics Instruction in Germany, Japan, and the United States. Washington, DC 1999 [http://nces.ed.gov/timss].

Stigler, J. W./Hiebert, J.: Understanding and Improving Classroom Mathematics Instruction. An Overview of the TIMSS Video Study. In: Phi Delta Kappan 79 (1997) 1, S. 14-21.

Vosniadou, St.: Capturing and Modelling the Process of Conceptual Change. In: Learning and Instruction (Oxford) 4 (1994), S. 45-69.

Wahl, D.: Handeln unter Druck. Der weite Weg vom Wissen zum Handeln bei Lehrern, Hochschullehreren und Erwachsenenbildnern. Weinheim 1991.

Wahl, D.: Mit Training vom trägen Wissen zum kompetenten Handeln? In: Zeitschrift für Pädagogik (Weinheim) 48 (2002) 2, S. 227-241.

Weinert, F. E./Schrader, F.-W./Helmke, A.: Unterrichtsexpertise – Ein Konzept zur Verringerung der Kluft zwischen zwei theoretischen Paradigmen. In: Alisch, L.-M./Baumert, J./Beck, K. (Hrsg.): Professionswissen und Professionalisierung. Sonderband in Zusammenarbeit mit der Zeitschrift Empirische Pädagogik. Braunschweig 1990 (= Braunschweiger Studien zur Erziehungs- und Sozialarbeit; 28), S. 173-206.

Wragge-Lange, I.: Interaktionsmuster im Frontalunterricht. Drei Fallanalysen. Weinheim 1983.

Udo Hinze und Gerold Blakowski

Fallstudie zur Informationskompetenz beim Lernen mit neuen Medien

1. Einleitung

In der Debatte um die Medienkompetenz werden zunehmend die neuen Medien als unterstützende Mittel im E-Learningprozess thematisiert. Das selbstgesteuerte und flexible E-Learning ist auf eine hohe Handlungskompetenz der Lernenden angewiesen. Diese umfasst insbesondere die Fähigkeit, Informationen zu recherchieren, zu evaluieren und zu reduzieren. In einer Fallstudie wird exemplarisch aufgezeigt, wie sich divergente Kompetenz im Umgang mit Informationen manifestiert. Außerdem werden die Auswirkungen auf den Lernerfolg, die Lernzufriedenheit und die Nutzungsmodi der Medien dargestellt.

2. Medienkompetenz

Medienkompetenz ist wegen der ubiqitären Verwendung des Begriffes und der über 100 Definitionen, die Gapski (2001a) anführen konnte, ein Schlagwort, dessen Präzisierung nicht immer erfolgt oder überzeugt. Ist Medienkompetenz damit nur ein Containerwort und ein „ebenso pompöses wie rätselhaftes Ideal" der Medienpädagogik (Kübler 1996)?

Die Kritik am Begriff Medienkompetenz zielt auf die Unbestimmtheit bei einer gleichzeitigen Beliebigkeit der Begriffsverwendung. Hier schließt die Debatte an den Diskurs um Kompetenz an. Kompetenz als ein „ungefährer" Terminus (Orthey 2002) wurde im pädagogischen Kontext mit „bisweilen bizarr anmutenden Sinn-Konstruktionen" (Wollersheim 1990, S. 92) verwendet. Weitgehender Konsens besteht darüber, dass Kompetenz „Qualität von Wissen, die nicht inhaltlich oder sachlich bestimmt, sondern höher aggregiert ist" (Dewe/Sander 1996, S.128) darstellt. Die Deduktion konkreter Lernziele und –wege bleibt dabei vage. Gerade die Unschärfe eines holistischen Medienkompetenzbegriffes wird allerdings – analog zum Bildungsbegriff – als Chance interpretiert und gesehen. So sind nach Baacke (1999) die fehlenden inhaltlichen Vorgaben und didaktischen und methodischen Hilfen zur Umsetzung der Medienkompetenz immer auch als Entwicklungschance zu deuten.

Komplementär zielt ein Teil der Kritik auf die konkrete Gebundenheit technokratischer Definitionen von Medienkompetenz an die jeweils aktuelle Medientechnologie und die Deduktion aus deren Konditionen (z.B. Kübler 1996). Medienkompetenz ist vielmehr eine „allgemeine Fähigkeit, die prinzipiell auf alle Medien bezogen ist" (Aufenanger 2002, S.120). Festzuhalten bleibt aber, dass Medienkompetenz (wiederum analog zur Bildung) nicht zeitlos definiert, sondern nur im jeweiligen Kontext erschlossen werden kann. Das verdeutlichen schon die Unterschiede zwischen der Begriffsverwendung in Politik, Wirtschaft, Rechtssystem und in der Pädagogik (vgl. Gapski 2001b). Auch für die Nutzung konkreter Medien sind jeweils spezifische Fähigkeiten notwendig. Unter dezidierter Berücksichtigung der Spezifika neuer Medien differenziert daher Winterhoff-Spurk (1997) in Medienkompetenz und Informationskompetenz. Beide Kompetenzen sind Teilbereiche der übergeordneten Kommunikationskompetenz. Unter dem Begriff Medienkompetenz wird die Kompetenz zum Umgang mit den alten Massenmedien (Printmedien, Hörfunk und Fernsehen) verstanden. Für den Umgang mit den neuen Medien bzw. Informationstechnologien (PC und Internet) wird der Begriff Informationskompetenz vorgeschlagen.

3. Informationskompetenz

Mit neuen Medien lassen sich neue Informationen sehr leicht erstellen, distribuieren und referenzieren. Allerdings kann die Informationserzeugung und –distribution in quantitativ neuen Ausmaßen in Konsequenz zum oft zitierten „Information Overload" (vgl. z.B. Gorman 2003) führen. Um dies zu vermeiden, wird der adäquate Umgang mit Informationen zu einer Kulturtechnik der Informationsgesellschaft.

Deutlich wird dies im Bereich E-Learning, wo der Zugang zu einer Vielzahl an Informationen potenziell ein zentraler Vorteil ist. Allerdings wird die ambivalente Wirkung der Informationsflut oft drastisch deutlich. Informationen in großen Umfang nutzen zu können, ist nicht per se positiv für den Lernerfolg. Mögliche negative Folgen sind insbesondere beim selbstgesteuerten E-Learning Phänomene wie „Lost in Hyperspace" oder der „Serendipity-Effekt" (Kuhlen 1991, S. 129). Dabei verliert der Lernende unter der kognitiven Überlast den roten Faden oder im Extremfall sogar das eigentliche Lernziel aus den Augen. Er fühlt sich überfordert und lernt – wenn überhaupt – eher zufällig.

Vor allem die Fähigkeit zur Informationsreduktion ist daher eine wesentliche Voraussetzung für ein weitgehend selbstgesteuertes und –organisiertes E-Learning. Die Reduktion kann durch Selektion und Informationsordnung, d.h. die Bündelung und Strukturierung von Information realisiert werden. Ein anderer Weg sind subjektive Entlastungsstrategien wie die Einschränkung der kognitiven Informationsverarbeitung oder die Problemvereinfachung (vgl. Hagge 1994). Diese komplexen Fähigkeiten im Umgang mit

Informationen werden – in Anlehnung an die im angloamerikanischen Raum oft thematisierte „information literacy" – als wesentliche Aspekte der Informationskompetenz konzeptualisiert. Das im Deutschen bislang eingeschränkte Begriffsverständnis von Informationskompetenz etwa als Fähigkeit zur adäquaten Benutzung von Bibliotheken wird dabei erweitert. Grundlegendes Problem ist beim E-Learning weniger die Suche nach Information sondern die Einordnung, Selektion und Reduktion. Darauf verweist die von Larsen (2001) angeführte, sehr spezifische Definition von Informationskompetenz:

- "know when they need information
- find information
- evaluate information
- process information
- use information to make appropriate decisions in their lives".

Neben dem Recherchieren sind also Fähigkeiten wie verifizieren, evaluieren, reduzieren, strukturieren, produzieren und präsentieren von Informationen gefordert (Borrmann/Gerdzen 1996).

4. Fallstudie

4.1 Rahmenbedingungen

Anhand eines Projektes zum kooperativen E-Learning wurde exemplarisch gezeigt, wie sich unterschiedliche Informationskompetenz beim E-Learning manifestiert. Dazu wurde anschließend an ein einsemestriges Seminar an der FH Stralsund zum Thema Computer Supported Cooperative Work bzw. Learning (CSCW/L) ein synchrones siebenstündiges kooperatives Lernszenario durchgeführt. Insgesamt agierten drei Gruppen mit jeweils drei Studierenden. Die Aufgabe beinhaltete die Erstellung einer Präsentation über den exemplarischen Einsatz von CSCW/L in einem global agierenden Unternehmen.

Ausgangspunkt war die Hypothese, dass sich die Divergenzen in der Informationskompetenz bei einer komplexen Aufgabe ohne einen dezidiert vorgegebenen Lösungsweg explizit manifestieren. Daher wurde der Aspekt der Selbststeuerung stark betont und die inhaltliche und formale Hilfe weitgehend eingeschränkt. Zur Kommunikation und Kooperation in den Lerngruppen und zur Dokumentation der einzelnen Arbeitsschritte wurden verschiedene Tools zur Verfügung gestellt.

1. Für die Aufgabenstrukturierung und zur Unterstützung kreativer Prozesse wurde das Kreativitätstool Mindmanager 3.5 bereitgestellt. Mindmanager baut auf der Mindmap-Technik auf (z.B. Buzan/Buzan 1995). Es besteht die Möglichkeit, in einer Konferenz kooperativ Mindmaps als verteilte Anwendungen zu erstellen.

2. Als primäres Kommunikationsmittel wurde Videokonferenz genutzt. Gerade bei kurzfristiger Gruppenarbeit, die auf intensive Kooperation angewiesen ist, kann die notwendige und in der Regel umfangreiche synchrone Kommunikation sinnvoll und effizient über Videokonferenz realisiert werden.
3. Komplementär zur Videokonferenz war mit Netmeeting 3.01 textbasierte synchrone Kommunikation und Kooperation mit verteilten Anwendungen möglich.
4. Als kooperative Lernumgebung stand TeamWave 4.3 zur Verfügung. TeamWave war ein integriertes, auf der Raummetapher aufbauendes System, unterschiedliche Kommunikations-, Kooperations- und Koordinationsmöglichkeiten. Hintergrund der Räume war jeweils ein Whiteboard, auf dem die Studierenden verteilt arbeiten konnten. Es waren drei Gruppenräume und eine „Bibliothek" eingerichtet. In dieser bestand die Möglichkeit, weiterführende Informationen nachzuschlagen. Außerdem konnten die Lernenden individuell weitere Räume einrichten.

4.2 Ablauf

Der weitere Ablauf der Kooperation wurde von den Studierenden weitgehend autonom gestaltet. Da die Studierenden mit den Funktionalitäten und Einsatzgebieten der Tools vertraut waren, war z.B. die Möglichkeit, zunächst Aufgaben und Probleme mit Mindmanager zu strukturieren, als ein möglicher Einstieg in die Gruppenarbeit bekannt. Alle drei Gruppen begannen dementsprechend mit der Einrichtung von Mindmanagerkonferenzen und Videoverbindungen. In dieser Phase waren nur marginale Differenzen zwischen den Gruppen festzustellen. Bei funktionierender Videoverbindung war dann eine divergente Arbeitsweise der Gruppen festzustellen.

4.2.1 Gruppe 1

In der Gruppe 1 wurde über die gesamte Bearbeitungszeit die Mindmanagerkonferenz offen gehalten und fast bis zum Schluss inhaltlich an der Mindmap gearbeitet (vgl. Abb. 1). Dabei wurden die einzelnen Aspekte der Mindmap fast ausschließlich aufbauend auf dem im Seminar erworbenen Wissen erstellt. Die weiterführenden Informationen in der Bibliothek wurden nur als Ergänzung und erst in der Endphase der Gruppenarbeit genutzt. Eigene Recherche im Internet wurde nicht betrieben. Die Kooperation bei der Mindmaperstellung wurde durch eine intensive Kommunikation über Videokonferenz unterstützt.

Insbesondere über die einzelnen Vor- und Nachteile von CSCW wurde intensiv diskutiert. In der Regel wurde ein Konsens erzielt. Nur selten wurden Entscheidungen per Mehrheitsbeschluss gefällt.

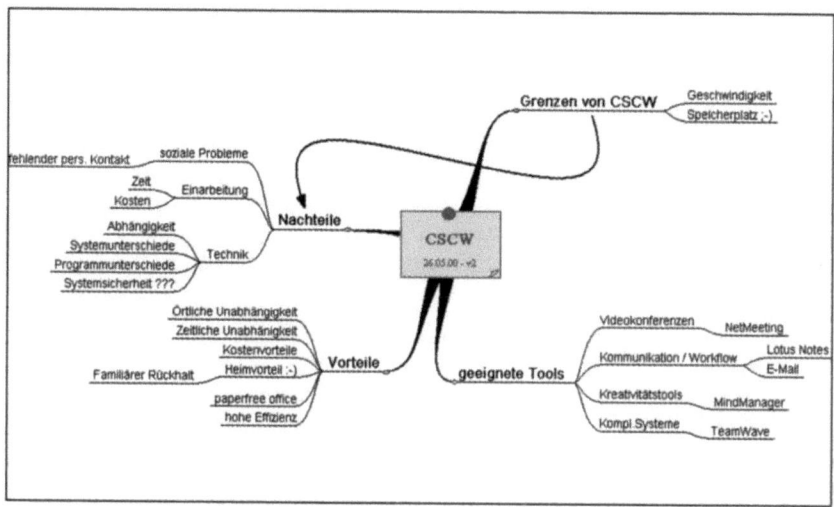

Abb.1: Mindmap (Gruppe 1)

Das kooperative System TeamWave wurde vor allem zur Koordination genutzt. Ohne dass explizit ein Gruppenleiter bestimmt wurde, konzentrierten
sich diese Arbeiten nicht im Gruppenraum, sondern wurden in einem Einzelraum durchgeführt. Es wurden vor allem, aufbauend auf den durch die
Mindmap vorgegebenen Schwerpunkten, mögliche Ergänzungen zum Vortrag diskutiert. Dabei ging es um inhaltliche Aspekte (etwa die Bewertung
von Informationen aus der Bibliothek) und die Gestaltung des Vortrages z.B.
durch Bilder. Der eigentliche Gruppenraum wurde nur für die Vorbereitung
der Videokonferenz und das Sammeln von Hauptpunkten für den Vortrag
benötigt (vgl. Abb. 2).

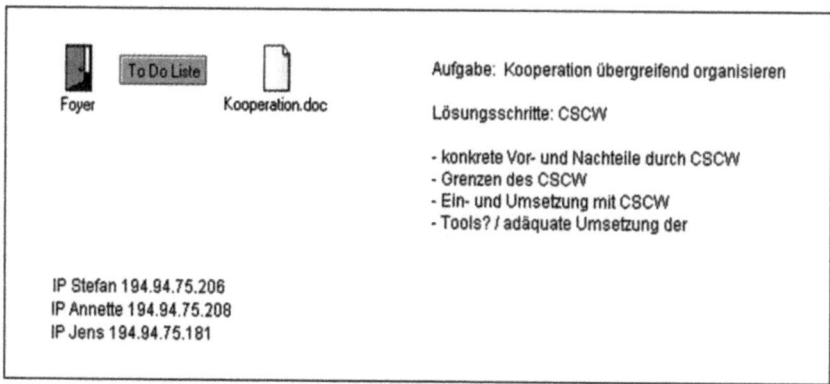

Abb. 2: Strukturierter Gruppenarbeitsraum (Gruppe 1)

Die Endfassung des Vortrages wurde nach vorheriger Absprache nur von einem Studierenden erstellt. Von den anderen Gruppenmitglieder wurde der Prozess via Netmeeting und Videokonferenz beobachtet und kommentiert.

Im abschließenden Vortrag, der aus einer kommentierten Slideshow bestand, wurden die vier in der Mindmap thematisierten Schwerpunkte aufgegriffen und näher erläutert. Dadurch war der Vortrag, obwohl er nur aus 5 Folien bestand, sehr stringent. Allerdings wurde die konkrete Fallstudie inhaltlich nur wenig tangiert. Der zeitliche Rahmen der Kooperation wurde von allen Teilnehmern als angemessen beurteilt. Das lag vor allem daran, dass die Informationsmenge überschaubar gehalten wurde. Externe Informationen etwa aus dem Internet wurden nur im Rahmen der in der Bibliothek referenzierten Quellen analysiert.

4.2.2 Gruppe 2

Die Gruppe 2 brach die Mindmanagerkonferenz schon nach kurzer Zeit ergebnislos ab. Die Studierenden beschäftigten sich vor allem mit den Funktionalitäten von TeamWave und führten eine nur teilweise aufgabenbezogene Kommunikation mit Videokonferenz.

Obwohl in der Bibliothek weiterführende Informationen zu CSCW/L angegeben waren, konzentrierte sich die darauffolgende Arbeit der Studierenden auf die Recherche nach relevanten Beiträgen zum Thema im Internet. Diese wurden im Gruppenraum zusammengetragen. Dadurch ergab sich eine Fülle von Informationen, die relativ unreflektiert nebeneinander standen. Problematisch war darüberhinaus, dass es sich teilweise um Hypertextdokumente wie etwa Linklisten handelte. Eine planmäßige Informationsevaluation war bei diesen Quellen in der vorgegebenen Zeit kaum möglich.

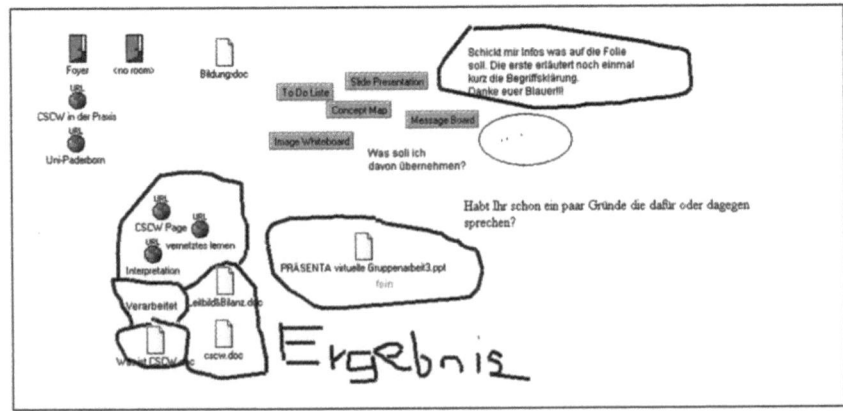

Abb. 3: Gruppenarbeitsraum (Gruppe 2)

Die Diskussion, welche Informationen relevant für den Vortrag sind, wurde relativ intensiv geführt. Obwohl ebenfalls kein Gruppenleiter bestimmt war, wurde die definitive Entscheidung über die Präsentation – nur bedingt demokratisch – durch ein Gruppenmitglied zumindest forciert (vgl. Abb. 3).

Die Bearbeitung der Aufgabe war durch die Vielzahl unterschiedlicher Informationsquellen, die teilweise aus Hypertextdokumenten bestanden, erheblich erschwert. Eine sinnvolle Integration der Informationen in die Präsentation konnte nicht geleistet werden. Um trotzdem zu einem Ergebnis zu kommen, wurde der Entscheidungsprozess verkürzt. Die weitere Bearbeitung der Informationen wurde abgebrochen und es begann die Vorbereitung des Vortrages. Die Präsentation wurde inhaltlich weitgehend nur durch ein Gruppenmitglied erstellt. Im Gegensatz zur Gruppe 1 fand Kommunikation und Kooperation in dieser Phase nicht statt. Der Konsens bestand darin, dass die anderen Gruppenmitglieder (die sich bis zum Präsentationstermin vor allem mit der Gestaltung der Präsentation beschäftigten) die vorgeschlagene Lösung akzeptierten. Der Vortrag umfasste insgesamt sehr viele Folien, war aber weniger stringent und noch allgemeiner als der Vortrag von Gruppe 1. Der zeitliche Rahmen der Aufgabe wurde von zwei Gruppenmitgliedern als zu kurz, von einem als angemessen beurteilt.

4.2.3 Gruppe 3

Die Gruppe 3 beschäftigte sich ebenfalls fast nur mit Videokonferenz und TeamWave. Die Mindmanagerkonferenz wurde nach kurzer Zeit ergebnislos abgebrochen. Anfangs wurde vor allem die Videokonferenz genutzt. Danach wurde im Internet individuell nach Quellen zum Themengebiet CSCW/L recherchiert. Im Gegensatz zu den anderen Gruppen wurden die Ergebnisse in unterschiedlichen Räumen abgelegt. Der Gruppenraum, der prinzipiell für die Koordinierung der Einzelaktivitäten genutzt werden sollte, blieb leer. Durch die Vielzahl teilweise redundanter Informationen waren die Räume der Gruppenmitglieder mit sehr vielen Verweisen und Quellen belegt (vgl. Abb. 4).

Deutlich wird, dass auch Ergebnisse von Suchmaschinen (hier Altavista und Yahoo) einbezogen wurden. Diese waren in der vorgegebenen Zeit nicht annähernd individuell oder kooperativ zu bewerten. Die weitgehend planlose Informationssuche nahm insgesamt den Hauptteil der Zeit in Anspruch. Da die einzelnen Gruppenmitglieder jeweils primär die eigenen Informationsquellen sichteten und (soweit als möglich) bewerteten, war es schwierig, zu einem Gesamtergebnis zu gelangen. Dementsprechend wurde die Erstellung der Präsentation sehr spät und nur von einem Teilnehmer in Angriff genommen. Die anderen Teilnehmer akzeptierten das in Inhalt und Form nur suboptimale Ergebnis. Inhaltlich wurde sich auf allgemeine Definitionen und Klassifikationen beschränkt. Der Bezug zum eigentlichen Thema (Einsatz von CSCW/L im Vertrieb) war nicht vorhanden. Der Zeitrahmen wurde von allen Gruppenmitgliedern als zu gering eingeschätzt.

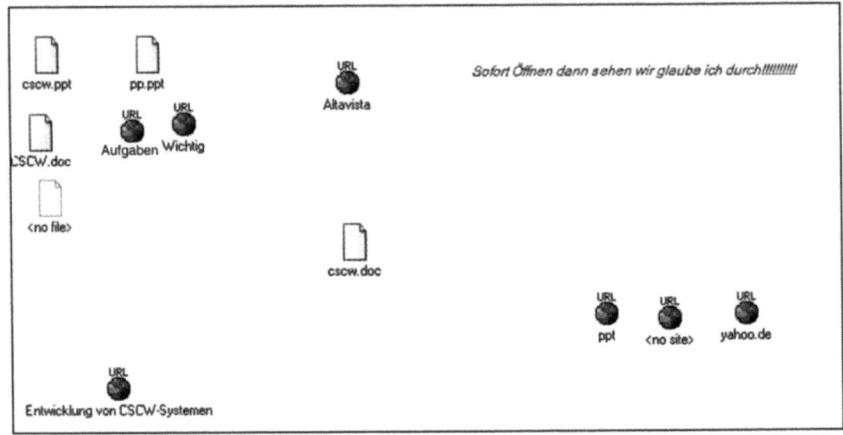

Abb. 4: „Information Overload" im Einzelraum (Gruppe 3)

4.3 Zusammenfassung

In der Fallstudie wird schon visuell in den unterschiedlichen Nutzungsmodi der Tools (vgl. die Abb. 1-4) deutlich, wie sich Informationskompetenz im E-Learning manifestiert. In Gruppe 1 war die Informationskompetenz und damit auch die Fähigkeit, selbstgesteuert zu lernen, in relativ hohem Maße vorhanden. Auf die Einbeziehung externer Quellen wurde weitgehend verzichtet. Die bereitgestellten Informationen wurden umfassend diskutiert. Der Schwerpunkt lag weniger bei der Informationssuche, als vielmehr bei der Evaluation und Integration der Wissensquellen.

Die Gruppe 2 trug viele, auch externe Informationen gemeinsam zusammen. Die letztendliche Bewertung und Integration wurde aber nicht kooperativ und konsensual, sondern dominant von einem Gruppenmitglied durchgeführt. Bei der kooperativen Bewertung und Selektion der Informationen zeigten sich deutliche Defizite. Dies lag an der Vielzahl von teilweise hyperstrukturierten Dokumenten.

In Gruppe 3 war die Aufgabe im Rahmen der additiven Herangehensweise in der vorgesehenen Zeit kaum zu lösen. Die Informationen wurden individuell recherchiert und evaluiert. Da der Anteil an Hypertextdokumenten sehr hoch war, wäre die Aufgabe auch bei einer intensiveren Kommunikation und Kooperation kaum zu lösen gewesen. Der Schwerpunkt lag für die Studierenden vor allem in der Informationssuche. Die Bewertung und Strukturierung der Informationen wurde nur ansatzweise versucht. Dieser Aspekt wurde für die Studierenden erst zum Ende der Gruppenarbeit virulent. Allerdings war zu diesem Zeitpunkt kaum noch eine sinnvolle Lösung möglich. Dementsprechend reduzierten die Studierenden das Problem auf den subjektiv zu kleinen Zeitkorridor.

5. Fazit

Für die Fallstudie sind bei gleicher Aufgabenstellung und identischem technischen Setting erhebliche Unterschiede bei den Bearbeitungsmodi und Lernerfolgen zu konstatieren. Ursächlich dafür sind neben den didaktisch-methodischen und technischen Rahmenbedingungen auch die Kompetenzen zur Problemstrukturierung und Informationsreduzierung. Diese spielen unter den hohen Anforderungen, die selbstgesteuertes E-Learning an die Lernenden stellt, eine zentrale Rolle. Damit ist Informationskompetenz keine Leerformel, sondern wie – hier auch visuell feststellbar – eine essentielle Voraussetzung für ein erfolgreiches selbstgesteuertes E-Learning.

Kurzfristig kann durch ein anderes methodisches Vorgehen reagiert werden. So kann der „Information Overload" durch Strukturierung der Aufgabe oder eine intensivere Unterstützung und Intervention verhindert werden. Allerdings führt dies zu Nivellierung. Von einer stärkeren Strukturierung der Aufgabe profitieren die Lernenden mit niedrigen Lernvoraussetzungen mehr als diejenigen mit höherer Lernvoraussetzung (Webb/Palincsar 1996). Außerdem vermindert die Strukturierung den Grad an Selbstorganisation und -steuerung im E-Learning. Damit werden die positiven Aspekte, die selbstgesteuertes Lernen prinzipiell hat (vgl. Dohmen 1999), relativiert.

Mittel- und langfristig sind daher Konzepte notwendig, die speziell die Fähigkeit zur gezielten Nutzung von Informationen fördern. In der Fallstudie war insbesondere die Fähigkeit unterschiedlich ausgeprägt, Informationen einordnen, selektieren und reduzieren zu können. Bei der Möglichkeit zur Förderung dieser Kompetenz, die in einem weiteren Kontext die zentrale Frage, „Wie wird man eigentlich medienkompetent?" (Sander 2001) tangiert, kann auf die eingangs thematisierte Chance eines unbestimmten Medienkompetenzbegriffes verwiesen werden. Nach Baacke (1999) werden die fehlenden inhaltlichen Vorgaben in Projektarbeit prozessual erarbeitet. Beachtet man, dass auch der Erwerb von Informationskompetenz kein wirklich systematischer, sondern ein situationsbezogener Prozess ist (Cheuck 1999), dann ist eine sinnvolle Förderung ausschließlich in Projekten realisierbar.

Literatur

Aufenanger, S.: Medienerziehung und Medienkompetenz. In: Gruber, T. (Hrsg.): Was bieten die Medien? Was braucht die Gesellschaft. Chancen und Risiken moderner Kommunikation. (Sonderpublikationen des Bayerischen Rundfunks Bd. 2). München 2002, S. 119-123.

Baacke, D.: Medienkompetenz als zentrales Operationsfeld von Projekten. In: Baacke, D. u.a. (Hrsg): Handbuch Medien: Medienkompetenz – Modelle und Projekte, Bonn 1999 (Bundeszentrale für politische Bildung), S.31– 35. hier zit nach [http://www.-medienpaedagogik-online.de/mk/00381/] (22.01.2003).

Borrmann, A./Gerdzen, R.: Medienkompetenz, Informationskompetenz, Nutzungskompetenz. Kulturtechniken der Informationsgesellschaft. 1999. [http://www.linse.uni-essen.de/tagungen/sdd/gerdzen.htm] (10.08.2000).

Buzan, T./Buzan, B.: The Mind Map Book. BBC Consumer Publishing 1995.

Cheuk, B. W.: Rethinking information literacy education: appreciating human information seeking and use as a dynamic and situational process. IATUL News 8/1999, pp. 3-8.

Dewe, B./Sander, U.: Medienkompetenz und Erwachsenenbildung. In: von Rein, A. (Hrsg.): Medienkompetenz als Schlüsselbegriff. Bad Heilbrunn 1996, S. 115-142.

Dohmen, G.: Weiterbildungsinstitutionen, Medien, Lernumwelten: Rahmenbedingungen und Entwicklungshilfen für das selbstgesteuerte Lernen. Bonn: Bundesministerium für Bildung und Forschung. 1999.

Gapski, H.: Medienkompetenz. Eine Bestandsaufnahme und Vorüberlegungen zu einem systemtheoretischen Rahmenkonzept. Wiesbaden 2001a.

Gapski, H.: Was ist Medienkompetenz? Vortrag auf der Fachtagung „Medienkritik und Medienkompetenz" am 25 September 2001 in Dortmund. [http://www.ecmc.de/fach-tagung-medienkompetenz-2001/] (22.01.2003).

Gorman, M.: The enduring library: technology, tradition, and the quest for balance. Chicago 2003.

Hagge, K.: Informations-Design. Heidelberg 1994.

Kübler, H.-D.: Kompetenz der Kompetenz der Kompetenz ... Anmerkungen zur Lieblingsmetapher der Medienpädagogik. In: medien praktisch 2/1996, S.11-15.

Kuhlen, R.: Hypertext: ein nicht-lineares Medium zwischen Buch und Wissensbank. Berlin u.a. 1991

Larsen, L. L.: Information Literacy: The Web is not an Encyclopedia. 1991. [http://www.inform.umd.edu/LibInfo/literacy/] (19.11.2001).

Orthey, F. M. : Der Trend zur Kompetenz. Begriffsentwicklung und Perspektiven. In: Supervision, 1/2002, S. 7-14.

Sander, U.: Wie wird man eigentlich medienkompetent? In: Gesellschaft für Medienpädagogik und Kommunikationskultur (GMK) (Hrsg.): Medienkompetenz in Theorie und Praxis. Bielefeld 2001, S. 92-93.

Webb, N. M./Palincsar, A. S.: Group processes in the classroom. In: Berlinger, D. C./Calfee, R. C. (Eds.): Handbook of educational psychology. New York 1996, pp. 841-873.

Winterhoff-Spurk, P.: Medienkompetenz: Schlüsselqualifikation der Informationsgesellschaft? Medienpsychologie, 9 (3), 1997, S. 182-190.

Wollersheim, H.-W.: Kompetenz: Zur Verwendung des Begriffs in Pädagogik und Psychologie. In: Geißler, E. E. (Hrsg.): Bildung für das Alter – Bildung im Alter: Expertisensammlung. Bonn 1990, S. 75-100.

Susanne Grabowski und Matthias Krauß

Vom Anschauen zum Hinschauen
Zum Lernen mit digitalen Medien am Beispiel der Computerkunst

Digitale Medien besitzen Eigenschaften, die es Lernenden erlauben, neue Zugangsweisen zur Welt zu entdecken. Das ist eine gewagte Behauptung. Wir werden versuchen, sie näher zu begründen und ihr Gestalt zu verleihen. Wir tun dies anhand von Beispielen aus dem Bereich der Computerkunst – anhand *technischer Bilder*. Wir setzen dazu bei Vilém Flusser (1999) an, der uns darauf hinweist, dass technische Bilder anders zu verstehen seien als traditionelle. Dieses Verständnis der technischen Bilder möchten wir auf den besonderen Charakter vieler Computerdinge hin verallgemeinern. Dies führt uns zu Vorschlägen zur Gestaltung von digitalen Medien für Lernumgebungen, insbesondere ihrer Eigenschaft der Interaktivität. Wir enden mit einem Beispiel der praktischen Umsetzung einer konstruktivistisch fundierten Lernumgebung aus unserem Forschungsprojekt COMPART: EIN RAUM FÜR DIE COMPUTERKUNST.[1] Abschließend fragen wir nach der Eignung der Terme Flussers in Bezug auf dieses Projekt.

1. Die Entwicklung von Bildlichkeit bei Vilém Flusser

Flusser (1999, S. 10f) beschreibt die Entwicklung von Bildlichkeit anhand eines Fünf-Phasen-Modells. Die Phasen beschreiben, wie die Entwicklung von Medien erlaubte, vom komplexen Geschehen in der Welt immer weiter zu abstrahieren, um unsere Wahrnehmung von der Welt zu konkretisieren und kommunizierbar zu machen. Die Schritte der Abstraktion vollziehen sich von der Erfahrung des Konkreten der Lebenswelt über die des Körpers alleine zur Hand, zum Auge, zu den Fingern und Fingerspitzen. Flusser sagt: vom Vierdimensionalen bis zum Nulldimensionalen, oder anders: vom Existieren über das Behandeln, das Anschauen und das Begreifen bis zum Einbilden.

In der vierdimensionalen, konkreten Lebenswelt existiert der Mensch in Einheit mit seiner Umwelt. Das ist Flussers erste Phase. In der dreidimensionalen Welt nimmt sich der Mensch getrennt von seiner Umwelt wahr. Er be-

---

1   Einen Einblick bietet:
     http://www.agis.informatik.uni-bremen.de/FORSCHEN/compArt/begin.html

nutzt die Hände, um sie gegen die Welt auszustrecken und diese zu behandeln. Das ist die zweite Phase. In der zweidimensionalen Lebenswelt tritt er noch einen Schritt weiter zurück, indem er die Welt abbildet. Erste Bilder – „symbolische Sachverhalte" (Flusser 1999, S. 17) – entstehen, die man mit den Augen oberflächlich anschauen kann und die als Vorlage für Handlungen dienen können. Das ist die dritte Phase. Die eindimensionale Welt besteht aus Texten, die durch Zerlegung und Abtastung der Bilder mit Fingern entstehen. Texte beschreiben Umstände, sie erklären Vorstellungen durch Begriffe, wodurch die Welt begreifbar wird. Man abstrahiert also die Umstände, indem man ihnen eine Struktur überstülpt. Das ist die vierte Phase. Die nulldimensionale Welt besteht aus ausdehnungslosen Punktelementen. Wie es zu diesem Umstand kommt, erklärt Flusser folgendermaßen: Mit der Erkenntnis, dass unsere Strukturen auch andere sein könnten, „kollern die Begriffe auseinander. Und zwar zerfällt der zu beschreibende Umstand zu einem Schwarm [...] von Informationsbits, Entscheidungsmomenten und Aktomen. Übrig bleiben dimensionslose Punktelemente, die weder fassbar noch vorstellbar, noch begreifbar sind – unzulänglich für Hände, Augen und Finger" (Flusser 1999, S. 14). Um diesem Umstand zu begegnen, schlägt Flusser die Raffung der dimensionslosen Punktelemente durch Apparate vor, wie z.B. durch den Computer. Mit diesem können die „kalkulierbaren Haufen" der Punkte „komputiert" werden, mit ihnen werden aus Punkten scheinbare, also illusionäre Oberflächen. In dieser, durch das Kalkulieren und Komputieren gekennzeichneten Phase, ist „die Einbildungskraft [...] jene Kraft, welche darauf ausgeht, dem abstrakten und absurden Universum, in das wir stürzen, einen konkreten Sinn zu geben" (Flusser 1999, S. 44). Einbilden ist die Fähigkeit, die das Abstrakte zum Konkreten zurückführt. Zum Einbilden genügt allerdings kein oberflächliches *Anschauen*, ein genaues *Hinschauen* wird gefordert. Dies ist Flussers fünfte Phase. Der Unterschied, den Flusser schließlich zwischen traditionellen und technischen Bildern hervorhebt, ist: *Traditionelle Bilder sind Spiegel. Technische Bilder sind Projektionen* (vgl. Flusser 1999).

Traditionelle Bilder sind Spiegel, Abbilder der Welt, die man oberflächlich anschaut. Technische Bilder sind Projektionen, Einbildungen oder Konstruktionen, die auf die Welt zuweisen. Um Einblick zu nehmen, muss man hinschauen, das zugrunde liegende Punktuniversum ergriffen werden. Dazu müssen die technischen Bilder aber gleichzeitig oberflächlich angeschaut werden. Der Weg zum Punktuniversum führt nur über die anschaubare, aber illusionäre (weil es sich ja nur um Punkte handelt) Oberfläche der Bilder. Flussers Kernaussage zielt auf die doppelte Existenz technischer Bilder: als Punktuniversum und als illusionäre Oberfläche.

Wer hinschauen und Einblick nehmen möchte, kann technische Bilder entziffern. Dies gelingt nur dem, der sich die Herkunft dieser „blindlings sichtbar gewordenen Möglichkeit" aus dem Berechenbaren vor Augen führt. Denn das ist das technische Bild: „eine blindlings konkretisierte Möglichkeit, ein blindlings sichtbar gewordenes Unsichtbares" (Flusser 1999, S. 21). Das

Bedeutete beim technischen Bild ist demnach erst in der Welt, *nachdem* es entworfen wurde. Daher lautet die Frage nach der *Bedeutung* eines technischen Bildes nicht: *Was* bedeutet das Bild? Sondern: *Woher* bedeutet das Bild? (vgl. Flusser 1999).

Wer nach dem *Was* der Bedeutung fragt, sucht nach Erklärungen über symbolische Sachverhalte. Das ist das traditionelle Bild. Wer nach dem *Woher* der Bedeutung fragt, sucht nach der zugrunde liegenden Idee, dem Punktuniversum. Das ist das technische Bild, dessen Idee der Entzifferung entstammt. Technische Bilder zu entziffern heißt allerdings nicht, das Gezeigte zu entziffern, sondern ihr Programm aus ihnen herauszulesen (vgl. Flusser 1999). Das oberflächliche Bild verweist anschaulich auf seine verborgene Idee. Anschauen und Hinschauen sind so eng miteinander verzahnt, wobei Anschauen ohne Hinschauen möglich ist, aber nicht umgekehrt. *Das Anschauen führt, so Flusser, zum Schönen, zum Einbilden, zur Illusion; das Hinschauen, zum Wahren, zum Bedeuteten, zum Berechenbaren* (vgl. Flusser 1999).

Zusammengefasst sind die wesentlichen Unterschiede zwischen traditionellen und technischen Bildern im Sinne Flussers:

– Traditionelle Bilder abstrahieren, indem sie abbilden. Technische Bilder konkretisieren, indem sie konstruieren und projizieren.
– Traditionelle Bilder abstrahieren von konkreten Erscheinungen in Richtung einer tatsächlichen Oberfläche. Technische Bilder konkretisieren Unsichtbares in Richtung einer nie zu erreichenden Fläche.
– Traditionelle Bilder sind Anschauungen von konkreten Erscheinungen. Sie entstehen durch Imagination. Technische Bilder sind Komputationen von Begriffen. Sie entstehen durch Einbilden.
– Traditionelle Bilder schaut man an. Ihre Bedeutung liegt in der Analyse des Gezeigten. Technische Bilder müssen auch angeschaut werden. Ihre Bedeutung findet man aber erst im Hinschauen, indem man ihr Programm aus ihnen herausliest.
– Die Frage nach der Bedeutung des traditionellen Bildes lautet: Was bedeutet das Bild? Die Frage nach der Bedeutung des technischen Bildes lautet: Woher bedeutet das Bild?

2. Anschauen und Hinschauen versus Ästhetik und Algorithmik

Hält man sich das Zusammenspiel von Anschauen und Hinschauen bei technischen Bildern vor Augen, wird offensichtlich, dass Betrachter mit solchen Bildern selten auf diese Weise verfahren. Wieso werden sie dem Wesen dieser Bilder nicht gerecht? Vielleicht eröffneten sich für diejenigen, die es täten, ungeahnte Möglichkeiten für den Umgang und das Lernen mit digitalen Medien. Wir vermuten, dass die von Flusser herausgearbeiteten Eigenschaften technischer Bilder sich verallgemeinernd auf die Eigenschaften vieler Computerdinge anwenden lassen. Vielleicht kann das Einlassen auf diese Eigenschaften zu neuen Formen des Umgangs mit und der Gestaltung von digitalen Medien führen. Dies bedeutete eine Bewegung in Richtung unserer anfänglichen Behauptung: Digitale Medien besitzen Eigenschaften, die es Lernenden erlauben, neue Zugangweisen zur Welt zu entdecken.

Die Flusserschen Ausführungen vom Anschauen zum Hinschauen bzw. vom Imaginieren zum Einbilden lassen erahnen, wohin die Reise zum Lernen mit digitalen Medien führen mag. Sie erinnern uns an zwei Eigenschaften, die vielen Computerdingen inhärent sind und in der Verwendung des Computers als Medium allgegenwärtig werden: *Ästhetik und Algorithmik*.

2.1 Computerkunst

Was das meint, wollen wir an einem Beispiel aus der Computerkunst näher erklären. Die Idee, Rechner für künstlerisches Schaffen zu verwenden, entstand recht früh in der Computergeschichte. Da um 1950 keine Möglichkeit bestand, auf interaktive Weise mit Rechnern Bilder zu erstellen, mussten sich damalige „Künstler" (oder solche, die versuchten, erste Zeichnungen hervorzubringen) anderer Mittel bedienen. Dies bedeutete, der Maschine im Voraus genau mitzuteilen, was sie errechnen und ausgeben sollte. Computerkunst meint daher Kunst im Sinne berechenbarer, also algorithmischer Kunst, da ihre Erzeugung durch die Ausführung eines durch explizite Regeln festgelegten effektiven Rechenverfahrens (Algorithmus) durch eine Maschine stattfindet.

Max Bense hat mit Abraham Moles die Grundlagen dieser Kunst in der Informationsästhetik[2] geschaffen, die er in die *„Generative Ästhetik"* (Bense 1965, S. 333-338) oder *„Künstliche Kunst"* (Bense 1965, S. 337) münden lässt. Ein Werk verdankt seine Existenz der Ausführung eines Algorithmus über einem festgelegten Zeichenrepertoire. Das Neue an der Computerkunst ist „nicht das Zeichnen oder Malen, sondern die Art, wie das geschieht, dass Bilder mit sprachlichen Mitteln erzeugt werden können, aus einem ‚Nichts' als Konkretisierung bestimmter Ideen" (Kiwus 1993, S. 32). Beim Computerkunstwerk interessiert also weniger das oberflächliche Bild, sondern vielmehr der Prozess seiner Entstehung – nach Flusser das Einbilden. Dieses Interesse führt zum bilderzeugenden Algorithmus. Das ästhetische Bild ließe sich so der Kategorie des Anschauens, der Algorithmus der Kategorie des Hinschauens zuordnen.

Dies lässt sich genauer an einem Beispiel verdeutlichen. Abbildung 1 zeigt eine Grafik von Manfred Mohr. Er beschäftigt sich mit der Zerstörung der Symmetrie des Würfels und dessen vieldimensionaler Verallgemeinerung. Manfred Mohr zerlegt und manipuliert drei-, vier- oder auch sechsdi-

---

2   Die Informationsästhetik entsteht Ende der fünfziger Jahre mit dem Ziel, ästhetische Zustände mittels Zeichenklassen und Zahlenwerten zu erfassen (vgl. Piehler 2002, S. 185f). Max Bense versuchte, dabei *„ästhetische Maße"* zu definieren. Ein interessantes Unterfangen, das er nach einiger Zeit einstellte. Einen Überblick bietet Nake (1974, Kapitel 3).

mensionale Würfelgebilde, um Einblicke in die Verhältnisse dieser Würfel-
räume zu erhalten.

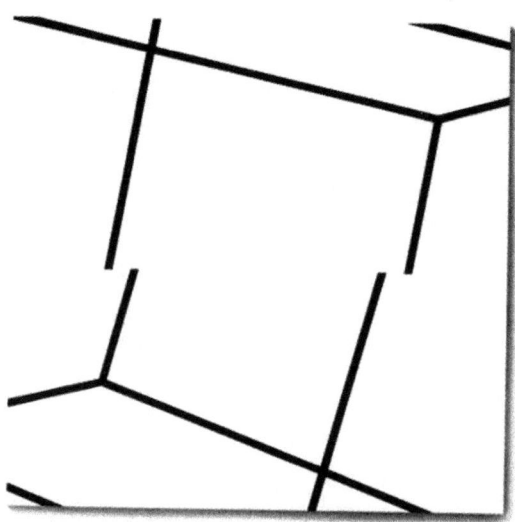

Abb. 1: Manfred Mohr: P-200/2001 CB2, 1977-78, Acryl/Leinwand, 110 x
110 cm (Keiner u.a. 1994, S. 91)

Was sieht ein Betrachter dieser Grafik? Schwarze Linien, Kanten, weiße Flächen. Vielleicht vermutet er in dem Gebilde Würfelecken (dort, wo drei
Kanten sich treffen). Was aber ist mit diesem Würfel passiert und wie konnte
Manfred Mohr dies vom Computer darstellen lassen? Wie kann er sich der
Antwort auf dieses Problem nähern? Zunächst muss er eine präzise Beschreibung für den Würfel finden. Weiter muss er unmissverständlich beschreiben,
was mit dem Würfel zu geschehen hat: Den Würfel duplizieren, drehen, kip-
pen, halbieren, skalieren, beschneiden etwa. Und schließlich muss er diese
Beschreibung in eine vom Computer ausführbare Form bringen (Programm
in einer Programmiersprache). Der Computer erhält *Daten*, die er verarbeitet
und als sichtbare *Zeichen* auf dem Bildschirm ausgibt.
    Diese Schilderung macht eines deutlich: Das Computerkunstwerk ist im-
mer im Doppel vorhanden. Es existiert einmal als konkret sichtbare Erscheinung an der Peripherie, dem Bildschirm. Es existiert zum zweiten als abstrakte
Beschreibung bzw. symbolische Codierung, als Daten im Speicher des Computers. Wir nennen die konkrete Erscheinung die *Ästhetik* des Werkes, die abstrakte Beschreibung die *Algorithmik* des Werkes. Diese beiden Aspekte finden
sich nicht nur in der Computerkunst. Ein erheblicher Anteil von Computerdingen lässt sich sowohl aus algorithmischer als auch aus ästhetischer Perspektive
betrachten. *Algorithmik & Ästhetik stehen hier für zwei Eigenschaften von
Computerdingen: Das Berechenbare und das Wahrnehmbare.*

Wir möchten die Eigenschaft des Algorithmischen bzw. des Einbildens noch genauer vor Augen führen. Flusser spricht von „blindlings sichtbar gewordenen Möglichkeiten" (vgl. Flusser 1999) und diese *Möglichkeiten* spiegeln sich im Algorithmischen wider. Alle Aufgaben einer bestimmten, wohldefinierten Art werden mit einem Algorithmus auf einen Schlag gelöst. Sie müssen bei der Entwicklung des Algorithmus vorausgedacht werden. Der Algorithmus stellt so das Schema für die Beschreibung einer Klasse von Möglichkeiten dar. Computerbilder entstehen erst aus dem Ablauf des Algorithmus mit konkreten Daten.

Auch für Manfred Mohr ist der Algorithmus das, was seine Kunst ausmacht. Er schafft eigentlich keine Werke, sondern Möglichkeiten für Klassen von Werken (vgl. Nake 2001). Er schreibt ein Programm, das explizit eine Verfahrensweise als das Schema für eine Klasse von Bildern festlegt. Damit gibt es im Schaffen von Manfred Mohr und anderen Computerkünstlern nicht nur ein einziges Bild, sondern es entstehen Serien und Variationen einer Klasse von Bildern.

2.1.1 Prinzipien der Computerkunst

Neben dem algorithmischen Kern, der das Prinzip Variation und Serie dieser Kunstgattung bestimmt, lassen sich zwei weitere Prinzipien festhalten. Das eine ist das Verhältnis von Mikro- und Makro-Strukturen der ästhetischen Objekte und Algorithmen. Dieses erklärt, wie sich lokale Entscheidungen bei der Erzeugung von Objekten in Mustern und Schemata niederschlagen. Das andere ist die Verwendung von Zufall oder Pseudo-Zufall, der innerhalb der Mikro-Strukturen Entscheidungen trifft. Der Zufall spielt eine wichtige Rolle bei einer Vielzahl von Computerkunstwerken. An die Stelle streng formulierter Ordnung tritt ein gewisses Maß von Ungenauigkeit. Der Künstler verliert insoweit die Kontrolle über die Details seines Werkes. Er weiß vorher nie genau, was der Computer als ästhetisches Objekt ausgibt.

In dieser Distanz zum Kunstwerk, einerseits durch den Algorithmus, andererseits durch das Prinzip des Zufalls, liegt vermutlich die Dialektik des Gegenstandes: Distanz schafft Freiheit und Unabhängigkeit, sich auf die Produziertheit der Werke einzulassen. Das ist das Entscheidende bei der Computerkunst: *Die Regeln und der Prozess der Produktion stehen im Vordergrund – nicht das Produkt.*

Das Mögliche betont Flusser in der Konstruktion gegenüber der Analyse der Lebenswelt. Allerdings wird solch ein konstruktiver Prozess nicht erst mit Flusser verfolgt, sondern bereits vor ihm von einigen Künstlern beschrieben. So sagt Malewitsch: „ein Künstler, der nicht imitiert, sondern schafft – bringt sich selbst zum Ausdruck; seine Werke sind keine Spiegelbilder der Natur, sondern neue Tatsächlichkeiten, die nicht weniger bedeutend sind als die Tatsächlichkeiten der Natur selbst" (Malewitsch 1980, S. 28). Künstler wie Pollock und De Kooning betonen laut Winfred Gaul immer wieder „den Vorgang des Machens – also das Prozesshafte der Malerei" (Gaul 1976, S.

242). Bei Harold Rosenberg hieße das: Nicht das gemachte Objekt sei das eigentliche Werk, sondern die Evidenz des Tuns, so Gaul (1976, S. 242). Und auf die Spitze treibt dies vielleicht Kurt Schwitters mit seinem Ausspruch: „Unfertig und zwar aus Prinzip", womit er die Methode zur Gestaltung seines Merzbaus beschreibt (Schwitters 1998, S. 343). Können Mediengestalter den Prozess zur Methode erheben und das Medium nach seinen eigenen Eigenschaften gestalten? Prozesshaft und zwar aus Prinzip?

Das Prozesshafte vieler Computerdinge[3] sowie die prozesshafte Gestaltung von Medien werden in unserer Arbeitsgruppe schon seit geraumer Zeit hervorgehoben[4]. Ersteres haben wir bereits erläutert. Letzteres meint, dass Medien ihre Entfaltung erst in der Umgebung erhalten, in die sie erweiterbar eingebettet sind. Frieder Nake betont dazu, die neue Qualität der digitalen Medien läge darin, „im Gebrauch nicht primär zu verbrauchen, sondern zu entstehen" (Nake 1999, S. 133). Wir betrachten dies allerdings nur als eine Möglichkeit, dem prozesshaften Charakter der Computerdinge zu entsprechen. Eine weitere Möglichkeit liegt darin, den Prozess selbst zum Gegenstand der Betrachtung und somit sichtbar zu machen. Software, die diese Prinzipien nutzt, ermöglicht einen Prozess des Wechsels zwischen Sichtbarem und Unsichtbarem. Wir werden darauf in einem späteren Abschnitt zurückkommen.

Wie wir bereits anmerkten, gibt es immer zwei Blicke auf das algorithmische Bild: den anschauenden auf das Bild und den hinschauenden auf den Algorithmus. Beide führen wir im *Entziffern* zusammen. Bei der Entzifferung der Oberfläche verschwindet der Gesamteindruck des Bildes. Was bleibt, sind Farben, Linien oder Pixel. Beim Hinschauen findet eine Dechiffrierung statt, die zu einem Code führt und nach dem *Wie* der Konstruktion fragt. Um die Verschränkung dieser beiden Sichtweisen geht es. Anschauen und Hinschauen beziehen wir im Gegenstand der Computerkunst gestaltbar aufeinander.

Wie können Gestalter digitaler Medien dies tun? Das Tun führt zur Handlung mit den Computerdingen. Flusser sagt, die oberflächlichen Bilder seien offen für Handlungen (vgl. Flusser 1999). Digitale Medien besitzen eine Eigenschaft, mit der Handlungen am Computer möglich werden: Interaktivität. Interaktivität ermöglicht Handlungsfähigkeit durch Anschauen und Hinschauen.

2.2 Interaktion

Was bedeutet Interaktion in digitalen Medien? Wie ist sie begreifbar, wie gestaltbar? Interaktion im wörtlichen Sinn meint ein Zwischen-Handeln. In der sozialwissenschaftlichen Theorie bezieht sich Zwischen-Handeln oder auch

---

3   Frieder Nake spricht in diesem Zusammenhang auch von den kalkulierten und kalkulierenden Zeichen (z.B. Nake 1999, S. 135) im Computer, den auch wir gerne als semiotische Maschine betrachten. Wir sehen von der semiotischen Beschreibung aber ab, um nicht noch mehr Verwirrung zu stiften.

4   Vgl. Wilkens/Nake (1998), sowie Nake (1999).

Miteinander-Handeln auf Subjekte, die sich dadurch selbst als Subjekte identifizieren und sich in ihrem Handeln auf eine gemeinsame Welt beziehen
(vgl. Böhm 1994). Wer mit dem Computer umgeht, bezieht sich nur indirekt
auf ein anderes Subjekt (den Programmierer des Systems). Im Vordergrund
steht der handelnde Umgang mit Artefakten, also mit von Menschen ge-
formten Gegenständen. Die Gegenstände erscheinen nicht stofflich-kör-
perlich an der Peripherie des Computers, sondern als Lichterscheinungen
oder als Zeichen. Interaktion meint damit den handelnden Umgang mit Zeichen und ist als ein technisch-kognitiver Vorgang zu verstehen. Handelnder
Umgang meint weiter die *Manipulierbarkeit* der Zeichen. Darin scheint der
ganze Witz der Angelegenheit zu liegen.

Die Möglichkeiten zur Manipulation in abbildenden Medien sind begrenzt. Dem Zugreifen und oberflächlichen Verändern von vorgefertigten
Lerngegenständen oder Informationen scheinen viele Pädagogen wenig qualitative Momente für den Prozess des Lernens abgewinnen zu können. So
schreibt Michael Kerres: „Die Interaktion des Lernens mit dem technischen
Medium ist üblicherweise von vornherein programmiert durch den vom Autor definierten Interaktionsraum. Die Möglichkeit, das Vorhandene durch
Interaktion zu überschreiten, ist damit ausgeschlossen. Gleichwohl schließt
dies nicht aus, dass sich in der Beschäftigung mit dem technischen Medium
gänzlich neue Erkenntnisse und Einsichten gewinnen ließen." (Kerres 2001,
S. 42). Kerres weist auf einen wichtigen Umstand hin, nämlich den der De-
terminiertheit digitaler Medien. Wir wollen uns nicht mit einer solch einge-
schränkten Interaktion begnügen. Vielmehr wollen wir digitale Medien auf
erweiterte Handlungsspielräume hin anlegen.

Das Gefühl von Handlungsfreiheit kommt in Hypermedien nur selten
auf. Als Ursache vermuten wir eine fragwürdige Interpretation von Ergono-
mie-Anforderungen an Softwaresysteme[5]. Zwar ist die Forderung nach Ergo-
nomie berechtigt und sind ihre Kernforderungen plausibel. Unsere Kritik
richtet sich gegen die Auffassung von Software-Ergonomie als *effizienzstei-
gernde Maßnahme* für *zielgerichtetes Handeln* – zumindest solange eine
Zielrichtung der Handlungen von Lernern nicht nachgewiesen und kein allgemeines Maß für Effizienz von Lernen gefunden ist. Unsere These zur In-
teraktionsgestaltung weicht deshalb von typischen Usability-Anforderungen
ab: *Nicht intuitiv, nicht automatisch, nicht modular.*

Intuitivität ist subjektiv. Das digitale Medium hingegen ist als technisches Bild[6] einem Formalismus unterworfen und somit inhärent objektiv –

---

5   So bezieht sich beispielsweise die Norm DIN EN ISO 9241 explizit auf Bürotätig-
    keiten (Schneider 1998), ihre Kernforderungen werden jedoch gerne und oft auch
    auf Softwareprodukte in anderen Bereichen übertragen.

6   Wir begegnen Flussers Auffassung von technischen Bildern nicht nur in Werken der
    Computerkunst, sondern auch im digitalen Medium selbst. Auch das Medium enthält
    ästhetische Aspekte (die Benutzungsoberfläche) sowie algorithmische (sein Verhalten).
    Für den Lerner bedeutet dies eine weitere Verkomplizierung: Er muss, bevor er den Ge-
    genstand des Mediums an- und hinschauen kann, das Medium selbst *begreifen*.

keine gute Voraussetzung, um eine direkte Entsprechung zu suchen. Zudem sind Mechanismen zur Fehlervermeidung potenziell handlungshemmend. Deshalb verabschieden wir uns von dem, was die Software-Ergonomie unter Intuitivität versteht. Wir wollen zu Handlung ermutigen, auch wenn dadurch Fehler entstehen. Fehler sind nicht schlimm, nur sollten sie nicht wehtun. Man sollte aus ihnen lernen können. Wir unterstützen dies beispielsweise durch schnelle und unmittelbare Reaktionen, damit Fehler rasch erkannt werden können. Zudem bieten wir Möglichkeiten, entstandene Schäden unkompliziert zu beseitigen. Eine weitere Maßnahme ist die Reduktion der Oberfläche bei gleichzeitiger Verdichtung der Interaktionsmöglichkeiten: Es sind zwar nur wenige Dinge auf dem Bildschirm, aber man kann vielerlei mit ihnen anstellen.

Automatismen sind in zweierlei Hinsicht problematisch: Erstens verstecken sie die Vorgänge, die sie automatisieren, und zweitens nehmen sie dem Benutzer Handlung ab. Das steht im Gegensatz zum bezweckten Aufforderungscharakter des Mediums. Insbesondere das Verstecken von Abläufen erachten wir als nur bedingt lernförderlich – schließlich hat der Lerner keinen Eingriff in automatische Abläufe. Die bezweckte Effizienzsteigerung im Sinne von Zeitersparnis ist im Lernzusammenhang weniger relevant als im professionellen Softwareumgang von Experten. Stattdessen gestalten wir hinter den Medien triviale Maschinen – solche, die keine Geheimnisse vor ihren Benutzern haben.

Modularisierung besteht wesentlich aus Strukturierung und Diskretisierung. Während die Strukturierung des Gegenstandes auf Kritik von konstruktivistischer Seite stoßen dürfte, behindert die Diskretisierung die Erfahrung modulübergreifender Zusammenhänge. Zudem ist eine Modularisierung schlicht nicht mehr nötig. Denn neben anderen Möglichkeiten bieten digitale Medien eine Entkoppelung der internen Repräsentation und der externen Präsentation von Inhalten. Wir sind überrascht, wie wenig von dieser Möglichkeit in gegenwärtigen digitalen Medien Gebrauch gemacht wird. Dabei muss der Verzicht auf Module nicht notwendigerweise den Zerfall von Struktur in Beliebigkeit bedeuten. Es existieren Strukturierungsmöglichkeiten, die weniger rigide sind. Wir versuchen, uns von starren Konzepten, wie dem des Buches, zu lösen und stattdessen *Räume* zu öffnen. Räume ermöglichen die Strukturierung in mehreren, kontinuierlichen Dimensionen. Und sie erlauben Bewegung.

2.2.1 Sich Bewegen

Wir verabschieden uns vom Gedanken an ein festes technisches System und gehen über zu einem „Mensch-Und-Computer-Als-System" (Nake/Grabowski 2001, S. 445). Deshalb verfolgen wir eine Sichtweise, die von endlich vielen Möglichkeiten der Interaktion ausgeht, die solche Medien als *offene* Systeme gestaltet. Flusser zeigte bereits, dass sich die Oberflächen der technischen Bilder schon gut illusionieren lassen. Warum dann nicht auch Bewegung?

Kurt Lewin fasst 1946 Handeln als ein Sich-Umherbewegen im Lebensraum auf[7]. Wir fassen das Handeln im Interaktionsraum des Mediums als ein Sich-Umherbewegen und als das Eingreifen in Gedankenräume unterschiedlicher Abstraktionen auf, das wir mit Oerter (1995, S. 86) als ein Sich-Fortbewegen von einer Region in eine andere verstehen.

Sich-Umherbewegen als Gestaltungsprinzip für Interaktion?

Handlungsfreiheit erfordert freie Bewegung. Wie kann solch eine Bewegung im digitalen Medium aussehen? Nicht automatisch und nicht modular, so unsere Antwort. Frei navigierbare Räume und frei zugängliche Objekte. Am Beispiel der Computerkunst kann solch eine Interaktion den Perzeptions- wie den Produktionsprozess betreffen. Das Prinzip *Interaktion* gibt Anlass für Zugriffe auf Werke und Eingriffe in Werke. Die Beschäftigung mit Algorithmischem, legt die Sichtweise der *Öffnung* nahe. Eine angelegte Klasse ist im Kern determiniert, aber sie bietet eine Vielzahl von Möglichkeiten für ihre Ausführung, wie auch für den handelnden Umgang damit. Zwischen fester Determination und freier Handlungsmöglichkeit besteht ein Interpretationsspielraum, den es zu gestalten gilt.

Sich-Fortbewegen als Gestaltungsprinzip für Interaktion?

Unter Sich-Fortbewegen wollen wir neben der physischen auch die geistige Bewegung betonen. Unser Vorschlag zur Gestaltung *geistiger Interaktion* lautet: nicht intuitiv. Das hört sich kritischer an, als es ist. Es muss erlaubt und sogar wünschenswert sein, Fehler zu machen. Wir wünschen uns Angebote, die vielfältig sind, aus verschiedenen Perspektiven betrachtet werden können und ernsthafte Auseinandersetzung erlauben. Zugriff auf, Eingriff in und Gestaltungsfreiheit für Werke. Wir können Zugriff auf Werke mit Anschauen verbinden, Eingriff in Werke mit Hinschauen. Mit Zugriff und Eingriff sehen wir eine Erweiterung der Flusserschen Begriffe des Anschauens und Hinschauens, weil die Dynamik der Interaktion unterschiedliche Grade und Varianten zulässt, die für das Ermöglichen von Erfahrung und somit für das Lernen bedeutsam sein können. Wir verbinden die beiden Modi des Schauens mit zwei Modi des Greifens um Erfahrung in der Handlung zu ermöglichen. Wo Eingriffe in Werke Gestaltungsfreiheiten für Werke eröffnen, können neue Möglichkeiten für Werke und neue Umgangsweisen mit dem Medium entdeckt und entwickelt werden: *Zugreifen und eingreifen, um zu begreifen. Oder: Anschauen und hinschauen, um zur Bedeutung zu gelangen.*

Im nächsten Abschnitt werden wir das Forschungsprojekt COMPART: EIN RAUM FÜR DIE COMPUTERKUNST skizzieren. Wir werden zeigen, wie die bisher dargestellten Gedanken ihre praktische Umsetzung in einer konstruktivistisch fundierten Lernumgebung erfahren.

---

7   nach Oerter 1995, S. 86

3. *compArt: ein Raum für die Computerkunst*

Das Projekt compArt greift das Verhältnis von Algorithmik und Ästhetik am exemplarischen Fall der frühen Computerkunst auf. Wir beziehen uns auf die erste Phase von 1965 bis in die 1980er Jahre, beziehen aber auch neuere Werke ein. Wir bearbeiten die Thematik der Computerkunst nicht nur systematisch, sondern auch historisch. Das Vorhaben ist ein transdisziplinäres Langzeitprojekt, das 1999 begann und aus einer Sammlung von Projekten besteht: ein Forschungsprojekt, das sich der Entwicklung von algorithmisch-ästhetischen Räumen widmet, mehrere studentische Projekte[8], Lernveranstaltungen, die einzelne Themen aufgreifen. Diese Bereiche sind miteinander verwoben, so dass sie schlecht isoliert betrachtet werden können. Alle haben ein gemeinsames Ziel: die Schaffung eines *Raumes* für die Computerkunst.

Transdisziplinarität meint zunächst, interdisziplinäres Arbeiten anzuregen. Bei einem Gegenstand wie der Computerkunst, die algorithmische und ästhetische Anteile aufweist, bietet es sich an, diese mit ihren entsprechenden Disziplinen zu verbinden. So streben wir bewusst eine Zusammenarbeit zwischen Informatikern und Kunstwissenschaftlern, aber auch die zwischen Medieninformatikern und Mediengestaltern an und verfolgen dabei das Ziel, zu naturwissenschaftlichem wie auch geisteswissenschaftlichem Arbeiten auf beiden Seiten anzuregen. Wir möchten im gemeinsamen Handeln Grenzen der Disziplinen überschreiten und überwinden. Der Bezug auf die digitalen Medien mit dem Gegenstand der Computerkunst macht dies notwendig, aber auch möglich.

Da wir unter dem Dach von compArt Vorhaben der Lehre und der Forschung vereinen, sei kurz auf unsere Auffassung vom Lehren und Lernen verwiesen. Wir sehen beide als Tätigkeiten mit dem gemeinsamen Bezug der Lernumgebung an. Lehrende bereiten Lernumgebungen vor, Lernende lassen sich auf sie ein. Problemorientiert konstruieren Lernende Wissen. Mit Blick auf solche Prozesse bereiten Lehrende mögliche Situationen vor. Im Fall der Computerkunst sind diese durch die beiden disziplinären Pole von Algorithmik und Ästhetik geprägt.

compArt befasst sich mit Raum dreifach:

- Raum als Hypermedium. Das ist ein virtueller Raum, der in Unterräume für Daten, Werke, Kunstwerke und Lernen unterteilt ist.
- Raum als ästhetisches Labor. Dies ist der physikalische und soziale Raum, wo Studierende sich treffen, arbeiten, austauschen und Spaß haben. Sie kombinieren wissenschaftliches mit ästhetischem Arbeiten und verfügen über traditionelle und technische Medien.
- Raum als Veranstaltung. Dies ist ein geistiger Raum, den Lernende in der handelnden Auseinandersetzung betreten und durchwandern, einen

---

8 Das Projektstudium im Studium der Informatik (4 Semester) und Medieninformatik (2 Semester) an der Universität Bremen stellt eine Besonderheit innerhalb der BRD dar.

Gegenstand, ein Thema, eine Frage zu erfassen und zu verstehen. In einer *Grundlehre digitale Medien* versuchen wir, einen offenen Raum zu neuartigen Inhalten in spezifischer Didaktik zu schaffen.

Wir wollen uns weiter mit dem Hypermedium und den darin enthaltenen *Lernlaboren* befassen, allerdings mit dem Hinweis, dass dieses Hypermedium immer im Wechselspiel zu den anderen Räume zu verstehen ist, sich durch diese verändert und verändernd auf diese zurückwirkt. Lernlabore sind Software-Komponenten, die je spezifischen Themen gewidmet sind, zum Teil in starker Beschränkung.

3.1 compArt: Hypermedium

Hypermedien sind komplexe Medien mit Komponenten von Text, Bild, Klang, Sprache und Film. Sie sind miteinander verknüpft und werden interaktiv benutzt. Man *navigiert* in ihnen und schafft dabei eigene Ordnungen.

compArt als Hypermedium operiert mit einem differenzierten Raumkonzept: Raum der Daten, Raum der Werke und Kunstwerke (Galerien) und Raum des Lernens (Lernlabore). Im Medium können Lernende frei explorieren, spielerisch experimentieren und gezielt programmieren. Wir versuchen Situationen zu schaffen, die in erster Linie etwas zu *tun* geben. Aus solchem Tun kann Lernen entstehen. Wir legen es auf Tätigkeiten folgender Art an. Anschauen durch Zugreifen auf die Dinge: explorieren und experimentieren; und Hinschauen durch Eingreifen in die Dinge: programmieren und verändern. Das Medium bietet Raum für schöpferisches Handeln. Interaktive Experimente lassen Lernende Vermutungen visuell-logisch nachvollziehen und erproben. Versuche der Lösung stoßen neue Ideen an. Das Medium ist hierfür mit Möglichkeiten für Erweiterungen angelegt. Es vereint sich so mit seinem Gegenstand, der Computerkunst bzw. deren Prinzipien.

Das Hypermedium stellt Werke der Computerkunst in historischen wie algorithmischen Zusammenhängen bereit. Lernende können sie besichtigen, verändern und nachvollziehen. Dazu dient eine vierteilige Struktur. Der *Raum der Daten* stellt die Datenbasis dar. Ein relationales Schema erfasst alles, was uns über die frühe Phase der Computerkunst zugänglich ist. Dieser Teil strebt nach kontinuierlicher Vervollständigung und Verfeinerung. Im *Raum der Werke* (Galerien) können Besucher in virtuellen Galerieräumen Bilder besichtigen. Die Innenarchitektur, Hängung, Beleuchtung historischer wie erfundener Galerien wird modelliert und mehr oder minder realistisch dargestellt. Im *Raum der Kunstwerke* begegnen die Lernenden den Werken ein zweites Mal, jetzt jedoch auf fantastische Weise: aus Werken einer Ausstellung werden Kunstwerke der Kunstgeschichte. Bezüge zwischen Bildern, Künstlern, Ausstellungen, Stilen, Kritiken u.ä. sind sichtbar und navigierbar. Virtuell bewegt man sich zwischen solchen Phänomenen, kann auch wieder zu den Werken zurückkehren, begegnet hier jedoch dem Gespinst, das aus Werken im sozial-kulturellen Rahmen erst Kunstwerke macht. Der *Raum des*

Lernens beinhaltet schließlich den Aspekt des Hypermediums, der hier interessant ist.

3.1.1 compArt: Hypermedium – Lernlabore

Im Raum des Lernens befinden sich verschiedene Abteilungen, die *Lernlabore*. In ihnen kann der Lernende spielerisch experimentieren, planvoll programmieren und Neues schaffen. Der Lernraum lädt Studierende dazu ein, Erfahrungen zu sammeln durch algorithmisches und ästhetisches Hantieren mit digitalen Objekten. In den Lernlaboren können Menschen ohne Programmierkenntnisse algorithmische Vorgänge definieren, die sich in ästhetischen Objekten niederschlagen.

Kann der Studierende in den anderen Räumen Strukturen, Inhalte und Objekte anschauen, geht es hier um das Hinschauen, das Entziffern. Aus dem geschauten Konkret-Einzelnen können Benutzer das Abstrakt-Allgemeine herauslesen und formal fassen. Das kann zu neuen Ideen führen, die der Rechner erneut in sichtbare Erscheinungen materialisieren kann. Zusammenhänge zwischen einem algorithmischen Bild und dem erzeugenden Algorithmus werden erkennbar – und zwar durch eigenes Handeln.

Frühe Werke der Computerkunst scheinen uns für dieses Unternehmen besonders geeignet zu sein, da sie einerseits über ein gewisses Maß an Abstraktheit verfügen, zum anderen aber einen authentischen Kontext bieten. Solche Kunstwerke sind in experimentelle Umgebungen auf unterschiedlichen Stufen der Abstraktion und Interaktion eingebettet. Derzeit existieren acht solcher Umgebungen. Vier Labore sind verschiedenen Werkphasen von Manfred Mohr gewidmet. Ein Labor greift das Prinzip des Zufalls in der Computerkunst auf. Drei weitere Labore gehen das Thema *„Algorithmus und Bild"* allgemeiner an. Die erstgenannten fünf Labore sind als *direkt-manipulative Simulationen* gefasst, die letzten drei als *visuelle Programmierumgebungen*. Diese Unterscheidung drückt unterschiedliche Abstraktionsgrade der Labore aus. Programmierumgebungen bieten die Möglichkeit, einen Algorithmus visuell zu beschreiben, seinen Ablauf zu verfolgen und in diesen einzugreifen. Die Unterscheidung ist keine trennscharfe, sie hilft jedoch hinsichtlich der Lernsituation. Wir gehen im Folgenden auf beide an Hand von Beispielen ein.

3.1.1.1 Direkt-Manipulative Simulationen

Direkt-manipulative Simulationen bieten Oberflächen oder Objekte an, auf die der Lernende mit der Maus oder anderen Eingabegeräten einwirken kann. Schieberegler, gestaltete Werkzeuge oder Instrumente für Parametereinstellungen ermöglichen weitere Manipulationen. Die Simulationen können das Aufstellen von Hypothesen, Regeln und Verfahren unterstützen. Die starre visuelle Darstellung und die Hypothesen bleiben nicht abstrakt, sondern werden beweglich und damit anschaulich. *Beweglich* impliziert die Zeitdimension. Prozesse werden in der Zeit simuliert und in einander übergeführt. So können Lernende beispielsweise die Verwandlung eines Würfels von Manfred Mohr beobachten, Verborgenes sichtbar machen und die Entzifferung von Bildern durch Beobachten und Beschreiben von Handlungen unterstützen.

Die folgende Situation beschreibt ein Szenario. Eine Studentin ist auf die Abbildung eines Werkes der Computerkunst, wie das der Abb. 2, gestoßen. Sie erhält die Aufgabe: *„Beschreibe so präzise wie möglich Operationen zur Erzeugung dieses Bildes"*. Oder: *„Beschreibe den Algorithmus, der Bilder dieser Art erzeugt"*.

Abb. 2: Manfred Mohr: P-702/F, 2000, endura-
Chrome/canvas/vinylelastomer, 76 x 100 cm (Mohr 2003)

Es geht also darum, einen Algorithmus zu rekonstruieren, der ein solches Bild erzeugen kann. Das Bild ist zu entziffern. Das könnte quasi mit den Fingern geschehen, indem die Studentin das Bild abtastet, seinen Linien und Flächen folgt. Sie könnte es auch in Gedanken versuchen. Sie kann sich fragen, wie Manfred Mohr vorgegangen sein mag. Vielleicht zieht sie ein Buch zu Rate und liest etwas über 6D-Hyperwürfel.

Wie bereits in Abschnitt 2.1 angedeutet, beschäftigt sich Manfred Mohr mit dem mehrdimensionalen Raum. Er verwendet Farben, um bestimmte Eigenschaften des Hyperwürfels, die uns verborgen sind, sinnfällig zu machen. Auch wenn wir wissen, dass es sich bei diesem Bild um einen 6D-Hyperwürfel handelt, bereitet uns der Versuch einer sichtbaren Vorstellung ziemliche Schwierigkeiten. Schließlich sehen wir nur das 2D-Bild, das vor uns auf dem Tisch liegt. Visualisiert es wirklich den sechsdimensionalen Würfel oder nimmt es Merkmale eines 6D-Hyperwürfels als Quelle für ein Bild in zwei Dimensionen?

Der 6D-Hyperwürfel besitzt $2^6 = 64$ Eckpunkte. Jeder lässt sich durch eine Folge von 6 achsenparallelen Strecken mit seinem räumlich diagonal gegenüberliegenden Punkt verbinden. Mohr nennt einen solchen Weg „*Diagonalweg*". Im Falle des 6D-Hyperwürfels gibt es 6! = 720 verschiedene solcher Diagonalwege für jede Diagonale. Der Künstler lässt 4 Diagonalwege für jeweils unterschiedliche Diagonalen per Zufall auswählen – somit ergeben sich 9942220800 Möglichkeiten [9]. Wenn man zusätzlich die sich entsprechenden Eckpunkte benachbarter Diagonalwege verbindet, ergibt sich ein Gitter. Die Projektion dieses Gitters auf eine Ebene ergibt eine Unterteilung der Zeichenfläche in Polygone. Ihre Flächen werden mit zufällig gewählten Farben gefüllt (vgl. Volkwein 2001).

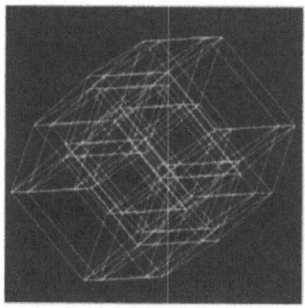

Abb. 3: Ein 6D-Hyperwürfel in Projektion auf die Ebene

Für die Entzifferung dieser Art von Bildern wurde eine interaktive Simulation entwickelt, von der wir hoffen, dass sie die komplizierten Beziehungen hinter dem Bild zu ergründen hilft.

Ein Beispiel: space.color
Man sieht zunächst das Drahtgittermodell eines rotierenden Würfels, wie in Abb. 3. Man kann die Anzahl der Dimensionen und die Geschwindigkeit durch Knopfdruck verändern, die Rotation anhalten oder Kanten durch Mausklick aktivieren und deaktivieren. So kann man beobachten, wohin sich Kanten bei der Rotation bewegen.

---

[9]
$$6! \cdot \prod_{i=0}^{3} (2^6 - 2i)$$

Abb. 4: Die Oberfläche der Simulation

Durch Klick wird diese Darstellung in die der Abb. 4 überführt. Statt der Struktur des Drahtgitters erscheint nun ein Bild, das große Ähnlichkeit mit den Bildern Mohrs aufweist. Rechts neben diesem Bild ist ein reguläres Gitter erkennbar. Es scheint die gleichen Farben wie das Bild zu zeigen. Im oberen Bereich existiert ein kleineres Double des Bildes.

Das größere Hauptbild links stellt die geometrischen Verhältnisse dar (in Projektion). Das Bild rechts daneben ist eine Darstellung der topologischen Verhältnisse des Hyperwürfels. Es handelt sich also um unterschiedliche Visualisierungen desselben Sachverhaltes. Ein Lernender kann nun das Double oberhalb des Hauptbildes „verschieben" und eine Veränderung beobachten: Befindet es sich auf der Seite der Geometrie, stimmt es mit dieser überein. Befindet es sich auf der Seite der Topologie, findet es dort eine Übereinstimmung.

Das Bewegen der Maus bewirkt eine kontinuierliche Transformation von der Geometrie zur Topologie und umgekehrt. Auch hier lassen sich Kanten, Flächen und Diagonalwege markieren, was die Beobachtung weiter unterstützt. Wir glauben, dass dies Einblicke in die Weise, auf die Mohrs Bilder entstehen, geben kann: Schritte der Entzifferung. Studierende schauen, erkennen Unterschiede, greifen zu, vergleichen, können den Prozess der Transformation in ihrer Handlung vielleicht ergreifen.

Abb. 5: Der Übergang von Geometrie zu Topologie

3.1.1.2 Visuelle Programmierumgebungen

Wir nennen Lernlabore wie das oben geschilderte *direkt-manipulative Simulation*, weil sie die Simulation einer Bildbeobachtung auf direkt-manipulative Weise ermöglichen. Ziel ist dabei, vom abstrakten Bildereignis über die Beobachtung in der Handlung zur Idee der konkreten Beschreibung algorithmischer Strukturen zu gelangen. In diesem Abschnitt geben wir ein Beispiel einer anderen Art der Entzifferung von Bildern, die ein Stück weiter geht und sich etwas konkreter der Programmierung nähert, die schließlich hinter allem steht. Diese Annäherung geht allerdings nicht so weit, die symbolische Beschreibungsweise einer Programmiersprache wie z.B. Java zum Gegenstand zu machen. Vielmehr soll mit Mitteln der visuellen Programmierung die Idee der algorithmischen Beschreibung auftauchen. Wir lehnen uns hier an Bruner an, der auf das Lernen der fundamentalen Ideen eines Faches hinweist: „Die Struktur eines Themas zu begreifen heißt, es so zu verstehen, dass viele Dinge dazu in eine sinnvolle Beziehung gesetzt werden können. Kurz: die Struktur lernen, heißt, wie die Dinge aufeinander bezogen sind" (Bruner 1973, S. 22). Unsere Absicht bei diesen Versuchen ist es, Studierenden zu ermöglichen, Aspekte von algorithmisch erzeugten Bildern aus verschiedenen Blickwinkeln zu betrachten. Das folgende Beispiel zeigt einen solchen Weg, einen vielleicht etwas kindlich erscheinenden[10].

Ein Beispiel: „Stille Post"[11]
Das Labor fußt auf der Metapher des Kinderspieles *„Stille Post"*. Es übernimmt dieses Spiel jedoch nicht als Modell, sondern überträgt lediglich Elemente des Spiels auf programmiersprachentypische Strukturen und Mechanismen. Bei der „Stillen Post" als Spiel geht es darum, dass im Kreis stehende Personen eine Wortfolge von einer Person zur anderen durch Ohrgeflüster weiter tragen. Im Verlauf seiner Reise verändert sich der Satz zunehmend. Dies findet bei dieser „Stillen Post" *nicht* statt. Es geht lediglich darum, dass Personen miteinander etwas austauschen – in diesem Fall Daten und Aktivität. Für Personen stehen gezeichnete Männchen, die unterschiedliche Operationen ausführen können. Was sie tun, steht auf ihrem T-Shirt geschrieben. Auszutauschende Daten können Zahlen, Texte oder grafische Objekte sein. Die Männchen lassen sich über Telefone und -leitungen verbinden und formen auf diese Weise Strukturen.

Die Interaktion mit der Programmierumgebung erfolgt zweihändig – mit je einer Maus und einem Mauszeiger für jede Hand. Diese wenig verbreitete Technik ermöglicht eine effiziente und vergleichsweise direktere Interaktion mit dem Rechner (vgl. Buxton & Myers 1986 und Beaudouin-Lafon 2000). Sie schafft für Lernende Möglichkeiten, einhändige Operationen durch die zweite Hand zu unterstützen sowie komplexe Operationen in direkte, zweihändige Operationen zu wandeln. Zum Bespiel sind *Toolglasses* Objektpaletten, die ein Benutzer mit dem Zeiger einer Hand verbinden kann. Gleichzeitig werden sie halbtransparent. Anschließend kann die andere Hand Objekte der Palette auf den Hintergrund „stempeln" und so Operation und Operationsziel gleichzeitig bestimmen. Das reichhaltigere Gestenrepertoire mit zwei Händen erlaubt den Verzicht auf indirekte Interface-Elemente wie Menüs und Dialoge.

---

10 In anderen Lernlaboren befassen sich Studierende mit anderen Wegen der Visualisierung von algorithmischen Strukturen: etwa Kompositionsskizzen, Strukturgraphen, Pseudo-Code u.a.
11 Eine ausführlichere Darstellung findet sich in (Krauss/Nake/Grabowski 2001).

Abb. 6: Ein Toolglass in „Stille Post"

In diesem Labor können Nicht-Programmierer anhand von Objektes Modelle
für Daten- und Kontrollfluss aufbauen und ausführen. Die Animation der
betreffenden Programmelemente, wie z.B. Telefonkabel, visualisiert die Ausführung des Programms. Der Kontroll- und Datenfluss wird so direkt beobachtbar. Eine weitere Besonderheit weist die Programmierumgebung auf:
Fehler zu machen ist erlaubt und erwünscht. Interaktive Hilfstexte geben Informationen über Funktion, Benutzung und Zustand eines Elements. Tritt
während eines Programmablaufes ein Fehler auf, kann der Benutzer den Prozess zurückdrehen und so seine Ursache finden. Dieser Mechanismus erleichtert den sonst zeitraubenden Vorgang des *Debuggens* wesentlich, da Ursachen typischerweise vor ihren Auswirkungen liegen.

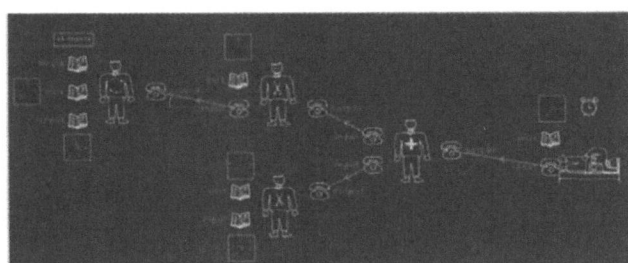

Abb. 7: Eine Programmstruktur in „Stille Post"

Simulationen lassen Beziehungen zwischen einem Bild und einem hypotheti-
schen Algorithmus erahnen. Lernende *rekonstruieren* die Idee eines Algorithmus. Programmierumgebungen gehen einen Schritt weiter. Sie dienen dazu,
Beziehungen zwischen einem selbst entworfenen Algorithmus und seinen er-
zeugbaren Bildern zu *konstruieren*. Soll der Algorithmus ein vorliegendes Bild
nachahmen, so kann der ständige Vergleich von Gegebenem mit Selbsterzeug-
tem eine Möglichkeit für Lernende bieten, sich dem Verhältnis von Algorithmus und Ästhetik zu nähern. Selbstverständlich können Simulationen und Programmierumgebungen auch im Wechsel genutzt werden. Dies wäre eine weitere Stufe im Lernprozess von Studierenden. Der Anfänger erkundet zaghaft,
probiert, experimentiert, ahmt nach. Der Fortgeschrittene findet neue Möglichkeiten, eigene Ideen zu entwickeln und umzusetzen, um sich auszudrücken.

Alle Teilräume des Hypermediums machen Angebote für Studierende, sich auf unterschiedliche Weisen und Perspektiven dem Thema Computerkunst zu nähern. Ein Student betritt eine Landschaft, erkundet diese und sammelt Eindrücke. Diese systematisiert er im Laufe der Zeit, macht sie sich zu eigen. Vom Betrachter von Werken schlüpft er Schritt für Schritt in die Rolle des Erzeugers. Er schafft nicht unbedingt Kunst, aber eigene Werke. Das Medium gestattet passives Betrachten, nachahmendes Simulieren und aktives Gestalten. Er kann seine Spuren im Medium hinterlassen, indem er Ergebnisse in die Datenbasis überführt. Studierende können so Bestätigung finden.

4. Fazit

Wir sind über Flussers Gedanken vom Anschauen und Hinschauen bei technischen Bildern auf eine Analogie zu den Aspekten von Algorithmik und Ästhetik vieler Computerdinge gestoßen. Wir haben festgestellt, dass diese beiden Eigenschaften in einem dialektischen, prozesshaften Verhältnis zueinander stehen, das sich auch als Wechselspiel zwischen den Operationen von Zugreifen und Eingreifen auffassen lässt. Weiter haben wir uns gefragt, ob es möglich sei, den prozesshaften Charakter digitaler Medien selbst zum Gestaltungsprinzip zu erheben.

Wir haben dazu das Projekt compArt vorgestellt, das die Gestaltung von digitalen Medien für Lernumgebungen zum Thema Computerkunst aufgreift. Wir haben erwähnt, dass die Lernumgebung als Ganzes (Hypermedium, ästhetisches Labor, Veranstaltungen) diesem Prozess unterworfen ist. In der Gestaltung eines Hypermediums haben wir Möglichkeiten der praktischen Umsetzung von Zugriff und Eingriff in digitalen Medien gezeigt. Solche Umsetzungen legen Bewegungsmöglichkeiten nahe, die für die Gestaltung der Interaktion bedeutsam sind.

Wir versuchen, Oberflächen zu schaffen, die das Wechselspiel von Beobachtung und Handlung anregen. Die Sichtbarkeit, die die Computerdinge auf den grafischen Benutzungsoberflächen notwendigerweise annehmen, könnte das Denken auf ungeahnte Möglichkeiten bringen. Rupert Röder sagt, der Wert eines Mediums läge in der Qualität der realen Subjektaktivität. Die technische Massivität des Mediums dürfe nicht isoliert gesehen werden, sondern müsse eine Perspektive für die Subjektzeit, einen Raum für schöpferisches Handeln erschließen und weiten (vgl. Röder 1998). Ob Flusser solches mit Anschauen und Hinschauen gemeint haben könnte?

Es ist fraglich, ob und wie solches Handeln, das im herkömmlichen Verständnis an Erfahrung geknüpft ist, im nulldimensionalen Raum stattfinden kann. Die Handlung wäre darin selbst ausdehnungslos, punktuell, ohne jeden Zusammenhang. Flusser verweist u.E. auf zweierlei: Das Computerbild weist eine sinnlich zugängliche Seite (das Bild als Lichterscheinung an der Peripherie des Computers) und eine sinnlich nicht zugängliche Seite (seine Codierung im Speicher) auf. Letztere ist nur in Verbindung mit ersterer erschließbar. Flusser fragt nach der Bedeutung der technischen Bilder, ist also mehr an Erkenntnis als an Erfahrung interessiert. Trotzdem taucht der Begriff der Erfahrung bei ihm vor allem in Verbindung mit dem Begriff der Handlung auf[12]. Es geht dabei um eine „symbolische Handlung" (Flusser 1999, S. 16), das Konkretisieren über das „komputierende Tasten" (Flusser 1999, S. 34). Die Frage nach dem Zugang zum Nichtsinnlichen über das Sinnliche im Zusammenhang mit der Frage nach der Bedeutung beantwortet Flusser mit dem Begriff des Einbildens. Einbilden findet in unseren Köpfen statt, ist eine psychische Kategorie, die den Menschen zu neuer Freiheit führt. Nicht das sichtbare, sondern das gedachte Bild schafft Freiheit für andere, wenn auch flüchtige Erfahrungen. Das symbolische Handeln richtet sich nicht auf die Welt, sondern auf das Einbilden, nicht auf die Dinge, sondern auf die Werte, die Information. Es geht nicht um das Abstrakte der Erklärung, sondern um das Konkrete der Einbildung (vgl. Flusser 1999).

Wenn Flusser, in all seiner Radikalität, die menschlichen Sinne auf null Dimensionen reduziert, sieht er darin einen notwendigen Schritt, um sich der Logik der komputierenden Maschine zu bemächtigen und schließlich daraus vorstellbare, visualisierte Begriffe zu formen. Erst die Aufgabe der Kontexte ermöglicht es, Klarheit zu gewinnen und über die Kalkulation zur Konkretion zu gelangen. Im *„Sichtbarmachen des Unsichtbaren"* liegt demnach der Schlüssel zur Erfahrung. Flusser führt dies noch einen Schritt weiter, indem diese Erfahrung nicht beim einzelnen Individuum verbleibt, sondern durch „Dialog" hergestellt und im „Diskurs" (Flusser 1999, S. 90) gesellschaftlich zerstreut und austauschbar wird.

Wir verstehen Flussers Text nicht als Handlungsanweisung, sondern als Näherung und Möglichkeit. Er ist ein Metaphernpräger und ein Provokant, der sich zwischen den Polen des Nötigen und Unmöglichen bewegt (vgl. Rosner 1997). In erster Linie weist er darauf hin, dass Medientechnologien die Gesellschaft zerstören können, oder aber „das menschliche Bewusstsein, seine ästhetische Erlebnisfähigkeit zu ungeahnten Höhen führen – etwas Unerwartetes und Unwahrscheinliches geschehen lassen" können (Rosner 1997, S. 84). An diesem letzten Gedanken setzen wir in Bezug auf die Gestaltung digitaler Medien für Lernumgebungen an. Wir haben dazu bei zwei Begriffen, dem Anschauen und dem Hinschauen, Anleihe genommen und diese beiden Modi des Schauens mit zwei Modi des Greifens (Zugreifen und Eingreifen) parallel gesetzt. Das Schauen ermöglicht die sinnliche Bewegung, das Greifen ermöglicht die Sinnfindung.

Es gibt viele mögliche Wege, eine Beobachtung darzustellen. Für diesen Text haben wir uns von Flusser zu einer Reise durch sein Punktuniversum beflügeln lassen. Dies mag manchem belanglos erscheinen, nichts sagen oder Grenzen verwischen. Dennoch wollten wir dazu einladen, uns auf dieser Reise

---

12 Z.B. Flusser 1999, S. 17

zu begleiten. Wir hoffen, dass wir unsere Beobachtungen deutlich machen, manches beschreiben oder einiges sogar erklären konnten.

Literatur

Beaudouin-Lafon, M.: Instrumental interaction: an interaction model for designing post-WIMP user interfaces. In: Proc. SIGCHI Conference on Human Factors in Computing Systems. New York 2000, S. 446-453.

Bense, M.: Aesthetica. Einführung in die neue Ästhetik. Baden-Baden 1965.

Böhm, W.: Wörterbuch der Pädagogik. Stuttgart 1994 (14).

Bruner, J. S.: Der Prozess der Erziehung. In: Loch, W. (Hrsg.): Internationale Studien zur pädagogischen Anthropologie. Berlin 1970, Band 4.

Buxton, W./Myers, B. A.: A Study in Two-Handed Input. In: Proc. CHI'86 Human Factors in Computing Systems. New York 1986, S. 321-326.

Flusser, V.: Ins Universum der technischen Bilder. Göttingen 1999, Band 4 (6).

Gaul, W.: Versuche zu einer Kritik der Malerei. In: Kunstforum, 18 (1976).

Keiner, M./Kurtz, T./Nadin, M. (Hrsg.): Manfred Mohr. Weiningen-Zürich 1994.

Kerres, M.: Multimediale und telemediale Lernumgebungen. Konzeption und Entwicklung. München, Wien 2001 (2).

Kiwus, W.: Buchstaben in Vorschriften. Zum Ende der Abbilder. In: Nake, F./Stoller, D. (Hrsg.): Algorithmus und Kunst. Die präzisen Vergnügen. Hamburg 1993.

Krauss, M./Nake, F./Grabowski, S.: Chinese Whispers. Semiotically mediating between idea and programm. In: Proc. IEEE Symposia on Human-Centric Computing Languages and Environments. Stresa, Italien 2001, p. 165-172.

Malewitsch, K.: Die gegenstandslose Welt. Mainz, Berlin 1980.

Mohr, M.: Manfred Mohr Website. [http://emohr.com/www_m1/z701.shtml], (17.1.2003).

Nake, F.: Informatik als Informationsverarbeitung. Grundlagen und Anwendungen der Informatik im Bereich ästhetischer Produktion und Kritik. Wien, New York 1974.

Nake, F.: Medien, die nicht fertig werden. Zur Prozess-Auffassung des digitalen Mediums. In: Mitteilungsblatt des Museumsverbandes für Niedersachsen und Bremen, 58 (Juli 1999), S. 5-14.

Nake, F.: form.algorithmus.farbe. Manfred Mohr: Algorithmiker. In: Volkwein, P. (Hrsg.): Manfred Mohr: space.color. Ingolstadt 2001, S. 23-35.

Nake, F./Grabowski, S.: Human-Computer Interaction Viewed as Pseudo-Communication. In: Knowledge-Based Systems, 14 (2001), p. 441-447.

Oerter, R.: Kultur, Ökologie und Entwicklung. In: Oerter, R./Montada, L. (Hrsg.): Entwicklungspsychologie. Weinheim 1995, S. 84-120 (3).

Piehler, H.: Die Anfänge der Computerkunst. Frankfurt a. M. 2002.

Röder, R.: Der Computer als didaktisches Medium. Bodenheim 1998.

Rosner, B.: Telematik. Vilém Flusser. In: Kloock, D./Spahr, A.: Medientheorien. Eine Einführung. München 1997, S. 77-98.

Schneider, W.: Ergonomische Anforderungen für Bürotätigkeiten mit Bildschirmgeräten – Grundsätze der Dialoggestaltung (Kommentar zu DIN EN ISO 9241-10). DIN Deutsches Institut für Normung e.V. Berlin, Wien, Zürich 1998.

Schwitters, K.: Ich und meine Ziele. In: Lach, F. (Hrsg.): Kurt Schwitters. Das literarische Werk. Manifeste und kritische Prosa. Köln 1981, Band 5, S. 343.

Volkwein, P. (Hrsg.): Manfred Mohr: space.color. Ausstellungskatalog. Museum für konkrete Kunst. Ingolstadt 2001.

Wilkens, U./Nake, F.: Das Medium als Prozess. Eine virtuelle Burg im Stadtmuseum Delmenhorst. In: FIfF-Kommunikation, 3 (Sept. 1998), S. 50-56.

Richard Stang

Neue Medien unter der Organisationsperspektive. Eine empirische Untersuchung in der Weiterbildung

1. Ausgangssituation

Gesellschaftliche Modernisierungsprozesse haben zu immensen Veränderungsprozessen auf allen Ebenen gesellschaftlichen Lebens geführt. Wirtschaft, Politik, Bildungswesen etc. sind als Gesamtsysteme davon betroffen, genauso wie die Institutionen und Organisationen, die in deren Rahmen agieren. Stehr (2000, S. 17) spricht davon, dass wir uns in einem „Übergangsstadium zwischen zwei Gesellschaftsformationen" befinden und meint damit den Übergang von der „Industriegesellschaft" zur „Wissensgesellschaft", in der Wissen konstitutiv für die Gesellschaftsformation ist. Mit dem Bedeutungszuwachs der Ressource „Wissen" gehen Prozesse der voranschreitenden gesellschaftlichen Ausdifferenzierung einher.

So unterschiedlich die sozialwissenschaftlichen Analysen der Gesellschaftsformation und die daraus gefolgerten theoretischen Konstrukte auch sein mögen (vgl. u.a. Beck 1986, Castells 2001, Gross 1994, Schulze 1993), wird doch in einem besonderen Maße die Entwicklung von Technik, besonders der Informations- und Kommunikationstechniken (im Folgenden: Neuen Medien[1]), als ein wichtiger Motor der gesellschaftlichen Veränderungsprozesse gesehen. Besonders Castells (2001) hat die gesellschaftliche, kulturelle und ökonomische Bedeutung der Neuen Medien in seiner Studie über die Netzwerkgesellschaft eindrucksvoll herausgearbeitet.

Auch die Weiterbildung ist von diesen Veränderungsprozessen betroffen. Es erstaunt also nicht, dass in den letzten Jahren auch in der Weiterbildung die Auseinandersetzung mit den Neuen Medien zugenommen hat. Dabei ging es vor allem um neue Angebotskonzepte in diesem Bereich. E-Learning, Online-Lernen, computergestütztes Selbstlernen usw. sind Themenfelder, die hier die Diskussion sowohl in der Praxis als auch in der Forschung bestimmen. Interessant ist in diesem Zusammenhang, dass die Frage nach der Bedeutung der Neuen Medien für die institutionelle Organisation von Weiterbildung – sowohl im wissenschaftlichen Diskurs als auch in den Auseinan-

---

1   Der hier verwendete Begriff „Neue Medien" umfasst alle computergestützten Techniken und Anwendungen, die u.a. im Weiterbildungsbereich eingesetzt werden, d.h. sowohl Hardware (Computer, Scanner, Digitale Kamera usw.), Software (Lernsoftware, Programmsoftware usw.) als auch computergestützte Netzwerke (z.B. Internet, Intranet).

dersetzungen der Praxis – wenn überhaupt nur unter der Perspektive der Virtualisierung von Bildung in Form von Telelearning-Angeboten eine Rolle spielt. Die Frage, welche Auswirkungen die Neuen Medien auf die organisationale Struktur von traditionellen Bildungsinstitutionen haben, ist bisher von der Erwachsenenbildungsforschung, der Organisationsforschung und der medienpädagogischen Forschung nicht in den Blick genommen worden. Dies ist besonders vor dem Hintergrund bemerkenswert, dass die organisationale Struktur die Rahmung für das pädagogische Handeln darstellt.

Mit der hier vorgestellten Untersuchung soll eine Bestandsaufnahme im Bereich der Weiterbildung mit dem Fokus auf den Volkshochschulen und damit ein Beitrag zur Organisationsforschung in der Weiterbildung geleistet werden. Außerdem soll aufgezeigt werden, welche Bedeutung die Frage nach der Organisation von Bildungseinrichtungen auch für die (medien-)pädagogische Theoriedebatte hat. Nicht im Fokus stehen Fragen, wie sich didaktisch-methodische Konzeptionen und Lernarrangements durch die Neuen Medien verändern.

2. Fragestellungen und Forschungsansatz

Die gesellschaftlichen und wirtschaftlichen Veränderungen – z.B. Globalisierung, Informatisierung und Ökonomisierung – haben in den letzten Jahren dazu geführt, dass immer mehr Firmen und Institutionen gezwungen waren, ihre Organisation zu restrukturieren und den neuen Gegebenheiten anzupassen. Auch im Bereich der Weiterbildung ist seit Mitte der 1990er Jahre eine intensive Diskussion über die Veränderung der Organisationen und Organisationsentwicklung (OE) begonnen worden (vgl. Schäffter 2001). Auffallend bei den Diskussionen und bei den vielfältig in Angriff genommenen OE-Prozessen ist, dass das Thema „Neue Medien" als Bestandteil der Veränderung von Organisationen keine explizite Berücksichtigung fand und findet. Dies erstaunt umso mehr, als die Neuen Medien zu einer großen Veränderung von Arbeitsorganisation auf der einen Seite (z.B. Online-Anmeldungen) und von Angebotsstrukturen in der Weiterbildung auf der anderen Seite (z.B. computergestützte Selbstlernzentren) geführt haben.

Das Deutsche Institut für Erwachsenenbildung (DIE) hat mit dem Projekt „Mediale Innovationen und deren Auswirkungen auf die Organisation von Weiterbildung (MIA)" den Fokus auf die Fragestellung gerichtet, wie sich die Neuen Medien auf die Organisation von Weiterbildungsinstitutionen auswirken. Da es im Bereich der Weiterbildung keine Untersuchungen gab, die sich explizit mit diesem Thema beschäftigten, stand zunächst die Frage nach dem „state of the art" des Einsatzes und der Bedeutung Neuer Medien in Institutionen der Weiterbildung im Zentrum der Forschungsarbeit. Zentrale Fragestellungen dabei waren unter anderem:

- Wie werden die Neuen Medien in Weiterbildungseinrichtungen genutzt?
- Welche Auswirkungen hat der Einsatz der Neuen Medien auf die Organisation der Einrichtungen?
- Welche Faktoren bestimmen den Umgang mit den Neuen Medien in Weiterbildungseinrichtungen?
- Wie könnten Ansätze für eine medienorientierte Organisationsentwicklung gestaltet sein?

Betrachten wir die drei Themenbereiche, auf die sich die vorliegende Untersuchung im Wesentlichen bezieht – Neue Medien, Organisation und Weiterbildung –, erweisen sich unterschiedliche Forschungsstränge und theoretische Zugänge als relevant für den theoretischen Bezugsrahmen. Deshalb bezieht sich der Forschungsansatz bei der vorliegenden Untersuchung auf Ansätze der Organisationsforschung, der medien- und technikbezogenen Forschung, der Erwachsenenbildungsforschung und nicht zuletzt der Innovationsforschung. Da sich der Forschungsstand bezogen auf das Themenfeld „Neue Medien und Organisation" nicht durch eine einheitliche Theorie und empirische Forschungspraxis auszeichnet, wurde für die vorliegende Untersuchung ein interdisziplinärer Ansatz gewählt, der auf die unterschiedlichen Bezüge rekurriert, sich aber im Wesentlichen auf eine systemtheoretische Perspektive bezieht. Vor allem Luhmann (2000) liefert mit den Analysedimensionen „Kommunikation", „Entscheidung", „Reform" und „Organisationskultur" eine theoretische Rahmung für die Analyse.

Da eine Untersuchung des gesamten Weiterbildungsbereichs den Rahmen der finanziellen und personellen Ressourcen gesprengt hätte, konzentriert sich die Forschungsarbeit auf die Volkshochschulen als größten Träger der Weiterbildung in Deutschland. Nicht nur die herausragende Stellung der Volkshochschulen war ein Grund für diese Wahl, sondern auch die Tatsache, dass mit der Volkshochschul-Statistik die umfangreichste Weiterbildungsstatistik für einen einzelnen Träger vorliegt (vgl. Pehl/Reitz 2000), auf deren Daten im Rahmen des Forschungsprojekts zurückgegriffen werden konnte.

3. Methodisches Vorgehen

3.1 Überblick

Da es in der vorliegenden Forschungsarbeit darum geht, einen Themenkomplex empirisch zu erschließen, sind sowohl die auf quantitativen Methoden als auch auf qualitativen Methoden aufbauenden Zugänge eher als „entdeckende" zu qualifizieren. Methodisch wird dabei die Verschränkung (Triangulation) der unterschiedlich gewonnenen Daten in den Mittelpunkt gestellt.

Als Ausgangspunkt diente eine schriftliche Befragung mit Hilfe eines standardisierten Fragebogens, der an alle 998 deutschen Volkshochschulen verschickt wurde. Der Rücklauf wurde mit Hilfe von deskriptiven und multivariaten Analysemethoden ausgewertet. Diese Auswertung bildete die Grundlage für die Entwicklung eines Interviewleitfadens und für die Auswahl von Einrichtungen, in denen unter Verwendung der qualitativen Forschungsmethode „Experteninterview" Interviews mit den Leitern und den EDV-Verantwortlichen geführt wurden.

Dabei sollte mit Hilfe der schriftlichen Befragung der aktuelle Status des Einsatzes Neuer Medien in den Einrichtungen erkundet werden, während die Experteninterviews dazu dienten, die Situation in konkreten Einrichtungen zu untersuchen, die sich in der Analyse der schriftlichen Befragung als medienorientiert herausgestellt haben.

3.2 Schriftliche Befragung

Als Befragungstechnik wurde eine schriftliche Erhebung in Form eines Fragebogens gewählt, da nur so die Berücksichtigung aller Volkshochschulen (998) bei der Befragung gewährleistet werden konnte. Um die 53 Fragen übersichtlicher und thematisch geordnet zu präsentieren, wurde der Fragebogen in die folgenden sechs thematischen Fragekomplexe aufgeteilt:

– Neue Medien in der Einrichtung
– Programmangebot der Einrichtung
– Neue Medien im Kontext der Organisation
– Neue Medien in ihrer Bedeutung für die Organisationsentwicklung
– Allgemeine Einschätzungen
– Zur Person

Die Daten, die über die Volkshochschulstatistik zur Verfügung standen (Siedlungsstruktur, Leitungsstruktur, Rechtsträgerschaft, Anzahl der hauptberuflichen Pädagog/innen, Kursangebote usw.), wurden nicht abgefragt, da diese über eine Codierung der Fragebogen zugeordnet werden konnten.

Im Rahmen eines Kooperationsvertrags mit dem Lehrstuhl für Konsum und Kommunikationsforschung an der Universität Trier (Prof. Dr. Michael Jäckel) wurde die Entwicklung des Fragebogens beraten, das Layout gestaltet sowie die Dateneingabe realisiert.

Um einen möglichst guten Überblick über die Situation an den Volkshochschulen zu bekommen, wurden alle deutschen Volkshochschulen (insgesamt 998) bei der Erhebung berücksichtigt. Dazu wurde die der Volkshochschul-Statistik zugrunde liegende Adressendatei genutzt. Insgesamt gingen bis zur Deadline 378 Fragebogen (37,9%) ein. In Anbetracht des umfangreichen Fragebogens (53 Fragen auf 16 Seiten) ist dieser Rücklauf als sehr gut zu bezeichnen.

3.2.1 Analyse des Rücklaufs

Unter folgenden Aspekten wurde ein Abgleich der Daten des Rücklaufs mit der Volkshochschulstatistik vorgenommen:

– Regionale Strukturierung
– Verteilung Alte/Neue Bundesländer
– Leitungsstruktur
– festangestellte hauptberuflich pädagogische Mitarbeiter/innen
– Rechtsträger
– Anzahl der IuK-Kurse.

Betrachtet man die sechs in die Analyse einbezogenen Strukturierungselemente in der Gesamtheit, wird deutlich[2], dass in der Tendenz eine große Übereinstimmung zwischen Rücklauf und Grundgesamtheit besteht. Doch fallen auch einige Abweichungen auf: Es sind vor allem die ehrenamtlich geleiteten Volkshochschulen, die Einrichtungen, die keine hauptberuflichen pädagogischen Mitarbeiter/innen fest angestellt haben und die, die weniger (unter 50) bzw. keine IuK-Kurse anbieten, die weniger vertreten sind, als es ihr Anteil an der Grundgesamtheit vermuten ließe. Ein Grund dafür könnte sein, dass vor allem „kleinere" Einrichtungen nicht über die personellen Kapazitäten verfügen, sich an einer solchen Befragung zu beteiligen. Auch wenn der Rücklauf nicht auf jeder Ebene repräsentativ für die Grundgesamtheit gewertet werden kann, lässt die tendenzielle Übereinstimmung mit der Grundgesamtheit doch Rückschlüsse auf den Stand des Einsatzes Neuer Medien in Volkshochschulen in der Breite zu.

3.3 Experten-Interviews

Nach einer ersten deskriptiven Auswertung der schriftlichen Befragung ging es darum, Einrichtungen herauszufiltern, die für eine weiterführende Untersuchung bzgl. der Faktoren, die bedeutend für einen intensiven Einsatz Neuer Medien in den Institutionen sind, von besonderem Interesse sind und in denen die Experten-Interviews (vgl. Meuser/Nagel 1997) durchgeführt werden können. Durch diesen Zugang lag es auf der Hand, dass eine Zufallsstichprobe aus dem gesamten Rücklauf hier nur bedingt weiterführen konnte, vor allem auch, weil aus forschungsökonomischen Gesichtspunkten nur eine begrenzte Anzahl von Einrichtungen einbezogen werden konnte (vgl. Lamnek 1993, S. 92ff.).

Deshalb wurde zunächst ein Weg gesucht, den Rücklauf stärker zu strukturieren und Gruppen zu bilden, die spezifische Einrichtungsprofile

---

2 Die detaillierte Darstellung der Analyse des Rücklaufs würde den Rahmen dieses Beitrages sprengen. Wer Interesse an der Analyse hat, kann diese bei dem Autor unter: stang@die-bonn.de nachfragen.

bzgl. des Einsatzes Neuer Medien in der Einrichtung repräsentieren. Dies wurde mit Hilfe einer Clusteranalyse (vgl. dazu ausführlich: Bachhaus et al. 2000, S. 328ff.; Voß 2000, S. 287ff.) realisiert.

Bei der Clusteranalyse handelt es sich um ein Klassifikationsverfahren (vgl. Meiser/Humburg 1996, S. 279). Die Zielsetzung ist die Zusammenfassung einer Vielzahl von Personen bzw. Objekten zu Gruppen, bei denen zwischen den einzelnen Mitgliedern der jeweiligen Gruppen eine sehr ähnliche Eigenschaftsstruktur vorliegt, zwischen den Gruppen selbst aber möglichst wenige Ähnlichkeiten vorliegen. Nach Backhaus et al. (2000, S. 329) geht es bei der Clusteranalyse darum, aus einer heterogenen Gesamtheit von Objekten – im vorliegenden Fall: Volkshochschulen – homogene Teilmengen von Objekten zu identifizieren.

Eine der wichtigsten Aufgaben bei der Clusteranalyse ist die Festlegung von Merkmalen, die die Basis für die Gruppenbildung liefern sollen. Der Weg, der in der vorliegenden Untersuchung gewählt wurde, war, auf der Grundlage der Auswertung der schriftlichen Befragung und der Daten aus der Volkshochschulstatistik bezogen auf den Rücklauf Merkmale herauszufiltern, die sich sehr unterschiedlich im Rücklauf ausprägten. Da die Clusteranalyse im vorliegenden Fall nicht dazu diente, eine umfassende Typologie von Einrichtungen bezogen auf den Einsatz Neuer Medien zu entwickeln, sondern als Grundlage für die Auswahl der Einrichtungen, in denen Expert/innen-Interviews durchgeführt werden sollten, wurde davon abgesehen, alle vorliegenden Merkmale aus der Befragung und der Volkshochschulstatistik in die Clusteranalyse mit einzubeziehen.

Folgende Aspekte bezogen auf die Institutionen wurden in den Blick genommen:

- technische Ausstattung bezogen auf Kommunikation (intern/extern),
- technische Ausstattung bezogen auf die Durchführung des Angebots,
- inhaltliches Angebot im Bereich Neue Medien,
- personale Struktur im Bezug auf Neue Medien und
- die Vernetzung nach außen im Kontext des Angebots im Bereich Neue Medien.

Auf Basis dieser thematischen Konturierung wurden folgende Merkmale für die Clusteranalyse ausgewählt und auf binäre Variablen reduziert:

- Intranet (vorhanden = 1/nicht vorhanden = 0),
- Homepage (vorhanden = 1/nicht vorhanden = 0),
- eigene Computerräume (vorhanden = 1/nicht vorhanden = 0),
- Kurse im Bereich Informations- und Kommunikationstechniken (bis 50 Kurse = 0/über 50 Kurse = 1),
- hauptberuflicher EDV-Organisator (vorhanden = 1/nicht vorhanden = 0),
- Auftragsmaßnahmen im Bereich „Neue Medien" (Ja = 1/Nein = 0).

Unter Verwendung von SPSS wurde eine Gruppenbildung mit Hilfe der „Clusterzentrenanalyse" durchgeführt (vgl. Voß 2000, S. 296ff.). Diese führte zu folgenden Clustern:

Tabelle 1: Clusterzentren

	Clusterzentren			
	Cluster 1	Cluster 2	Cluster 3	Cluster 4
Intranet	1	1	1	0
Homepage	1	1	1	0
Eigene Computerräume	1	1	1	0
IuK-Kurse	1	1	1	0
EDV-Organisator	1	0	0	0
Auftragsmaßnahmen	1	0	1	0

68 Einrichtungen wurden Cluster 1 zugeordnet, 67 Cluster 2, 141 Cluster 3 und 102 Cluster 4. Betrachtet man sich diese vier Cluster wird deutlich, dass es drei Clusterzentren gibt, die sich nur in einem bzw. zwei Merkmalen unterscheiden, während das vierte Clusterzentrum sich gravierend von den anderen unterscheidet. Wenn wir die Cluster bezogen auf die Struktur des Einsatzes Neue Medien in den Einrichtungen betrachten heißt das, dass in den Einrichtungen von Cluster 1-3 der Einsatz Neuer Medien eine höhere Bedeutung hat als in denen von Cluster 4. Interessant ist in diesem Zusammenhang die Frage, welche weiteren Faktoren die Einrichtungen kennzeichnen, die sich in den jeweiligen Clustern finden. Um die einzelnen Cluster dahingehend zu untersuchen und die Auswahl der Einrichtungen für die Experteninterviews voranzutreiben, wurden diese unter Zuhilfenahme weiterer Merkmale analysiert.

Durch die Analyse bivariater Verteilungen (vgl. Voß 2000, S. 91ff.) zwischen den Clustern und ausgewählten Merkmalen entstand ein detaillierteres Bild der Struktur der Einrichtungen innerhalb der jeweiligen Cluster. Die bivariate Analyse wurde anhand folgender Merkmale durchgeführt, die sich unterschiedlichen Strukturbereichen zuordnen lassen:

Siedlungs- und Bevölkerungsstruktur

– Bundesland
– Regionalstruktur
– Bevölkerungsdichte
– Einwohnerstruktur

Institutionsstruktur

– Rechtsträger
– Leitungsstruktur
– Struktur hauptberufliche Pädagog/innen
– Status der Organisationsentwicklung

Struktur im Bezug auf Neue Medien

- Rolle der Neuen Medien in der Organisationsentwicklung
- besondere Angebote (Telelearning, Internet Cafe, Selbstlernzentrum)

Bündelt man nun die einzelnen Ergebnisse der Analyse der Cluster, wählt einige besonders prägnante Ergebnisse aus und betrachtet man diese in ihren extremen Ausprägungen, ergibt sich zusammenfassend folgendes Bild für die vier Cluster[3]:

Tabelle 2: Struktur der Cluster

	Cluster 1	Cluster 2	Cluster 3	Cluster 4
Intranet	vorhanden	vorhanden	vorhanden	nicht vorhanden
Homepage	vorhanden	vorhanden	vorhanden	nicht vorhanden
Eigene Computerräume	vorhanden	vorhanden	vorhanden	nicht vorhanden
IuK-Kurse	über 50 Kurse	über 50 Kurse	über 50 Kurse	unter 50 Kurse
EDV-Organisator	vorhanden	nicht vorhanden	nicht vorhanden	nicht vorhanden
Auftragsmaßnahmen	gibt es	gibt es nicht	gibt es	gibt es nicht
Einwohnerzahl	über 50.000	über 25.000[4]	über 25.000[5]	bis 25.000
Leitungsstruktur	hauptberuflich	hauptberuflich	hauptberuflich	ehrenamtlich
Anzahl HPM	Über 4 HPM	1-10 HPM[6]	1,1-10 HPM	bis 1 HPM
Besondere medienbezogene Angebote	vorhanden	nicht vorhanden	vorhanden	nicht vorhanden

Da es bei den Experteninterviews vor allem darum gehen sollte, im Bezug auf den Einsatz Neuer Medien besonders interessante Einrichtungen in den Blick zu nehmen, wurde nach der Analyse der Cluster entschieden, Volkshochschulen aus dem Cluster 4 nicht zu berücksichtigen. Hier lassen sich besonders viele Volkshochschulen finden, die unter anderem:

- einen Einzugsbereich von unter 25.000 Einwohnern haben (50%),
- ehrenamtlich geführt sind (43,1%),
- keine HPM haben (66,7%).

Dass es sich in Cluster 4 vor allem um „kleine" Einrichtungen mit unter anderem geringer personeller Ausstattung und einem kleinen Einzugsgebiet handelt, ist sicher auch ein entscheidender Grund für die fehlende Ausstattung und den nicht ausgeprägten Einsatz im Bezug auf Neue Medien. Sicher wäre es in weiterführenden Forschungsarbeiten auch von Interesse, zu untersuchen, welche Faktoren in Einrichtungen eine Rolle spielen, dass die Entwicklung im Bereich der Neuen Medien nicht besonders vorangetrieben

---

3   Grundlage bilden hier Werte der Ausprägungen, die in der Tendenz höher vorhanden waren als erwartet.
4   Bei der Kategorie „100.001-250.000" liegt hier der Wert unter dem erwarteten.
5   Bei der Kategorie „über 250.000" liegt hier der Wert unter dem erwarteten.
6   Bei den Kategorien „1,1-2 HPM", „4,1-5 HPM" liegt hier der Wert unter dem erwarteten.

wird. Doch aus forschungsökonomischen Gründen wurden in der vorliegenden Untersuchung besonders die „positiven" Fälle in den Blick genommen.

Für die Auswahl aus den Clustern 1-3 wurden nach diesem Prinzip ‚extreme Fälle' und die ‚Auswahl nach dem Konzentrationsprinzip' gewählt
(vgl. Schnell et al. 1995, S. 279ff.). Dazu wurden auf den einzelnen Ebenen
der Analyse der Cluster besonders auffällige und besonders typische Einrichtungen anhand der Codierungsnummer herausgefiltert, z.B. ehrenamtlich
geführte Einrichtungen, die sich in Cluster 1 finden. Einrichtungen, die auf
unterschiedlichen Ebenen herausgefiltert wurden, wurden nochmals besonders hervorgehoben. Diese wurden dann nach strukturellen Daten wie Regio-
naltypen, Bundesland, Rechtsform, Anzahl der HPM und Anzahl der IuK-
Kurse abgeglichen. Als entscheidendes Kriterium bei der Konzentration
wurden dann die besonderen medienbezogenen Angebote herangezogen.

Tabelle 3: Die ausgewählten Einrichtungen

| | Einrichtung | | | | |
	A	B	C	D	E
Cluster	2	2	1	3	1
Bundesland	neues	altes	altes	altes	altes
Regionaltyp	AR mit heraus-rag. Zentrum	LR geringere Dichte	LR höhere Dichte	Hochverdich-teter AR	AR mit heraus-rag. Zentrum
Einwohnerzahl	ca. 100.000	ca. 130.000	ca. 90.000	ca. 20.000	ca. 200.000
Bevölkerungsdichte	über 50	über 1000	über 50	über 500	über 1500
Rechtsträger	Gemeinde	Kreis	Kreis	e.V.	Gemeinde
Leitungs-struktur	hauptamtlich	hauptamtlich	ehrenamtlich	hauptamtlich	hauptamtlich
Außenstellen	0	über 20	über 20	unter 5	über 5
HPM	über 5	0	0	über 5	über 40
Verwaltungs-mitarbeiter	über 5	unter 5	unter 5	unter 5	über 30
Kursleiter	über 300	über 150	über 200	über 90	über 580
Kurse insgesamt	über 850	über 450	über 650	über 400	über 2000
IuK-Kurse	über 110	über 130	über 170	über 110	über 350
Besondere medien-bez. Angebote	Selbstlernzen-trum	Telelearning, Internet-Cafe, Selbstlern-zentrum	keine	Selbstlern-zentrum	Telelearning

Nach der Auswahl nach „extremen Fällen" und dem Konzentrationsprinzip
wurden – auch unter forschungsökonomischen Gesichtspunkten – fünf Einrichtungen ausgewählt, wobei für jedes Cluster eine eher typische Einrichtung gewählt wurde und für Cluster 1 und 2 jeweils eine Einrichtung unter
der Perspektive des „extremen Falls". Für Cluster 1 bedeutete das, eine ehrenamtlich geführte Einrichtung zu nehmen, für das Cluster 2 wurde eine

Einrichtung ohne HPM ausgewählt. Nimmt man nun die fünf Einrichtungen in den Blick, ergibt sich folgendes Bild bezogen auf ausgewählte Aspekte[7]:

Im Wechselspiel von Organisation und Neuen Medien kommt vor allem den Menschen, den Akteuren, eine besondere Bedeutung zu (vgl. Schwarzer/Krcmar 1999, S. 92). Das war der zentrale Grund dafür, den Blick auf einzelne Akteure als Expert/innen der ausgewählten Einrichtungen zu richten.

Die Auswahl erfolgt auf der Basis der Zuordnung von Sonderwissen (vgl. Schütz 1972), über das die interviewten Personen durch ihre Rollen in den jeweiligen Institutionen verfügen. Dabei geht es vor allem darum, Personen in den Blick zu nehmen, die bezogen auf die Gesamtinstitution und bezogen auf die Neuen Medien über ein Sonderwissen verfügen. Konkret bedeutet das, dass in den ausgewählten Einrichtungen jeweils mit dem Leiter und dem Verantwortlichen für die technische Betreuung der EDV Experteninterviews geführt wurden[8]. Der Leiter wurde gewählt, weil er die gesamte Organisation im Blick hat und die strategische Ausrichtung der Institution entscheidend bestimmt. Der Verantwortliche für die technische Betreuung der EDV wurde gewählt, weil er die technische Infrastruktur im Blick hat und strategische Entscheidungen der Einrichtung unter einer technikbezogenen Perspektive beurteilen kann.

Die Experten-Interviews wurden anhand eines Leitfadens, der sich an den zentralen Punkten der schriftlichen Befragung orientierte, Anfang 2002 in den jeweiligen Einrichtungen durchgeführt. Die Auswertung der Interviews erfolgte mit Hilfe der Software MAXqda.

4. *Ausgewählte Ergebnisse*

Die folgende Darstellung ausgewählter Ergebnisse bezieht sich auf einige zentrale Punkte der schriftlichen Befragung ergänzt durch Ergebnisse der Experteninterviews in ausgewählten Einrichtungen. Dabei werden folgende Themen in den Blick genommen:

– technische Infrastruktur
– Angebot
– Dienstleistung
– Kooperation und Konkurrenz

---

7   Die Codierung der Einrichtungen mit Buchstaben erfolgte nach Abfolge der Besuche zu den Experteninterviews in den Einrichtungen. Die verwendeten Daten stammen aus dem Datenbestand für die Volkshochschulstatistik für das Jahr 1999 (vgl. auch Pehl/Reitz 2000), da diese der Auswertung der schriftlichen Befragung zugrunde gelegt wurden. Einigen Angaben werden nur ungefähr gemacht, weil sonst die Einrichtungen über die genauen Daten zuzuordnen wären.

8   Die durch die Clusteranalyse und die weiterführende Analyse vorgenomme Auswahl der Institutionen führte dazu, dass die Interviewpartner alle Männer waren.

– Neue Medien und Organisationsentwicklung
– Situation in ausgewählten Einrichtungen.

4.1 Technische Infrastruktur

92,5% der Volkshochschulen verfügen Anfang 2001 über einen Internetzugang, 73,3% der Einrichtungen sind mit einer eigenen Homepage im Internet vertreten. Da die Bedeutung des Internets seit Mitte der 1990er Jahre im gesellschaftlichen Diskurs zugenommen hatte und das Internet als eine der technischen Basisinnovationen angesehen werden kann, interessierte im Rahmen der Untersuchung nicht nur, ob ein Internetzugang bei den Institutionen vorhanden ist, sondern auch, wann dieser installiert wurde, um einen Blick auf die Innovationsprozesse zu werfen. Einen wichtigen theoretischen Bezugspunkt bei der Untersuchung dieser Frage bildeten die Arbeiten von Rogers (1995), der sich bereits Anfang der 1960er Jahre der Erforschung von Innovationsprozessen widmete. Rogers beschäftigte sich vor allem mit der Frage der Verbreitung („Diffusion") von Innovationen. Diffusion definiert er „as the process by which an *innovation* is *communicated* through certain *channels* over *time* among the members of a *social system*" (Hervorh. im Original; ebd., S. 10).

Betrachtet man nun den Zeitpunkt der Installation des ersten Internetzugangs in den Institutionen, ergibt sich folgendes Bild:

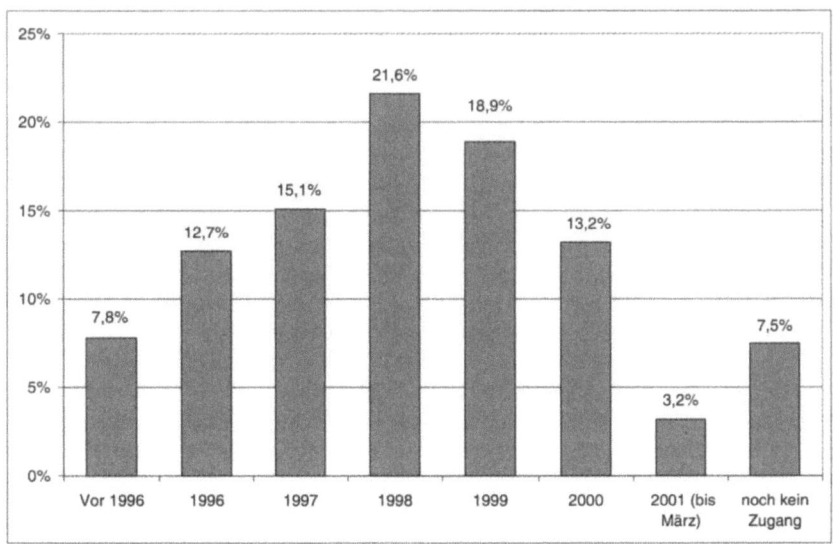

Abb. 1: Installation des ersten Internetzugangs (N =371)

Rogers (1995: 262) hat aufgrund seiner Untersuchungen folgende Benutzer-
kategorien in Relation zum Zeitpunkt der Adoption von Innovationen als
Idealtypen entwickelt (vgl. Abb.2):

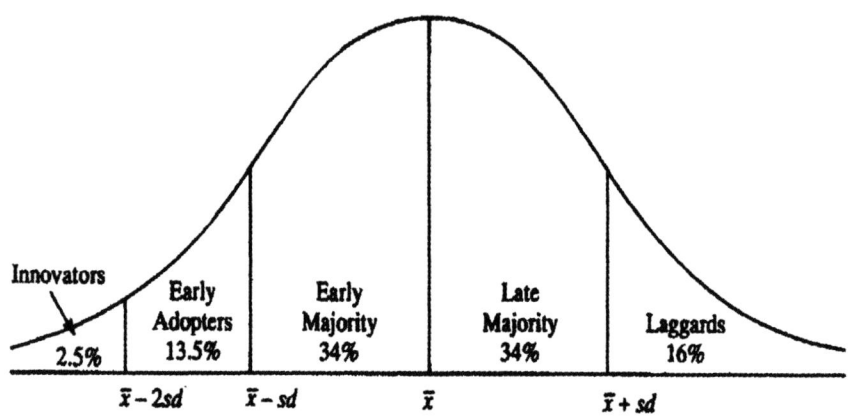

Abb. 2

Nimmt man diese Strukturierung und vergleicht damit das Ergebnis der Erhebung, wird deutlich, dass man bezogen auf die Interneteinführung bei
Volkshochschulen diese Kategorisierung übernehmen kann. Hier gibt es –
vor allem wenn man den Wert für 2001 auf das gesamte Jahr hochrechnet –
eine große Annäherung an die Verteilung der Idealtypen von Rogers. Das
heißt, dass das Innovationsverhalten im System der Volkshochschulen bezogen auf den Faktor „Installation des ersten Internetzugangs" als typisch für
Innovationsprozesse bezeichnet werden kann. Interessant ist es, in weiterführenden Untersuchungen die Faktoren herauszuarbeiten, die für Zuordnung
der Einrichtungen ausschlaggebend sind, d.h. welche Faktoren dazu beitragen, dass Institutionen Innovationen zu einem frühen Zeitpunkt adaptieren.
    Neben Internetzugang und Homepage als Anwendungsdimensionen lässt
sich die technische Infrastruktur unter anderem über den Versorgungsgrad
der Mitarbeiter/innen mit Hardware und über die Ausstattung der Einrichtung
mit Computerräumen beschreiben. Diese beiden Aspekte sind Indikatoren
dafür, wie stark die Neuen Medien in der Organisation verankert sind.
    Der Computer ist heute ein kaum mehr wegzudenkendes Arbeitsmittel,
bezogen auf Bildungseinrichtungen sowohl für den Verwaltungsbereich als
auch für den Bereich der pädagogischen Planung. Betrachtet man den Versorgungsgrad der festangestellten Mitarbeiter/innen in Volkshochschulen mit
einem eigenen Computer an deren Arbeitsplatz ergibt sich folgendes Bild:

–   Beim Verwaltungspersonal verfügen im Durchschnitt 97% (N = 351;
     Standardabw.: 14,14) über einen eigenen Computer an ihrem Arbeits-

platz, dabei ist in 94% der Einrichtungen eine Vollversorgung mit 100% gegeben.

– Beim pädagogischen Personal verfügen im Durchschnitt 91% (N = 311; 25,73) über einen eigenen Computer an ihrem Arbeitsplatz, dabei ist in 85,5% der Einrichtungen eine Vollversorgung mit 100% gegeben.

Im Bereich der Verwaltung kann annähernd von einer Vollversorgung gesprochen werden, im pädagogischen Bereich ist diese noch nicht erreicht. Das deutet darauf hin, dass der Computer im Verwaltungsbereich von zentraler Bedeutung ist, während im Alltag des pädagogischen Bereiches die Notwendigkeit eines permanenten Zugriffs auf einen Computer anscheinend (noch) nicht gegeben ist.

79% der Einrichtungen verfügen über eigene Computerräume für Bildungsangebote und Schulungen. Bei der Anzahl der Computerräume ergibt sich ein Mittelwert von 3,11 (N = 290; Standardabw. 5,10; Maximum: 64; Median: 2,00).

Tabelle 4: Anzahl der Computerräume

Ein Computerraum	26,6%
Zwei Computerräume	36,2%
Drei Computerräume	14,8%
Vier Computerräume	10,7%
Mehr als vier Computerräume	11,7%

Drei Viertel der Einrichtungen, die über eigene Computerräume verfügen, nutzen zusätzlich Computerräume anderer Einrichtungen (75,5%; N = 294). Die Mehrheit nutzt Computerräume von Schulen (69%). 12% nutzen die Räume von privaten Bildungsanbietern und 7,5% von anderen öffentlich geförderten Weiterbildungseinrichtungen.

Die Nutzung der Computerräume von Schulen dominiert auch bei den Einrichtungen, die über keine eigenen Computerräume verfügen (87%; N = 79). Computerräume von privaten Bildungsanbietern (14%) und anderen öffentlich geförderten Weiterbildungsinstitutionen (11%) werden deutlich weniger genutzt.

Die technische Infrastruktur in Volkshochschulen legt also nahe, dass hier die Voraussetzungen für die Entwicklung einer medienorientierten Organisation sehr gut sind. Wie die Neuen Medien allerdings in organisatorische Kontexte und die Entwicklung der Einrichtungen eingebunden sind, ist eine Frage, die sich eher beantworten lässt, wenn man andere Aspekte der Untersuchung in die Analyse mit einbezieht.

4.2 Angebot

Das Angebot der Volkshochschulen konzentriert sich auch im Bereich Neue Medien (als Thema und Unterrichtsmittel[9]) traditionell auf Einzelveranstaltungen, Kurse (ohne Programmschulungen) und Programmschulungen (Schulungen für Anwenderprogramme wie Word, Excel usw.). Betrachtet man die Verteilung der Angebote bezogen auf die Anzahl der Veranstaltungen in den unterschiedlichen Programmbereichen für das Jahr 2000, wird deutlich, dass nach wie vor der überwiegende Teil der Angebote im Programmbereich „Arbeit – Beruf" zu finden sind. In einer Untersuchung von 1998, die am Deutschen Institut für Erwachsenenbildung durchgeführt wurde und eine Stichprobe von Volkshochschulen mit ausschließlich hauptberuflicher Leitung als Grundlage hatte, waren 91,5% (N =101) der Angebote in diesem Programmbereich zu finden (vgl. Wagemann/Stang 1999: 117). Dass sich bei der vorliegenden Befragung der Wert noch erhöht hat, kann daran liegen, dass beim Rücklauf die Gesamtstruktur der Volkshochschulen berücksichtigt ist.

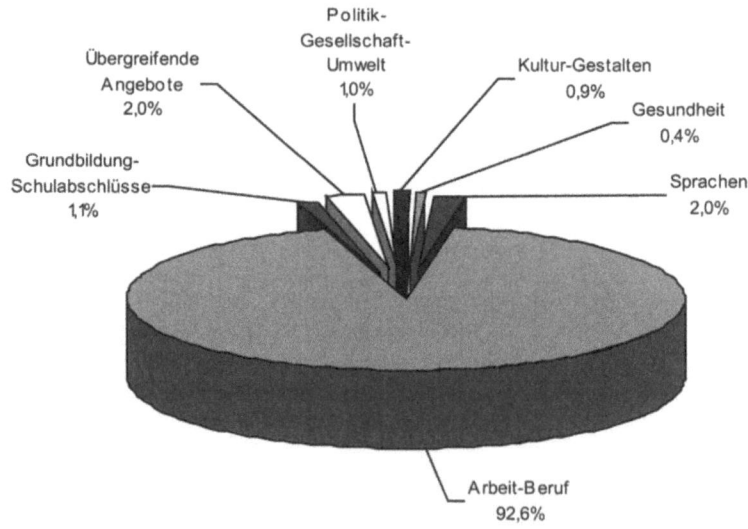

Abb. 3: Verteilung der Angebote auf die Programmbereiche (N=295)

---

9   Da die Analyse des Programmangebots nicht im Zentrum dieser Arbeit steht, wurden hier zur Reduzierung des Fragenkatalogs die Veranstaltungen, die Neue Medien zum Thema haben bzw. als Unterrichtsmittel einsetzen, gebündelt. Eine detaillierte Analyse des Programmangebots und des Einsatzes Neuer Medien in Veranstaltungen der Erwachsenenbildung ist ein weiteres Forschungsprojekt, das auf seine Bearbeitung wartet.

Die Ausrichtung des Angebots auf den Programmbereich „Arbeit – Beruf" macht ein Dilemma der Volkshochschulen deutlich. Um die technische Infrastruktur und die permanente Aktualisierung zu finanzieren, wird der Schwerpunkt auf nachgefragte Programmschulungen gelegt (Durchschnitt: 81,36 pro Einrichtung; Standardabw. 114,96; N = 348), Einzelveranstaltungen (Durchschnitt: 10,05 pro Einrichtung; Standardabw. 44,30; N = 292) und Kurse (ohne Programmschulungen) (Durchschnitt: 35,75 pro Einrichtung; Standardabw. 62,09; N = 292) spielen keine so große Rolle. Eine These, die in diesem Zusammenhang formuliert werden könnte, lautet: Dadurch, dass die technische Infrastruktur mit den Programmschulungen meistens ausgelastet ist, bleibt kaum Raum für Experimente in anderen Programmbereichen, in denen die Nachfrage nach Angeboten im Bereich Neue Medien erst entwickelt werden muss.

Neue, über das traditionelle Angebot der Einrichtungen hinausgehende medienbezogene Angebote gibt es bislang nur punktuell. Auf die Frage, welche anderen medienbezogenen Angebote es in den Einrichtungen gibt, antworteten 75% (N = 353) mit „Keine". Über ein Internet-Café verfügen 12% und über ein computergestütztes Selbstlernzentrum 7%. 4% machen ein Telelearning-Angebot[10] und unter den 7% „Sonstigen" finden sich neben einem kostenlosen Beratungsangebot und einem Teleworking-Center vor allem spezielle Kurse und traditionelle Medienangebote wie Tonstudio und Bürgerfunk.

Die Tendenz, spezielle Angebote eher nicht im Blick zu haben, wenn es um Neue Medien geht, zeigt sich auch bei der Einschätzung, welche Rolle die Neuen Medien in den Einrichtungen im Rahmen spezieller Angebote (z.B. Internet-Café) spielen.[11] Bündelt man die Skalenwerte „1" („überhaupt keine") und „2" („keine"), dann sind das 50% (N = 336).

Diesem Ergebnis in der Tendenz entgegengesetzt ist die Einschätzung zur Aussage „Der Einsatz Neuer Medien in der Weiterbildung bedarf eines verstärkten Experimentierens mit neuen Lehr-/Lernformen"[12]. 49% (N = 369) stimmen dieser Aussage zu („5"; 33%) bzw. „voll und ganz zu" („6"; 16%). Das deutet darauf hin, dass auf theoretischer Ebene die Notwendigkeit des Experiments gesehen wird, die praktische Umsetzung eher schwierig ist.

---

10 In einer Befragung zur „Bestandsaufnahme Telelernen in Volkshochschulen" des Netzwerk Beruf und Weiterbildung des Deutschen Volkshochschul-Verbandes (DVV) vom Mai 2001 geben 9,3% der befragten Institutionen (N = 162) an, Telelearn-Angebote anzubieten (vgl. Rudolf 2001: 83). Bei dieser Untersuchung wurden allerdings nur 800 der 998 Volkshochschulen angeschrieben, was auf eine Vorselektion schließen lässt.

11 Die Einschätzung der Rolle konnte anhand einer Skala von 1 bis 6 vorgenommen werden (Skalenwert „1" = „Überhaupt keine"; Skalenwert „6" = „Sehr große").

12 Diese Aussage sollte anhand einer Skala von 1 bis 6 eingeschätzt werden (Skalenwert „1" = „Stimme überhaupt nicht zu"; Skalenwert „6" = „Stimme voll und ganz zu").

4.3 Dienstleistung

Besonders die Konzentration auf Programmschulungen hat Volkshochschulen in den letzten Jahren zu einem wichtigen Bildungsanbieter im Bereich Neue Medien werden lassen. Die Aktivitäten in diesem Bereich konzentrieren sich allerdings nicht nur auf die eigenen Angebote, die Einrichtungen sind auch zu Dienstleistern für andere Auftraggeber geworden. 60% (N = 375) der Einrichtungen führen Auftragsmaßnahmen im Bereich Neue Medien durch. Dabei sind die Auftraggeber folgende (Mehrfachnennungen waren möglich):

Tabelle 5: Auftraggeber von Maßnahmen im Bereich Neue Medien
(N = 226)

Firmen	81,4%
Behörden	69,0%
Arbeitsamt	51,3%
Sonstige	9,8%

Unter den Sonstigen werden Einrichtungen wie z.B. Bundeswehr, Banken, Lehrerfortbildung und Vereine genannt. Rechnet man diese Zahlen auf die Einrichtungen, die sich an der Befragung beteiligt haben (N = 378), hoch, dann übernehmen 49% der Einrichtungen Auftragsmaßnahmen für Firmen, 42% für Behörden und 31% für das Arbeitsamt.

4.4 Kooperation und Konkurrenz

Nicht nur die Dienstleistung für andere Institutionen und Firmen bildet die Vernetzung mit externen Einrichtungen ab, sondern auch die Zusammenarbeit mit anderen Institutionen im Bereich Neue Medien. 55,5% (N = 375) arbeiten mit anderen Institutionen zusammen. Diese Kooperation geschieht auf den unterschiedlichsten Ebenen. Folgende Tabelle veranschaulicht das Netz und die Intensität der Kooperation (Mehrfachnennungen waren möglich).

Tabelle 6: Kooperationspartner und Ebenen der Kooperation (N = 204)

	Gemeinsame Angebote	Gemeinsame Nutzung von Ressourcen	Austausch von Kursleitenden	Sonstiges
Private kommerzielle Bildungsanbieter	13,2%	18,6%	17,2%	0%
Öffentlich geförderte WB-Einrichtungen	35,3%	27,1%	41,7%	2,9%
Freie Träger der WB	11,8%	7,8%	7,8%	1,5%
Kultureinrichtungen	18,6%	11,3%	4,4%	0,5%
Schulen	25,5%	60,8%	24,5%	2,0%
Sonstige	6,9%	11,3%	7,4%	5,9%

Besonders die gemeinsame Nutzung von Ressourcen mit Schulen (61%) und der Austausch von Kursleitenden mit anderen öffentlich geförderten Weiterbildungseinrichtungen (42%) ragen hier heraus. Die große Anzahl an Nennungen der Kooperation mit der Schule weist darauf hin, dass viele Einrichtungen auf der einen Seite nicht über ausreichende eigene Infrastruktur verfügen, um Angebote mit Neuen Medien zu realisieren, auf der anderen Seite durch diese Kooperation den finanziellen Aufwand reduzieren können. Diese Kooperation erscheint vor allem auch sinnvoll, weil die Nutzungszeiten von Schule und Weiterbildungseinrichtungen sich gut ergänzen.

Betrachtet man die Gesamtstruktur der Kooperationsbeziehungen, wird deutlich, wie vielschichtig sich das Kooperationsnetz der Einrichtungen darstellt. Insgesamt lässt sich feststellen, dass die Einrichtungen im Bereich Neue Medien über eine nennenswerte Kooperationskultur verfügen.

Doch noch mehr als die Kooperation wird im Bereich der Neuen Medien die Konkurrenz gesehen. Auf die Frage „Sehen Sie für Ihre Einrichtung in diesem Bereich eine Konkurrenz durch andere Anbieter?" antworten 81% (N = 372) mit „Ja". In der folgenden Tabelle ist aufgezeigt, durch welche Anbieter diese gesehen wird (die Optionen waren vorgegeben, Mehrfachnennungen möglich).

Tabelle 6: Konkurrenz im Bereich Neue Medien (N = 306)

Private kommerzielle Bildungsanbieter	89,9%
Freie Träger der Weiterbildung	62,4%
Öffentlich geförderte WB-Einrichtungen	61,1%
Kultureinrichtungen (z.B. Bibliotheken, Museen)	12,7%
Sonstige	4,2%

Es wird deutlich, dass die privaten kommerziellen Bildungsanbieter als Hauptkonkurrenten gesehen werden.

Betrachtet man die Dimensionen „Kooperation" und „Konkurrenz" in der Zusammenschau, wird die Ambivalenz deutlich. Auf der einen Seite gibt es eine nennenswerte Kooperationskultur, auf der anderen Seite werden die potenziellen Kooperationspartner auch als Konkurrenten gesehen. An dieser Stelle wäre es interessant zu untersuchen, ob durch verstärkte Kooperationen Synergieeffekte z.B. im Hinblick auf neue Zielgruppen erzielt werden können.

4.5 Neue Medien und Organisationsentwicklung

Eine der zentralen Fragestellungen der vorliegenden Untersuchung fokussiert die Bedeutung der Neuen Medien für die Organisationsentwicklung der Einrichtungen. Für 60% spielen bzw. spielten die Neuen Medien eine zentrale Rolle in diesen Prozessen. Ein Blick darauf, wie stark nach Einschätzung der Einrichtungen sich einzelne Bereiche in der Einrichtung in den letzten fünf Jahren durch die Neuen Medien verändert haben, gibt einen Überblick über die Struktur von Veränderungen[13]. Ordnet man die Bereiche nach der Höhe der Mittelwerte ergibt sich folgendes Bild:

Tabelle 8: Veränderungen durch Neue Medien nach eingeschätzter Stärke

Arbeitsabläufe in der Verwaltung	4,63 (Standardabw.: 1,30; N = 374)
Angebot	4,30 (Standardabw.: 1,13; N = 372)
Institution insgesamt	3,83 (Standardabw.: 1,25; N = 366)
Adressaten- und Teilnehmendenstruktur	3,45 (Standardabw.: 1,24; N = 360)
Externe Zusammenarbeit	2,81 (Standardabw.: 1,32; N = 366)
Zusammenarbeit zwischen Planenden und Kursleitenden	2,80 (Standardabw.: 1,26; N = 370)
Veranstaltungsformen	2,75 (Standardabw.: 1,28; N = 366)
Interne Zusammenarbeit	2,59 (Standardabw.: 1,38, N = 356)

Betrachtet man die Einschätzungen bezüglich zukünftiger Veränderungsbedarfe in unterschiedlichen Bereichen der Einrichtungen[14], dann fällt auf, dass auch dort vor allem für die interne Organisationsstruktur der geringste Veränderungsbedarf gesehen wird.

Tabelle 9: Veränderungsbedarfe im Hinblick auf Neue Medien

Angebotsentwicklung	4,26 (Standardabw. 1,08; N = 370)
Personalentwicklung/Fortbildung	4,10 (Standardabw. 1,23; N = 365)
Entwicklung veränderter didaktisch-methodischer Konzepte	3,94 (Standardabw. 1,25; N = 365)
Zielgruppenorientierung	3,85 (Standardabw. 1,23; N = 366)
Organisationsentwicklung	3,81 (Standardabw. 1,27; N = 366)
Externe Kooperation	3,76 (Standardabw. 1,35; N = 365)
Gestaltung von neuen Lernarrangements	3,58 (Standardabw. 1,48; N = 366)
Interne Kommunikation	3,57 (Standardabw. 1,51; N = 368)
Fachbereichsgliederung	2,47 (Standardabw. 1,25; N = 354)

Zwar wird der Veränderungsbedarf im Bereich „Personalentwicklung/Fortbildung" als sehr hoch eingeschätzt, was in Anbetracht der Konkurrenzsituation, in der sich viele Einrichtungen sehen, auch von erheblicher Bedeutung ist, doch die „Interne Kommunikation" und die traditionelle „Fachbereichsgliederung" werden im Hinblick auf die Neuen Medien als nicht besonders veränderungsbedürftig angesehen. Viele Einrichtungen sind anscheinend in der Tendenz mit den internen Organisationsstrukturen zufrieden.

Die Ergebnisse legen nahe zu vermuten, dass das große Interesse an Organisationsentwicklung vor allem auf das Interesse an Verbesserungen im

13 Die acht Bereiche waren im Fragebogen vorgegeben. Die Stärke der Veränderung konnte anhand einer Skala von 1 bis 6 eingeschätzt werden (Skalenwert „1" = „Überhaupt nicht"; Skalenwert „6" = „Ganz stark").

14 Auch hier waren die ereiche im Fragebogen vorgegeben. Die Größe des Veränderungsbedarfs konnte anhand einer Skala von 1 bis 6 eingeschätzt werden (Skalenwert „1" = „Überhaupt keinen"; Skalenwert „6" = „Besonders großen").

Bereich der Außenbeziehungen zurückzuführen ist. Dies wird bestätigt durch die Antworten auf die Frage, welche Veränderungen durch den Einsatz Neuer Medien in der Öffentlichkeitsarbeit der Einrichtungen festzustellen sind[15]. 88% (N = 376) sehen hier den „Imagegewinn", 84% die „Erreichung neuer Zielgruppen" und 58% „effektivere Arbeitsabläufe" als Effekte. „Imagegewinn" als Effekt ist sicher eine wichtige Motivation für den Einsatz Neuer Medien. Es könnte sich allerdings perspektivisch als Problem erweisen, wenn nicht gleichzeitig in der Binnenstruktur der Einrichtung Veränderungsprozesse – über die Veränderungen im Verwaltungsbereich hinaus – vorgenommen werden. Hierin liegt für die Zukunft ein wichtiges Feld für die Organisationsentwicklung der Einrichtungen, wenn sie sich nicht nur an Verbesserungen der Außendarstellung orientieren soll, sondern wenn die Neuen Medien auch als zentrales Instrument der internen Weiterentwicklung genutzt werden sollen.

4.6 Situation in ausgewählten Einrichtungen

Auf die detaillierte Darstellung der Analyse der Interviews muss an dieser Stelle verzichtet werden. Es geht hier vor allem darum, einige Aspekte aus den Interviews festzuhalten, die mit Bezug auf die anderen Ergebnisse von besonderer Relevanz sind.

Betrachtet man die Situation in den ausgewählten Einrichtungen insgesamt, wird deutlich, dass in allen Einrichtungen bei der Leitung eine große Aufgeschlossenheit gegenüber den Neuen Medien festzustellen ist, ohne dass sie selbst Experten in diesem Bereich sind. Bei den EDV-Verantwortlichen fällt der engagiert-pragmatische Umgang mit den Neuen Medien auf, der sich dadurch auszeichnet, dass sie den Einsatz Neuer Medien nicht per se positiv beurteilen, sondern Möglichkeiten eines sinnvollen Einsatzes abhängig vom Verwendungskontext machen.

Von beiden Expertengruppen gehen Impulse für die Entwicklung im Bereich Neue Medien in den jeweiligen Einrichtungen aus, und die EDV-Verantwortlichen werden von der Leitung unterstützt. Außerdem wurde in den Experteninterviews deutlich, dass das Verhältnis zwischen Leitung und EDV-Verantwortlichen nicht nur in den kleinen Einrichtungen, die über wenig Personal verfügen, sondern auch in den größeren Einrichtungen als sehr gut bezeichnet werden kann. In keiner der Einrichtungen wurde eine explizite Kritik am jeweils anderen Akteur geäußert.

Offene Kommunikationsstrukturen, teamorientierte Entscheidungsprozesse, Interesse an zielgerichteten Veränderungen und eine jeweils sehr spezifische Organisationskultur kennzeichnen den Zugang der Einrichtungen zu den Neuen Medien. Darüber hinaus können folgende Faktoren in Bezug auf die Neuen Medien in den ausgewählten Einrichtungen festgehalten werden:

---

15   Die Bereiche waren im Fragebogen vorgegeben.

- Offenheit der Leitung,
- engagierter Pragmatismus bei den EDV-Verantwortlichen,
- Unterstützung des EDV-Verantwortlichen durch die Leitung,
- Impulse für die Entwicklung sowohl von der Leitung als auch von den EDV-Verantwortlichen.

Die strategische Ausrichtung der Einrichtungen stellt sich auf der einen Seite sehr unterschiedlich dar, da sich die Einrichtungen strukturell sehr unterscheiden, auf der anderen Seite lassen sich doch ein paar Übereinstimmungen feststellen. Dass die Angst davor, den Anschluss zu verlieren, ein Motor für die Entwicklungen im Bereich der Neuen Medien ist, machen die folgenden Aussagen deutlich:

„Wenn wir da nicht schritt gehalten hätten mit den anforderungen sozusagen des arbeitsmarktes (...) und wenn wir das nicht im programm platziert hätten, in unser angebot und die technik sozusagen hätten links liegen lassen, um es mal so zu sagen, dann wären wir eine arme volkshochschule geworden" (A-Leitung: 65).
„Wir haben gesagt: das müssen wir machen, wenn wir das nicht machen, sind wir weg vom fenster" (C-Leitung: 49).

Dass sich die strategische Ausrichtung auch stark an Kooperationsoptionen orientiert, zeigt sich bei Einrichtung E:

„Das war für uns irgendwann auch mal der punkt zu sagen o.k. wir machen das, wir ziehen das durch oder wir klinken uns aus. Wir haben uns für das erstere entschlossen, bzw. der entschluss war an sich verhältnismäßig einfach zu fällen oder umzusetzen, weil wir zu einem sehr frühen zeitpunkt hier innerhalb der verwaltung der stadt uns bemüht haben, entsprechende angebote zu machen in bezug auf die mitarbeit in der schulung der verwaltung" (E-Leitung: 35).

Von vornherein stärker den Markt im Blick hatte die Einrichtung D:

„Dass das immer mehr nachgefragt worden ist und dass wir in diesen dingen einen markt gewittert haben, die erwachsenenbildung einfach attraktiver, einfach dem konsumenten, der da war, den man nicht suchen musste, sondern der nachfragte, dem adäquat etwas zu bieten" (D-Leitung: 27).

Eine Politik der kleinen Schritte fährt die Einrichtung B:

„Wir haben eigentlich bei uns in der institution immer die politik gefahren, dass wir gesagt haben, wir gehen mit kleinen schritten voran, und wir versuchen, immer aus unseren erfahrungen heraus, dann erst den nächsten schritt zu tun, also wirklich, wie man so schön sagt: induktiv vorzugehen und nicht deduktiv irgendein konzept oben draufzusetzen und dann zu schauen, funktioniert es oder wollen die leute das überhaupt" (B-Leitung: 23).

Die ausgewählten Einrichtungen haben sich, mit Ausnahme von Einrichtung A, die auch durch landesgesetzliche Rahmenbedingungen bedingt ihr Dienstleistungsangebot kaum ausbauen kann, ihre speziellen Nischen bzw. ihre besonderen Profile unabhängig vom traditionellen Kursangebot geschaffen. So haben sich zum Beispiel die Einrichtungen B und E vor allem mit den Fortbildungen für die Stadt- und Kreisverwaltung profiliert und sich hier ein starkes Standbein erarbeitet. Die Einrichtung C arbeitet im Dienstleistungsbereich mit einer überregional agierenden Organisation zusammen und deckt dort einen großen Teil des Schulungsbedarfs im Bereich Neue Medien ab, außerdem arbeitet sie im Schulungsbereich für Firmen und Stadtverwaltungen. Die Schulung von Firmenpersonal und Maßnahmen für das Arbeitsamt sind Schwerpunkte der Einrichtung D, die in ihrer Region hier eine herausragende Stellung einnimmt. Es kann an dieser Stelle festgehalten werden, dass die Entwicklung eines eigenständigen Dienstleistungsprofils ein Faktor für die aktive Entwicklung im Bereich Neue Medien in den Einrichtungen darstellt bzw. hier ein Wechselspiel festzustellen ist.

Bei allen Einrichtungen fällt auf, dass sie mit neuen Angebotsformen experimentieren bzw. experimentiert haben. Dabei geht es in der Hauptsache zum einen um Selbstlernzentren, zum anderen um internetbasierte Angebote.

Auch wenn die strategische Ausrichtung der ausgewählten Einrichtungen bzgl. der Neuen Medien nicht als besonders ungewöhnlich bezeichnet werden kann, zeigen sich doch zwei Bereiche, die besonders hervorgehoben werden müssen:

– das spezifische Dienstleistungsprofil und
– die Bereitschaft zum Experiment.

Es bleibt festzuhalten, dass diese beiden Bereiche jeweils mehr oder weniger kennzeichnend für alle ausgewählten Einrichtungen sind. Nimmt man die unterschiedliche strukturellen Verfassungen der Einrichtungen, treten diese beiden Ebenen noch stärker als übergreifende Faktoren für im Bereich Neue Medien innovativ agierende Einrichtungen zutage.

5. Anforderungen an eine medienorientierte Organisationsentwicklung

Bei der Gesamtschau der Ergebnisse muss nochmals auf die große Heterogenität der Einrichtungen hingewiesen werden. Das Spektrum reicht von der ehrenamtlich geleiteten Volkshochschule in der ländlichen Region ohne hauptberufliche pädagogische Mitarbeiter/innen bis hin zur großstädtischen Volkshochschule mit über hundert hauptberuflichen pädagogischen Mitarbeiter/innen.

Luhmann weist mit dem Bezug auf die analytische Kategorie der Organisationskultur darauf hin, dass die jeweilige Geschichte einer Organisation das System individualisiert (vgl. 2000, S. 248) und damit die Grenzen der Generalisierbarkeit von empirischen Befunden deutlich wird. Dies verweist darauf, dass bei der Analyse von Organisationen der Blick auf die einzelne

Organisation unter empirischen Gesichtspunkten von großer Bedeutung ist.
Deshalb erfolgte in der vorliegenden Untersuchung auch der Blick auf einzelne Organisationen. Trotzdem lassen sich einige übergreifende Aspekte
formulieren, die für das Verhältnis von Neuen Medien und Organisation in
Weiterbildungseinrichtungen symptomatisch sind.

Die hier vorgestellten Ergebnisse ergeben ein ambivalentes Bild der Beziehung von Neuen Medien und den Einrichtungen. Die große Aufgeschlossenheit und die gute technische Infrastruktur weisen auf der einen Seite in
der Tendenz auf Innovationsbereitschaft bzw. auf die Bereitschaft zur Anpassung auf die von außen an die Einrichtungen herangetragenen Bedarfe hin,
die traditionellen Angebotsformen und das Festhalten an internen Organisationsstrukturen auf der anderen Seite auf eine fehlende grundsätzliche Verän-
derungsbereitschaft, die mit unterschiedlichen Faktoren zusammenhängen
kann, wie z.B.:

– fehlende finanzielle und personelle Ressourcen
– Skepsis gegenüber den Neuen Medien
– fehlende Innovationsbereitschaft bei der Leitung.

Vor allem der letzte Punkt ist einer der zentralen Faktoren, die die Weiterentwicklung von Einrichtungen im Bezug auf die Neuen Medien beeinflussen. Dies haben die Ergebnisse der Auswertung von Experteninterviews gezeigt.

Ingesamt bietet die vorgestellte Untersuchung eine erste Grundlage für
die Analyse der Frage, wie sich die Neuen Medien auf die Organisation von
Weiterbildungseinrichtungen auswirken. In diesem Beitrag konnte es nur
darum gehen, einige ausgewählte Aspekte des Einsatzes Neuer Medien in
Volkshochschulen anhand der empirischen Untersuchung darzustellen und
auf einige Problemfelder hinzuweisen, die es in Zukunft sowohl durch weitere Untersuchungen als auch durch die Entwicklung von Umsetzungskonzep-
ten zu bearbeiten gilt. Folgende Fragestellungen lassen sich hier exemplarisch festhalten:

– Wie kann eine professionsadäquate Betreuung der technischen Infrastruktur gewährleistet werden?
– Welche internen Organisationsstrukturen zur Weiterentwicklung im Bereich Neue Medien werden benötigt?
– Wie können die Neuen Medien stärker für die Organisationsentwicklung
  genutzt werden?
– Wie könnte eine medienorientierte Organisationsentwicklung gestaltet
  sein?
– Wie lässt sich ein gezieltes Innovationsmanagement in den Einrichtungen realisieren?

Diese und weitere Fragen, die sich aus der Analyse der Situation in den
Volkshochschulen ergeben, betreffen nicht nur die Volkshochschulen, sondern sind für alle Weiterbildungseinrichtungen von Relevanz, die in lokalen

und regionalen Kontexten agieren. Für die Zukunft wäre es von großem Interesse, auch andere Trägerbereiche im Hinblick auf das Thema „Neue Medien und Organisation" zu untersuchen, da es bislang in der Breite an einer empirischen Grundlage zur Bearbeitung der genannten Fragestellungen fehlt. Mit der hier vorgestellten Untersuchung ist ein Anfang gemacht.

Betrachtet man vor allem die Ergebnisse der Experteninterviews, lassen sich einige Faktoren herausarbeiten, die sich fördernd auf eine medienorientierte Organisationsentwicklung auswirken. In der Zusammenfassung der Ergebnisse lassen sich einige Eckpunkte aufzeigen, die allgemein für die Entwicklung von medienbezogenen Angeboten von Relevanz sein können.

Die Entwicklung neuer Angebote muss sich zwar immer an den jeweiligen strukturellen Rahmenbedingungen der Einrichtungen orientieren. Doch hat sich in der Untersuchung gezeigt, dass auch kleinere Einrichtungen mit einer geringen personellen Ausstattung in der Lage sind, innovative Angebote auch im Bereich Neue Medien zu gestalten. Die finanziellen und personellen Rahmenbedingungen sind zwar ein wichtiger Faktor bei einer medienorientierten Entwicklung von Weiterbildungseinrichtungen, doch nicht der allein entscheidende. Vielmehr ist es das Zusammenspiel unterschiedlicher Aspekte, die zu berücksichtigen sind, wenn man eine medienorientierte Entwicklung von Weiterbildungseinrichtungen vorantreiben will. Die Organisationskultur ist sicher einer der entscheidenden Faktoren. Die Organisationskultur lässt sich aus verschiedenen Perspektiven beleuchten. Im Folgenden werden einige zentrale Dimensionen aufgezeigt.

Restrukturierung und Organisationsentwicklung

Der Einsatz Neuer Medien führt zu Veränderungen in der Organisation von Weiterbildungseinrichtungen. Zunächst ist davon vor allem der Verwaltungsbereich betroffen, doch hat diese Entwicklung auch Auswirkungen auf den pädagogischen Bereich. Dieses zu erkennen und produktiv in neue Organisationskonzepte umzusetzen ist eine der zentralen Herausforderungen für die Weiterbildungseinrichtungen. Es gilt diese gezielt in Angriff zu nehmen, wie die Untersuchung einzelner Einrichtungen gezeigt hat. Dabei gibt es keine Patentrezepte, sondern jede Einrichtung muss entsprechend ihrer Organisationskultur die Neuen Medien in die Weiterentwicklung der Einrichtung integrieren.

Offenheit und Innovation

Offenheit und Innovationsbereitschaft bei der Leitung von Weiterbildungseinrichtungen sind wichtige Faktoren, wenn es darum geht, medienbezogene Angebote in Angriff zu nehmen. In der Untersuchung hat sich gezeigt, dass dort, wo die Initiative zu neuen Angeboten von der Leitung ausgeht bzw. Initiativen der Mitarbeitenden von der Leitung unterstützt werden, die Entwicklung von neuen Angeboten stärker vorangetrieben wird.

Dazu gehört auch, dass das Experimentieren mit neuen Angebotsformen zu einem wichtigen Element der Einrichtungspolitik wird. Dabei sollte vor allem auch darauf geachtet werden, welche Bedarfe sich von Seiten der Adressat/innen ergeben und welche Anregungen die Kursleitenden, die oft auch aus Arbeitszusammenhängen der Wirtschaft kommen, geben. Die Sensibilität für die Veränderungen des Umfeldes, z.B. neuer Qualifikationsbedarfe, ist ein entscheidender Faktor dabei, aktuelle Trends zu erkennen und für die Einrichtung nutzbar zu machen.

Um ein gezieltes Innovationsmanagement in Sachen Neue Medien zu betreiben, gilt es, in der Institution organisatorische Strukturen zu entwikkeln, wie z.B. Projektgruppen, die programmbereichsübergreifend Ideen, Anregungen und bereits in anderen Einrichtungen gemachte Erfahrungen bündeln und daraus ein strategisches Konzept für die eigene Einrichtung entwickeln.

Experiment und Erprobung

Auch wenn neue medienbasierte Angebotsformen auf weiterbildungspolitischer Ebene gefordert werden und Adressat/innen von Weiterbildungsangeboten den Bedarf nach Online-Angeboten formulieren, ist doch zum Beispiel der Bereich des Telelernens in Weiterbildungskontexten in Deutschland bislang nur unzureichend entwickelt, so dass sich nur bedingt auf gut aufbereitete Praxiserfahrungen zurückgreifen lässt. Deshalb ist jedes Projekt der Angebotsentwicklung von Telelernen nach wie vor ein Pilotprojekt, das Experimentcharakter hat. Darauf sollten sich Weiterbildungsinstitutionen einrichten, wenn sie solche Angebote planen.

Das bedeutet auch, dass nur bedingt auf fertige Konzepte für lokal bzw. regional agierende Weiterbildungseinrichtungen zurückgegriffen werden kann – wenn es hier auch erste Ansätze z.B. im Kontext der Entwicklung des Angebots „Virtuelle Volkshochschule" (www.vhs-virtuell.de) gibt.

Evaluation und Bewertung

Neue Angebotsformen – wie zum Beispiel Online-Angebote – müssen während und nach der Experimentierphase, die auch zur Revision des Ansatzes genutzt werden soll, auf ihre Angemessenheit im Hinblick auf Marktumfeld, den Bedarf bei den Adressant/innen sowie die personellen und finanziellen Ressourcen evaluiert werden. Dazu sollte die jeweilige Projektgruppe in den Einrichtungen die Realisierung des Experiments begleiten und externe Berater/innen hinzugezogen werden.

Dadurch kann gewährleistet werden, dass die Angebote im Hinblick auf sowohl die Kapazitäten und Entwicklungsperspektiven der Weiterbildungseinrichtung (intern) als auch den Vergleich mit anderen Einrichtungen unter der Perspektive des Benchmarking (extern) bewertet werden können.

Wichtig bei der Bewertung der Experimentierphase sind nicht nur die harten wirtschaftlichen Fakten wie z.B. Ausgaben/Einnahmen, sondern auch die Auseinandersetzung mit der Frage, wie sich z.B. das Image der Einrichtungen durch Online-Angebote verändert. In der Studie hat sich gezeigt, dass der Großteil der Einrichtungen einen Imagegewinn durch den Einsatz der Neuen Medien für ihre Einrichtung konstatiert. Darüber hinaus wurde deutlich, dass Einrichtungen, die besonders offensiv im Bereich der Neuen Medien agieren, unter anderem von Firmen und Behörden als auf diesem Feld kompetente Institution wahrgenommen werden und sich dadurch neue Geschäftsfelder im Schulungsbereich eröffnen.

Vernetzung und Kooperation

Medienbezogene Angebote sind oft kostenintensiv. Um trotzdem in diesem Bereich aktiv sein zu können und dadurch auch das Image der Einrichtung zu verbessern, bieten sich Kooperationen mit anderen Weiterbildungseinrichtungen an. Dies kann auf der einen Seite dadurch realisiert werden, dass sich Einrichtungen aus dem gleichen Trägerspektrum zusammentun (z.B. Volkshochschulen im regionalen Kontext) oder auf der anderen Seite dadurch, dass sich übergreifend Weiterbildungseinrichtungen lokal bzw. regional vernetzen und ein gemeinsames Medien-Portal entwickeln und dieses auch gemeinsam vermarkten. Auch wenn besonders die zweite Lösung unter der Konkurrenzperspektive eher dysfunktional erscheinen mag, ist doch darauf hinzuweisen, dass sich durch eine solche Kooperation neue Zielgruppen erreichen lassen, Ressourcen gebündelt werden und der Imageeffekt allen Einrichtungen zugute kommt. Vor allem im Hinblick auf die Verhandlungen mit politischen Entscheidungsträgern (z.B. über Projektfinanzierungen) erscheint ein solcher Weg lohnenswert, dies besonders auch, wenn man die derzeitige Diskussion über „Lernende Regionen" betrachtet.

Professionalisierung und Interdisziplinarität

Bezogen auf den Einsatz Neuer Medien wurden in der Untersuchung unter anderem zwei Problembereiche deutlich: Zum einen fehlt es bislang in der Breite an einer umfassenden Professionalisierung der pädagogisch Verantwortlichen im Bereich Neue Medien, zum anderen konzentrieren sich die Angebote zu dem Themenfeld Neue Medien vor allem auf den Bereich „Arbeit und Beruf".

Da die Entwicklung von Medienangeboten für eine Weiterbildungseinrichtung eine Grundsatzentscheidung darstellt, die Auswirkungen auf die gesamte Organisation hat, entsteht hier nicht nur ein Fortbildungsbedarf für die direkt damit Beschäftigten, sondern für alle Mitarbeiter/innen der Einrichtung, auch im Bereich der Verwaltung. Eine medienorientierte Organisationsentwicklung muss einhergehen mit einer medienorientierten Personalentwicklung.

Da die Entwicklung der technischen Infrastruktur unabhängig von Inhalten realisiert wird und somit potenziell für alle Inhaltsbereiche zur Verfügung gestellt werden kann, sollte in den Weiterbildungseinrichtungen geklärt werden, welche Inhaltsbereiche die technische Infrastruktur nutzen können und sollen. Das bedeutet, dass in medienbezogenen Projektgruppen nicht nur ein thematischer Bereich wie berufliche Bildung oder EDV-Schulung vertreten ist, sondern möglichst das gesamte Spektrum der Einrichtung. Nur so können neue Angebotsformen interdisziplinär entwickelt werden, und dies ist langfristig eine der Voraussetzungen für den Erfolg. Denn eine Einrichtung wird sich erst dann als Online-Anbieter etablieren können, wenn sie ein möglichst breites Spektrum abdeckt.

Zusammenfassende Betrachtungen

Im Rahmen dieses Beitrages konnten nur einige Aspekte des Verhältnisses von Neuen Medien und Organisation präsentiert werden. Die Darstellung des forschungsmethodischen Kontextes sollte den empirischen Ansatz dieser Untersuchung deutlich machen. Die Bezüge der Untersuchung auf die Luhmannsche Systemtheorie konnten hier nur angedeutet werden, doch zeigt sich, dass sein Konzept der „Organisationskultur", das darauf verweist, dass sich jede Organisation durch spezifische Kommunikations-, Entscheidungs- und Reformstrukturen auszeichnet, äußerst hilfreich für die Untersuchung von Weiterbildungseinrichtungen ist. Denn erst durch die Untersuchung einzelner Einrichtungen mit ihren jeweils spezifischen Strukturen lassen sich Konzepte des Umgangs von Organisationen mit den Neuen Medien herausarbeiten.

Auch wenn es Ansätze einer pädagogischen Organisationstheorie gibt (vgl. z.B. Schäffter 1998), bleibt doch festzustellen, dass es bezogen auf die Auseinandersetzung mit den gravierenden Veränderungen durch die Neuen Medien an einer ausgearbeiteten Organisationstheorie fehlt. Dies erweist sich vor allem vor dem Hintergrund als Problem, da die organisatorische Rahmung grundlegend für das pädagogische Handeln ist. Deshalb könnte eine intensivere Auseinandersetzung mit Fragen der institutionellen Organisation von Bildungseinrichtungen im Verhältnis zur Medienentwicklung für die Zukunft auch ein wichtiges Feld für die medienpädagogische Forschung darstellen. Ich hoffe, dass mit der vorliegenden Untersuchung ein kleiner Beitrag dazu geleistet werden konnte, die Sensibilität gegenüber diesen Fragestellungen zu erhöhen.

Literatur

Backhaus, K./Erichson, B./Plinke, W./Weiber, R.: Multivariate Analysemethoden. Eine anwendungsorientierte Einführung. 9., überarb. und erw. Aufl.. Berlin u.a. 2000 [1980].

Beck, U.: Risikogesellschaft. Frankfurt a.M. 1986.

Gross, P.: Die Multioptionsgesellschaft. Frankfurt a.M. 1994.

Lamnek, S.: Qualitative Sozialforschung. Band 2: Methoden und Techniken. 2., überarb. Aufl.. Weinheim 1993.

Luhmann, N.: Organisation und Entscheidung. Opladen/Wiesbaden 2000.

Meiser, T./Humburg, S.: Klassifikationsverfahren. Erdfelder, E. u.a. (Hrsg.): Handbuch Quantitative Methoden. Weinheim 1996, S. 279-290.

Meuser, M./Nagel, U.: Das ExpertInneninterview – Wissenssoziologische Voraussetzungen und methodische Durchführung. In: Friebertshäuser, B./Prengel, A. (Hrsg.): Handbuch Qualitative Forschungsmethoden in der Erziehungswissenschaft. Weinheim/München 1997, S. 481-491.

Pehl, K./Reitz, G.: Volkshochschulstatistik. Arbeitsjahr 1999. Hrsg. vom Deutschen Institut für Erwachsenenbildung. Bielefeld 2000.

Rogers, E. M.: Diffusion of Innovations. 4. Aufl.. New York: The Free Press 1995 (1962).

Rudolf, K.: Telelernen in der Volkshochschule. Hrsg. vom Deutschen Volkshochschul-Verband – Netzwerk Beruf und Weiterbildung. Bonn/Frankfurt a.M. 2001.

Schäffter, O.: Organisation. In: Arnold, R./Nolda, S./Nuissl, E. (Hrsg.): Wörterbuch Erwachsenenpädagogik. Bad Heilbrunn/Obb. 2001, S. 243-246.

Schäffter, O.: Weiterbildung in der Transformationsgesellschaft. Zur Grundlegung einer Theorie der Institutionalisierung. Berlin 1998.

Schnell, R./Hill, P.B./Esser, E.: Methoden der empirischen Sozialforschung. München/Wien 1995.

Schütz, A.: Der gut informierte Bürger. Ein Versuch über die soziale Verteilung des Wissens. In: Schütz, A.: Gesammelte Aufsätze. Band 2: Studien zur soziologischen Theorie. Den Haag 1972, S. 85-101.

Schulze, G.: Die Erlebnisgesellschaft. Kultursoziologie der Gegenwart. Frankfurt a.M./New York 1993.

Schwarzer, B./Krcmar, H.: Wirtschaftsinformatik. Grundzüge der betrieblichen Datenverarbeitung. Reihe: Praxisnahes Wirtschaftsstudium. 2., überarb. und erw. Aufl.. Stuttgart 1999.

Stehr, N.: Die Zerbrechlichkeit moderner Gesellschaften. Die Stagnation der Macht und die Chancen des Individuums. Weilerswist 2000.

Voß, W.: Praktische Statistik mit SPSS. 2., aktual. Aufl.. München/Wien 2000.

Wagemann, M./Stang, R.: Multimedia in der Erwachsenenbildung. Ergebnisse einer Befragung. In: Stang, R./Apel, H./Hagedorn, F. (Hrsg.): Pädagogische Innovation mit Multimedia. Band 3: Konzepte, Analysen, Perspektiven. Frankfurt a.M. 1999, S. 113-125.

Teil IV
Nutzung von Bildungsplattformen

Elke Brenstein und Olaf Kos

Evaluation von Bildungsportalen – Empirische Untersuchungen zur Nutzung des Deutschen Bildungsservers

Die Produktion von Wissen wird immer schneller, und die technischen Möglichkeiten der IKT, Informationen zu vervielfältigen, zu verbreiten und zugänglich zu machen, wachsen ständig. Informationsflut und Wissensexplosion erfordern deshalb einen intelligenten und verantwortungsvollen Umgang mit komplexen und vielfältig vernetzten Wissensinhalten. Der Deutsche Bildungsserver und das Schulweb sind zwei stark frequentierte Internetportale, welche inhaltlich hochwertige und wissenschaftlich strukturierte Informationen zum Thema Bildung anbieten. Obwohl sich die Angebote einer ständig wachsenden Nutzung erfreuen, ist es für die inhaltliche und strukturelle Weiterentwicklung der Angebotspalette wichtig zu wissen, wer die Nutzer sind und wie die Informationen von unterschiedlichen Nutzergruppen angenommen und bewertet werden.

Diese Fragestellungen wurden mit quantitativen und qualitativen Erhebungsmethoden untersucht. Im Folgenden werden exemplarische Ergebnisse von Online-Befragungen und Fokusgruppenuntersuchungen zu inhaltlichen, strukturellen und graphischen Aspekten der Gebrauchstauglichkeit (Usability) dargestellt. Darüber hinaus werden die Teilergebnisse einer Detailauswertung von Logfiledaten eines Jahres präsentiert. Aus den Ergebnissen werden Empfehlungen zur nutzergruppenspezifischen Optimierung der Angebote abgeleitet.

1. Entstehungsgeschichte und Entwicklung des Deutschen Bildungsservers

Die Produktion von Wissen wird immer schneller und die technischen Möglichkeiten der IKT, Informationen zu vervielfältigen, zu verbreiten und zugänglich zu machen, wachsen ständig (Töpfer 2001). Als Folge entsteht eine Informationsflut und Wissensexplosion, die im Hinblick auf ihre inhaltliche Qualität und Systematik die Wissensproduktion der Nutzer eher behindert als fördert. Für den Erfolg und die Akzeptanz der neuen technologischen Entwicklung ist es deshalb wichtig, einen sachgerechten, kreativen und verantwortungsvollen Umgang mit komplexen und vielfältig vernetzten Wissensinhalten zu gewährleisten und zwar auf Seiten der Nutzer und Anbieter gleichermaßen (BLK 1995; Kos 2001).

Der Deutsche Bildungsserver[1] (DBS) und das SchulWeb[2] sind zwei Internetportale, die sich dieser Zielsetzung verpflichtet fühlen und inhaltlich hochwertige, verlässliche und strukturierte Informationen zum Thema Bildung anbieten. Als überregionale Bildungsportale sind sie der zentrale Einstiegspunkt für das In- und Ausland.

DBS und SchulWeb existieren bereits seit 6 Jahren – eine lange Zeit für Bildungsportale.

Der DBS wurde 1996 im Rahmen der Bildungsinitiative „Schulen ans Netz" vom damaligen Bundesminister Rüttgers als Entwicklungsprojekt der Humboldt-Universität Berlin im Rahmen des Deutschen Forschungsnetzes (DFN-Verein) und in Kooperation mit dem Offenen Deutschen Schulnetz (ODS) gefördert. Das DBS-Archiv[3] enthält eine Übersicht zur Entwicklung des DBS in den vergangenen Jahren. Inzwischen beteiligen sich Bund und Länder an diesem Projekt. Die Nachhaltigkeit der Projektentwicklung ist gesichert, denn es ist auf Dauer am Deutschen Institut für Internationale Pädagogische Forschung (DIPF) angesiedelt, einem von Bund und Ländern finanzierten Institut der „Wissenschaftsgemeinschaft Gottfried Wilhelm Leibniz" (WGL).

Der DBS ist ein „Metaserver", d.h. er vermittelt Informationen über bildungsrelevante Inhalte wie Lehr-/Lernmaterialien, Internet-Projekte, virtuelle Lehrmodule, Hinweise auf Fachliteratur, Verweise auf Bildungsinstitutionen, URLs wichtiger Server mit bildungsrelevanten Inhalten, systematische Hinweise auf Diskussionsforen und Mailinglisten, Informationen über Personen im Bildungsbereich u.a.m.

Das SchulWeb ist ein Subportal des DBS, dass sich mit seinem Angebot besonders an Schülerinnen und Schüler wendet und neben schulrelevanten Informationsangeboten insbesondere auch spezielle Kommunikationsdienste wie Chatrooms, Foren und Mailinglisten zur Verfügung stellt. FWU und Humboldt-Universität als Partner des o. g. Kooperationsverbundes zeichnen für dieses Subportal verantwortlich. Wie wichtig fachwissenschaftlich aufbereitete Informationsangebote sind, zeigt ein Blick auf die Zugriffsstatistiken der letzten Jahre:

---

1   http://www.bildungsserver.de
2   http://www.schulweb.de
3   http://www.bildungsserver.de/archiv.html

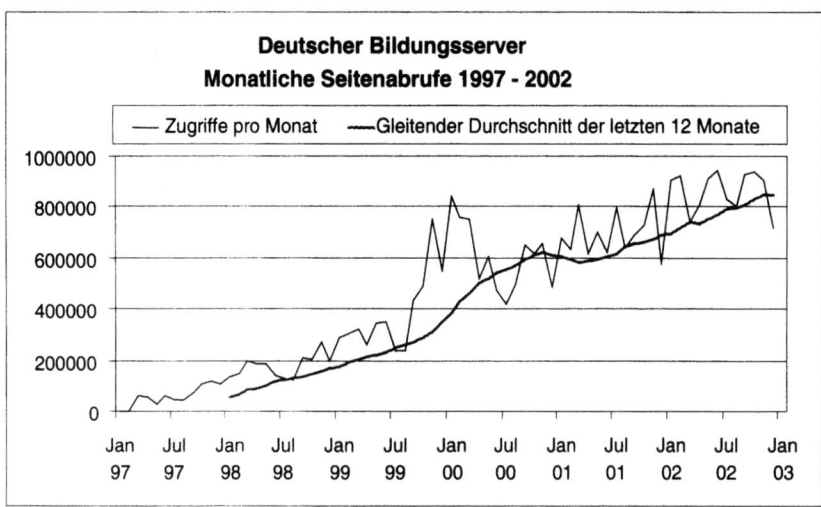

Abb. 1: Zugriffsstatistik Deutscher Bildungsserver

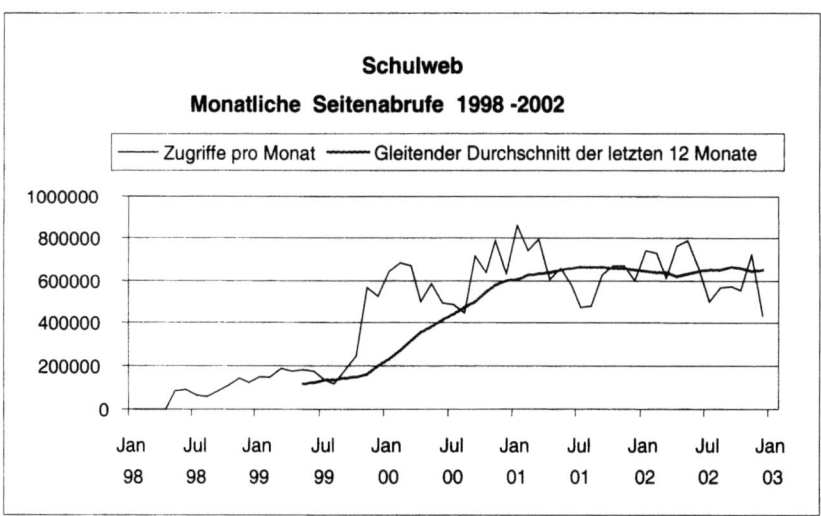

Abb. 2: SchulWeb Zugriffsstatistik

Die jährlich steigenden Nutzerzahlen mit derzeit über 900000 Seitenabrufen und ca. 13000 Sessions im Monat zeigen, dass das Angebot von vielen Nutzern in Anspruch genommen wird. Automatisch generierte Logfile-Statistiken vermitteln eine Reihe von Basisdaten zur Nutzung des Deutschen Bildungsservers. Jedoch ist daraus nicht ersichtlich,

- wer die Benutzer des Deutschen Bildungsservers sind, d.h. wie sich die Nutzerschaft über die in den nutzergruppenspezifischen Angeboten genannten Zielgruppen verteilt,
- mit welchen Zielen sie die Informationsangebote ansteuern und wie sie die Angebote für ihre Zwecke nutzen und
- wie sie die Angebote aus ihrer jeweiligen Perspektive bewerten, d.h. inwieweit sie mit dem, was sie vorfinden oder explizit gesucht haben, zufrieden sind.

2. Zielsetzung und wissenschaftliche Fragestellung der Untersuchung

Für die bedarfsgerechte Planung der weiteren Entwicklung des Informations- und Serviceangebotes des Deutschen Bildungsservers ist es daher wichtig, die spezifischen Bedürfnisstrukturen der verschiedenen Benutzergruppen zu ermitteln und zu erfassen, inwieweit das Angebot des Deutschen Bildungsservers diesen Erwartungen und Bedürfnissen, auch im Vergleich zu den Angeboten von anderen Anbietern auf dem Online Bildungsmarkt, gerecht wird. Wie aus Abb. 3 ersichtlich ist, ergeben sich für eine Nutzerstudie mehrere Arten von Fragestellungen.

Nutzergruppen und Ziele	– Wer sind die Hauptnutzergruppen des DBS? – Wie nutzen sie den Deutschen Bildungsserver? – Welche Interessen/Ziele haben die einzelnen Nutzergruppen?
Inhalte	– Welche Arten von Informationen werden aufgerufen? Von wem? – Wie wird das Informationsangebot bewertet? Was ist gut gemacht, was fehlt?
Design und grafische Gestaltung	– Wie wird das Design (grafische Elemente, Farbgebung) bewertet? – Wie wird das Layout bewertet?
Usability	– Ist das Informationsangebot übersichtlich strukturiert? Entspricht die Aufbereitung den Kriterien der Usability? – Werden die Angebote und Optionen wahrgenommen? – Lassen sich Informationen einfach finden? Gibt es Navigations- oder Orientierungsprobleme?

Abb. 3: Fragestellungen

Diese Fragestellungen wurden mit quantitativen und qualitativen Erhebungsmethoden im Rahmen einer Pilotstudie untersucht. In den nachfolgenden Ausführungen werden Teilergebnisse einer Detailauswertung von Logfiledaten eines Jahres und Befunde zum Navigationsverhalten bei der Bewältigung typischer Aufgaben präsentiert. Darüber hinaus möchten wir exemplarische Ergebnisse einer allgemeinen Online-Befragung und von Fokusgruppenuntersuchungen zu inhaltlichen, strukturellen und graphischen Aspekten der Gebrauchstauglichkeit (Usability) des Deutschen Bildungsservers vorstellen.

3. Methodische Anlage der Untersuchungen

Wie in Abb. 4 dargestellt, stehen für die Beantwortung der Fragestellungen verschiedene Methoden und Datenquellen zur Verfügung. Dabei sind sowohl das Verhalten und die Aussagen und Meinungen von Nutzern als auch Nicht-Nutzern von Interesse.

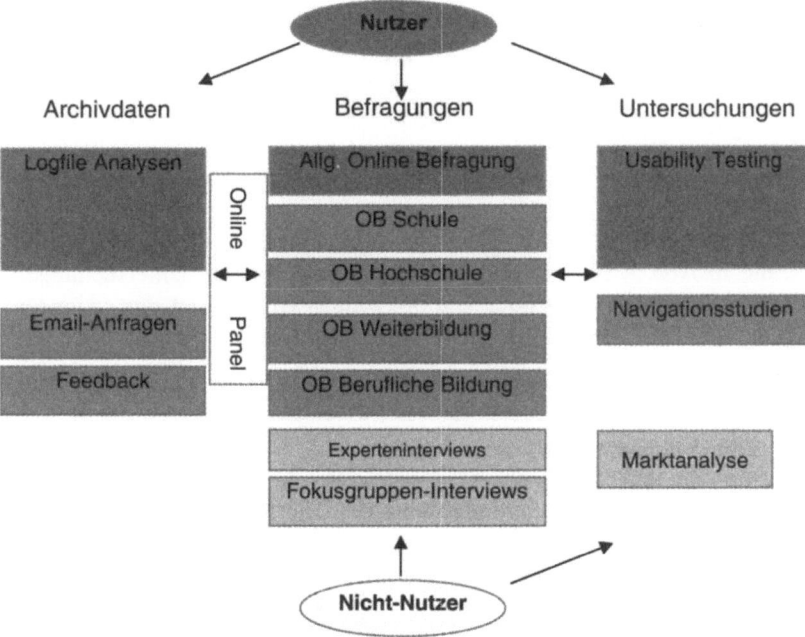

Abb. 4: Methoden-Übersicht

Bereits vorhandene *Archivdaten* (Logfiles, E-mails) ermöglichen es, deskriptive Informationen über Nutzungshäufigkeiten, Nutzungsmuster, Suchmuster und inhaltliche Schwerpunkte zu gewinnen. Dabei wird der Vorteil der sofortigen Verfügbarkeit der Daten durch den erheblichen Arbeitsaufwand bei der Verarbeitung, Interpretation und inhaltsanalytischen Auswertung dieser Datenquellen aufgewogen.

Allgemeine *Befragungen* von Nutzern und Nicht-Nutzern, welche als Online Befragung, postalische oder persönliche Befragung realisiert werden können, vermitteln wichtige Basisinformationen. Daraufhin können nutzergruppenspezifische Sichtweisen und Themenschwerpunkte in spezifischen Befragungen mit repräsentativen Nutzergruppen identifiziert werden. Die so ermittelten Probleme und Fragestellungen können in Detailbefragungen mit einzelnen Nutzergruppen und Experten genauer erkundet und präzisiert werden. Wichtig ist, dass die Befunde von detaillierten quantitativen und qualitativen Umfragen wiederum anhand von ausreichend großen, repräsentativen Stichproben validiert werden, um die Allgemeingültigkeit der Befunde zu gewährleisten.

Weiterhin können *Einzeluntersuchungen* mit Inhalts- oder Usabilityexperten, zusätzlich zu den Befragungsdaten, wertvolle Hinweise zur Gebrauchstauglichkeit der Angebote liefern. Diese können durch Navigationsstudien ergänzt werden, um typische Nutzungsmuster und Pfade zu identifizieren und Navigationsprobleme aufzudecken.

Schließlich ist es wichtig, anhand einer *Marktanalyse*, die Angebote des Deutschen Bildungsservers/Schulweb im größeren Kontext von Online-Bildungsportalen zu verorten und zu bewerten. Es muss systematisch ermittelt werden, welche Angebote auch von anderen abgedeckt werden und in welcher Form? Welche Standards werden dabei gesetzt? Welche Wettbewerbsvorteile und Potentiale bietet das eigene Angebot? Welche „Nischenangebote" sollten weiter entwickelt werden?

Die vorliegenden Ergebnisse beziehen sich auf den ersten Teil der Analysen, die in Abb. 4 dunkel gekennzeichnet sind. Weitere Untersuchungen werden derzeit durchgeführt oder sind in Planung. Die hell gekennzeichneten Methodenbausteine, werden in einer Anschlussstudie mit einem externen Partner realisiert werden.

3.1 Logfile-Analysen

Logfile-Daten werden meist automatisch aufbereitet und anhand einer grafischen und tabellarischen Zusammenfassung zur Verfügung gestellt. Logfile-Daten werden in erster Linie dazu verwendet, den „Verkehr" auf einer Website durch Seitenaufrufe zu messen. Dies ist jedoch eine sehr ungenaue „Wissenschaft", da Websites nicht nur von Menschen, sondern auch von Robotern angesteuert werden. Automatische Programme filtern einen Großteil der Roboterzugriffe heraus, doch meist bleiben einige Roboter unerkannt. Auch ist es schwierig, die Anzahl und Herkunft der Besucher genau zu bestimmen, da dynamische Internetadressen oder Firewalls dies verhindern (es sei denn, es werden Cookies verwendet). Darüber hinaus ist nicht bekannt, welche Ziele der Besucher hat. Die Logdatei verrät, was der Besucher tut, aber nicht warum.

So lassen sich von dem Navigationsverhalten, welches anhand der Logfiles dokumentiert ist, nur schwer eindeutige Interpretationen ableiten: zum Beispiel kann die Logdatei zeigen, dass Besucher sich viele Seiten nacheinander angeschaut haben. Eine mögliche Interpretation ist, dass die Webseiten so gut sind, dass die Besucher animiert wurden, auch die anderen Seiten zu betrachten. Es kann aber auch sein, dass die Besucher auf der Suche nach wichtigen Informationen waren, diese nicht einfach finden konnten und daher die Seiten systematisch durchsucht haben. Wenn Besucher sich nur kurz auf einer Seite aufhalten, lässt dies einerseits den Schluss zu, dass die Seite wenig attraktiv ist und verbessert werden sollte. Möglicherweise, war die Navigation jedoch auch so gut, dass die Nutzer sofort zur gesuchten Thematik gefunden haben.

Während zusammenfassende Statistiken eine Reihe von verwertbaren Informationen liefern, lassen sich interessante Fragen erst anhand von tiefergehenden Analysen klären:

- Welche Bereiche werden am meisten genutzt?
- Wo verweilen die Besucher am längsten?
- Welche typischen Wege nehmen Sie dabei durch das Web-Angebot?
- Auf welche Seiten/Unterseiten verweisen die meisten Links?
- Von welchen anderen Seiten kommen die Nutzer?
- Über welche Begriffe ergeben sich Suchmaschinen-Treffer?
- Kommen Besucher per „Bookmark" bzw. „Favoriten"?

Letzteres kann ein Hinweise auf wichtige Bereiche sein, deren weiterer Ausbau lohnenswert wäre.

Für die Vorstudie wurden zwei verschiedene Software-Werkzeuge eingesetzt, um sowohl aussagekräftige Zusammenfassungen darzustellen, als auch Detailanalysen programmieren zu können.

Software

Zur Erstellung detaillierter Gesamtberichte wurde die Logfileanalyse-Software „Summary[4]" als kostenlose Probeversion verwendet. Um die Daten eines ganzen Jahres in einem Durchlauf verarbeiten zu können, musste ein Server ausschließlich für diesen Zweck bereitgestellt werden. Anschließend wurden benutzerdefinierte Analysen mit „Analog[5]" realisiert. Analog ermöglicht das Editieren der Konfigurationsdatei, welche die Ausführung der Logfile-Analysen steuert. Dafür wurde ein Custom Tool zu Hilfe genommen, welches die Programmierung spezifischer Analysen vereinfacht (Berendt/Brenstein 2001).

Datenbasis

Es wurden insgesamt 10.762.385 Logfile-Einträge analysiert. Dabei handelt es sich um die gesamten Server-Logdateien des Jahres 2001. Da viele der Logeinträge keine DNS Identifikation hatten, wurde vor den weiteren Analy-

---

4   http://www.summary.net
5   http://www.analog.cx

sen zunächst eine DNS Aufklärung durchgeführt. Danach konnten 5000 mehr „.net" Domains, 2500 mehr „.de" Domains, 2000 mehr „.at" Domains und insgesamt 13% mehr Zugriffe und 25% mehr IP Adressen aufgeklärt werden und bei den weiterführenden Analysen berücksichtigt werden.

3.2 Online Befragungen

Instrumente

Die Online-Umfrage[6] wurde mit dem „RogEditor" der Firma Rogator[7] erstellt und mit dem RogManager im Internet administriert. Mit dem „RogEditor-Tool" können verschiedene Fragetypen und Filtersprünge definiert werden und das Layout der Umfrage mit animierten Buttons und einem Fortschrittsbalken gestaltet werden. Jede Frage erscheint auf einer eigenen Webseite. Der Übergang zur nächsten Seite kann automatisch oder per Weiter-Button realisiert werden.

Die fertiggestellte Umfrage wurde über eine Browser Schnittstelle mit dem RogManager auf den Server der Fa. Rogator übertragen und von dort aus administriert. Der RogManager ermöglicht dynamische Projektkontrolle durch detaillierte Informationen zu Teilnahme- und Abbruchraten sowie Echtzeit-Überwachung der Umfrageergebnisse anhand von gesamt- und fragenspezifischen Statistiken.

Fragebogen

Der Fragebogen bestand aus 15 Fragen zu folgenden Themenkomplexen: Nutzung des Deutschen Bildungsservers, Bewertung des Angebotes, Fragen zur eigenen Person und zur Umfrage. Im Fragebogen wurden folgende Fragetypen variiert: Einfach- oder Mehrfachauswahl (teils mit Eingabefeld für Sonstiges), Matrixformat, Schieber und Texteingabe.

Teilnehmer

Die Teilnehmer an dieser ersten allgemeinen Nutzerbefragung waren 823 Nutzer, die in dem Zeitraum vom 15.2. bis 8.4 2002 einen Link auf der Homepage des Deutschen Bildungsservers zur „Online Nutzerbefragung" angeklickt haben. Die Befragungsdauer betrug 52 Tage. Von den 823 Umfragekontakten haben 58% (N= 474) den Fragebogen beendet. Bei den selbstrekrutierten DBS Nutzern lag die Komplettierungsrate bei 78% und war somit wesentlich höher als die Komplettierungsrate der Fragebogenteilnehmer, die explizit durch persönlichen Kontakt oder einen Aufruf auf einer Mailingliste rekrutiert wurden. Die meisten Abbrüche fanden gleich bei der

---

6   www.bildungsserver.de/dbsumfrage.html
7   www.rogator.de

ersten Frage statt (46%). Auf die Fragen nach dem spontanen Eindruck und nach der Nutzungsart entfielen jeweils 14% bzw. 10% der Abbrüche. Es kann davon ausgegangen werden, dass Teilnehmer, welche den DBS noch nicht genutzt hatten, keine Veranlassung gesehen haben, weitere Fragen zu beantworten. Dies wird auch aus den Kommentaren anderer Nutzer deutlich, die nur Fragen zu ihrer Person beantwortet haben und angemerkt haben, dass sie die Website nicht genügend kennen, um die anderen Fragen zu beantworten.

Bei den weiteren Fragen (auch den Fragen zu Bewertungskriterien von Websites im allgemeinen und dem Deutschen Bildungsserver im besonderen mit komplexem Format), gab es keine wesentlichen Abbruchquoten, was allgemein Akzeptanz für den Fragebogen signalisiert.

3.3 Usability-Untersuchungen

„Web-Usability beschäftigt sich damit, wie Webseiten gestaltet werden müssen, um für Menschen möglichst angenehm benutzbar zu sein. Der Erfolg einer Website lässt sich vereinfacht durch die folgende Formel ausdrücken: Erfolg = Angebot * Benutzbarkeit" [8]

Usability-Untersuchungen bieten eine Reihe von Vorteilen gegenüber Logfile-Analysen und allgemeinen Befragungen, denn sie ermöglichen es, die Qualität einer Website direkt anhand von Testpersonen zu überprüfen[9]. Somit können Probleme nicht nur erfasst, sondern auch präzisiert werden, da die geäußerten Meinungen von den Testpersonen erläutert und von dem Usability-Tester weiter hinterfragt werden können. Auch können Alternativen diskutiert und getestet werden (Nielsen/Mack 1994; Nielsen 2001; Manhartsberger/Musil 2002).

Stichprobe

Bei den Probanden handelte es sich um 27 Lernende am Institut für Information und Dokumentation in Potsdam, 48 Schüler der 11. Kl. eines Potsdamer Gymnasiums und 26 Studenten der Erziehungswissenschaften der Humboldt-Universität zu Berlin.

Vorgehen

Webusability-Tests bestehen meist aus zwei Komponenten: zunächst wird das Angebot in seiner Gesamtheit oder in Teilen bewertet, dann werden Tester gebeten, typische Aufgaben auszuführen und dabei ihre Gedanken zu äußern und ihre Handlungen zu kommentieren. Die Interaktion mit der Website wird gefilmt. Anhand der videographierten Verhaltens- und „Denk-

---

8   http://www.gssi.de/leistungen/usability/wasistusability.html
9   http://www.useit.com/papers/heuristic

Laut"-Protokolle können dann mögliche Probleme bei der Interaktion mit der Website, ihren Inhalten und Funktionalitäten identifiziert und im Detail analysiert werden. Da solche Einzeluntersuchungen sehr aufwändig sind, wurde das Vorgehen für unsere Untersuchungen dahingehend abgewandelt, dass Probanden ihre Gedanken und Kommentare nicht nur geäußert, sondern auch auf strukturierten Protokollblättern notiert haben.

In allen drei Gruppen sollten die Probanden zunächst einen ersten Eindruck von der Website gewinnen und äußern, was ihnen beim ersten Betrachten der Startseite der Website spontan durch den Kopf geht. Anschließend sollten sie äußern, welche Informationen sie hinter den einzelnen Elementen auf der Homepage vermuten. Die Ergebnisse dieser ersten Betrachtung wurden in Kleingruppen von 2-5 Leuten diskutiert und protokolliert. In einem zweiten Schritt wurden typische Aufgaben (Suchen, Browsen, Eintragen) ausgeführt. Die konkreten Aufgabenstellungen wurden je nach Nutzergruppe variiert.

Nutzer wurden angehalten, während der Bearbeitung der Aufgaben laut zu denken und ihre Handlungen zu kommentieren. Bei der Bearbeitung sollten die Aspekte „Inhalt, Design, Benutzerführung und Funktionalität" spezifisch berücksichtigt werden. Die Navigationspfade wurden in den Logfiles in Form von „Visits" aufgezeichnet. Nach der detaillierten Beschäftigung mit den Portalangeboten wurden die Ergebnisse der Einzelbeobachtungen und Kleingruppendiskussionen in einer moderierten Diskussion im Plenum zusammengetragen und noch einmal abschließend reflektiert. Die Komponenten der Befragung wurden auf die zur Verfügung stehende Gesamtzeit (2-4 Unterrichtsstunden) abgestimmt. Das gesamte Vorgehen wurde vor der Durchführung mit Studierenden erprobt.

4. Ausgewählte Ergebnisse

4.1 Wer sind die Nutzer des Deutschen Bildungsservers?

Ein zentrales Ziel der Online-Befragung war es, einen Anhaltspunkt dafür zu bekommen, wie sich die Nutzerschaft des Deutschen Bildungsservers zusammensetzt. Daher wurden zum einen Basisdaten zu demografischen Merkmalen erhoben. Zum anderen wurde die Nutzergruppenzugehörigkeit erfasst. Die Ergebnisse vermitteln einen ersten Einblick, wer den Deutschen Bildungsserver regelmäßig nutzt, können aber aufgrund der unsystematischen Rekrutierung nicht verallgemeinert werden.

Demografische Daten

Die Befragungsteilnehmer waren zu 50% männlich, zu 47% weiblich, 3% machten keine Angabe. 21% der Befragten waren unter 29 Jahre alt, 49% mittleren Alters (30-49) und 29% 50 Jahre und älter. Es ist anzunehmen, dass diese Verteilung nicht der typischen Altersverteilung der DBS Nutzer entspricht. In dieser Stichprobe sind Schüler durch systematische Rekrutierung überrepräsentiert. Während der Fokusgruppeninterviews äußerten viele der Schüler, dass sie das Angebot weniger ansprechend finden und daher eher das Angebot des Schulweb nutzen.

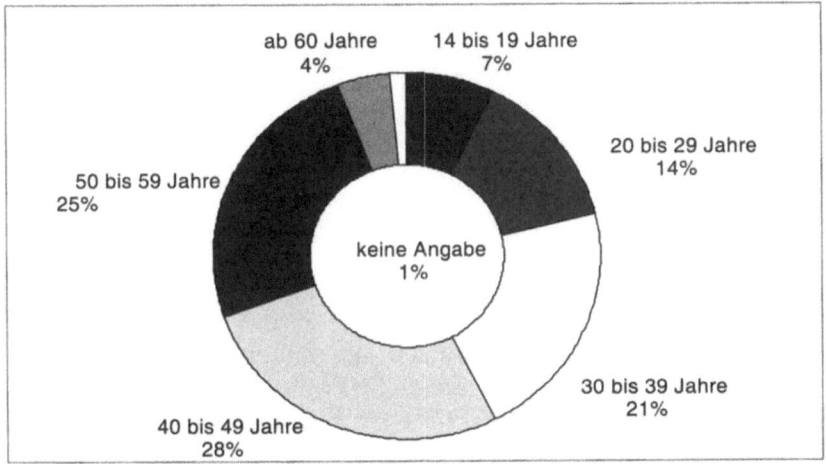

Abb. 5: Altersgruppen

Im Fragebogen wurde auch die Herkunft nach Bundesländern und anderen deutschsprachigen Ländern, EU-Ländern, USA und sonstigen Ländern ermittelt. Die Verteilungen sind jedoch wegen der systematischen Rekrutierung nur bedingt aussagekräftig und daher hier nicht dargestellt. Interessant ist jedoch, dass Besucher aus dem In- und Ausland repräsentiert waren. Innerhalb Deutschlands waren die bevölkerungsstarken Länder stärker vertreten.

Die zentrale Frage nach der Nutzergruppenzugehörigkeit wurde anhand der Nutzergruppenkategorien, welche unter „Angebote für" in der Zentralnavigation des Deutschen Bildungsservers aufgelistet sind, beantwortet. Es wurde auch ein Textfeld für „Sonstiges" zur Verfügung gestellt, welches von 25% der Teilnehmer genutzt wurde.

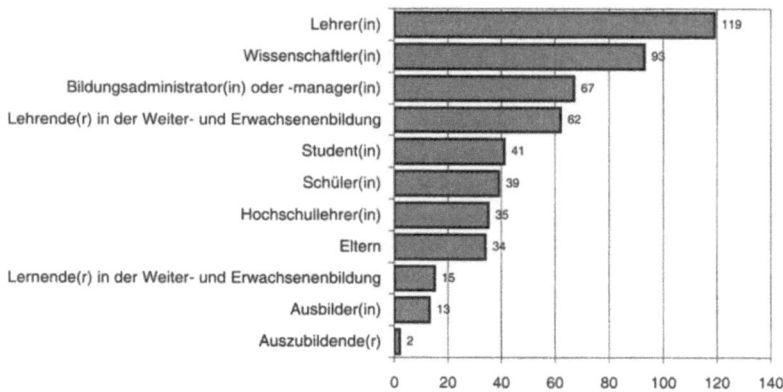

Abb. 6: Nutzergruppen

Die Ergebnisse (Abb. 6) zeigen deutlich, dass unter den Nutzern Lehrer- und Lehrerinnen die stärkste Gruppe bilden. Des weiteren werden die Angebote des DBS regelmäßig von Wissenschaftlern, Lehrenden in der Erwachsenen- und Weiterbildung sowie von Bildungsadministratoren genutzt. Unter den regelmäßigen Nutzern waren Studenten, Hochschullehrer und Schüler nur schwach, Schüler, Ausbilder, Lernende kaum und Auszubildende gar nicht vertreten.[10]

Obwohl von der Gruppe der Befragungsteilnehmer nicht auf die Gesamtnutzerschaft des DBS geschlossen werden kann, finden sich hier erste Hinweise, dass einige Nutzergruppen unterrepräsentiert zu sein scheinen. Auf der anderen Seite, wurde aus den Einträgen unter „Sonstiges" deutlich, dass es Berufsgruppen gibt, die im DBS-Nutzergruppenprofil nicht vertreten sind. Zum Beispiel die Gruppe der Informations- und Kommunikationsdienstleister, Nutzer aus dem ABD-Bereich (Archivare, Bibliothekare, Dokumentare) sowie Journalisten und Fachreferenten. Hinzu kommen auch Vertreter von Verbänden, Verwaltung und Wirtschaft sowie Personen aus Hochschule und Wissenschaft, die nicht Wissenschaftler oder Hochschullehrer sind. Bei zukünftigen Befragungen sollten Antwortoptionen für einige dieser Gruppen vorgegeben sein.

---

10   Die Verteilung von Erst- und Mehrfachnutzern unterscheidet sich, außer bei Lehrer-Innen, in den meisten Gruppen nur schwach. Die Ausnahme bilden Gruppen, bei denen eine systematische Rekrutierung stattgefunden hat (z.b. Bibliothekare, die einem Aufruf auf einer Mailingliste gefolgt waren, sowie Schüler u. Lernende in der Weiterbildung, die an Usability-Untersuchungen teilgenommen haben.

4.2 Wie wird der Deutsche Bildungsserver genutzt?

Erst- und Mehrfachnutzer

Am Anfang des Fragebogens wurde erhoben, ob die Teilnehmer *Erst- oder Mehrfach-nutzer* waren, um auch bei den Antworten auf spätere Fragen differenzieren zu können. Wie aus Abb. 7 ersichtlich ist, waren ca. ein Drittel der Teilnehmer zum ersten Mal auf dem Deutschen Bildungsserver. Von den Mehrfachnutzern gaben 45% an, den DBS mindestens einmal pro Woche zu nutzen, 27% nutzten das Angebot einmal pro Monat und 27% gaben an, den DBS seltener zu nutzen. Somit gaben ca. drei Viertel der Nutzer an, die Angebote des DBS einmal im Monat oder häufiger zu nutzen.

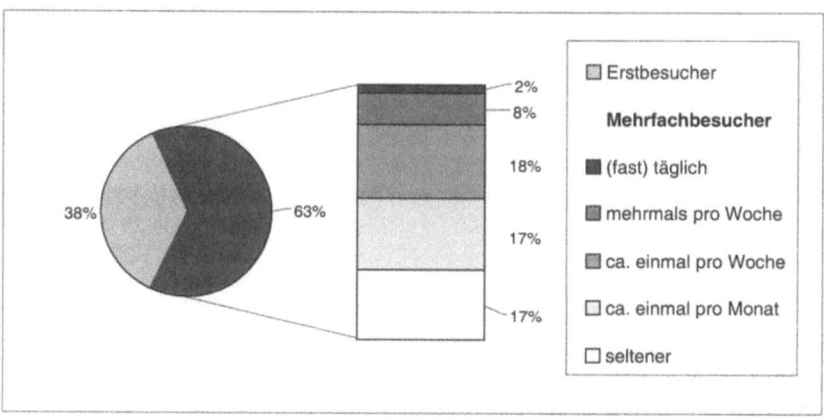

Abb. 7: Nutzergruppen

Die Teilnehmer wurden auch gefragt, wie sie auf den Deutschen Bildungsserver aufmerksam geworden waren (Abb 8). Dabei gaben sowohl Umfrageteilnehmer, die zum ersten Mal auf dem DBS waren, als auch regelmäßige Nutzer an, durch einen Link oder über Kollegen und Bekannte aufmerksam geworden zu sein (da viele der Teilnehmer durch direkten persönlichen Kontakt zur Umfrage gelangt sind, ist der Anteil der Erstnutzer in dieser Kategorie vergleichsweise hoch).

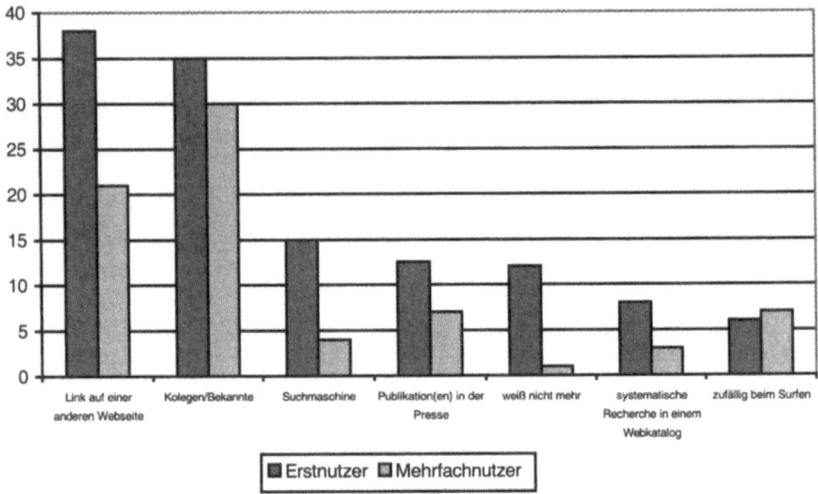

Abb. 8: Wie sind Sie auf den Deutschen Bildungsserver aufmerksam
geworden?

Nutzungshäufigkeit nach Monaten, Tagen und Stunden

Die Nutzung des Deutschen Bildungsservers *ohne Roboteraktivität* war relativ konstant im Jahresverlauf 2001, mit Ausnahme der Sommermonate und
der Zeit um Weihnachten und Neujahr. Im Wochenverlauf gab es erwartungsgemäß Schwankungen zwischen der Nutzung während der Woche und
am Wochenende (Abb. 9). Bemerkenswert ist jedoch, dass die Nutzung
sonntags relativ hoch war. Somit scheint die Beschäftigung mit Bildungs-
themen auch in der Freizeit von Interesse zu sein. Da es beim DBS kein
Login gibt, ist es derzeit leider nicht möglich, nutzergruppenspezifische Besuche zu identifizieren. Schließlich ergab die Analyse des Nutzungsverlaufs
nach Stunden, dass die Hauptnutzungszeit zwischen 10 und 18 Uhr liegt, mit
der stärksten Nutzung während der Nachmittagsstunden zwischen 14 und 16
Uhr.

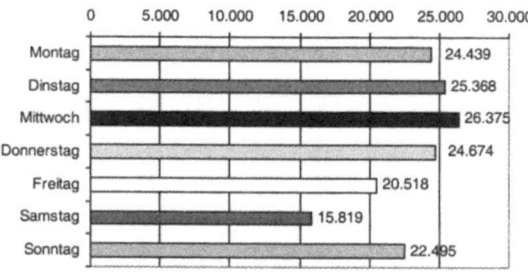

Abb. 9: Seitenabrufe nach Tagen

Browserverteilung und Betriebssysteme

Während vor einigen Jahren Netscape der meistgenutzte Browser der DBS-Nutzer war, nutzten im Jahre 2001 nur noch 17% Netscape, während 44% (auch ältere) Versionen des Internet Explorers verwendeten. Bei den Betriebssystemen nahm Windows mit 74% den führenden Platz ein. Macintosh-Nutzer, die in anderen Ländern im Bildungsbereich stark vertreten sind, machten nur 2% der Nutzer aus.

Verweise von anderen Seiten auf den DBS

Die meisten Zugriffe (78%) auf DBS Seiten erfolgten von anderen DBS Seiten. Das deutet darauf hin, dass Nutzer den DBS u.a. zum thematischen Browsen verwenden. Bei den Zugriffen von außen nahm im Jahre 2001 die Suchmaschine Google den ersten Platz ein. Um die zahlreichen Zugriffe von außen zusammenfassen zu können, wurden die Listen mit den URLs, von denen aus ein Zugriff auf DBS Seiten erfolgt war (referrer), analysiert und kategorisiert. Die korrespondierenden Websites wurden in die Bereiche „Schule", „Suchmaschinen", „Lernen im Netz", „andere Bildungsserver", „Forschung" und „Internet Service Provider" eingeteilt. Die Zugriffe von diesen Sites sind in Abb. 10 im Jahresverlauf dargestellt. Der Großteil der Zugriffe erfolgte demnach von Websites aus dem Bereich Schule. Von einigen Schwankungen abgesehen, war die Verteilung innerhalb einer Kategorie über das Jahr stabil.

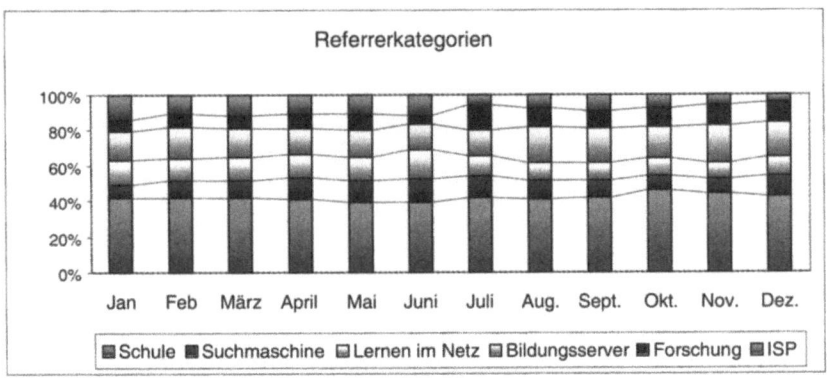

Abb. 10: Trendanalyse der Referrerkategorien

3. Welche Informationen suchen die Nutzer?

Im Online-Fragebogen wurden die Teilnehmer mit einem offenen Antwort-
format gefragt, wozu sie den Deutschen Bildungsserver in erster Linie nutzen. Es ergaben sich 637 auswertbare Aussagen (in vielen Fällen mehr als eine Aussage pro Person). Erwartungsgemäß nannten die Nutzer am häufigsten
als *Zweck* ihres Besuches „allgemeine Informationssuche" oder „gezielte Recherche" sowie „Unterrichtsvorbereitung". Dabei gaben mehrere an, spezifisch nach Neuigkeiten und aktuellen Themen zu suchen. Viele erwähnten
auch, welche *Arten von Informationen* sie im allgemeinen suchen (Referate,
Termine, Institutionen) oder zu welchen *Themen* sie meist recherchieren
(Physik, e-Learning, etc.).

Diese Daten geben jedoch nur unvollständig darüber Auskunft, welche
Informationen die Nutzer *insgesamt* suchen. Um ein genaueres Bild über die
Informationsrecherchen auf dem Deutschen Bildungsserver zu bekommen,
wurden daher aus den Logfiles die Suchanfragen aller Nutzer, die im Zeitraum von 19.10.2001 bis zum 17.4.2002 registriert wurden, inhaltsanalytisch
ausgewertet. Die Suchanfragen lagen als Suchworte (Lebenslang, Lernen)
und Suchphrasen („Lebenslanges Lernen") nach Häufigkeit sortiert vor. Für
die Auswertung wurden die Suchphrasen verwendet, welche mit einer Häufigkeit >10 vorkamen. Dabei handelte es sich in 98% der Fälle um Einzel-
worte. (Zwei- und Mehrwort Phrasen waren häufiger bei den Suchphrasen
mit geringer Häufigkeit). Insgesamt wurden 2711 Suchphrasen kategorisiert.

Wie die Abbildung der Hauptkategorien zeigt (Abb. 11), wird am häufigsten nach Unterrichtsmaterialien (Bildungsinhalte 52%) recherchiert. Dabei
sind sozial- und humanwissenschaftliche Themen (77%) stärker nachgefragt als
naturwissenschaftliche Themen (33%). Die Suchanfragen wurden auf mehreren

Ebenen kategorisiert. Im Bereich Schule gab es Anfragen allgemeiner Art wie „Schulprofil", „Schuluniform", Anfragen zum Unterthema „Schüler", welche sich wiederum untergliedern ließen in Anfragen zur Schullaufbahn („Schulanfang", „Schulreife"), zu Problemen und Konflikten („Gewalt an Schulen", „Außenseiter"), Klassenfahrten und Schüleraustausch sowie spezifische Schüleraktivitäten wie „Schultheater" oder „Schülerzeitung" (Abb. 12).

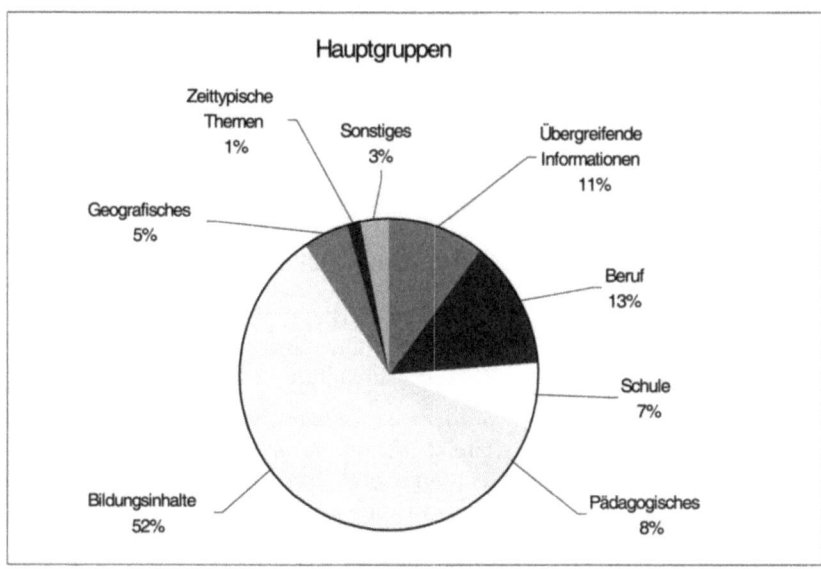

Abb. 11: Suchwortkategorien

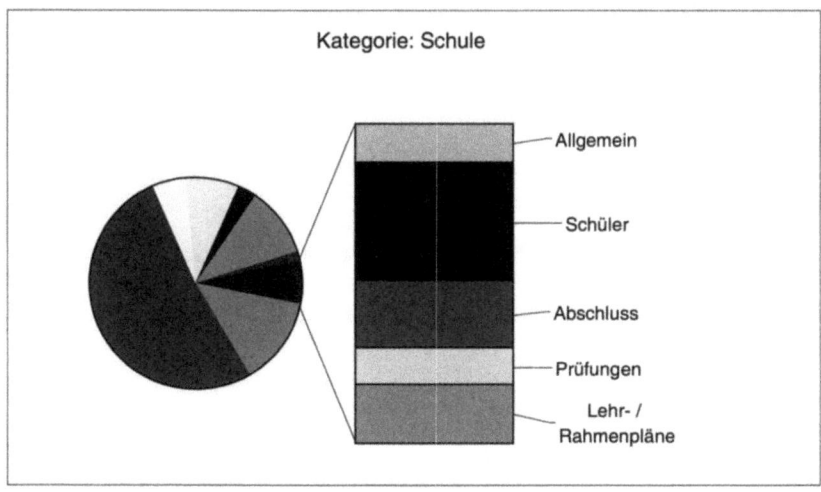

Abb. 12: Unterthemen bei der Suche zum Thema Schule

Schließlich wurde auch untersucht, auf welchen Seiten sich die Nutzer am häufigsten aufhalten. Hier nur eine kurze Zusammenstellung der Seiten, die im Untersuchungszeitraum am häufigsten frequentiert wurden.

- Angebote für Lehrerinnen und Lehrer
  http://www.bildungsserver.de/zeigen.html?seite=5
- Ergebnisse der PISA-Studie
  http://www.bildungsserver.de/zeigen.html?seite=940
- Schule
  http://www.bildungsserver.de/zeigen.html?seite=136
- Unterricht
  http://www.bildungsserver.de/zeigen.html?seite=634
- Hochschulstatistik
  http://www.bildungsserver.de/zeigen.html?seite=305
- Beratung und Service
  http://www.bildungsserver.de/zeigen.html?seite=129
- Jobbörse
  http://www.bildungsserver.de/db/stellenliste.html
- Materialien für Schule, Studium und Forschung
  http://www.bildungsserver.de/materialien.html

Auch hier wird deutlich, dass die meisten Nutzer Seiten aufsuchen, welche direkt oder indirekt mit dem Bereich Schule zusammenhängen. Jedoch bestand auch reges Interesse an Beratungs- und Serviceangeboten wie der Jobbörse. Auch hier wäre es von großem Interesse zu wissen, welche Nutzergruppen sich für welche Seiten interessieren. Doch dies wird erst möglich sein, wenn sich Besucher als Nutzer registrieren. Daher soll ein Profildienst eingerichtet werden, damit Nutzer regelmäßig über neue Einträge in ihrem Fachgebiet oder anderen spezifischen Interessenbereichen informiert werden können. In der Befragung äußerten zwei Drittel der Nutzer Interesse daran, einen solchen Dienst in Anspruch zu nehmen.

4. Wie bewerten unsere Nutzer das Angebot des DBS?

Bei der Frage „Was ist Ihr spontaner Eindruck vom Deutschen Bildungsserver?" fiel die globale Bewertung des Deutschen Bildungsservers im allgemeinen positiv aus, sowohl bei neuen Besuchern als auch regelmäßigen Nutzern (Abb. 13).

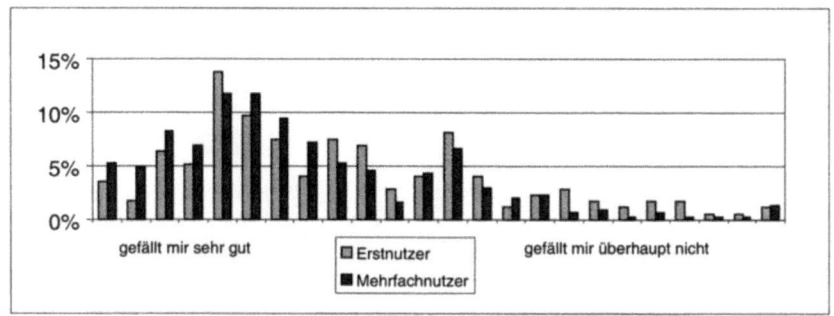

Abb. 13: Globale Bewertung des Deutschen Bildungsservers

Des weiteren wurde erhoben, wie stark einzelne Kriterien wie „Ladezeit", „Aktualität", „Benutzerführung", „Inhalt" und „Layout & Design" bei der Beurteilung eines Webangebotes ins Gewicht fallen (Abb. 14). Dabei ergab sich, dass das äußere Erscheinungsbild nur von wenigen für sehr wichtig gehalten wird. Dagegen wurde von über 90% der Teilnehmer dem Inhalt große Bedeutung beigemessen. Auch Benutzerführung und Aktualität wurden von den meisten Teilnehmern für sehr wichtig oder wichtig befunden. Ladezeiten wurden dagegen als weniger wichtig eingestuft.

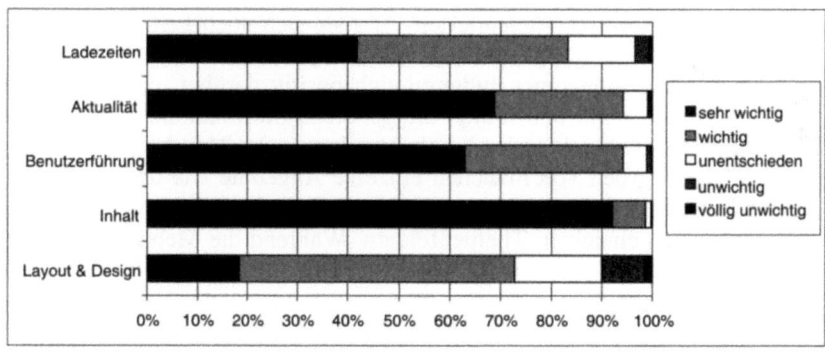

Abb. 14: Kriterien zur Webseitenbewertung

Bei der Bewertung des DBS anhand der o.g. Kriterien, wurde der Inhalt von über zwei Dritteln der Teilnehmer als sehr gut oder gut eingestuft (Abb. 15). Auch Ladezeiten, Aktualität, Benutzerführung und Layout & Design werden von über der Hälfte der Teilnehmer für sehr gut oder gut befunden. Wenn die Bewertung „OK" mit einbezogen wird, sind über 80% der Teilnehmer zufrieden mit dem DBS-Angebot. Nur wenige vergaben die Noten „schlecht" und „sehr schlecht". Dabei wurde am häufigsten die Benutzerführung und die Ladezeiten als unzureichend bewertet. Einige der Erstnutzer, die den Fragebogen dennoch ausgefüllt haben, kreuzten bei dieser Frage „Weiß nicht" an. Am häufigsten wurde angegeben, dass die Aktualität nicht bewertet werden kann.

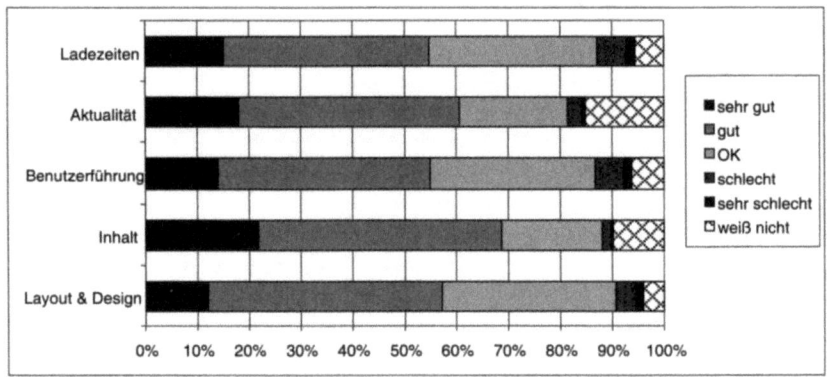

Abb. 15: Bewertung des Deutschen Bildungsservers

Nachdem die Nutzer den Deutschen Bildungsserver anhand der o.g. Kriterien bewertet hatten, hatten sie in einer offenen Frage die Möglichkeit zu präzisieren, was sie am DBS „gut finden" bzw. „weniger gut finden". Dabei wurden insgesamt mehr positive (224) als negative (139) Kommentare abgegeben. Die meisten Erstnutzer kommentierten, dass sie sich noch kein Urteil erlauben könnten.

Viele Umfrageteilnehmer äußerten sich positiv darüber, dass es so ein Angebot überhaupt gibt und lobten die gebotene Informationsvielfalt und – fülle. Besonders die Qualität der *Inhalte* wurde von der Mehrheit explizit gepriesen. Dabei wurden von manchen einzelne Angebote wie der Newsletter oder die Datenbanken hervorgehoben. Es gab jedoch auch konkrete Ergänzungswünsche zu einzelnen Themenfeldern. Während die Mehrheit der Nutzer fand, dass die Informationen übersichtlich und gut strukturiert dargeboten werden, gab es auch einige Klagen über zuviel Information auf der Homepage.

Während die einen das übersichtliche *Layout*, das klare und schlichte *Design* und die angenehme Farbgebung lobten, fanden andere, dass das Design verbesserungswürdig sei. Besonders die jüngeren Besucher fanden den DBS „schrecklich unmodern" und „zu trocken". Die meisten Anmerkungen bezogen sich auf verschiedene Aspekte der Benutzerführung. Vor allem die Suchfunktionen wurden von einigen bemängelt. Dagegen wurden die verschiedenen Such- und Eintragsmöglichkeiten positiv bewertet.

Da in den Kommentaren im Online-Fragebogen nur Anhaltspunkte gesammelt werden konnten, wurde das Angebot des Deutschen Bildungsservers von drei Nutzergruppen in Usability-Untersuchungen näher untersucht und im Detail bewertet. Diese Untersuchungen lieferten eine Fülle von nützlichen

Detailinformationen für die Weiterentwicklung der Angebote im Hinblick auf Inhalte, Layout und Design, Struktur und Benutzerführung.

Die Ergebnisse, die hier nur zusammenfassend erwähnt werden, lassen sich in drei Kategorien einteilen. In manchen Fällen haben Nutzer konkrete Probleme identifiziert, die sofort vom DBS-Team bearbeitet wurden. Zum Beispiel wurde angemerkt, dass der Knopf, welcher auf die Seite führt, wo Materialien eingetragen werden können, am rechten äußeren Rand der Suchzeile nicht wahrgenommen wird und darüber hinaus nicht deutlich wird, was mit „Eintragen" gemeint ist. Das Problem wurde dadurch gelöst, dass der Knopf nun zusammen mit den erweiterten Suchoptionen zentraler positioniert ist und auch ein Link „Selbst neu eintragen" in der Spalte „Neu" auf diese Seite hinweist.

Einige der Kommentare waren nutzergruppenspezifischer Natur. So wünschten sich die zukünftigen wissenschaftlichen Dokumentare eine komplexere Suchfunktion und kritisierten einzelne Aspekte der klassifikatorischen Strukturierung der Inhalte. Die Schüler dagegen fanden vor allem Design und Layout wenig attraktiv und ansprechend. Darüber hinaus gab es eine Reihe von Einschätzungen, die innerhalb einer Gruppe sehr gegensätzlich waren, wie zum Beispiel die Meinungen zur Einstiegsseite. Während die einen die Einstiegsseite gut strukturiert und übersichtlich fanden, argumentierten andere, dass besonders der Mittelteil mit den vielen Themen und Unterthemen sehr unübersichtlich wirkt.

Nachdem die Tester sich einzeln und in Kleingruppen eine Meinung zu den Angeboten und ihrer Funktionalität gebildet hatten, wurde in allen drei Gruppen eine abschließende Diskussion geführt, um strittige Punkte noch einmal im Plenum zu diskutieren und die Standpunkte und Argumente zu verdeutlichen. Die Diskussionen machten deutlich, dass es für viele Aspekte nicht nur *eine* befriedigende Lösung gibt und dass bei der Lösung von manchen Problemen trade-offs in Kauf genommen werden müssen. Die Teilnehmer bekamen somit auch einen Einblick in die Entscheidungsprozesse, welche bei der Entwicklung eines Online Bildungsportals für unterschiedliche Nutzergruppen mit unterschiedlichen Entscheidungsträgern wirksam werden.

5. Zusammenfassung und Ausblick

Der Deutsche Bildungsserver ist ein zentrales Bildungsportal, welches Informationen für eine breitgefächerte Nutzerschaft anbietet. Die wachsenden Nutzerzahlen der letzten Jahre belegen, dass das Angebot von den Besuchern positiv angenommen wird. Jedoch war bisher nur unzureichend bekannt, wie sich diese Nutzung über die unterschiedlichen Nutzergruppen verteilt. Für die bedarfsgerechte Planung und weitere Entwicklung des Informations- und Serviceangebotes des Deutschen Bildungsservers ist es daher wichtig, die spezifischen Nutzungsmuster und Bedürfnisstrukturen der verschiedenen Benutzergruppen zu kennen und zu wissen, wie sie die bestehenden Angebote aus ihrer jeweiligen Perspektive bewerten. Hier ergeben sich aus den vorgestellten quantitativen und qualitativen Ergebnissen erste Anhaltspunkte für eine Verbesserung des Informationsangebotes.

Eine erstes zentrales Ziel der Online Befragung war es, einen Anhaltspunkt dafür zu bekommen, wie sich die Nutzerschaft des Deutschen Bildungsservers zusammensetzt. Die Ergebnisse dieser ersten nicht-repräsentativen Nutzerprofilstudie zeigen, dass die Angebote des Deutschen Bildungsservers von Vertretern beider Geschlechter und aller Altersgruppen gleichermaßen genutzt werden. Unter den Befragten, bildeten Lehrer- und Lehrerinnen die stärkste Gruppe, gefolgt von Wissenschaftlern. Dagegen scheint das DBS Angebot derzeit nur wenig von Ausbildern und Auszubildenden genutzt zu werden.

Die meisten Besucher sind durch einen Link auf einer anderen Webseite oder durch einen Hinweis von einem Kollegen oder Bekannten auf den Deutschen Bildungsserver aufmerksam geworden. Sie kamen zum DBS, um in der Fülle von Informationen zu browsen oder suchen explizit hauptsächlich nach Lehr-/Lernmaterialien und –ressourcen. Auch die am häufigsten aufgerufenen Seiten bezogen sich direkt oder indirekt auf den Bereich Schule.

Insgesamt betonten die Nutzer die hohe Relevanz derartiger strukturierter Internetangebote für erfolgreiches Wissensmanagement in Lehr-/Lernprozessen und lobten sowohl die Vielfalt als auch die Qualität der Inhalte. Jedoch gab es auch zahlreiche Vorschläge zu inhaltlichen Ergänzungen und Verbesserungen der Angebote. Diese betrafen vor allem die Strukturierung und Darstellung der Angebote sowie Aspekte der Benutzerführung und Funktionalität, wie z.B. die Suchfunktion. Nach der allgemeinen Wichtigkeit verschiedener Kriterien zur Webseitenbewertung befragt, maßen 90% der Befragten dem Inhalt eine zentrale Bedeutung zu. Dagegen hielten nur 20% Layout & Design für „sehr wichtig".

Besonders informativ waren die detaillierten Kommentare, die sich aus der intensiven Beschäftigung mit Inhalten, Layout & Design, Gebrauchstauglichkeit und Funktionalität in den Usability-Untersuchungen ergeben haben. Aus vielen Kritikpunkten konnten direkte Handlungsanweisungen abgeleitet werden, wie zum Beispiel die Reduzierung der Komplexität der Informationen auf der Homepage. Jedoch wurde bei manchen Themen deutlich, dass nur eine Befragung einer genügend großen repräsentativen Stichprobe aller relevanter Nutzergruppen valide Antworten auf strittige Fragen liefern kann.

Um die aufgezeigten Leerstellen auszufüllen und gesicherte Erkenntnisse für die Weiterentwicklung des Deutschen Bildungsservers zu gewinnen, werden die in dieser Pilotstudie erprobten Methoden und Ergebnisse im Rahmen eines Folgeprojektes in Zusammenarbeit mit der Abteilung für Empirische Bildungsforschung & Methodenlehre der Humboldt Universität Berlin weiterentwickelt und anhand einer systematischen, repräsentativen Stichprobe aller relevanter Nutzergruppen validiert werden. Die entwickelten Verfahren und gesammelten Erkenntnisse sollen nicht nur der laufenden Evaluierung des Deutschen Bildungsservers dienen, sondern auch Betreibern von anderen Bildungsportalen für die kontinuierliche Verbesserung ihrer Angebote zur Verfügung stehen.

Die Triangulation der Untersuchungsergebnisse aus Archivdatenanalysen, schriftlichen Befragungen und ergänzenden qualitativen Untersuchungen relevanter Nutzergruppen sowie detaillierter Expertenbefragungen wird es ermöglichen, zukünftige Entscheidungen hinsichtlich der beiden Portale auf eine solide, repräsentativ ermittelte empirische Basis zu stellen und die Angebote deutlicher als bisher unter dem Gesichtspunkt „bedarfsgerechte Gestaltung" weiter zu entwickeln.

Literatur

Berendt, B./Brenstein E.: Visualizing individual differences in Web navigation: STRATDYN, a tool for analyzing navigation patterns. In: Behavior Research Methods, Instruments, & Computers, 33(2) 2001, p. 243-257.

Bund-Länder-Kommission für Bildungsplanung und Forschungsförderung (Hrsg.): Medienerziehung in der Schule. Bonn 1995 (Vo. 44).

Kos, O.: Analyse und Bewertung von Internetangeboten. In: Hug, Th. (Hrsg.): Wie kommt die Wissenschaft zu ihrem Wissen? Bd. 1: Einführung in das wissenschaftliche Arbeiten. 2001, S. 339-352.

Manhartsberger, M. M.: Web Usability – Das Prinzip des Vertrauens. Köln: 2001.

Nielsen, J.: Designing Web Usability. München 2001.

Nielsen, J./Mack, R. L.: Usability Inspection Methods. New York 1994.

Töpfer, A. (Hrsg.): Informationstechnologie 2000+: Technologische Entwicklungen-Neue Geschäftsmodelle-Zukünftige Entwicklungen (Vol. 5). Dresden 2001.

Michael Kluck und Susanne Politt

Navigationsverhalten im Internet – eine qualitative Logfile-Analyse von typischen Suchstrategien der Nutzer des Deutschen Bildungsservers

Aufgabe von Bildungsportalen ist es, den „Normalnutzern" den Zugang zu den gewünschten Informationen zu erleichtern. Die bisher vorliegenden empirischen Untersuchungen über das reale Suchverhalten von Internetnutzern beziehen sich im wesentlichen auf allgemeine Suchmaschinen. Ziel der vorliegenden Studie ist es, das Suchverhalten und die typischen Suchanfragen von Normalnutzern von Bildungsportalen in einer qualitativen Analyse zu untersuchen. Grundlage dafür waren Logfiles des Deutschen Bildungsservers aus dem Zeitraum Oktober 2001 bis April 2002. Diese wurden bearbeitet und zum einen auf typische Suchanfragen hin untersucht, zum anderen wurden Erkenntnisse über individuelle Suchstrategien herausgearbeitet und qualitativ analysiert. Diese Ergebnisse werden mit den Resultaten anderer empirischer Untersuchungen verglichen. Einige Schlussfolgerungen für die Weiterentwicklung von Bildungsportalen bilden den Abschluss der Untersuchung.

1. Fragestellung der Untersuchung

Diese Studie beruht auf unseren Arbeiten zum Vergleich der Leistungsfähigkeit von Suchmaschinen in dem Gegenstandsbereich Bildung, Erziehung, Schule. Im Zuge dieser Untersuchungen haben wir auch die Aufzeichnungen und Auszählungen der Logfiles bezüglich der Suchanfragen an den Deutschen Bildungsserver ausgewertet. Die speziellen Einsichten in das reale Suchverhalten beim Deutschen Bildungsserver schien es wert zu sein, gesondert dargestellt zu werden.

Ausgehend vom aktuellen Forschungsstand soll daher in dieser qualitativen Studie das reale Nutzerverhalten bei Anfragen an Bildungsservern untersucht werden und zwar anhand von Daten des „Deutschen Bildungsservers". Die Fragestellung der Studie geht in zwei Richtungen: Zum einen wird untersucht, welche „typischen Fragenstellungen" Nutzer von Bildungsservern – in diesem Fall des Deutscher Bildungsservers – haben, d.h. welche Themen und Bereiche vor allem gesucht bzw. nachgefragt werden. Zum anderen werden individuelle Suchstrategien nachverfolgt und vorsichtige Aussagen über typisches Suchverhalten gemacht.

2. Bisherige Untersuchungen zum Suchverhalten von Internetnutzern, Stand der Forschung

Zum tatsächlichen Suchverhalten von Endnutzer liegen nicht viele quantitative empirische Untersuchungen und auch nur wenige qualitative Untersuchungen vor, dies gilt erst recht für die Nutzer von Bildungsportalen bzw. die Nutzergruppen Schüler oder Lehrer (siehe auch Feil 2000). Die meisten empirischen Untersuchungen mit Benutzern finden mit Studenten der Informatik oder Informationswissenschaft statt, um Systemleistungen und Benutzerverhalten zu testen. Außerdem gibt es einige generelle Aussagen über Internetnutzer, die auf allgemeinen Statistiken der Suchmaschinenanbieter beruhen, aber nicht das Vorgehen der einzelnen Benutzer betreffen, sondern nur Überblicksinformationen zu Suchwörtern, Seitenabrufen, Iterationen der Suche usw. bieten.

Die wesentliche Aussage dieser allgemeinen Betrachtungen ist, dass die Benutzer zu mehr als 95% nur ein bis zwei Suchbegriffe eingeben, maximal zwei Seiten Ergebnisse anschauen und schnell neue Suchen beginnen, ohne die erste Suche tatsächlich für die Verfeinerung ihrer ursprünglichen Anfrage zu nutzen. Die meisten Benutzer sind sich offensichtlich auch über die Funktionalitäten der jeweiligen Suchmaschinen nicht klar und können weder Boolesche Logik noch Trunkierung oder andere Zusatzfunktionen richtig verwenden oder einschätzen. Schließlich sind sie nicht in der Lage, die Ergebnispräsentation zu verstehen, die meist auf statistisch ermitteltem Ranking beruht, was auch durch die Geheimhaltung dieser Mechanismen seitens der Suchmaschinenanbieter erschwert wird.

In generellen Untersuchungen zum Verhalten von Internetnutzer wurde hinsichtlich Alta Vista und Excite folgendes Benutzerverhalten beschrieben (Silverstein et al. 1998, Spink/Xu 2000, Wolfram et al. 2001):

– Bei 42%- bzw. 85% der Suchanfragen wird nur der erste Bildschirm mit Resultaten betrachtet.
– Ca. zwei Drittel der Sitzungen umfassen nur 1 Frage (ohne weitere Modifikation der Anfrage im weiteren Verlauf).der Anfragen enthalten mehr als 3 Suchbegriffe.
– Von den jeweiligen Benutzern werden 1-2 Anfragen pro Sitzung gestellt.
– Nur 1-2 Seiten der Ergebnisliste werden angesehen; 70% der Benutzer sehen sich nur die ersten zehn Treffer an.
– Boolesche Operatoren (einschließlich „+") werden bei 5% bis zu einem Drittel der Anfragen eingesetzt (damit ist aber noch nicht gesagt, dass sie richtig verwendet werden: mindestens jeder zweite Benutzer macht dabei Fehler).
– Die Suche von Phrasen (Begriffe, die in Anführungszeichen gesetzt sind) wird nur von ca. 6% genutzt.
– In ca. 5-10% der Anfragen wird bei Excite das Relevanzfeedback genutzt.

– Ca. 5% der Anfragen betreffen den Bereich Bildung und Geisteswissenschaften.

Für Web-Neulinge oder Gelegenheitsbenutzer wurde zum Beispiel festgestellt (Hölscher/Strube 2000), dass sie

– die angebotenen einfachen und komplexen Operatoren und Mechanismen kaum nutzen, mit Ausnahme des „+-Operators",
– seltener direkt eine bestimmte Suchmaschine ansprechen, sondern eher auf den Suchknopf von Netscape Navigator/Internet Explorer drücken, um eine Suche zu starten,
– öfter die Suchanfrage wiederholen oder wieder neu beginnen, statt die ersten Ergebnisse näher zu betrachten und die Suchanfrage weiter zu verfeinern,
– öfter zu vorherigen Ergebnissen/Schritten zurückkehren als erfahrene Benutzer,
– wesentlicher häufiger Fehleingaben machen (Schreib- und Strukturfehler),
– generell größere Probleme mit der Formulierung sinnvoller Anfragen haben.

Für Kinder und Schüler wurden folgende Verhaltensweisen bei der Internetsuche ermittelt (Schulz 1998: zusammenfassende Übersicht über einige Untersuchungen; Schacter et al.1998; Feil 2000: zusammenfassende Studie des Deutschen Jugendinstituts; Large/Behesti 2000; Neumann 1995; Priemer/Schön 2002a, 2002b: Studie mit Schülern im Fach Physik der Sekundarstufe) (- hier nur die Angaben zu mehr als 10 Jahre alten Kindern und Schülern):

– Frage- und Suchformulierung stellen ein großes Problem dar. Primarschüler haben Probleme, effektive Suchbegriffe auszuwählen. Sie wissen nicht, welche Begriffe sie für die Suche wählen sollen.
– Schüler sind eher passive Empfänger von Aufgaben, unkritisch gegenüber dem Wert und der Angemessenheit der gefundenen Information aus dem Internet. Kinder schätzen alle gefundenen Informationen als in hohem Maße glaubwürdig ein.
– Schüler arbeiten eher unsystematisch, ohne Überprüfung der eigenen Vorgehensweise. Kinder wenden bei der Suche im Internet reaktive Strategien an, d.h. sie hangeln sich von einem gefundenen Ergebnis zum anderen und planen ihre Internetsuche nicht systematisch. Schüler neigen ebenfalls eher zu blinder Aktivität und arbeiten eher interaktiv als systematisch.
– Schüler haben Schwierigkeiten mit dem Alphabet und mangelhaftes Lesevermögen.
– Meistens browsen die Kinder durch die Datenbestände und orientieren sich nicht an analytischen, schlagwort-gestützten Suchstrategien. Offene Fragestellungen können sie deshalb eher mit Hilfe des Internet beantworten als exakt definierte Aufgaben.

- Lehrer überschätzen die Informationskompetenz der Schüler.
- Die Relevanzbewertung fällt Kindern schwer.
- Hilfeinformationen werden von Kindern vollständig ignoriert, sie konzentrieren sich auf die Bildschirmmitte.
- Erst ab 10/11 Jahren beginnen Kinder abstrakt zu denken und entsprechende Strukturen (z.B. Klassifikationen, Verweise) zu nutzen.
- Nach einem Null-Ergebnis sind viele Kinder ratlos und finden keine alternativen Formulierungen.
- Von Kindern werden überwiegend einfache, konkrete Suchbegriffe eingegeben, komplexe Suchformulierungen bilden ein Problem und sind häufig Fehlerquellen. Primarschüler haben um so mehr Probleme je mehr Konzepte in eine Suchstrategie eingebaut werden müssen. Primarschüler sind erfolgreicher, wenn sie mit konkreten Aufgaben befasst sind als bei abstrakten Problemen. Kinder sind nicht so gut in der Lage, mit der Sprache zu spielen und Suchstrategien zu formulieren. Kinder haben sogar bei speziell für Kinder konstruierten Suchmaschinen Probleme mit der Suchformulierung. Kinder und Jugendliche sind oft nicht in der Lage, mit Suchmaschinen im Internet umzugehen, und können viele Angebote noch nicht ohne Unterstützung oder Unterweisung durch Erwachsene nutzen.
- Logische Operatoren und andere Funktionalitäten werden von Kindern nicht verstanden und ggf. widersinnig verwendet (wie bei Erwachsenen!). Kindern fehlt das für eine erfolgreiche Suche im Internet wichtige Verständnis, wie Suchmaschinen aufgebaut sind und funktionieren.
- Domänenspezifische Vorkenntnisse sind hilfreich für das Lernen mit dem Internet.
- Die Fähigkeit, kritisch mit den Informationen umzugehen, ist ausschlaggebend für den Lernerfolg mit dem Internet.
- Gezieltes Suchen und globales Überblick-Verschaffen sind sehr erfolgreiche Strategien.
- Schüler, die viel Text aus dem Internet kopieren, haben schlechtere Lernerfolge als solche, die die Texte weitgehend selbst verfassen.
- Schlüsselqualifikation ist die Fähigkeit zur Selektion der Quellen.

Das Interesse der Lehrer wiederum „konzentriert sich auf Material, das möglichste direkt oder mit geringem Bearbeitungsaufwand im Unterricht genutzt werden kann. (...) Diese Art von ‚Einsetzbarkeit‘ des ‚Materials‘ wird zu einem zentralen Kriterium der Bewertung des Ertrags der Internetnutzung zur Informationsrecherche. Damit wird die Informationsrecherche auf eine Unterrichtsmaterialsuche verengt" (Hedtke/Kahlert/Schwier 1998, S. 366f).

Für Hochschulstudenten wurde in einer gerade veröffentlichten Untersuchung festgestellt, dass sie wesentlich mehr Wert auf einfache (= leichte) Benutzbarkeit legen als auf das Retrieval genauer Ergebnisse: „Participants consistently desired an easy and familiar search process – regardless of the search's results" (Augustine/Greene 2002).

Generell kann man davon ausgehen, dass sich die Ergebnisse hinsichtlich des Suchverhaltens (nicht aber in bezug auf die Interpretation der Nützlichkeit) für Kinder über 10 Jahren und Schüler weitgehend auch auf Erwachsene, d.h. auch Lehrer übertragen lassen. Denn die Befunde für Nutzer im allgemeinen stimmen weitgehend mit denjenigen zu den spezielleren Nutzergruppen Schüler und Kinder über 10 überein.

Die Untersuchung der Nutzerstruktur des Deutschen Bildungsservers hat ergeben, dass die große Mehrheit der Benutzer Lehrer und Lehrende im weitesten Sinne (64%) sind, die Schüler, Studenten und Auszubildenden (15%) spielen eine deutliche geringere, aber dennoch nicht zu vernachlässigende Rolle[1] in der Nutzerschaft. Daher ist zu erwarten, dass die vorliegenden Befunde durch die Analyse der konkreten Suchanfragen weitgehend bestätigt werden.

3. Datengrundlage der Untersuchung, Aufbereitung der Daten und Vorgehen bei der Analyse

Datengrundlage[2]

Als Grundlage dienten Logfiles (= Mitschnitte der Nutzeraktionen) des Deutschen Bildungsservers aus dem Zeitraum Oktober 2001 bis 17. April 2002 in folgenden Fassungen:

a. *in vollständiger Fassung (Suchworte – Verknüpfungsart – anfragender Rechner – Datum/Zeit)*
    – nach Monaten aufgesplittet
    – nach anfragenden Servern und nachfolgend chronologisch sortiert
    Diese Dateien sind nutzbar für Erkenntnisse über individuelles Suchverhalten.

b. *nur die Anfragen selbst, nach Häufigkeit sortiert*
    Die jeweiligen Anfragen Suchanfragen als Phrase oder String (= Zeichenkette des gesamten eingegebenen Textes) hintereinanderweg, ggf. mehrere Wörter oder Wortgruppen.
    Diese Dateien sind so nicht mehr nutzbar für Erkenntnisse über individuelles Suchverhalten, liefern aber Anhaltspunkte für den Inhalt der Anfragen und deren Formulierung.

---

1   Vgl. den Vortrag von Brenstein/Kos auf dieser Tagung, dort auch näheres zu den Nutzerdaten.
2   Die Daten der Logfiles wurden freundlicherweise von Dr. Christian Richter vom Deutschen Bildungsserver zur Verfügung gestellt, technisch handhabbar gemacht und aufbereitet.

4. Vorgehen zur Untersuchung der häufigsten Fragen

Als Grundlage für die Untersuchung der häufigsten Fragen dienten die nach Häufigkeit sortierten Abfragen der Wortgruppen. Diese Datei wurde nach *folgenden Kriterien* bearbeitet:

Alle Begriffe, die nur ein- bis dreimal abgefragt wurden, sind jeweils in gesonderte Dateien aussortiert worden. In diesen drei Dateien wurde der absolute Unsinn gelöscht (bzw. ggf. nachgebessert wie unten in der „Hauptdatei"). Diese Dateien enthalten oft Spezialfälle der häufigeren Anfragen bzw. interessante Kombinationsabfragen, sie können für die Formulierung typischer Suchanfragen genutzt werden. Diese typischen Suchanfragen werden auch für Tests in einem anderen Projekt (Web Search Bench[3]) verwendet.

In der so entstandenen Datei wurden alle Begriffe, die häufiger als 20mal vorkamen, als „Oberbegriffe" herausgezogen (halbfett markiert). Dann wurde *alphabetisch* sortiert, in der Ergebnisdatei wurden Tippfehler korrigiert und inhaltlich ähnliche bzw. gleiche Abfragen zusammengefasst, Singular und Plural des gleichen Oberbegriffs wurden zusammengefasst. Das heißt, dass man diese Datei nicht mehr für Erkenntnisse zum Suchverhalten (auch nicht zum allgemeinen!) nutzen kann, weil die Begriffe umformuliert, nachbearbeitet und zusammengefasst wurden. Aus dieser Datei wurden jedoch die typischen Fragebereiche herauskristallisiert, da die Oberbegriffe eine Kategorisierung der Suchanfragen nahe legten.

5. Vorgehen zur Untersuchung individueller Suchstrategien und typischen Suchverhaltens

Um individuelle Suchstrategien zu erkennen, wurden die zeitlich aufeinanderfolgenden Anfragen, die von einem Rechner kamen, isoliert. Diese (zeitlich) zusammenhängenden Fragefolgen wurden markiert und untersucht. Dies geschah exemplarisch am Beispiel derjenigen Rechner, die vier und mehr Anfragen in Folge durchgeführt hatten. Auf dieser Basis lassen sich eher Strukturen erkennen, außerdem ist für eine vorläufige Untersuchung die Datenmenge in ihrer Gesamtgröße sonst nicht zu handhaben. Die zweifachen und dreifachen Anfragen wurden jedoch zur Kontrolle der gebildeten Gruppen des Anfrageverhaltens hinzugezogen.

Die *ODER-Anfragen* (Typ: gesucht sind Ergebnisse, die die Begriffe A oder B enthalten) sind in den Beispielen rot markiert, kursiv gesetzt und un-

---

3   Web Search Bench (ursprünglich: Intelligente Internet-Suchmaschine) ist ein vom DFN gefördertes Projekt in dem die Humboldt-Universität als fachspezifische Benutzergruppe mit den Daten des Deutschen Bildungsservers beteiligt ist. Siehe http://www4.cs.uni-dortmund.de/~Lindemann/projects/SearchEngine.html.

terstrichen, alle anderen Anfragen sind UND-Anfragen (Typ: gesucht sind Ergebnisse, die gleichzeitig die Begriffe A und B enthalten).

Die einfachen Anfragen (von einem spezifischen Rechner aus wurde nur ein Suchwort eingegeben, dann wurde die Suche beendet) wurden in einer gesonderten Datei gesammelt. Anmerkungen dazu folgen weiter unten. *Einschränkende Vorbemerkungen:* Die Datengrundlage ist zum einen zeitlich begrenzt, zum anderen beruht sie ausschließlich auf einem Beispiel, nämlich dem Deutschen Bildungsserver, daher sind die Ergebnisse cum grano salis zu betrachten. Weitere Einschränkungen ergeben sich durch Aufbereitung der Daten. Bei den Schlussfolgerungen handelt es sich daher um vorläufige Ergebnisse, die zu diskutieren und weiterhin zu überprüfen wären.

6. Ergebnisse der qualitativen Analyse

Typische Fragen von ,Normalnutzer' von Bildungsportalen

Auf der Grundlage der oben genannten Logfiles wurde die Gruppierung und die Nennungen von einzelnen Beispielen vorgenommen, die keineswegs abschließend oder vollständig sind. Die Zahlen in Klammern beruhen auf einer einfachen Auszählung, die lediglich die Größenordnung der Nennungen andeuten kann. Die Auszählungen enthalten nur die Oberbegriffe mit Varianten (Singular/Plural, Schreibfehler, Komposita) ohne weitere Spezialbegriffe, die ebenfalls einschlägig wären[4].

I. Unterrichtsfächer und Unterrichtsinhalte
alle Unterrichtsfächer: Mathematik bzw. „Mathe" (852+236), Biologie (653), Deutsch (621), Geschichte (537), Chemie, Physik, Englisch, Musik, Informatik, Erdkunde, Latein, Religion, Sport, Französisch, Kunst, DAF bzw. Deutsch als Fremdsprache (alle > 200).
spezielle Unterrichtsinhalte: Euro (335), Wasser (379), Internet (309), Märchen (224), E-Learning (303), Referate (401), Bewerbung (329), Mittelalter (190), analytische Geometrie (169), Elektrolyse (25), Balladen (149), Erörterung (310), Interpretation (343), Französische Revolution (111), Pythagoras (99).
Schriftsteller (ohne einzelne Werke): Goethe, Dürrenmatt, Brecht, Schiller (alle > 87)
Gezielte Literaturanfragen: Faust (167), „als Hitler das rosa Kaninchen stahl", z.B. „Bahnwärter Thiel", „Nathan der Weise" (87), „Hauen ist doof".

II. Lehrpläne, Rahmenrichtlinien, Stoffverteilungspläne
Lehrplan bzw. Lehrpläne jeweils für bestimmte Fächer bzw. in bestimmten Bundesländern.

---

4 Eine eher klassifikatorische Auszählung der hier verwendeten Daten ist bei Brenstein/Kos zu finden.

III. „Pädagogisches"
(Fach-)Didaktik, Freiarbeit, fächerübergreifender Unterricht, differenzierter Unterricht, Projekte, Handlungsorientierung, Gruppenarbeit, Hochbegabung, Wochenplan, Facharbeit.

IV. Prüfungen und Bewertungen
Klausuren, Abiturfragen (für spezifische Fächer), Tests, Klassenarbeiten, Examen, Prüfung; Bewertungskriterien für... , Benotung, Beurteilungskriterien.

V. Zeittypische bzw. aktuell diskutierte Themen
Ferien (452), Weihnachten (159), PISA-Studie (alle Varianten addiert: 2576), Karneval (29), Frühling (58), Ostern, Abitur (> 1000 ohne fachspezifische Abituraufgaben).

VI. Lehrer...
Lehrerausbildung, Lehrerberuf, Lehrerfortbildung (68), Lehrerrolle.

VII. Gesetzliches und Institutionelles, Verordnungen
Schulgesetz von ... , z.B. Aufsichtspflicht, Fachhochschulreife in Bayern, Duales System.

VIII. Geographisches
einzelne Bundesländer, Städte, Regionen, Länder...

IX. Berufe
Altenpflegerin, Arzthelferin, Bankkaufmann, Bilanzbuchhalterin.

X. Institutionen, bestimmte Schulformen
Grundschule, Berufsakademie, gymnasiale Oberstufe (sic!, also nicht eine ganz bestimmte Schule irgendwo, sondern die Schulform).

7. Typisches Suchverhalten, individuelle Suchstrategien: Erkenntnisse und Vermutungen

Grundlage hierfür waren die Dateien mit den individuellen Abfragen, d.h. mit den zeitlich aufeinander folgenden Anfragen eines Rechners. Die Ergebnisse werden hier jeweils mit einigen Beispielen dargestellt, weitere Beispiele befinden sich in gesonderten Dateien.[5]

Erwartetes und bestätigtes ‚vernünftiges' Verhalten

Wie erwartet ließen sich die typischen Suchstrategien des Einschränkens bzw. des Ausweiten finden, ebenso die Versuche, Begriffe zu umschreiben bzw. ‚einzukreisen' (mit der Unterform, verschiedene Schreibweisen auszuprobieren).

---

5   http://www.f4.fhtw-berlin.de/~politt/suchverhalten_beispiele.doc

Ebenfalls häufig anzutreffen waren Versuche der ‚Trunkierung', wobei meist auf gängige Formen zurückgegriffen wird, (offenkundig ohne dass die spezifischen Hilfe-Seiten des Deutschen Bildungsservers gelesen wurden). Generell wird versucht, Erfahrungen aus Recherchen mit anderen Suchmaschinen zu übertragen.

Bsp. Einschränken:

PENTOMINO	Anfrage A	20011031153850
PENTOMINO UND HEXOMINO	Anfrage A	20011031153957

Bsp. Ausweiten:

neuer Lehrplan	Anfrage B	20011022114804
Lehrplan	Anfrage B	20011022114826

Bsp. Einkreisen:

FREIWILLIGE	Anfrage D	20011024135800
EHRENAMT	Anfrage D	20011024135823

Bsp. Trunkierung bzw. Versuch der Übertragung bisheriger Erfahrungen:

GEWALTPRAEVENTION	Anfrage I	20011212181544
GEWALT.% SCHULE.%	Anfrage I	20020128161554
GEWALT.% SCHULE.%	Anfrage I	20020128161623
GEWALT GRUNDSCHULE	Anfrage I	20020128161714

ENTWICKLUNG DES MAIKAEFERS	Anfrage K	20020220205856
ENTWICKLUNG UND DES UND MAIKAEFERS	Anfrage K	20020220210100
ENTWICKLUNG DES MAIKAEFERS	Anfrage K	20020220210648
DIE ENTWICKLUNG DES MAIKAEFERS	Anfrage K	20020220210945
DIE_ENTWICKLUNG_DES_MAI KAEFERS	Anfrage K	20020220211049
DIE UND ENTWICKLUNG UND DES UND MAIKAEFERS	Anfrage K	20020220211126

8. Probleme/unerwartetes Verhalten

Tippfehler

Wenn die Nutzer ihre eigenen Tippfehler bemerken und nachbessern, ist es nicht weiter problematisch. Schwierig wird es, wenn sie die Tippfehler nicht bemerken und dann stattdessen bemüht sind, die Suchbegriffe umzuformulieren, obwohl diese ganz vernünftig waren.

| BETRATUNGSLEHRER | Anfrage L | 20011025122001 |
| SCHULBERATUNG | Anfrage L | 20011025122021 |

Wiederholung

Manche Nutzer geben dieselbe Abfrage mehrmals hintereinander ein. Bei der Interpretation sollte man vorsichtig sein, weil das sehr unterschiedliche Ursachen haben kann:

Meistens handelt es sich wahrscheinlich einfach um eine Neueingabe, jedes Mal nachdem man ein einzelnes Beispiel genauer angesehen hat[6]. Manchmal wird aber auch dieselbe Abfrage mehrmals hintereinander eingegeben, obwohl kein Ergebnis bzw. nur ein Ergebnis erzielt wurde. (Es ist nicht ganz klar warum. Die Nutzer meinen vielleicht, es hat nicht geklappt bzw. wollen vorsichtshalber mehrmals „auf den Knopf drücken"?)

Beispiel:
Ein Nutzer hat am 20.10.2001 über einen Zeitraum von mehr als 60 Minuten 18mal das Wort TALIBAN eingegeben, in unterschiedlicher Schreibweise, mal als UND- und mal als ODER-Verknüpfung. Der Grund ist unklar. (In diesem Fall war der Grund NICHT der, dass verschiedene Ergebnisse angesehen wurden! Es gab nur eins.)

„alle Wörter" in getrennten Abfragen

Manche Nutzer scheinen eine UND-Suche mit verschiedenen Begriffen anzustreben, indem sie jedes Wort einzeln eingeben, die Variante „alle Wörter" wählen und dann jedes Mal für das einzelne Wort eine gesonderte Suche starten. Eventuell erwarteten sie, dass die Einzelabfragen gespeichert und kombiniert werden.

ODER-Verknüpfungen

Oder-Verknüpfungen werden sehr selten genutzt, auch wenn es eigentlich sinnvoll wäre; i.a. werden die vorgefundenen Voreinstellungen übernommen.

Negativbeispiel

| ERWACHSENENPAEDAGOGIK | UND | Anfrage Z | 20011030202924 |
| WEITERBILDUNG FERNSTUDIUM | | | |

UND-Verknüpfungen

UND-Verknüpfungen werden zwar häufiger genutzt als ODER-Verknüpfungen, die Mehrheit der Benutzer benutzt aber generell kaum die Möglichkeit,

---

6   Bei speziellen Browser-Voreinstellungen (Cache=0) kann es auch sein, dass die Seite jedesmal neu „geholt" wird und deshalb jedesmal als neue Anfrage in den Logfiles auftaucht. Das ist allerdings eher unüblich.

mehrere Wörter zu kombinieren. Am häufigsten werden Einwort-Abfragen gestellt.

unsystematisches Vorgehen

Die Behauptung, dass ein Großteil der Nutzer sehr unsystematisch vorgeht, wird durch unsere Untersuchung bestätigt.

Ein Extrembeispiel für eine sehr ausdauernde unsystematische Suche:
Die folgenden Begriffe wurden über einen Zeitraum von über 15 Minuten ohne Verknüpfung nacheinander, z. T. auch mit Wiederholung bereits durchgeführter Abfragen eingegeben:

GESCHICHTE, KREUZZUEGLER, GESCHICHTE, KREUZZUEGE, GE-SCHICHTE, MITTELALTER, MITTELALTER, MITTELALTER, LEUTE DES MITTELALTERS, KREUZRITTER, MITTELALTER, MITTEL-ALTER, GESCICHTE, GESCICHTE, MITTELALTER, MITTELALTER, GESCICHTE, PABST URBAN 2, MITTELALTER, PABST URBAN 2, MITTELALTER, MITTELALTER, MITTELALTER, MITTELALTER,

Lange Texte

Häufig sind umgangssprachliche Eingaben von längeren Phrasen mit allen Verbindungs- und Füllwörtern.

WELCHE AEMTER SIND DEN HAUPTSCHULEN UEBERGEORDNET?	Anfrage XF

„Mal gucken"

Häufig scheint es sich nicht um eine gezielte Suche zu handeln, sondern eher um ein interessiertes Herumgucken, was es denn so gibt. Es werden dann assoziativ verschiedene Begriffe aus den interessierenden Bereichen eingegeben.

Bespiel:
BIOLOGIE, GRUNDSCHULE, GRUNDSCHULE DEUTSCH, GRUND-SCHULE ARBEITSBLAETTER, ARBEITSBLAETTER BIOLOGIE, AR-BEITSBLAETTER GESCHICHTE, ARBEITSBLLAETTER SPORT, AR-BEIT % SPORT, ARBEITSMATERIALIEN GRUNDSCHULE,

Kommunikation mit dem Rechner

Manchmal scheint es, als würde die Suchmaschine nicht nur als technisches Hilfsmittel genutzt, sondern als würden die Nutzer mit dem Rechner „kommunizieren". Wenn eine Suche nicht klappt und die gewünschten Ergebnisse nicht erzielt werden, geben anscheinend manche Nutzer ihre Ratlosigkeit

oder ihre Unmutsäußerung gleich noch mal als Abfrage ein.
(Bsp.: WO HIN WENN MAN WAS SUCHT?; Bsp: fuck u).

Anmerkungen zu den 1er-Anfragen

Viele Nutzer starten nur eine Abfrage und beenden die Recherche dann
gleich wieder. Die Motive hierfür (haben sie aufgegeben? haben sie sofort
das Gewünschte gefunden und sind zufrieden?) lassen sich nur vermuten, sie
sind mit dieser Studie nicht festzustellen.

9. *Schlussfolgerungen, Vermutungen, Hypothesen*

– Der überwiegende Teil der Nutzer sucht nur mit einem Begriff, ohne die
   Möglichkeit zu nutzen, mehrere Begriffe zu verknüpfen.
– ODER-Verknüpfungen werden fast gar nicht benutzt, weil wahrscheinlich einfach die vorgefundenen Standardeinstellungen übernommen werden, (in diesem Falle diejenigen des Deutschen Bildungsservers: logisches Und) und keine Kenntnis der anderen Möglichkeiten besteht, natürlich erst recht nicht hinsichtlich der Booleschen Logik.
– Die meisten Benutzer scheinen bestimmte Erfahrungswerte aus anderen
   Suchmaschinen zu übertragen, ohne nachzuprüfen, ob dies für die Suche
   beim Deutschen Bildungsserver auch zutrifft bzw. ohne die Hilfe-Seiten
   des Deutschen Bildungsservers zu nutzen: z.B. Trunkierung mit „*" oder
   „%", z.B. eine Phrasensuche in Hochkommata, also ‚neue Rechtschreibung'.
– Die meisten Nutzer erwarten anscheinend grundsätzlich eine trunkierte
   Suche, auch wenn sie kein „*" oder „%" eingeben.
– Wenn mehrere Begriffe benutzt werden, geht es häufig um „String"-
   Abfragen von Phrasen, also z.B. den Titel eines literarischen Werkes,
   den Namen einer Institution, die Bezeichnung eines Faches oder eines
   didaktischen Vorgehens.
– Eine typische Anfrageform ist auch, dass ein Artikel mit eingegeben
   wird: z.B. „das Auge", „der Igel", „die Zelle". Dies ist in den Auswir-
   kungen aber im Allgemeinen unproblematisch, da die Artikel und andere
   Stoppwörter (= nicht-sinntragenden Begriffe) herausgefiltert werden.

Insgesamt ist eine große Übereinstimmung zu den allgemeinen Befunden zum
Verhalten von Internetnutzern festzustellen, vielleicht mit der Ausnahme, dass
tatsächlich in stärkerem Maße Fachvokabular als Suchterme verwendet wird.

10. Thesen zu den Anforderungen an eine Suchmaschine für Bildungsportale

Für die Strukturierung von Internet-Suchbildschirmen gilt nach Shneiderman (1998, S. 511f.): „First-time users of an information-exploration system (whether they have little or much task knowledge) are struggling to understand what they see on the display while keeping in mind their information needs. They would be distracted if they had to learn complex query languages or elaborate shape-coding rules. They need low cognitive burdens of menu and direct-manipulation designs and simple visual-coding rules. As users gain experience they can request additional features by adjusting control panels". Am besten wäre also eine Suchmaschine, bei der man gar nichts falsch machen kann. Die Grundregel für die Gestaltung ist daher: „Keep it simple!" (Shneiderman 1998, Robertson 2001):

Für den Benutzer muss klar werden, was seine Eingabe bewirkt. Zunächst muss deutlich werden, welche Schreibweise im Eingabefeld zu welchen Resultaten führt. Dies sollte für die wesentlichen Anwendungsfälle direkt unter dem Eingabefeld erläutert werden, zusätzlich sollte ein Link auf „Tipps" (nicht „Hilfe"!) verweisen, wo eine ausführlichere Beschreibung angeboten wird, die jedoch nach aller Erfahrung nur selten benutzt werden wird. Ferner sollte der Startkopf angemessen beschriftet sein: Text „Suche(n)" und Icon „Lupe". Die Standardsuche sollte ein logisches Und verwenden. Die Eingabe zweier oder mehrerer Stichworte sollte also weniger Treffer erbringen als vorher nur ein Stichwort.

Eine automatische Rechtstrunkierung wird nicht empfohlen. Denn hinsichtlich der Verwendung der Rechtstrunkierung als Voreinstellung ist Vorsicht geboten, da damit auch irrelevante Begriffe aus dem allgemeinen Wortschatz erfasst werden. Z.B. ergibt die Eingabe *„schul"* bei Rechtstrunkierung neben Schule, Schulfach, Schulhof u.a. auch Schuld, Schulp, Schulter, Schultheiß u.a. Noch schwieriger wird es bei automatischer Links- und Rechtstrunkierung. Allenfalls könnte man sich vorstellen, Begriffe aus einem Fachthesaurus, wie dem ETB-Thesaurus[7], als automatisch rechtstrunkiert zu verwenden[8]. Der Cursor sollte bereits im Eingabefeld für die Suchanfrage stehen.

---

7 ETB = European Schools Treasury Browser http://etb.eun.org ist ein europäisches Projekt zur Vernetzung von Bildungsportalen. Der ETB-Thesaurus ist ein in neun europäische Sprachen übersetzter Fachthesaurus für Online-Bildungsinformationen, an dessen Entwicklung die Autoren beteiligt waren.

8 Die oben genannte Suche *„schul"* würde dann „nur" folgende Thesaurus-Terme umfassen: Schulbibliothek, Schule, Schüler, Schüler-Schüler-Beziehung, Schüleraustausch, Schülerberatung, Schülerbriefwechsel, Schülerhilfe, Schülerzeitung, schulische Aktivitäten, schulische Autonomie, schulische Integration, Schulklasse, Schulleben, Schulleiter, Schulleitung, Schulmilieu, Schulpersonal, Schulpflicht, Schulversagen. Insgesamt wäre dies eine akzeptable Erweiterung, die den Sinn der Anfrage

Die durchgeführte Aktion (Suche mit der Suchanfrage wie sie von der Suchmaschine abgearbeitet wurde) und die enthaltenen Suchbegriffe sollten auf der Ergebnisseite wiedergegeben werden: z.b. „die Suche nach „*A und B*" ergab x Treffer".

Im Hintergrund sollte die Suche durch eine fachspezifische Synonymliste unterstützt werden und eine Wortstammreduzierung (Stemming) stattfinden. Die Eingaben sollten durch ein Wörterbuch geprüft und gegebenenfalls korrigiert werden[9] oder Schreibvarianten bzw. häufige Schreibfehler in die Synonymliste aufgenommen werden.

Literatur

Augustine, S./Green, C.: Discovering How Students Search a Library Web Site: A Usability Case Study. In: College and Research Libraries, 63 (4), 2002, pp. 354-365.

Brenstein, E./Kos, O.: Evaluation von Bildungsportalen – Empirische Untersuchungen zur Nutzung des Deutschen Bildungsservers und des Schulweb (Ergebnisse einer Nutzerprofilstudie), Beitrag in diesem Band, 2004, S. 307-329.

Dickstein, R./Mills, V.: Usability Testing at the University of Arizona Library: How to Let the Users in on the Design. In: Information Technology and Libraries, Sept. 2000, pp. 144-151.

Feil, C.: Kinder im Internet. Angebote, Nutzung und medienpädagogische Perspektiven. In: DISKURS, 10, 2000, Heft 1, 15-24.

Hedtke, R./Kahlert, J./Schwier, V.: Unterrichtsmaterialien aus dem Internet: Eine empirische Studie über das Rechercheverhalten vom Lehrenden. In: Gegenwartskunde 47 (3), 1998, S. 363-375.

Hölscher, C./Strube, G.: Web Search Behavior of Internet Experts and Newbies. In: 9th International World Wide Web Conference, The Web: The Next generation, Amsterdam, May 15-19 2000, Conference Proceedings, available at: [http://www9.org/w9c-drom/81/81.html]

Jansen, B. J./Spink, A./Saracevic, T.: Real life, real users, and real needs: a study and analysis of user queries on the web. In: Information Processing and Management, 36 (2), 2000, pp. 207-227.

Large, A./Beheshti, J.: The Web as a Classroom Resource: Reactions from the User. In: Journal of the American Society for Information Science, 51 (12) 2000, pp. 1069-1080.

Naumann, A./Waniek, J./Krems, J. F.: Vergleich von Wissenserwerb und Navigationsstrategien bei linearen Texten und Hypertexten. In: W. Frindte, T. Köhler, P. Marquet, E. Nissen (Eds.). IN-TELE 99 – Internet-based teaching and learning 99. Frankfurt a. M. 2001, pp 305-310.

Neuman, D.: High School Students' Use of Databases: Results of a National Delphi Study. In: Journal of the American Society for Information Science, 46 (4), 1995, pp. 284-298.

---

nicht wesentlich verfälscht, zumindest werden keine ganz abwegigen Terme in die Suche einbezogen.

9   Eine Zwischenantwort wie z.B. bei Google vom Typ „Sie wollten wohl nach Y suchen" scheint nur ein unnötiger, zeitraubender Umweg zu sein, wenn die korrigierten Suchterme zusammen mit dem Suchergebnis in der Beschreibung der durchgeführten Aktion genannt werden.

Priemer, B./Schön, L.-H.: Physiklernen mit dem Internet. In: Deutsche Physikalische Gesellschaft (Hrsg.) Didaktik der Physik. Vorträge der Frühjahrstagung der DPG. Leipzig 2002, im Druck preprint unter [http://www.physik.hu-berlin.de/gruppen/didaktik/forschung/internet/priemer_dpg_2002.PDF].

Priemer, B./Schön, L.-H.: Können Schüler Physik mit dem Internet lernen? In: Brechel, R. (Hrsg.): Zur Didaktik der Physik und Chemie. Berlin 2002, S. 186-188

Robertson, J.: Deploying an Effective Search Engine: Case study. 2001. [http://www.steptwo.com.au/papers/search/pdf/SearchEngine.pdf]

Schacter, J./Chung, G. K. W. K/Dorr, A.: Children's Internet Searching on Complex Problems: Performance and Process Analyses. In: Journal of the American Society for Information Science, 49 (9), 1998, pp 840-849.

Schulz, U.: Das Projekt ‚Kinder-OPAC' am Fachbereich Bibliothek und Information der FH Hamburg 1998. [http://www.bui.fh-hamburg.de/projekt/buecher-reise/kopart.htm].

Shneiderman, B.: Designing the User Interface: Strategies for Human-Computer Interaction. 3rd ed. Reading et. al: Addison-Wesley, 1998.

Silverstein, C./Henzinger, M./Marais, H./Moricz, M.: Analysis of a Very Large AltaVista Query Log. SRC Technical Note 1998-014.

Spink, A./Xu, J. L.: Selected results from a large study of Web searching: the Excite study. In: *Information Research*, 6 (1), 2000. [http://informationr.net/6-1/paper90a.html].

Wolfram, D./Spink, A./Jansen, B. J./Saracevic, T.: Vox populi: The public searching of the web. In: Journal of the American Society of Information Science, 52 (12), 2001, pp. 1073-1074.

Christian Swertz

Die didaktische und technologische Konzeption der Online-Bildungsplattform für die Bundesinitiative „Jugend ans Netz"

1. Die Bundesinitiative Jugend ans Netz

Die Bundesinitiative Jugend ans Netz (BIJaN) ist ein Forschungs- und Entwicklungsprojekt, das vom Bundesministerium für Familie, Senioren, Frauen und Jugend gefördert wird. Ziel des Projektes ist die Ausstattung von Jugendhilfeeinrichtungen mit Computertechnik durch Public-Private-Partnership analog zum Projekt Schulen ans Netz. Die Ausstattungsinitiative wird verbunden mit der Entwicklung einer Internetplattform, die Angebote für Jugendliche bereitstellt. In dieser Arbeit steht die pädagogische Konzeption der Internetplattform im Mittelpunkt. Es wird ein Vorschlag für eine didaktische Ontologie sozialer Arbeit zur Diskussion gestellt. Der Vorschlag greift auf die Ergebnisse des L-3-Projekts zurück, in dem eine didaktische Ontologie für das Online-Lernen im Weiterbildungsbereich entwickelt wurde.

Nach welchen Prinzipien kann die geplante Plattform pädagogisch strukturiert werden? Um diese Frage beantworten zu können, ist ein interdisziplinäres Vorgehen erforderlich. Medienpädagogische, didaktische und sozialpädagogische Konzepte müssen verbunden werden. Das kann nur vor dem Hintergrund allgemeinpädagogischer Überlegungen gelingen, die eine integrierende Strukturierung anleiten. Die folgenden Überlegungen stellen zwei Thesen in den Mittelpunkt:

– Computertechnologie erfordert wie jedes Medium eigene Formen der Organisation von Wissen. Die These ist, dass Computertechnologie individuell navigierbare Hypertexte aus bildschirmgroßen Objekten erfordert, die zur Unterstützung von Bildungsprozessen didaktisch strukturiert werden müssen.
– Computertechnologie wird in pädagogischen Handlungsfeldern meist mit einer bestimmten Software eingesetzt. Die Software (Algorithmus) kann innerhalb der Grenzen der Computertechnologie gestaltet werden. Die These ist, dass die Software und damit das Medium nach pädagogischen Gesichtspunkten zu gestalten ist. Mediengestaltung meint dabei die Gestaltung des Mediums, nicht die der Inhalte.

Die erste These erfordert methodisch eine Analyse der Computertechnologie. Eine solche Analyse bedarf einer begrifflichen Grundlage, die es erlaubt, von einzelnen Medien zu abstrahieren. Ein allgemeiner Medienbegriff ist erforderlich, da ein klassifikatorischer Medienbegriff angesichts der fortlaufenden Neuerfindung von medialen Formen mit der Computertechnologie keine tragfähige Grundlage für die medienpädagogische Theoriebildung sein kann. Die geplante Mediengestaltung der Computertechnologie bedarf des Medienbegriffs schon wegen der fehlenden etablierten kulturellen Formen, die eine Mediengestaltung orientieren können. Im Folgenden wird ein Ansatz zur Mediengestaltung entwickelt. Methodisch wird dazu vor bildungstheoretischem Hintergrund eine Analyse der medialen Eigenschaften der Computertechnologie mit didaktischen Modellen verbunden.

Hier sind also zunächst die medienpädagogischen, didaktischen und bildungstheoretischen Ansätze (ergänzt um informationswissenschaftliche Konzepte) darzustellen, die der weiteren Argumentation als Folie dienen. Vor diesem Hintergrund wird die didaktische Konzeption und das entwickelte Metadatensystem vorgestellt und Ansätze der technischen Umsetzung skizziert.

2. *Theoretische Grundlagen*

Die Absicht, einen allgemeinen Medienbegriff zu entwickeln, stößt auf ein paradigmatisches Problem: Die Formulierung eines allgemeinen Medienbegriffs ist notwendig auf den Gebrauch eines Mediums angewiesen. Medien sind in Medientheorie und wissenschaftlicher Praxis gleichzeitig präsent. Damit stellt sich die Frage, inwiefern es methodisch möglich ist, einen Begriff von Medien zu entwickeln.

Das Problem mag vernachlässigbar erscheinen, wenn angenommen wird, dass Medien der Theorie prinzipiell neutral gegenüber stehen, dass es also keine Wechselwirkung von Medien und Theoriebildung gibt. Arbeiten aus unterschiedlichen Perspektiven haben jedoch gezeigt, dass die Art und Weise, wie wir uns zu uns selbst, zu anderen Menschen und zur Welt in Beziehung setzen, nicht unabhängig von den Medien ist, die wir dabei verwenden. Als Beispiel sei hier die Arbeit von Meyer-Drawe (1996) genannt, die darauf aufmerksam gemacht hat, dass wir uns selbst zunehmend in Abgrenzung zu Maschinen als uns selbst verstehen. Daran wird deutlich, dass wir in der Art und Weise, in der wir zu uns ich sagen, nicht unabhängig von den Medien sind, die wir dabei verwenden.[1]

Welchen Bedingungen muss eine Theorie genügen, damit dieses Problem angemessen erfasst werden kann? Zwei Momente sind besonders relevant:

–   Der Umstand, dass eine Theorie von Medien immer auch die Verwendung von Medien impliziert, hat zur Folge, dass die Theorie sich in der

---

1   Das damit aufgeworfene Problem liegt parallel zu dem, dass wissenschaftliche Theorien nicht unabhängig von den gesellschaftlichen Bedingungen und den individuellen Interessen sind, unter denen sie hervorgebracht werden.

Praxis ihrer Formulierung stets selbst mit in den Blick nehmen muss. Anders gesagt: Die Theorie muss in ihren eigenen Gegenstandsbereich fallen.

– Es kann kein Standpunkt eingenommen werden, der jenseits von Medien liegt. Es ist aber offensichtlich möglich, ein Medium zu gebrauchen und dabei ein anderes zu betrachten. Zwischen Medien bestehen Beziehungen, oder besser: Relationen, die eine Analyse von Medien ermöglichen, die jedoch keinen absoluten Standpunkt zur Verfügung stellen. Die Theorie muss also relational verfasst sein.

Eine Theorie, die eine solche Methode entwickelt, ist die Allgemeine Pädagogik von Hönigswald. Hönigswald untersucht die Bedingung der Möglichkeit der Tradierung von Geltung als Sinn des pädagogischen Verhaltens (Hönigswald 1927, S. 25). Tradierung von Geltung ist aber auch eine Bedingung der Möglichkeit der wissenschaftlichen Tätigkeit (a.a.O., S. 23). Damit ist die wissenschaftliche Untersuchung des pädagogischen Handelns zugleich auch pädagogisches Handeln.[2] Hönigswald kann so ansetzen, weil für ihn Prinzip und Faktum zusammenfallen (Meder 1975). Werden Prinzip und Faktum als grundsätzliche Einheit gedacht, liegt die Theorie in ihrem eigenen Gegenstandsbereich (Schneider 1989:, S. 33).

Hönigswald verwendet Relationen als Denkmethode in seiner Analyse pädagogischen Handelns (Schneider 1989, S. 29f.; Meder 1975, S. 9f.). Er denkt Begriffe nicht als unabhängige Ideen, sondern im historischen Wandel (zeitlich) und in Relationen zueinander (räumlich). Damit lenkt er den Blick auf die räumliche und zeitliche Dimension des Wissens. Die räumliche Dimension ist hier als mediale Repräsentation zu kennzeichnen, die zeitliche als Mitteilung und Aneignung. Hönigswalds Ansatz liefert damit den geeigneten Rahmen für eine Medientheorie. Die Bezüge der Hönigswaldschen Konzeption zum Medienbegriff können hier jedoch nicht dicht entwickelt werden und werden daher bei bei folgenden Vorstellung des Medienbegriffs nicht expliziert.

2.1 Medientheoretische Grundlagen

Medien sind Gegenstände, die von Menschen zu Zeichen gemacht werden (Abb.1). Die physikalische, die pragmatische und die semiotische Dimension von Medien sind in dialektischen Relationen zueinander zu denken (Swertz 2001). In der Schriftsprache ist z.B. zwischen der Bedeutung von Wörtern (semiotische Dimension), Farbe und Papier (physikalische Dimension) und dem Verstehen der Bedeutung der Farbe auf dem Papier als Zeichen (pragmatische Dimension) zu unterscheiden.

---

2   Dieser Umstand zeigt sich darin, dass eine wissenschaftliche Theorie den Anspruch erheben muß, tradiert zu werden. Insofern weist jede wissenschaftliche Theorie pädagogische Momente auf.

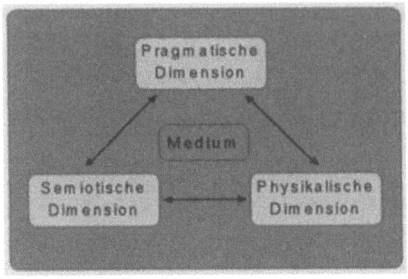

Abb. 1

Zwischen den Dimensionen eines Mediums und zwischen Medien besteht eine relationale Beziehung, die ich als mediale Reflexivität bezeichnet habe. Eine mediale Reflexion ist die Spiegelung eines Raumes in einem Aspekt. So ist ein Laut nur ein Aspekt aus dem Möglichkeitsraum der Luft. Dennoch spiegeln sich in dem Laut die physikalischen Eigenschaften der Luft. Ebenso ist ein Wort nur eine Auswahl aus dem Möglichkeitsraum der Sätze. Dennoch spiegeln sich in dem Wort die semiotischen Eigenschaften der Sätze. Zuletzt spiegelt sich in der semiotischen Dimension die physikalische Dimension, was z.B. daran sichtbar wird, dass ein gesprochenes Wort geschrieben eine andere zeitliche Struktur aufweist: es ist dauerhafter.

Durch den Austausch einer Dimension bei Beibehaltung einer anderen entsteht Reflexivität zwischen Medien. Insbesondere die Reflexion der Computertechnologie auf andere Medien und die damit verbundenen Verschiebungen in der physikalischen Dimension wird mit der Verwendung von Computertechnik in Bildungsprozessen pädagogisch relevant. Dabei besteht eine Besonderheit: Mit Computertechnologie als elektrischen, digitalen universellen Turingautomaten können zahlreiche Medien simuliert werden. Computertechnologie simuliert ein anderes Medium, indem ein Algorithmus so verwendet wird, als ob es sich um die physikalische Dimension eines Mediums handelt. Der verwendete Algorithmus ist in diesem Fall als physikalische Dimension der Simulation anzusehen, da es für die Computertechnologie keinen Unterschied zwischen der semiotischen und der physikalischen Dimension gibt.

Mit Computern ist es möglich, Wissen in unterschiedlichen medialen Simulationen zu präsentieren. Mit der Simulation sind Veränderungen in der Struktur des Mediums verbunden: die Speicherdauer wird verkürzt und damit die Dauerhaftigkeit gesenkt; die Übermittlungsgeschwindigkeit im Raum steigt. Ein solches Medium forciert, wie in Anlehnung an McLuhan (1992) und Innis (1997) gezeigt werden kann, die Tradierung nichtmystischer Wissensformen und unverbindliche Sozialbeziehungen (Swertz 2001).

Wissen, das an ein elektrisch-digitales Medium gebunden wird, wird beweglicher. Dieser Effekt wird durch die Möglichkeit, Wissen durch Algorithmen zu bearbeiten, verstärkt. Dieses dynamisierende Moment der Com-

---

3   Wie *Meder* schreibt, operiert jede Reflexion auf einer Metaebene über einer Objektebene. So reflektiert z.B. Sprache auf die Musik (*Meder* 1995a, S. 14). Die Operation auf der Metaebene erfaßt die Objektebene dabei nicht vollständig, sondern betont einen Aspekt, der dabei überhöht wird, indem er die Objektebene gleichsam spiegelt. Die damit verbundene Auswahl wird hier stärker in den Mittelpunkt gerückt.

putertechnologie forciert die Individualisierung in der Aneignung von Wissensbeständen. In die gleiche Richtung wirkt die im Vergleich zum Buchdruck geringe Auflösung von Bildschirmen. Die geringe Auflösung macht eine sinnliche Ergänzung der Wahrnehmung erforderlich (McLuhan 1992). Die fehlenden Details müssen vervollständigt werden. Dadurch forcieren Bildschirme involvierende Beziehungen – im Gegensatz zur distanzierenden Wirkung des Buchdrucks.

Neben der geringen Auflösung verändern Bildschirme die sinnliche Wahrnehmung von Kontexten. Während bei einem Buch der ganze Text wenigstens haptisch erfahrbar ist, entzieht sich die elektrische Repräsentation im Computerspeicher der Wahrnehmung. Wegen dieser Eigenschaft hat Meder Bildschirme als Schlüssellöcher bezeichnet (Meder 1998, S. 34f.). Die Darstellung hat keinen abschattierten Hintergrund, der als Kontext von Zeichen wahrgenommen und interpretiert werden könnte. Für die mediendidaktische Gestaltung von computerbasierten Wissenssystemen ist es daher erforderlich, von einer Bildschirmseite als kleinster zusammenhängender Einheit auszugehen. Der Kontext einer Bildschirmseite muss zusätzlich auf dem Bildschirm dargestellt werden, um den Hintergrund der Zeichen sinnlich erfahrbar zu machen. Der Kontext muss durch ein Navigationskonzept erschlossen werden, mit dem der jeweilige Ausschnitt in Beziehung zum vorhandenen Wissen gesetzt wird; damit wird zugleich „Häppchenwissen" vermieden.

Diese Eigenschaften der Computertechnik passen zum Fernsehen. Computertechnologie ist daher ein angemessenes Medium für ein Publikum, für das Fernsehen das dominante Medium darstellt. Für ein solches Publikum ist Computertechnologie als Medium der Bildung zu empfehlen; nicht aber für ein Publikum, für das der Buchdruck das dominante Medium darstellt. Der involvierende Charakter, den das fernsehgewohnte Publikum versteht, zeigt sich z.B. im motivierenden Effekt der Computertechnologie.

Computertechnologie forciert unverbindliche und involvierende Sozialbeziehungen sowie eine Individualisierung in der Auseinandersetzung mit Wissen. Damit deutet sich bereits an, dass die kulturelle Aneignung der Computertechnologie nicht ohne Wirkung auf die Kultur, und damit auch auf unsere Vorstellungen von Bildung bleibt.

2.2 Bildungstheoretische Grundlagen

Eine bildungstheoretische Analyse der kulturellen Aneignung von Computertechnologie hat Meder (1998) vorgelegt. Computertechnologie gilt ihm als Kulturtechnik, wenn sie (1) das ganze gesellschaftliche Leben auf allen Ebenen menschlicher Aktivitäten durchdringt und wenn sie (2) zugleich ein gesellschaftliches Problem betrifft, dessen Lösung als ein Wert an sich angesehen wird.

1. Computertechnologie durchdringt das gesellschaftliche Leben durch die Verbreitung und als abstrakter Problemlösungsautomat, da in der Moderne Welt nur noch als Problem wahrgenommen werden kann und daher überall Computer für Problemlösungen verwendet werden können.
2. Die Lösung der Probleme wird als Wert an sich angesehen, wenn die Lösung tradiert wird. Tradierung bestimmt Meder mit Hönigswald als Weitergabe von Kulturgütern von einer Generation auf die übernächste vermittels der zeitlich nächsten (Hönigswald 1927: 25). Die Tradierung geschieht in der Moderne im Modus des Widerstreits um Geltung. Computertechnologie ermöglicht diesen Widerstreit um Geltung, weil sie als abstrakter Problemlösungsautomat mit Inhalten gefüllt werden kann.

Computertechnologie als Kulturtechnik kann in Bildungsprozessen verwendet werden. Der Bildungsprozess ist die Herstellung eines individuellen Verhältnisses zur Welt, zur Gesellschaft und zu sich selbst (Meder 1998). Die drei Verhältnisse sind sprachlich vermittelt. Computertechnologie erlaubt es, diese Verhältnisse auf spezifische Weise herauszubilden. Sprachliches Problemlösen wird durch die Erfindung und Erprobung von geeigneten Sprachen ermöglicht. Computertechnologie macht es dabei erforderlich, nicht nur die Sprache, sondern auch die Konstruktionsprinzipien der sprachlichen Verhältnisse zu reflektieren. Das Medium Computer erfordert im Bildungsprozess das Reflexiv-werden der Sprache. Sprache als Mittel der Reflexion des Verhältnisses zur Welt wird damit als Mittel der Reflexion auf dieses Verhältnis verwendet – und damit doppelt reflexiv. Der gebildete Mensch wird so zum Sprachspieler. Nach dieser Analyse von Meder forciert Computertechnologie den Umstand, dass Lernende sich im Lernprozess nicht zur zum Wissen, sondern auch zum Prozess des Lernens in Beziehung setzen. Computertechnologie forciert damit selbstgesteuertes Lernen.[4]

Neben der doppelt reflexiven Struktur wird durch Computertechnologie unser Verhältnis zu anderen ästhetisiert. Selbstdarstellung als Performanz eines kontingenten Entwurfs rückt nach Meder in den Mittelpunkt des Bildungsgedankens. Diese Ästhetisierung findet sich auch in unserem Verhältnis zur Welt. Es geht in computervermittelten Bildungsprozessen um die beste mögliche Darstellung von Welt, nicht die Darstellung der besten Welt. Es geht nicht mehr um Einheit, sondern um die feine Differenz. Der gebildete Mensch als Sprachspieler bewahrt in der feinen Differenz seine Eigenständigkeit auch gegenüber der Gesellschaft. Bei der Konzeption einer Online-Plattform muss daher die ästhetische Selbstdarstellung der Lernenden und die Möglichkeit, dabei Differenzen herzustellen, berücksichtigt werden. Wie muss Wissen organisiert werden, damit diesen Anforderungen angemessen begegnet werden kann?

---

4   Hier drängt sich die These auf, daß die derzeitigen Tendenzen zum selbstgesteuerten, selbstorganisierten oder informellen Lernen, die diesem Umstand Rechnung tragen, als pädagogische Reaktion auf einen medieninduzierten kulturellen Wandel zu verstehen sind.

2.3 Didaktische Grundlagen

Die Organisation von Wissen ist Gegenstand der Didaktik. Da die Produktion von Online-Lernumgebungen in der Regel mit Computern erfolgt, kann auf Grundlage eines didaktischen Konzepts nicht nur Wissen, sondern auch die Software so gestaltet werden, dass die didaktisch sinnvolle Produktion und Rezeption von Inhalten forciert wird; die Struktur des Mediums setzt dann unpassenden Formen der Wissensorganisation gleichsam einen Widerstand entgegen, wobei Unangemessenheit als Zug im Sprachspiel jederzeit möglich bleibt.

Dabei mag es zunächst überraschen, dass ein Konzept für ein sozialpädagogisches Projekt auf didaktische Überlegungen zurückgeführt wird; zumal die folgenden Überlegungen nicht auf die Vermittlung von sozialpädagogischen Kenntnissen, sondern auf die soziale Arbeit selbst zielen. Wird jedoch als Gegenstand der Didaktik die Organisation von Wissen nach pädagogischen Prinzipien und pädagogisches Handeln als Verständigung über Wissensbestände angesehen, betreffen didaktische Überlegungen pädagogisches Handeln schlechthin.

Die Computertechnologie stellt für die Didaktik eine besondere Herausforderung dar, weil sie Wissensbestände dynamisiert. Die Anordnung von Wissensbeständen kann während des Verständigungsprozesses verändert werden. Während beim Buchdruck die Anordnung vor dem Druck festgelegt wird und dann immer gleiche Exemplare produziert werden, die alle alles auf dieselbe Art und Weise lehren, kann mit Computertechnologie die Anordnung der Inhalte während des Lernprozesses innerhalb der Grenzen universeller Turingautomaten individuell variiert werden. So können feine Differenzen hergestellt werden. Eine Festlegung auf ein bestimmtes didaktisches Modell (z.B. getaktetes Lernen, entdeckendes Lernen etc.) wird durch die dynamisierende und individualisierende Struktur der Computertechnologie jedoch unterlaufen. Die Inhaltswahl kann individuell erfolgen und das verwendete didaktische Modell kann für oder von jeder und jedem Lernenden individuell gewählt werden.[5]

Damit konkretisiert sich die Frage nach der Organisation des Wissens: Wie kann Wissen so organisiert werden, dass eine individuelle Auswahl des Wissens und des didaktischen Modells möglich ist? Die Möglichkeit einer solchen Didaktik hat Flechsig mit seinem Göttinger Katalog demonstriert (Flechsig 1983). Seine Systematik verdichtet die Vielfalt didaktischen Handelns in 20 Arbeitsmodelle. Wissen muss für individuelle Lernverläufe also nicht beliebig reorganisierbar sein, sondern im Blick auf 20 Modelle.

Wie muss Wissen organisiert werden, damit es nach didaktischen Modellen angeordnet werden kann? Dazu ist es sinnvoll, Wissen so zu organisieren, dass nicht jedes Modell einzeln abgebildet wird, sondern dass Wissen,

---

5   Damit ist nicht verbunden, die Lernenden völlig frei zu setzen. Auf den Ausdruck des Anspruchs auf Tradierung von Geltung kann, wie Höngiswald (1927) gezeigt hat, letztlich nicht verzichtet werden.

das in verschiedenen Modellen zu unterschiedlichen Zeitpunkten benötigt wird, nur einmal produziert und dann bei Bedarf ausgegeben wird. Die medientheoretischen Überlegungen im letzten Abschnitt haben deutlich gemacht, dass dabei von bildschirmgroßen Wissenseinheiten auszugehen ist. Damit diese Wissenseinheiten in unterschiedliche Sequenzen gebracht werden können müssen sie in sich geschlossen, d.h. kohäsiv sein (Swertz 2000). Diese in sich geschlossenen Wissenseinheiten können dann in das gewünschte didaktische Modell angeordnet werden.

Diese Anordnung läßt sich nun zunächst nicht automatisieren, da für die Anordnung ein Verstehen der Inhalte der Wissenseinheiten erforderlich ist. Für universelle Turingautomaten ist aber kein Verstehen möglich. Um eine automatische Sequenzierung zu ermöglichen, muss die didaktische Bedeutung des Wissens zusätzlich erfasst werden. Dazu werden didaktische Metadatensysteme verwendet. Die didaktische Bedeutung des Wissens wird durch die Autorinnen und Autoren mit Hilfe der Metadaten abgebildet. Die Autorinnen und Autoren verstehen das Wissen und können daher eine zutreffende Typisierung vornehmen. Dabei kann keine letztlich eindeutige Typisierung vorgenommen werden; es gilt, die bildschirmgroßen Wissenseinheiten mit dem dominanten Medien- und Wissenstyp zu typisieren. Das Metadatensystem orientiert dabei zugleich die Inhaltsproduktion und senkt so den Produktionsaufwand.

Mit Computertechnologie kann dann die individuelle Sequenzierung auf Grund der Metadaten automatisiert werden. Auch dabei geht Computertechnologie wieder verständnislos vor. Es muss vorher exakt festgelegt werden, wann welches Wissen nach welchem Modell präsentiert werden soll. Zusätzlich kann die manuelle Sequenzierung durch Lehrende und Lernende offen gehalten werden.

Ein Ansatz für die didaktische Typisierung von bildschirmgroßen Wissenseinheiten findet sich ebenfalls bei Flechsig, der für das CEDID-System (Computerergänztes didaktisches Design) die Unterscheidung von Orientierungswissen, Handlungswissen, Erklärungswissen und Quellenwissen eingeführt hat. Diese Unterteilung umfasst Wissen, das rezeptiv angeeignet wird.

Mit der didaktischen Typisierung und der automatischen Sequenzierung von Wissenseinheiten wird nun bereits eine Anpassung von Lernverläufen an den individuellen Bedarf und damit die Herstellung feiner Differenzen möglich. Es ist aber nicht möglich, den einzig richtigen Lernweg für jede und jeden Lernenden im Vorfeld festzulegen. Da Lernen kein deterministisch bestimmbarer Prozess ist, muss es Lernenden ermöglicht werden, den geplanten Lernweg jederzeit zu verlassen und damit in den Widerstreit zum Wissen zu treten. Das kann zum einen durch die Kooperation mit Tutorinnen und Tutoren geschehen, denen gegenüber das Wissen in Frage gestellt wird, zum anderen durch die freie Navigation in der Wissensbasis. Das Wissen muss also so organisiert werden, dass nicht nur die Navigation anhand didaktischer Modelle, sondern auch die freie Navigation in der Wissensbasis möglich ist. Dazu sind informationswissenschaftliche Verfahren geeignet.

2.4 Informationswissenschaftliche Grundlagen

Während es in der Mediendidaktik darum geht, Wissen mit dem Ziel der Vermittlung medial zu organisieren, geht es in der Informationswissenschaft darum, bestehende Dokumente zu erschließen. Entscheidend für das hier diskutierte Konzept ist dabei der Ansatz, Dokumente so zu erschließen, dass sie bedarfsgerecht an Nachfragerinnen und Nachfrager vermittelt werden können (Seeger 1991, S. 23). Retrievalverfahren ermöglichen es Benutzerinnen und Benutzern, Dokumente selbst zu lokalisieren (Ratzek 1991, S. 242). Im Mittelpunkt steht dabei das Problem, auf eine Suchanfrage hin alle relevanten Dokumente zu finden (recall) und keine irrelevanten Dokumente nachzuweisen (precision). So ist beim wissenschaftlichen Arbeiten die Recherche vorhandener Literatur ein wichtiger Schritt bei der Erschließung eines neuen Themas. Aus didaktischer Sicht Sicht kann diese Tätigkeit als selbstgesteuertes Lernen verstanden werden. Hilfreich sind informationswissenschaftliche Methoden aber auch innerhalb eines formellen Kurses, weil mit diesen Methoden die Lernenden auch unabhängig von geplanten Lernverläufen für sie relevantes Wissen aneignen können.

Welche Erschließungsverfahren sind nun für Lernplattformen geeignet? Informationswissenschaftliche Verfahren erschließen Dokumente formal (Titel, Autor etc.) und inhaltlich. Zur inhaltlichen Erschließung werden neben Abstracts Indexierungsverfahren eingesetzt. Dabei kann zwischen Volltextindexierung als offenes System, bei dem die Indexierungsterme aus den Dokumenten entnommen werden, und Klassifikationen und Thesauri als geschlossene Systeme, die mit kontrollierten Begriffssystemen arbeiten, unterschieden werden (Knorz 1991, S. 126). Klassifikationen stellen ein universelles Begriffssystem dar, mit dem jedes Dokument mit Hilfe der künstlichen Klassifikationssprache erschlossen wird (Dahlberg 1974). Thesauri basieren auf der natürlichen Sprache, die in einem Gebiet verwendet wird. Aus dieser Sprache wird ein kontrolliertes Indexierungs- und Retrievalvokabular entwickelt, in dem die Termini durch Relatoren verbunden sind (Wersig 1978, S. 28ff.).

Für die Zwecke der Lernplattformentwicklung ist zunächst die Volltextindexierung der Wissenseinheiten sinnvoll, die eine hohe Flexibilität bei der Recherche bietet. Zwar steigen mit dem Umfang der Wissensbasis die Anforderungen an die Suchstrategien; im Wissensbestand eines Kurses kann diese Strategie aber sehr effizient sein.

Für den Aufbau einer Lernplattform nach der bisher skizzierten Didaktik stellt sich das Problem, die didaktisch bestimmten Wissenseinheiten thematisch zu ordnen. Es ist naheliegend, alle Wissensarten zu einem Thema zusammenzufassen. Eine solche Zusammenstellung wird als Lerneinheit bezeichnet. Hier wird nun vorgeschlagen, das Thema der Lerneinheit als Indexierungsterm (und nicht als Titel) aufzufassen.

Die Lerneinheiten können mit einer Klassifikation oder einem Thesaurus organisiert werden. Einer Universalklassifikation entspricht in didaktischem Kontext ein in Feinziele operationalisiertes fächerübergreifendes Curriculum.

Ein solches Curriculum liegt jedoch nicht vor und ist wahrscheinlich auch nicht zu entwickeln. Schon deswegen ist ein Thesaurus vorzuziehen. Die Themen sind in einem Thesaurus einer Bezeichungskontrolle, einer terminologischen Kontrolle (z.B. Homonym- und Polysemkontrolle) und einer Begriffskontrolle zu unterziehen (Wersig 1978, S. 46ff.).

Die Begriffe werden in einem Thesaurus durch typisierte Relationen miteinander verbunden (vgl. z.B. DIN 1483). Mit den Relationen wird die thematische Struktur eines Gebiets abgebildet. Auf dieser Grundlage können den Lernenden Retrieval- und Navigationswerkzeuge angeboten werden (z.B. Schlagwortsuche, Indexe, Wissenslandkarten, Gliederungen). Mit den Relationen werden Wege zwischen den Begriffen erschlossen. Es bietet sich an, diese Wege didaktisch zu verstehen. Auf die Linkstruktur können didaktische Modelle abgebildet werden, die sich an der sachlogischen Struktur des Gebiets orientieren.

Durch die Integration informationswissenschaftlicher Methoden in Online-Lernumgebungen erhalten Lernende und Lehrende die Möglichkeit, benötigtes Wissen frei in der Wissensbasis zu recherchieren. Innerhalb eines Kurses können mit Retrievalverfahren geplante Lernsequenzen durchbrochen werden. Damit können die Lernenden jederzeit die Verantwortung für den Lernprozess übernehmen, d.h. selbstbestimmt lernen. Es ist anzunehmen, dass diese Verantwortungsübernahme durch die mediale Struktur der Computertechnologie forciert wird. Damit wird die Übernahme als Verantwortung für den eigenen Lernprozess als verstecktes Lernziel in der Struktur der Plattform realisiert. Damit sind die Grundzüge und Hintergründe des hier vorgestellten didaktischen Metadatensystems entwickelt; die Details des Systems können jetzt in den Blick genommen werden.

3. Das didaktische Metadatensystem

Der Versuch, die dargestellten theoretischen Grundüberlegungen in ein praktisch anwendbares Metadatensystem umzusetzen, führt notwendig auf das pädagogische Theorie-Praxis-Problem. Da eine Deduktion praktischer Handlungsanweisungen wegen der Professionalisierungsbedürftigkeit pädagogischen Handelns (Oevermann 1996) auch für die Inhaltsproduktion nicht möglich ist, kann das Metadatensystem nur heuristisch entwickelt werden. Das Metadatensystem muss also dem jeweiligen Bedarf angepasst werden.[6] Bei der Anpassung des Metadatensystems lohnt es sich, Grundkategorien möglichst weitgehend beizubehalten, um das Überspielen von Wissensbeständen von einer Lernplattform zu einer anderen zu erleichtern. In diesem Sinne wird im folgenden die Anpassung des Metadatensystems, das unter der Leitung von Norbert Meder im L-3- Projekt für die berufliche Bildung entwickelt worden ist (vgl.

---

6   Eine andere Vorgehensweise würde auch die historische und kulturelle Relativität
     der Tradierung von Wissen übergehen.

dazu Meder: in Druck sowie die L-3- Projektdokumentation) für das BIJaN-Projekt beschrieben. Die Details des Metadatensystems werden dabei vollständig vorgestellt, aus Platzgründen werden aber nur die Veränderungen expliziert. Die wesentlichen Grundzüge (grundlegende Wissensarten, Unterteilung in Wissens- und Lerneinheiten, Relationierung der Lerneinheiten etc.) wurden beibehalten. Anpassungen mussten erst unterhalb der dritten Ebene des Metadatensystems vorgenommen werden.

Bisher wurde gezeigt, dass Online-Lernumgebungen aus medienpädagogischer und didaktischer Sicht aus bildschirmgroßen Wissenseinheiten aufgebaut werden müssen, die durch den Medientyp und die didaktischen Wissensart bestimmt sind. Die Wissenseinheiten werden zu Lerneinheiten zusammengefasst, die mit typisierten Relationen verbunden werden.

Für die Typisierung wird dabei in der erstene Ebene zwischen rezeptivem, interaktivem, kooperativem und relationalem Wissen unterschieden:

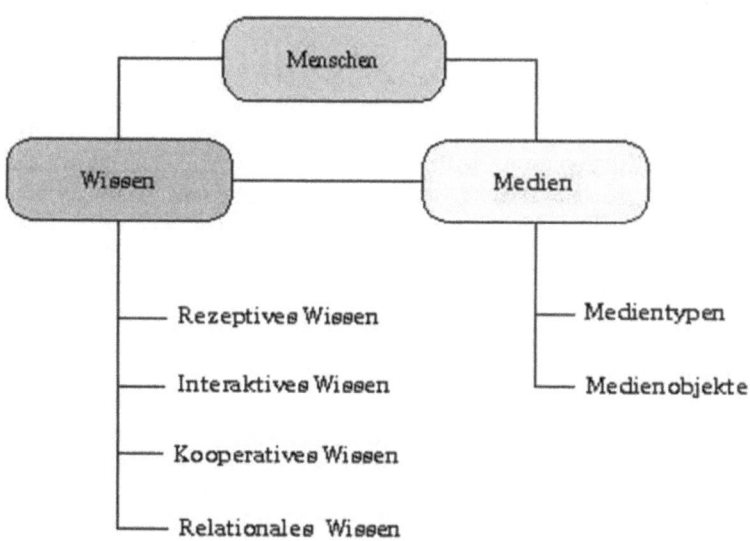

- – Rezeptive Wissenseinheiten sind solche, bei denen Wissen passiv wahrgenommen wird.
- – Interaktive Wissenseinheiten sind solche, bei denen Lernende in Interaktion mit dem Computer treten.
- – Kooperative Wissenseinheiten sind solche, bei denen die Lernenden in Kommunikation mit Lehrenden oder Lernenden treten.
- – Relationales Wissen ist solches, bei dem die Lernenden Relationen zwischen Lerneinheiten folgen. können.

Diese Unterscheidung ist auch bei den Medientypen zu berücksichtigen.

3.1 Medien

Eine Wissenseinheit kann durch den Simulationscharakter der Computertechnologie in unterschiedlichen medialen Formaten präsentiert werden. Diese medialen Formate weisen unterschiedliche didaktische Qualitäten auf. Daher muss auch das mediale Format der Wissenseinheiten typisiert werden. Der didaktische Medientyp ist jedoch nicht mit technischen Formaten identifizierbar. Um die technischen Formate erfassen zu können, wurde die didaktische Ontologie für das BIJaN-Projekt gegenüber der L-3- Systematik um Medienobjekte erweitert.

3.1.1 Medienobjekte

Medienobjekte enthalten jeweils ein technisch bestimmtes Format für die Eingabe und Darstellung von Wissen. Beispiele sind ein Chat, der im Eingabemodus aufgerufen eine Konfigurationsseite präsentiert und im Darstellungsmodus den erstellten Chatraum, oder eine HTML-Seite, die im Eingabmodus einen WhatYouSeeIsWhatYouGet – Editor präsentiert und im Darstellungsmodus die HTML-Seite ausgibt. Beispiele für die geplanten Medienobjekte für das BIJaN-Projekt sind: HTML-Seite, Grafikseite, HTML-/Grafikseite, Flash-Animation, MPEG2-Video, Linkliste, Dateidownload, Mehrfachwahlfragen, lickertskalierte Fragen, Kursauswahl, Wissenssuche, Benutzerinnen- und Benutzersuche, Fragebogen, Benutzerregistrierung, Benutzerdatenverwaltung, Institutionendaten, Events, Beratersuche, Metadatenkonfiguration, Autorentool, synchrone Lernberatung, asynchrone Lernberatung, synchrone psychosoziale Beratung und asynchrone psychosoziale Betratung. Diese Liste wird im Laufe des Projekts anhand des jeweiligen Bedarfs weiterentwickelt.

Das Konzept der Medienobjekte bietet den Vorteil, dass das System technisch anhand des jeweiligen Bedarfs leicht erweitert werden kann. Die Medienobjekte können durch die Zuordnung zu Wissens- und Lerneinheiten flexibel im System eingesetzt werden. Indem z.B. auch die Kursauswahl als eine Form von Wissen betrachtet wird, wird die Struktur des Systems selbst wieder zum Gegenstand der didaktischen Organisation von Wissen mit dem System; die Lernplattform rückt damit in ihren eigenen Gegenstandsbereich. Die Medienobjekte enthalten nun aus didaktischer Sicht unterschiedliche Medientypen.

3.1.2 Medientypen

Die Medientypen werden anhand der grundlegenden Kategorien unterschieden in Kommunikationsmedien, Präsentationsmedien und Interaktionsmedien. In den weiteren Kategorien geht es nicht darum, möglichst differenziert die technisch möglichen Variationen wiederzugeben (dazu werden Medienobjekte verwendet), sondern die Medien anhand der didaktischen Eigenschaften zu typisieren. Die Kategorien der Präsentationsmedien erlauben auch Variationen des Abstraktionsgrads. Unterscheidet man zwischen bildlicher, ikonischer und symbolischer Darstellung, ist klar, dass die bildliche Darstellung in einem Foto, die ikonische in einer Grafik und die symbolische in einem Text zu finden ist.

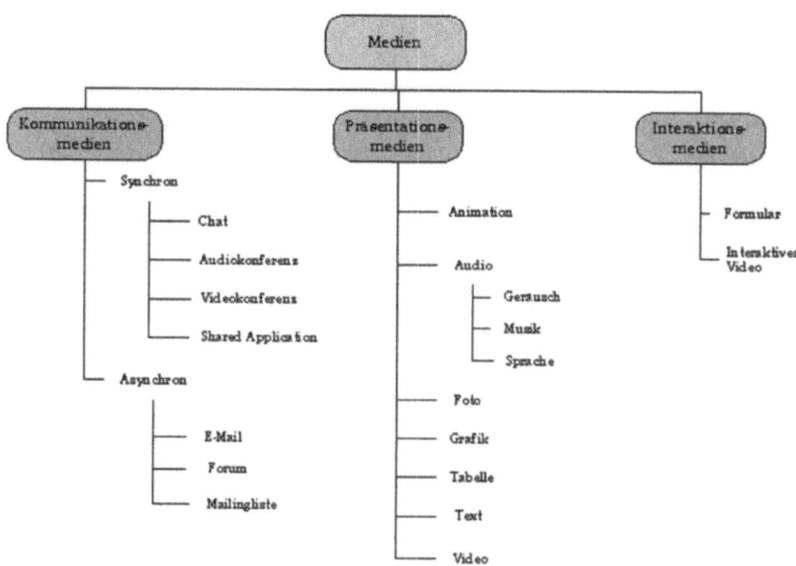

3.1.3 Mediale Verläufe

Die Wissenseinheiten können anhand des Medientyps in unterschiedlichen didaktischen Modellen präsentiert werden. Die Sequenzierung von Wissenseinheiten hat Meder im L-3- System als Microstrategien bezeichnet. Als mediale Microstrategien schlägt er medial beschleunigte und medial verlangsamte Verläufe vor.

– Für einen medial beschleunigten Verlauf werden die Medientypen in folgender Reihenfolge angeordnet: Text, Klang, Grafik, Foto, Video.
– Bei medial verlangsamten Verlauf werden die Medientypen in folgender Reihenfolge angeordnet: Video, Grafik, Klang, Text.
– Ergänzend zu diesen Verläufen können die Medien auch in abstrahierende und konkretisierende Verläufe angeordnet werden.
– Für einen abstrahierenden Verlauf werden die Medientypen in der Reihefolge Video, Foto, Audio, Animation, Grafik, Tabelle, Text angeordnet.
– Für einen konkretisierenden Verlauf werden die Medientypen in der Reihenfolge Text, Tabelle, Grafik, Animation, Audio, Foto, Video angeordnet.

Die medialen Verläufe müssen dabei nicht notwendig vollständig sein. Die Reihenfolge ist so zu verstehen, dass die Medientypen in dieser Reihenfolge präsentiert werden, wenn überhaupt verschiedene Medientypen vorhanden sind. Umgekehrt läßt sich aber fordern, dass zu jeder Wissensart verschiedene Medientypen produziert werden müssen, wenn die medialen Verläufe individuell variieren sollen. Die Medientypen werden Wissensarten zugeordnet, d.h. dass eine Wissenseinheit verschiedene mediale Darstellungen einer Wissensart enthalten kann.

3.2 Wissensarten

Die Typisierung der Wissensarten folgt nach der L-3- Systematik von Meder wie die Medientypen den oben dargestellten Grundkategorien. Es wird zwischen rezeptivem, interaktivem und kooperativem Wissen zu unterscheiden.

3.1.1 Rezeptive Wissenseinheiten

Die rezeptiven Wissenseinheiten der L-3- Systematik wurden für das BIJaN-Projekt gekürzt und die Anordnung leicht überarbeitet. Die Kürzungen wurden vor allem bei Wissensarten vorgenommen, die in sozialpädagogischen Kontexten selten vorkommen (mathematische Beweise, Lehrsätze, Theoreme etc.). Einzelne Wissensarten wurden umbenannt, um die intuitive Erfassbarkeit zu verbessern. So wurde Prozedur in Anleitung umbenannt, Warum-Erklärung in Beweis und Fallerklärung in Beispiel. Die Kategorie Quellenwissen wurde erheblich gekürzt und überarbeitet. Dabei wurde auch die Kategorie Glossar gestrichen, weil ein Glossar durch eine Indexsuche nach Lerneinheiten, die Wissenseinheiten mit der Wissensart „Definition" enthalten, erreicht werden kann. Neu hinzugefügt wurde die Kategorie „News" unter Orientierungswissen. Damit soll insbesondere der redaktionellen Teil in BIJaN ergänzt werden. Mit der Aufnahme dieser Wissensart wird auch dem Umstand Rechnung getragen, dass die Plattform nicht in einer Webseite als Lernsystem eingebunden wird, sondern dass die Homepage ebenfalls als Lernumgebung aufgefasst wird. Die Homepage, die Selbstvorstellung etc. bilden ein Kapitel, das die Plattform und deren Organisation selbst zum Inhalt hat.

3.1.2 Interaktive Wissenseinheiten

Die interaktiven Wissensarten wurden aus der L-3- Systematik weitgehend übernommen. Da die BIJaN-Plattform aber auch für Online-Befragungen eingesetzt werden soll, wurde eine Kategorie für Forschungsfragen aufgenommen und mit einigen einfachen Fragetypen versehen. Diese Fragen sind als Ergänzung zu den bereits vorhandenen Fragetypen zu verstehen. Freitextfragen können z.B. in Fragebögen ebenso wie in Prüfungen verwendet werden. Lickertskalierte Fragen sind bei Tests oder Selbstkontrollaufgaben jedoch nicht gebräuchlich und wurden daher gesondert ausgewiesen. Mit der Aufnahme dieser

Fragetypen entsteht die Möglichkeit, neben Werkzeugen für Wissenstests und Befragungen auch ein Werkzeug für die Durchführung von psychologischen Tests aufzubauen.

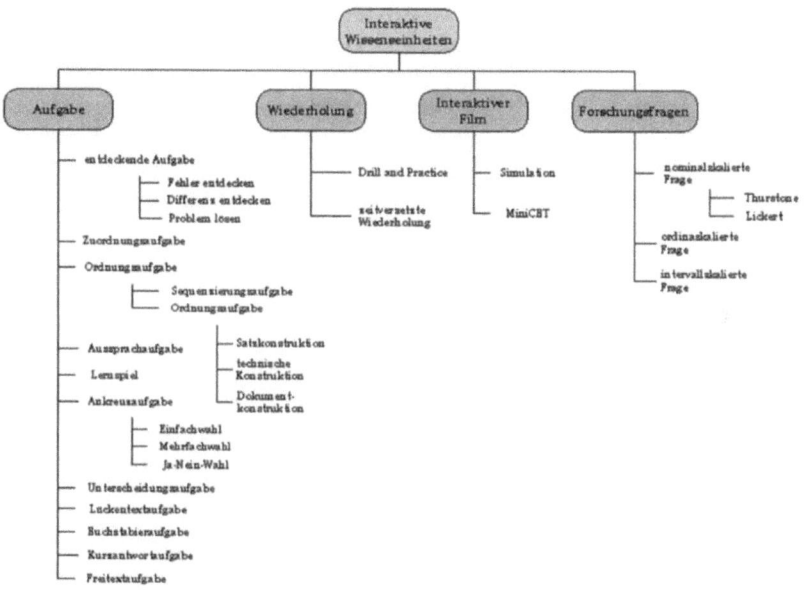

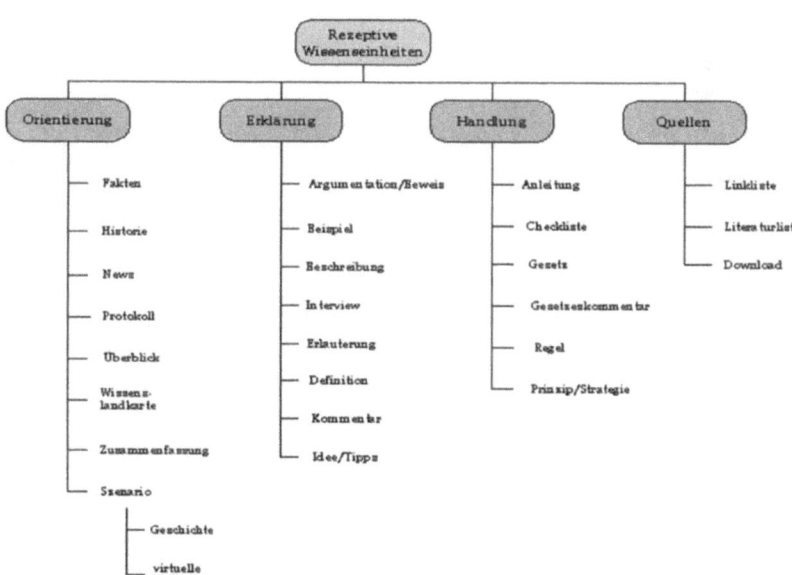

3.1.3 Kooperative Wissenseinheiten

Die kooperativen Wissenseinheiten sind ebenfalls weitgehend aus der L-3-Systematik von Meder übernommen. Zunächst wird zwischen geplanten und spontanen Kooperationen unterschieden. Spontane Kooperationen sind ungeplant und können jederzeit stattfinden. Geplante Kooperationen finden zu bestimmten Zeitpunkten (z.B. zur Sprechstunde) oder an einer bestimmten Stelle im Lernverlauf statt. Die Systematik der geplanten Kooperationen orientiert sich an der Gruppengröße. In Beratungen sind nur zwei Kooperationspartner anwesend, in Lerngesprächen, in Rollenspielen und Arbeitsgruppen sind kleine Gruppen (bis zu 30 TN) anwesend und Lernkonferenzen beziehen sich auf Großgruppen.

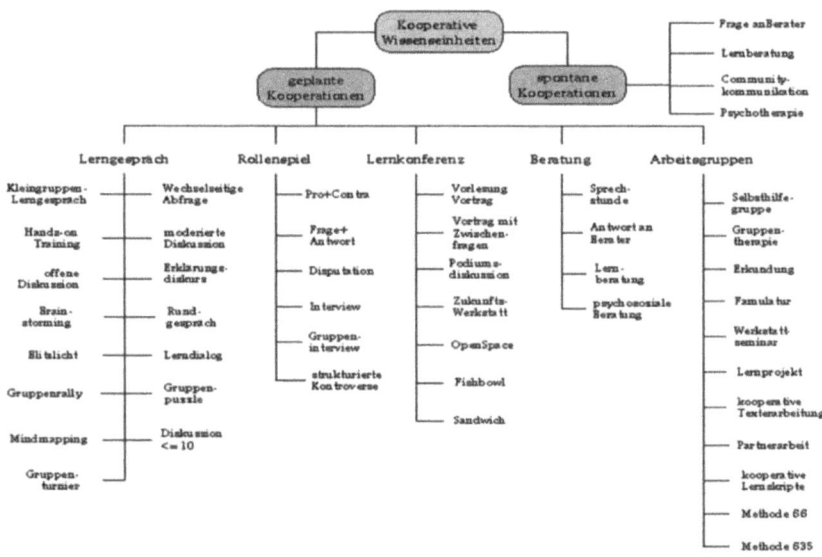

Überarbeitungen waren erforderlich, da im BIJaN eine psychosoziale Beratung und ein Communitybereich geplant sind. Um diesen Anforderungen gerecht zu werden wurde das Online-Tutoring in Beratung umbenannt. Dieser Bereich umfasst sowohl die Lernberatung als auch die psychosoziale Beratung. Die psychosoziale Beratung wurde als eigener Punkt aufgenommen, da die Zielsetzung der psychosozialen Beratung nicht mit der Zielsetzung der Lernberatung identisch ist. Gleiches gilt für die Arbeitsgruppen. Die Liste der Arbeitsgruppen wurde um Selbsthilfegruppen und Gruppentherapie ergänzt. Der Unterschied zwischen beiden Formen besteht in der Beteiligung einer bzw. eines Professionellen. Während Selbsthilfegruppen ohne professionelle Beraterinnen und Berater arbeiten und diese Rolle daher auch nicht eigens ausgewiesen werden muss, ist in der Gruppentherapie stets eine professionelle Beraterin oder ein professioneller Berater anwesend.

Eine ähnliche Erweiterung wurde bei den spontanen Kooperationsformen vorgesehen. Die spontane Lernberatung und die spontane psychosoziale Beratung (analog zur Telefonseelsorge) wurden unterschieden. Darüber hinaus wurde hier der Communitybereich ergänzt, der stets als spontane Kooperation aufgefasst werden kann.

Die genannten Kooperationsformen können durch eine entsprechende Medienwahl spezifiziert werden. So kann die psychosoziale Beratung mit asynchronen Medien (z.b. E-Mail) und mit synchronen Medien (z.b. Chat) durchgeführt werden. Die unterschiedlichen Rollen, z.b. in der Gruppentherapie, werden beim Anlegen der kooperativen Wissenseinheit spezifiziert. Dabei kann auch festgelegt werden, ob es sich um öffentliche oder private Kooperationsräume handelt. So können zum einen im Communitybereich private und öffentliche Kooperationsräume angelegt werden, zum anderen können etwa offene Selbsthilfegruppen oder geschlossene Therapiegruppen angelegt werden.

3.1.4 Microverläufe

Zwischen den Wissensarten einer Lerneinheit können didaktische Microverläufe bestimmt werden. Die Microverläufe werden aus der L-3- Systematik übernommen. Dort sind an Microverläufen geplant: Klassisch theoriegeleitet, klassisch regelgeleitet, klassisch beispielgeleitet, klassisch nach Herbart, handlungsorientiert, aufgabenorientiertes Modell, problemorientiertes Modell, Überblickslernen, rollengeleitetes Lernen, testorientiertes Modell und das gruppenorientierte Modell.

Hier können aus Platzgründen nur zwei Microverläufe dargestellt werden. Der klassisch-theoriegeleitete Verlauf beginnt mit einer Orientierung, die angibt, worum es geht; ähnlich einem advance-organizer. Nach der Orientierung wird die Erklärung präsentiert, die sagt, warum die jeweilige Sache so ist, wie sie ist. Damit wird das theoretische Wissen zuerst präsentiert. Daran schließt sich eine Selbstkontrollaufgabe an. Nach der Selbstkontrollaufgabe wird Handlungswissen präsentiert, das sagt, was zu tun ist, wie also das begründete Wissen angewandt werden kann. Auch hieran schließt sich eine Selbstkontrollaufgabe an. Nach dem Abschlusstest wird mit Quellenwissen ein Verweis auf weitere Informationsquellen angeboten.

Das beispielorientierte Design gruppiert den Lernverlauf um eine Sequenz von Beispielen. Zu jedem Beispiel werden weitere Wissensarten angeboten, die die Lernenden je nach Bedarf abrufen können. Auch das beispielorientierte Modell wird mit einem Abschlusstest abgeschlossen.

Die Microverläufe bestimmen den didaktischen Verlauf innerhalb einer Lerneinheit. Zwischen den Lerneinheiten wird der Verlauf anhand der vorhandenen typisierten Relationen bestimmt.

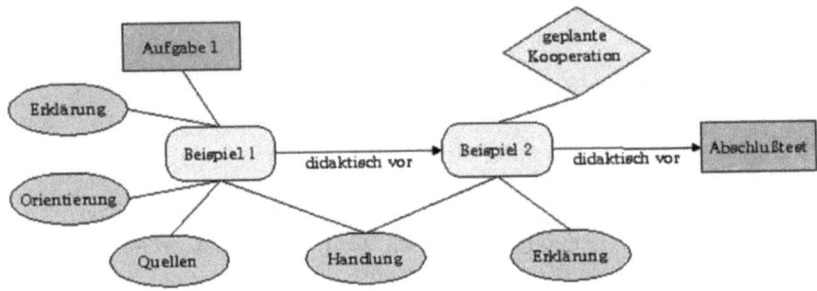

3.2 Relationales Wissen

Lerneinheiten umfassen ca. 5-10 Bildschirmseiten, die Wissensarten zum gleichen Thema enthalten. Die in Wissenseinheiten strukturierten Lerneinheiten werden durch typisierte Relationen miteinander verbunden. Durch das Relationensystem können verschiedene didaktische Modelle auf die Wissensbasis abgebildet werden. Diese Sequenzierung hat Meder als Macrostrategien bezeichnet.

3.2.1 Relationstypen

In den Relationstypen wird zunächst zwischen sachlogischen und didaktischen Relationen unterschieden. Diese Unterscheidung ist notwendig, weil es didaktische Modelle gibt, die nicht ausschließlich auf der sachlogischen Strutur abgebildet werden können. Die sachlogischen Relationen werden auch dafür verwendet, den Lernenden Navigationshilfen zur Aneignung des sachlogischen Kontextes eines Themas bereitzustellen. Die didaktischen Relationen können verwendet werden, um bei der Zusammenstellung von Kursen durch Lernende Themen zu identifizieren, die während der Zusammenstellung des Kurses nicht berücksichtigt wurden, die aber notwendig enthalten sein müssen, damit die recherchierten Themen angeeignet werden können.

Anhand der typisierten Relationen können Lerneinheiten automatisch in didaktische Macrostrategien angeordnet werden.

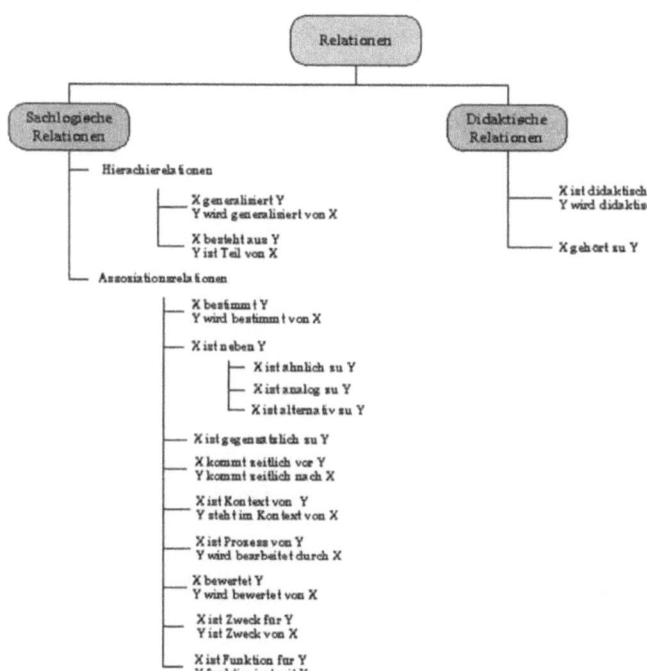

3.2.2 Macrostrategien

Macrostrategien beziehen sich auf die Verläufe zwischen Lerneinheiten. In den Macrostrategien wird jeweils ein Relationstyp als dominant gesetzt. Dieser Relationstyp bestimmt im wesentlichen den Lernverlauf. Weitere Relationen werden herangezogen, um in Fällen, in denen der dominante Relationstyp keine Entscheidung ermöglicht, die Sequenz zu bestimmen. Die folgenden Strategien wurden von Meder in der L-3- Systematik entwickelt:

1. *Goal-based bottum up*: Für dieses zielorientiert-induktive Modell werden die Lerneinheiten anhand der Hierarchierelation (generalisiert/besteht aus) angeordnet. Da dabei jede Lerneinheit mit mehreren hierarchisch höher geordneten Lerneinheiten verbunden sein kann, handelt es sich um einen Directed Acyclic Graph. Diese Struktur wird von unten nach oben zunächst so durchlaufen, daß jeweils nur das Orientierungswissen angegeben wird. Das Orientierungswissen der obersten Lerneinheit stellt das Ziel dar. Wenn dieses erreicht wird, werden die Lerneinheiten anhand der gewählten Microstrategie von unten durchlaufen. Dabei gibt es neben der Möglichkeit, während des ersten induktiven Durchlaufs alle Orientierungswissen zu präsentieren (next Top), auch die Möglichkeit, zunächst nur das Orientierungswissen der obersten Lerneinheit anzuzeigen (Top only) oder zunächst das Orientierungswissen der obersten Wissenseinheit

anzuzeigen und anschließend die Hierarchie mit Anzeige der Orientierungswissen zu durchlaufen (Top and next Top). In Kombination mit der problemorientierten Mircostrategie realisiert diese Macrostrategie das problemorientierte Lernen. In Verbindung mit der aufgabenorienierten Microstratgie wird das aufgabenorientierte Lernen realisiert. Dabei kann zwischen wechselnden Aufgaben bei gleicher Rolle und durchgängigg gleicher Aufgabe (Lernen in virtuellen Welten) unterschieden werden.

2. *Bottum up*: Diese Macrostrategie beschreibt ein rein induktives Lernen. Dabei werden wie bei der zielorientierten Strategie die Lerneinheiten anhand der hierarchischen Relationen geordnet. Die unterste Lerneinheit wird identifiziert. Wenn mehrere unterste Knoten vorhanden sind, wird die erste Lerneinheit anhand der „didaktisch vor" – Relation ausgewählt. Anschließend werden die Lerneinheiten anhand der gewählten Microstragie aufsteigen durchlaufen. Dabei können entweder zunächst die auf einer Ebene liegenden Lerneinheiten nach der „didaktisch-vor" – Relation angezeigt werden, um dann in der Hierarchie aufzusteigen (Breite zuerst), oder es wird zunächst die Hierarchie bis zur obersten Lerneinheit durchlaufen, bevor die nächste Lerneinheit auf der untersten Ebene präsentiert wird.

3. *Top down* (deduktives Lernen): Bei dieser Macrostrategie werden die Lerneinheiten ebenfalls anhand der Hierarchierelationen angeordnet. Der oberste Knoten wird identifiziert und der Directed Acyclic Graph nach unten durchlaufen. Für die Entscheidungen bei Lerneinheiten, denen mehrere Lerneinheiten untergeordnet sind, gibt es zwei Varianten: Entweder wird der Graph erst bis zum untersten Punkt durchlaufen und dann der nächste Ast von oben begonnen, oder es werden erst die Lerneinheiten auf einer Ebene nacheinander durchlaufen und dann in die Tiefe verzweigt.

4. Das spiralmethodische Modell wird anhand der „ist Kontext von" – Relation realisiert. Dabei kann entweder von einem Startpunkt aus immer weiter nach außen gegangen werden (dezentrativ), oder es wird ein Startpunkt außen gewählt, von dem aus dann immer weiter nach innen vorgegangen wird (konzentrativ).

5. Das aufbauende, konstruktive Modell (synthetisch) und das rekonstruktive Modell (analytisch) werden anhand der „Zweck-Mittel"-Relation und der „bestimmt"-Relation durchlaufen.

6. Das dialektisch nach dem Urteilsquadrat verfahrende Modell kombiniert Hierarchierelationen und Assoziationsrelationen so, daß die Lerneinheiten in der Anordnung des Urteilsquadrats der aristotelischen Logik durchlaufen werden.

7. Die Netzwerkmethode bietet die Lerneinheiten als Netzwerkstruktur an, so daß die Lernenden selbst entscheiden können, wie sie das Netzwerk durchlaufen. Dabei kann entweder eine Wissenslandkarte anhand der sachlogischen Struktur oder eine Wissenslandkarte anhand des Verlaufsnetzes eines didaktischen Modells angeboten werden.

8. Guided Tour: Bei dieser Strategie werden die Lerneinheiten anhand der Relation „ist didaktische Voraussetzung von" sequenziert. Die Lernein-

heiten werden also unabhängig von der sachlogischen Struktur in einer festen Abfolge angeordnet.

Es konnte noch kein Weg gefunden werden, die sokratische Methode mit Hilfe der Relationstypen abzubilden. Nur die dialektisch nach dem Urteilsquadrat verfahrende Methode, die zu den sokratischen Modellen zu rechnen ist, konnte bisher bestimmt werden. Es ist klar, dass meist nicht die benötigten Wissenseinheiten für alle hier vorgestellten didaktischen Modelle innerhalb einer Lernumgebung produziert werden können. Es ist aber mit den vorgestellten Modellen möglich, zunächst die sachlogische Struktur zu entwerfen, um didaktische Relationen zu ergänzen und dann durch eine automatische Analyse festzustellen, welche der Modelle auch tatsächlich angeboten werden können.

Umgekehrt kann eine Lernumgebung gezielt für vorher bestimmte didaktische Modelle produziert werden. Wenn z.B. aufgabenorientiert-zielorientiertes Lernen ermöglicht werden soll, ist klar, welche Wissenseinheiten für jedes Thema benötigt werden und welche Relationstypen bei der Vernetzung zu verwenden sind. Dadurch kann die didaktische Komplexität des hier vorgestellten Konzepts im Einzelfall reduziert und für Autorinnen und Autoren handhabbarer gemacht sowie institutionellen Rahmenbedingungen (z.B. Finanzierung) angepasst werden.

3.8 Kapitel, Bücher und Büchereien

Das hier vorgestellte Konzept zielt darauf ab, eine große Wissensbasis in kooperativer Autorenschaft zu erzeugen, in die individuelle Navigationen gelegt werden können. Dazu müssen Inhalte aus der Wissensbasis zu Kursen zusammengestellt werden. Das kann entweder durch einzelne Lernende oder durch Lehrende geschehen. In jedem Fall sind Zusammenstellungen von Medientypen zu einem Kurs erforderlich. Da im Kontext von BIJaN nicht nur Kurse, sondern auch andere Zusammenstellungen möglich sein sollen, wird eine solche Zusammenstellung als Kapitel bezeichnet. Ein Kapitel enthält Referenzen auf die zugeordneten Medientypen. Anhand der Wissenseinheiten, Lerneinheiten und Relationen, die zwischen diesen ausgewählten Medientypen bestehen, kann dann ein Lernverlauf automatisch generiert werden.

Damit diese Zusammenstellungen auch bei größeren Gebieten (bzw. längeren Kursen) noch überschaubar strukturiert werden können, ist eine Hierarchie aus Kapiteln, Büchern und Büchereien vorgesehen. Ein Kapitel kann z.B. das Material enthalten, dass an einem Tag gelernt werden kann; ein Buch enthält das Material für eine Woche und eine Bibliothek das Material für einen Monat.

4. Die Softwarearchitektur der Bundesinitiative Jugend ans Netz

Die softwaretechnische Umsetzung der entwickelten Konzeption stößt zunächst auf das Problem, dass die Darstellung einzelner Wissensinhalte technisch konkretisiert werden muss. Diese technische Konkretisierung sollte nicht auf die Auswahl von Lernplattformen anhand von Qualitätskriterien beschränkt werden. Computertechnologie ermöglicht es, eine Lernplattform nicht bloß auszuwählen, sondern so zu bauen, dass sie pädagogischen Anforderungen genügt. Entsprechende pädagogische Anforderungen wurden hier vorgestellt. Die technische Umsetzung erfolgt im Rahmen des BIJaN-Projekts mit dem Applicationsserver ZOPE. ZOPE basiert auf einer objektorientierten Datenbank. Es gilt also, ein objektorientiertes Datenmodell zu entwickeln, in das die Daten gemäß der hier vorgestellten Anforderungen eingestellt werden können.

Bei der Konzeption besteht das Problem, dass die didaktische Grundstruktur zwar eine objektorientierte Darstellung nahegelegt, dass aber zugleich Relationen zwischen Objekten bestehen, die nicht mit einem objektorientierten Modell abgebildet werden können. Daher wurde als Grundstruktur eine Objekthierarchie von Lerneinheiten, Wissenseinheiten, Medientypen und Medienobjekten vorgesehen. In der untersten Ebene ist für die Mehrsprachfähigkeit der Plattform vorgesehen, Medienobjekte in verschiedenen Sprachen abzulegen. Für die typisierten Relationen zwischen Lerneinheiten und für die Zusammenstellung von Kapiteln werden Relationen verwendet, die quer zu der Objekthierarchie liegen. Mit diesem Datenmodell steht eine flexible Struktur zur Verfügung, die den am Anfang formulierten Anforderungen gerecht werden kann.

5. Ausblick und Forschungsbedarf

Das vorgestellte Konzept wirft eine Reihe von Forschungsfragen auf. Hier soll abschließend nur auf einige Momente hingewiesen werden, die zum Teil bereits in laufenden Studien untersucht werden:

– Eine quantitative Analyse der von Autorinnen und Autoren und Lernenden bevorzugten Lehr- und Lernstrategien anhand von Logfiles kann dazu verwendet werden, eine bessere Übereinstimmung von Lehrangebot und Lernbedarf zu erreichen. Dazu sind quantitative Verfahren zu entwickeln, die einen statistischen Vergleich von Lernverläufen ermöglichen.

– Eine quantitative Analyse der von Lernenden verwendeten Strategien in Kursen, die ohne didaktische Verläufe, d.h. nur mit Retrievalwerkzeugen angeboten werden, ermöglicht den Vergleich von empirisch gefundenen Lernstrategien mit den hier vorgestellten didaktischen Modellen.

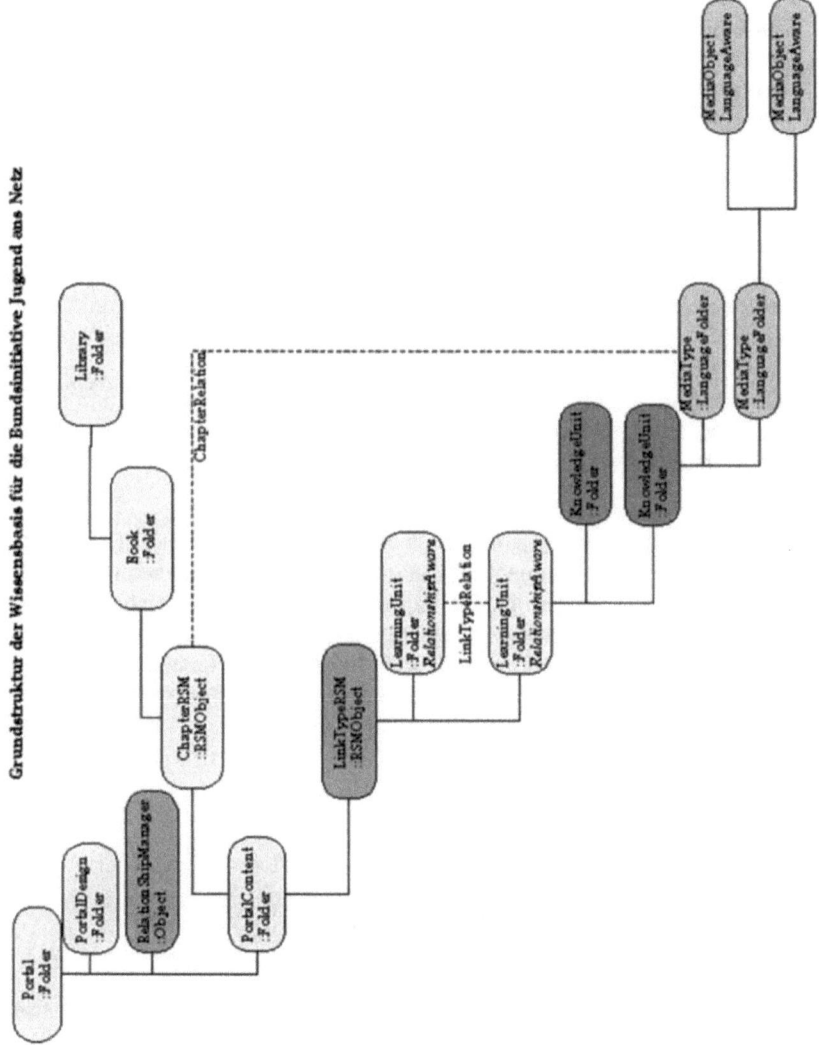

Grundstruktur der Wissensbasis für die Bundesinitiative Jugend ans Netz

– Eine qualitative Analyse des Verhaltens der Lernenden eröffnet auf einer Mikroebene die detaillierte Beobachtung von Aneignungsprozessen. Hier sind als Varianten die Kommentierung des Lernverhaltens durch die Lernenden sowie die Interpretation des aufgezeichneten Materials durch Forscherinnen und Forscher vielversprechend.

– Die Entwicklung und Evaluation didaktischer Modelle durch Variation des Metadatensystems und der Micro- und Macrostrategien kann die Entwicklung neuer Lehr- und Lernmodelle anregen.

– Um alle didaktischen Variationen in einer Lernumgebung auch tatsächlich anzubieten ist ein erheblicher Produktionsaufwand erforderlich. Es erscheint daher lohnend, empirisch zu überprüfen, welche didaktischen Verläufe von welchen Zielgruppen besonders gut angenommen werden. Diese Verläufe können dann bevorzugt produziert werden.

– Mit der Entwicklung von Online-Autorentools wird der Produktionsprozess von Lernmaterial durch Logfiles beobachtbar. Hier bietet sich die Möglichkeit, das Lehrverhalten auf einer Microebene empirisch zu untersuchen.

Für den Forschungsprozess sind durch den gemeinsamen Zugriff von verschiedenen Forschungsgruppen auf die aufgezeichneten Daten mittels Internetschnittstellen Verbesserungen in der Transparenz zu erwarten; machtförmige Forschungsstrategien, die durch Restriktionen des Zugriffs auf empirische Rohdaten möglich sind, können so von vornherein unterlaufen werden. Damit eröffnet Computertechnologie als Medium in Bildungsprozessen nicht nur neue didaktische Möglichkeiten, sondern auch interessante Forschungsperspektiven.

Literatur

Dahlberg, I.: Grundlagen universaler Wissensordnung. Pullach bei München 1974.

Döring, N.: Sozialpsychologie des Internet. Göttingen u.a. 1999.

Flechsig, K.-H.: Der Göttinger Katalog didaktischer Modelle. Nörten-Hardenberg 1983.

Hönigswald, R.: Über die Grundlagen der Pädagogik. München 1927.

Innis, H. A.: Tendenzen der Kommunikation. Wien, New York (Original: The Bias of Communication. Toronto 1951) 1997.

McLuhan, H. M.: Die magischen Kanäle. Understanding Media. Düsseldorf (u.a.) 1992 (Erstausgabe: ders.: Understanding Media. McGraw – Hill 1964).

Meder, N.: Prinzip und Faktum. Bonn 1975.

Meder, N.: Der Sprachspieler. Ein Bildungskonzept für die Informationsgesellschaft. In: Vjschr. f. wiss. Päd. (2) 1996, S. 145-162.

Meder, N.: Neue Technologien und Erziehung/Bildung. In: Borrelli, M./Ruhloff, J. (Hrsg.): Deutsche Gegenwartspädagogik Bd.III, Hohengehren 1998, S. 26-40.

Meder, N.: Wissen und Bildung im Internet – in der Tiefe des semantischen Raumes. In: Marotzki, W./Meister, D./Sander, U. (Hrsg.): Zum Bildungswert des Internet. Opladen 2000, S. 33-56.

Meder, N.: Webdidaktik. (in Druck)

Meyer-Drawe, K.: Menschen im Spiegel ihrer Maschinen. München 1996.

Oevermann, U.: Theoretische Skizze einer revidierten Theorie professionalisierten Handelns. In: Combe, A./Helsper, W. (Hrsg.): Pädagogische Professionalität. Suhrkamp Wissenschaft: Frankfurt am Main 1996, S. 70-182.

Ratzek,: Zugangsverfahren. In: Buder, M./Rehfeld, W./Seeger, T. (Hrsg.): Grundlagen der praktischen Information und Dokumentation. München u.a. 1991, S. 232-246.

Seeger, T.: Zur Entwicklung der Information und Dokumentation. In: Buder, M./Rehfeld, W./Seeger, T. (Hrsg.): Grundlagen der praktischen Information und Dokumentation. München u.a. 1991, S. 9-60.

Schneider, M.: Das Urteil und die Sinne. Köln 1983.

Swertz, C.: Ausbildung zum Gebrauch didaktischer Ontologien. In: Ohly, H.P./Rahmstorf, G./Sigel, A. (Hrsg.): Globalisierung und Wissensorganisation. Würzburg 2000, S. 431-442.

Swertz, C.: Computer und Bildung. Bielefeld 2001 (http://archiv.ub.uni-bielefeld.de/dis shabi/2001/0033/diss.ps [16.7.2002]).

Wersig, G.: Thesaurus-Leitfaden. München, New York 1978.

Autoren, Autorinnen und Herausgeber/in

Bachmair, Ben, Prof. für Erziehungswissenschaft, Medienpädagogik und Mediendidaktik an der Universität Kassel, Fachbereich 1 Erziehungswissenschaft/ Humanwissenschaften
Veröffentlichungen: Fernsehkultur. Subjektivität in einer Welt bewegter Bilder. Opladen 1996; zusammen mit Gunther Kress (Hrsg.): Höllen-Inszenierung Wrestling. Beiträge zur pädagogischen Genre-Forschung. Opladen 1996; zusammen mit Antonio Cavicchia Scalamonti, Gunther Kress (eds.): Media, Culture and the Social Worlds. Napoli (Liguori) 2002.
Erreichbar unter: bachmair@uni-kassel.de

Blakowski, Gerold, Prof. Dr., Fachhochschule Stralsund, Fachbereich Wirtschaft
Veröffentlichungen: Grundlagen der Programmierung. Lehrbrief für den Fachhochschul-Fernstudienverbund der Länder 2003. Soziale Eingebundenheit als Schlüsselfaktor im E-Learning- Blended Learning und CSCL im Konzept der VFH. In: Bode, A./Desel, J./Rathmeyer, S./Wessner, M. (Hrsg): DeLFI: 2003 Die 1. e-Learning Fachtagung Informatik.Bonn 2003, S. 57-66 (zusammen mit Hinze, U.); Computergestütztes kooperatives Lernen. Lehrbrief im Masterstudiengang „Medien & Bildung" der Universität Rostock. 2003 (zusammen mit Hinze, U.)
Erreichbar unter: Gerold.Blakowski@fh-stralsund.de

Blömeke, Sigrid; Dr. phil. habil., Universitätsprofessorin für Systematische Didaktik und Unterrichtsforschung an der Humboldt-Universität zu Berlin
Veröffentlichungen: zus. mit Reinhold, P./Tulodziecki, G./Wildt, J.: Handbuch Lehrerausbildung. Bad Heilbrunn/Braunschweig 2004; Universität und Lehrerausbildung. Bad Heilbrunn 2003; Lehren und Lernen mit neuen Medien. In: Unterrichtswissenschaft 31 (2003) 1, S. 57-82.
Erreichbar unter: sigrid.bloemeke@staff.hu-berlin.de.

Brenstein, Elke, Dr.; von 2000-2004 wissenschaftliche Mitarbeiterin in der Abteilung für Pädagogik und Informatik (Deutscher Bildungsserver) an der Humboldt Universität zu Berlin, derzeit als freiberufliche Beraterin tätig.

Veröffentlichungen: Didactic Modelling of Learning Objects: Evolving Standards and Methods of Evaluation in Metadata-Based Course Development. In: European Distance Education Network (Hrsg.): The Quality Dialogue – Integrating Quality Cultures in Flexible, Distance and eLearning.proceedings of the 2003 EDEN Annual Conference – Rhodes, Greece (zusammen mit Wendt, A.); Diagnostik und Förderung von Hypermedia-Lernstrategien. In van der Meer, E./Hagendorf, H. u.a. (Eds.): 43. Kongress der Deutschen Gesellschaft für Psychologie – Programm Abstracts. Berlin 2002, 22-26 September (p. 276) (zusammen mit Berendt, B); Visualizing Individual Differences in Web Navigation: STRATDYN, a Tool for Analyzing Navigation Patterns. Behavior Research Methods, Instruments, & Computers, 33 (2001), 243-257 (zusammen mit Berendt, B.)
Erreichbar unter: elke.brenstein@robelko.com, www.robelko.com, Tel.: 0331-503052

Burkatzki, Eckhard; Dipl.soz., Universität Bielefeld, wissenschaftlicher Mitarbeiter im DFG-Forschungsprojekt „Zur Entwicklung von Medienkompetenz im Jugendalter
Veröffentlichungen: zus. mit Treumann, K. P./Strotmann, M./Wegener, C. „Das Bielefelder Medien-Kompetenzmodell. Clusteranalytische Untersuchungen zum Medienhandeln Jugendlicher" 2003.
Erreichbar unter: eckhard.burkatzki@uni-bielefeld.de

deWitt, Claudia, PD Dr., Universität Duisburg-Essen, Institut für Erziehungswissenschaft;
Veröffentlichungen: Pädagogische und didaktische Grundlagen computergestützten kooperativen Lernens. In: Haake, J.M./Schwabe, G./Wessner, M. (Hrsg.): CSCL-Kompendium. München 2004 (zusammen mit Grune, Ch.); Pragmatismus als theoretische Grundlage für die Konzeption von E-Learning. In: Mayer/Treichel (Hrsg.): Handlungsorientiertes Lernen und eLearning. München 2004, S. 77-99 (zusammen mit Kerres, M.); Eine pragmatische Perspektive der Medienbildung. In: Schlüter, A. (Hrsg.): Aktuelles und Querliegendes zur Didaktik und Curriculumentwicklung. Bielefeld 2003.
Erreichbar unter: c.dewitt@uni-duisburg.de, 0203 379 2435

Dièz Aguilar, Michael; TU Darmstadt, Institut für Allgemeine Pädagogik und Berufspädagogik (FB3)
Veröffentlichungen: zus. mit Sesink, W.: Multimediale Lernumgebungen als Räume für Bildung: Das Konzept der Computer-Studienwerkstatt. In: Information, Wissen, Kompetenz. Thema Forschung 2/2000. Darmstadt 2002; zus. mit Weber, D./Wendland, K.: Interdisziplinärer Studienbaustein: Gestaltung multimedialer Lernumgebungen. In: Wim Görtz (Hrsg.): Projektveranstaltungen im Studium an der TU Darmstadt. Bestandsaufnahme 2001. Band 82 der TUD-Schriftenreihe Wissenschaft und Technik. Darmstadt 2001.

Erreichbar unter: m.diez-aguilar@apaed.tu-darmstadt.de, www.diez-aguilar.de. Tel. 06151-165006

Diepold, Peter, Prof. Dr. em., zuletzt: Humboldt-Universität zu Berlin, Abt. Pädagogik und Informatik
Veröffentlichungen: Lernen im globalen Ntz. In: Wölfling, W./Lenhart, V. (Hrsg.): Globalisierung und Bildung. Weinheim (Beltz) 2003, S. 63-75; „Internet und Pädagogik: Rückblick und Ausblick" Abschiedsvorlesung am 15. Februar 2001. Berlin 2002; zusammen mit Martin, N./Dobratz, S./Schulz, M.: Vom DFG-Projekt „Dissertationen Online" zu DissOnline.de, Bibliotheksdienst 35 (2001), H. 3, S. 299-306.
Erreichbar unter: Peter@Diepold.de, www.diepold.de

Dittmann, Jana; Otto-von-Guericke-Universität Magdeburg, Institut für Erziehungswissenschaft
Veröffentlichungen: Digitale Wasserzeichen, Springer Verlag, ISBN 3-540-66661-3, 2000; zus. mit Wohlmacher, P./Nahrstedt, K.: Multimedia and Security – Using Cryptographic and Watermarking Algorithms, IEEE MultiMedia, October-December 2001, Vol. 8, No. 4, pp. 54-65, ISSN 1070-986X, 2001; zus. mit Steinebach, M./Wohlmacher, P./Ackermann, R.: Digital Watermarks Enabling E-Commerce Strategies: Conditional and User Specific Access to Services and Resources, EURASIP JOURNAL ON APPLIED SIGNAL PROCESSING, Special Issue on Emerging Applications of Multimedia Data Hiding, Vol. 2002, No. 2, February 2002, pp. 174-184, 2002.
Erreichbar unter: jana.dittmann@iti.cs.uni-magdeburg.de

Eichler, Dana, Dipl.Psych.; Humboldt-Universität zu Berlin, Philosophische Fakultät IV, Abt. Systematische Didaktik und Unterrichtsforschung
Veröffentlichungen: zus. mit Blömeke, S./Müller, Ch.: Rekonstruktion kognitiver Strukturen von Lehrpersonen als Herausforderung für die empirische Unterrichtsforschung. In: Unterrichtswissenschaft 31, 2. 2003. S. 103-121.
Erreichbar unter: dana.eichler@staff.hu-berlin.de, Tel.: 030/2093-1912

Grabowski, Susanne, Dipl. Päd.; Universität Bremen, FB 3 Mathematik/Informatik, AG Grafische Datenverarbeitung und Interaktive Systeme (agis)
Veröffentlichungen: zus. mit Frieder, N.: The Interface as Sign and as Aesthetic Event. In: Paul Fishwick (ed.): Aesthetic Computing. MIT Press 2004 (coming soon); zus. mit Frieder, N.: Ein Bild. Zwei Sichten. Betrachtung einer Zeichnung aus der Geschichte der Computerkunst. In: M. Warnke, W. Coy, G. C. Tholen (Hrs.): HyperKult „12" 2003 (coming soon); Frieder, N.: Human-computer interaction viewed as pseudo-communication. Knowledge Based Systems 14, 2001, S. 441-447.
Erreichbar unter: susi@informatik.uni-bremen.de, Tel.: 0421/218-2576.

Gramlinger, Franz, Dr.; Institut für Berufs- und Wirtschaftspädagogik der Universität Hamburg
Veröffentlichungen sind zu finden unter: www.ibw.uni-hamburg.de/p/gramlinger.
Erreichbar unter fg@ibw.uni-hamburg.de, Tel: 040 42838-3720 am IBW, Sedanstraße 19, 20146 Hamburg

Hagedorn, Jörg, Dipl.Päd.; seit 2003 Promotionsstipendiat der Hans-Böckler Stiftung
Veröffentlichungen: zus. mit Böhme, J.: „Formungsmetaphorik: Eine Anregung zur Analyse von Techniken im Umgang mit dem Technologiedefizit von Schulreform." In: Maas, M. (Hrsg.): Jugend und Schule 2000.
Erreichbar unter: j_hagedorn@nexgo.de Arthur Hoffmann Str. 60, 04107 Leipzig, Tel.: 0341-2119595, mobil: 0177-2451744

Herzig, Bardo, Prof. Dr.; Ruhr-Universität Bochum, Lehrstuhl für Lehr- und Lernforschung (Schwerpunkt Neue Medien)
Veröffentlichungen: Analoge und digitale Medien im Bildungsprozess. Theoriebasierte Entwicklung einer integrativen Sichtweise für die Medienbildung. Habilitationsschrift, Paderborn 2002 (aktualisierte und überarbeitete Fassung zur Publikation in Vorb.); Reflexives Lernen mit Multimedia. Ein Beitrag zum Verhältnis von erziehungswissenschaftlichem Wissen und Unterrichtspraxis. In: Bachmair, B./de Witt, C./Diepold, P. (Hrsg.): Jahrbuch Medienpädagogik 3. Opladen 2003, S. 203-229 ; zus. mit Tulodziecki, G./Blömeke, S.: Gestaltung von Unterricht. Eine Einführung in die Didaktik. Bad Heilbrunn 2004.
Erreichbar unter: E-Mail: bardo.herzig@ruhr-uni-bochum.de, Tel.: +49 234 32 25731

Hinze, Udo, Dr. phil.; Schweriner Ausbildungszentrum e.V.
Veröffentlichungen: zus. mit Blakowski, G.: Awareness and Cohesion as Key Factors for Interaction – Lessons learned from the VFH. In: P. Barker & S. Rebelsky (Eds.): Proceedings of ED-MEDIA 2002 World Conference on Educational Multimedia, Hypermedia & Telecommunications. June 24-29. Denver, Colorado, USA 2002. S. 176-177; zus. mit Blakowski, G/Bischoff, M.: Gruppenarbeitstechnik „Gruppenpuzzle" im CSCL. In: M. Herczeg; W. Prinz & H. Oberquelle (Hrsg.): Mensch & Computer 2002. Vom interaktiven Werkzeug zu kooperativen Arbeits- und Lernwelten, S.353-362. Stuttgart, u.a. 2002. S. 353 – 362; zus. mit Blakowski, G.: Anforderungen an die Betreuung im Onlinelernen – Ergebnisse einer qualitativen Inhaltsanalyse im Rahmen der VFH. In: Bachmann, G./Haefeli, Kindt, M. (Hrsg.): Campus 2002: Die virtuelle Hochschule in der Konsolidierungsphase. Medien in der Wissenschaft, Bd. 18. Münster u.a. 2002, S.323-333.
Erreichbar unter: hinze@sazev.de, www.udo-hinze.de.vu.

Kalz, Marco, M.A. (Master in Multimedia Didactics), FernUniversität Hagen, Institut für Bildungswissenschaft und Medienforschung, Lehrgebiet Bildungstechnologie

Veröffentlichungen: zus. mit Kerres, M.: Mediendidaktik in der Lehrerbildung. In: Schweizer Beiträge zur Lehrerbildung. Heft 3/2003; Studienbrief Wissensmanagement für den Studiengang „Master of Arts in Educational Media". Duisburg 12/2003. *Herausgeberschaften*: zus. mit Kerres, M./ Stratmann, J./de Witt, C.: Didaktik der Notebook-Universität. Reihe Medien in der Wissenschaft. Münster 2004.

Erreichbar unter: marco.kalz@fernuni-hagen.de, Tel.: 02331-9874787, http://www.marcokalz.de.

Kerres, Michael, Prof. Dr.; Lehrstuhl für Mediendidaktik und Wissensmanagement, Universität Duisburg-Essen

Veröffentlichungen: Multimediale und telemediale Lernumgebungen. Konzeption und Entwicklung. (2. Aufl.). München 2001; Wirkungen und Wirksamkeit neuer Medien in der Bildung. In: Keil-Slawik, R./Kerres, M. (Hrsg.): *Education Quality Forum. Wirkungen und Wirksamkeit neuer Medien.* Münster 2003; Warum Notebooks? Von der virtuellen Hochschule zum mobilen Lernen auf dem digitalen Campus. In: Kerres, M./Kalz, M./Stratmann, J./de Witt, C. (Hrsg.): *Didaktik der Notebook-Universität.* Münster 2004.

Erreichbar unter: kerres@uni-duisburg.de.

Kluck, Michael, M.A.; Humboldt-Universität zu Berlin, Abt. Pädagogik und Informatik

Veröffentlichungen: Das Cross-Language Evaluation Forum (CLEF) – Evaluationsumgebung und Forschungskontext für mehrsprachiges Information Retrieval (mit einer Skizze der Ergebnisse von CLEF 2002). In: Hammwöhner, R./Wolff, C./ Womser.-Hacker, C. (Hrsg.): Information und Mobilität. Optimierung und Vermeidung von Mobilität durch Information. Proceedings des 8. Internationalen Symposiums für Informationswissenschaft (ISI 2002). Konstanz 2002, S. 225-237; zus. mit Mandl, T./Womser-Hacker, C.: Cross-Language Evaluation Forum (CLEF): Europäische Initiative zur Bewertung sprachübergreifender Retrievalverfahren. In: Information – Wissenschaft und Praxis, Jg. 53, 2002, Nr. 2, S. 82-89

Erreichbar unter: Herausgeberschaften: zus. mit Peters, C./Braschler, M./Gonzalo, J.: Advances in Cross-Language Information Retrieval. Third Workshop of the Cross-Language Evaluation Forum, CLEF 2002, Rome, Italy, September 19-20, 2002, Revised Papers. Berlin 2003 (= Lecture Notes in Computer Science, 2785).

kluck@bonn.iz-soz.de Humboldt-Universität zu Berlin, Abt. Pädagogik und Informatik Geschwister-Scholl-Str. 7, 10099 Berlin und Informationszentrum Sozialwissenschaften, Lennéstr. 30, 53113 Bonn, Tel. 030-20934162.

Kos, Olaf, Priv.-Doz.; Humboldt Universität Berlin
Veröffentlichungen: Technik und Bildung, Medien und Informationstechnologien in der Lehrerausbildung, Computer und Internet in der Schule, Universitätsnetzwerk in Aktion, Analyse und Bewertung von Internetangeboten.
Erreichbar unter: kos@educat.hu-berlin.de , Tel: 030 2093 4178, Fax:030 2093 4198

Krauß, Matthias, Dipl.-Informatiker; Universität Bremen, FB 3 Mathematik/Informatik, AG Grafische Datenverarbeitung und Interaktive Systeme (agis)
Veröffentlichungen: Chinese whispers. Semiotically mediating between idea and program. Proc. Symposia on Human-Centric Computing. Los Alamitos, CA: IEEE Computer Society 2001, p. 165-172 (zusammen mit Nake, F./Grabowski, S.); diMension. Digital Media & Sensual Extension. Bericht über ein Projekt. Universität Bremen, Informatik (Eigendruck), Juni 2000 (herausgegeben zusammen mit Bernstein, S./Nake, F./Pantaleo, M./Titz, B.)
Erreichbar unter: krauss@informatik.uni-bremen.de

Kremer, H.-Hugo, Prof. Dr. für Wirtschaftspädagogik an der Universität Konstanz
Veröffentlichungen: Qualifizierungsnetzwerke – Lernumgebung für Lehrkräfte? In: Gramlinger, F./Steinemann, S./Tramm, T. (Hrsg.): Lernfelder gestalten – miteinander Lernen – Innovationen vernetzen. Ergebnisse der 1. CULIK Fachtagung, www.bwpat.de/spezial1 (12.05.2004).
Herausgebeschaften: zus. mit Dilger, B./Sloane, P.F.E.: Wissensmanagement an berufsbildenden Schulen, Paderborn 2003; Offene webbasierte Lernumgebungen – E-Learning in der beruflichen Rehabilitation, Paderborn 2002.
Erreichbar unter: Hugo.Kremer@uni-konstanz.de

Kübler, Hans-Dieter, Prof. Dr.; Hochschule für Angewandte Wissenschaften Hamburg, Fachbereich Bibliothek und Information
Letzte Veröffentlichungen: Medien für Kinder. Von der Literatur zum Internet-Portal. Ein Überblick. Wiesbaden 2002; Kommunikation und Medien. Eine Einführung. Münster 2003.
Erreichbar unter: hans-dieter.kuebler@bui.haw-hamburg.de.Berliner Tor 5, 20099 Hamburg, Tel. 040-42875-3651

Marotzki, Winfried, Prof. Dr.; Otto-von-Guericke-Universität Magdeburg, Inst. f. Erziehungswissenschaft
Herausgeberschaften: zus. mit Schneider, J./Strothotte, Th.: Computational Visualistics, Media Informatics, and Virtual Communities. Reihe Bildwissenschaft Band 11. Wiesbaden 2003; zus. mit Bohnsack, R./Meuser, M.: Hauptbegriffe Qualitativer Sozialforschung. Opladen 2003; zus. mit Bauer, W./ Lippitz, W. u.a.: Der Mensch des Menschen. Zur biotechnischen Formierung des Humanen. Jahrbuch für Bildungs- und Erziehungsphilosophie 5. Hohengehren.
Erreichbar unter: winfried@marotzki.de

Meister, Dorothee M., Dr. habil., z.Zt. Vertretungsprofessur an der Universität Paderborn, Institut für Medienwissenschaften
Herausgeberschaften: zus. mit Tergan, S.-O./Zentel, P.: Evaluation von E-Learning. Zielrichtungen, methodologische Aspekte, Zukunftsperspektiven. Bd. 22 der Reihe Medien in der Wissenschaft. Münster, New York, München, Berlin 2004; zus. mit Rinn, U.: Didaktik und Neue Medien. Bd. 21 der Reihe Medien in der Wissenschaft. Münster, New York, München, Berlin 2004; zus. mit Sander, U.: Medien- und Werbekompetenz bei Kindern als methodisches Problem. In: Heinzel, F. (Hrsg.): Methoden der Kindheitsforschung. Weinheim 2000 (Reihe: Kindheiten, Band 18), S. 337-353.
Erreichbar unter: dm@upb.de, Universität Paderborn, Fakultät für Kulturwissenschaften, Institut für Medienwissenschaften, Warburger Str. 100, 33098 Paderborn

Müller, Christiane, Dipl.Psych.; Humboldt-Universität zu Berlin, Philosophische Fakultät IV, Abt. Systematische Didaktik und Unterrichtsforschung
Veröffentlichungen: zus. mit Blömeke, S./Eichler, D.: Rekonstruktion kognitiver Strukturen von Lehrpersonen als Herausforderung für die empirische Unterrichtsforschung. In: Unterrichtswissenschaft 31, 2. 2003. S. 103-121.
Erreichbar unter: christiane.mueller@staff.hu-berlin.de, Tel.: 030/2093-1858

Politt, Susanne, M.A.; (noch) FHTW Berlin
Veröffentlichungen: Not Getting Lost In Cyberspace – Ein Erfahrungsbericht; in: Log In 3/4 1998, S.36-402); (zusammen mit Diepold, P./Konerding, U./Schaale, D.) Informatische Bildung in der Lehrerausbildung. Abschlussbericht des Modellversuchs; unter: http://www.educat.hu-berlin.de/mv/mv_ab schlussbericht.pdf; (zusammen mit Diepold, P.) Materialbörse online. Informationspool Hochschulnetzwerk. In: BentlageU./Hamm, I. (Hrsg.): Lehrerausbildung und Neue Medien. Erfahrungen und Ergebnisse eines Hochschulnetzwerkes. Gütersloh 2001, S.53-624); E-Learning-Überlegungen für den praktischen Einsatz im Alltag, unter: http://musical.fhtw-berlin.de/e-Learning.pdf.
Erreichbar unter: S.Politt@fhtw-berlin.de

Preussler, Annabell, Dipl.-Päd.; Fernuniversität in Hagen, Institut für Bildungswissenschaft und Medienforschung, Lehrgebiet Bildungstechnologie
Veröffentlichungen: zus. mit Baumgartner, P.(2004): „Wir wären nicht da, wo wir jetzt sind!" Medidaprix im Spiegel der Community. Erscheint demnächst in: Brake, Ch./Wedekind, J./Topper, M. (Hrsg.): Der MEDIDA-PRIX. Nachhaltigkeit durch Wettbewerb. Reihe Medien in der Wissenschaft 2004, zus. mit Schulz-Zander, R.: Selbstreguliertes Lernen im Mathematikunterricht-Empirische Ergebnisse des Modellversuchs SelMa. In: Schumacher, Friedhelm (Hrsg.): Innovativer Unterricht mit neuen Medien. FWU Institut für Film und Bild. 2004 S.119-142; Über die Notwendigkeit des (geschlechter)gerechten Ausdrucks. In: MaDOnna. Zeitschrift der Gleichstellungsbeauftragten der Universität Dortmund.

Erreichbar unter: annabell.preussler@fernuni-hagen.de, www.annabellpreussl er.de. Tel.: 02331/987-4373, Fax: 02331/987-194373

Sander, Uwe, Prof. Dr., Lehrstuhl für Medienpädagogik und Jugendforschung an der Fakultät für Pädagogik der Universität Bielefeld
Veröffentlichungen: Medienpädagogik. Medien und Medienpädagogik: Selbstverständnis und disziplinäre Einordnung, in: Otto, H.-U./Thiersch, H. (Hrsg.): Handbuch zur Sozialarbeit/Sozialpädagogik, Neuwied 2001; Kinder, Jugendliche und Medien. Partizipation durch Medienkompetenz. In: Fegert, J.M./Dippold, I. (Hrsg.): Partitur. Partizipation und Informationsrechte für Kinder und Jugendliche, Rostock 2000, S.115-126; School Choice, Equity and Social Exclusion in Germany. In: Sayer, J./Vanderhoeven (eds.): School Choice, Equity and Social Exclusion in Europe, Leuven-Apeldoorn 2000, S. 73-83 (zusammen mit Meister, D. M.)
Erreichbar unter: uwe.sander@uni-bielefeld.de

Schulmeister, Rolf, Prof. Dr.; Leiter des Interdisziplinären Zentrums für Hochschuldidaktik sowie Prof. am Institut für deutsche Gebärdensprache und Kommunikation Gehörloser an der Universität Hamburg
Veröffentlichungen: Virtuelle Universität – Virtuelles Lernen. München 2001; Grundlagen hypermedialer Lernsysteme. Theorie – Didaktik – Design, 3. korr. Aufl. München 2002; Lernplattformen für das virtuelle Lernen. Evaluation und Didaktik. München 2003.
Erreichbar unter: http://www.izhd.unihamburg.de/paginae/personal/schul meister/kontakt.html

Schulz-Zander, Renate, Prof. Dr., Institut für Schulentwicklungsforschung (IFS) der Universität Dortmund
Veröffentlichungen: Unterricht verändern (Herausgeberschaft des Themenheftes). Computer + Unterricht. 13. Jahrgang (2003), Heft 49; (Herausgeberschaft zusammen mit Rolff, H.-G./Holtappels, H.-G./Klemm, K./Pfeiffer, H.). Jahrbuch für Schulentwicklung, Bd. 12. (2002) und Bd. 11 (2000) Weinheim/München; (Herausgeberschaft zusammen mit Aufenanger, S./Spanhel, D.): Jahrbuch der Medienpädagogik. Opladen 2001
Erreichbar unter: renate.schulz-zander@uni-dortmund.de, Tel. 0231-755 5503, http://www.ifs.uni-dortmund.de

Stang, Richard, Dr.; Deutsches Institut für Erwachsenenbildung (DIE); Lehrbeauftragter für „Erwachsenenbildung" an der Hochschule für Philosophie München
Veröffentlichungen: Neue Medien und Organisation in Weiterbildungseinrichtungen. Bielefeld 2003; *Herausgeberschaften*: Lernsoftware in der Erwachsenenbildung. Bielefeld 2001
Erreichbar unter: stang@die-bonn.de, mailto:stang@die-bonn.de.

Stratmann, Jörg, Dipl.-Päd.; Lehrstuhl für Mediendidaktik und Wissensmanagement an der Universität Duisburg-Essen
Veröffentlichungen: zus. mit Kerres, M./de Witt, C. (2002). E-Learning. Didaktische Konzepte für erfolgreiches Lernen, In: Schwuchow, K./Guttmann, J. (Hrsg.): Jahrbuch Personalentwicklung & Weiterbildung. 2002; zus. mit Kerres, M.: From virtual university to mobile learning on the digital campus: Experiences from implementing a notebook-university, Proceedings of the International Conference on Education and Information Systems, Technologies and Applications (EISTA 2004), Orlando, USA, July 21-25, 2004. (in prep.); zus. mit Bollen, L., Kerres, M. & U. Hoppe: Requirements driven tailoring of a discussion support tool for seminars. Proceedings of EDMEDIA. World Conference on Educational Multimedia, Hypermedia and Telecommunications, Lugano, June, 21-24, 2004. (in prep.).
Erreichbar unter: Joerg.Stratmann@uni-duisburg.de, www.moderieren-im-netz.de/Personen/. Tel.: 0203-379-11 41

Strotmann, Mareike, Stipendiantin an der Fakultät für Pädagogik der Universität Bielefeld
Jüngste Publikationen: Das Bielefelder Medien-Kompetenzmodell. Clusteranalytische Untersuchungen zum Medienhandeln Jugendlicher. 2003 (gemeinsam mit Eckhard Burkatzki, Klaus Treumann und Claudia Wegener); Kindergarten und Kinderhort. Unterstützung für Familien? 2001.
Erreichbar unter: mareike.strotmann@uni-bielefeld.de.

Swertz, Christian, Dr.; Institut für Medienpädagogik, Universität Bielefeld
Veröffentlichungen unter: http://www.swertz.de
Erreichbar unter: christian@swertz.de, Institut für Medienpädagogik, Universität Bielefeld, Postfach 100131, 33501 Bielefeld

Treumann, Klaus Peter, Prof. Dr.; Universität Bielefeld, Fakultät für Pädagogik, AG 9: Medienpädagogik
Veröffentlichungen: Triangulation als Kombination qualitativer und quantitativer Forschung. In: Abel, J./Möller, R./Treumann, K. P.: Einführung in die empirische Pädagogik. Stuttgart 1998, S. 154-182; (zusammen mit Baacke, D./Redeker, G./Gartemann, S./Kraft, J.): Selected results on the project „NRW-Schools to the Net – Understanding Worldwide. Düsseldorf: European Institute for the Media (EMI) 1998, S. 31-45; (zusammen mit Baacke, D./Haacke, K./Hugger, K.-U. u. Vollbrecht, R.: Medienkompetenz im digitalen Zeitalter. Wie die Neuen Medien das Leben und Lernen Erwachsener verändern. Opladen 2002.
Erreichbar unter: Universität Bielefeld, Fakultät für Pädagogik, Postfach 10 0131, 33501 Bielefeld, Tel.-Nr. 0521/106-4355, klaus.treumann@uni-bielefeld.de.

Wegener, Claudia, Dr.; Universität Bielefeld
Veröffentlichungen: Informationsvermittlung im „Zeitalter der Unterhaltung". Eine Langzeitanalyse politischer Fernsehmagazine. Opladen 2001; Manipulation oder Zeitgeist? Lesarten populärer Musik. In: Vollbrecht, R./Fritz, C./ Sting, S. (Hrsg.): Mediensozialisation. Opladen 2003; Jugend erforscht. (Medien-)Handeln Jugendlicher im Fokus der Wissenschaft. TV-Diskurs, Heft 26/03.
Erreichbar unter: claudia.wegener@uni-bielefeld.de, Tel: 0521-106-3142.

Willett, Rebekah, Dr., Research Officer; Centre for the Study of Children, Youth and Media Institute of Education, University of London
Veröffentlichungen: Living and Learning in Chatrooms (with Julian Sefton-Green for the French journal, Éducation et Sociétés, 2002/2, vol.10, p57-77). Available in English online: www.wac.co.uk/sharedspaces; You'll attract paedophiles 'like a magnet', 'like a flea to a cat': The pleasures and silences in children's talk about internet risks' (with Andrew Burn). In: Forthcoming in the Belgian journal, 'Recherche en communication'. Available online in English on www.ccsonline.org.uk/mediacentre/Research_Projects/main.html; Constructing the Digital Tween: Market forces, adult concerns and girls interests. In: Mitchell, C./Walsh, J. Reid (eds.): Seven Going on Seventeen: Tween Culture in Girlhood Studies. Forthcoming, Oxford.
Erreichbar unter: r.willett@ioe.ac.uk, +44 207 763 2186, http://www.ccson line.org.uk/mediacentre